D1691292

Katrin Kasparek

100 Jahre Sozialdemokratie
im Nürnberger Rathaus
1908–2008

© Sandberg Verlag
Wiesentalstraße 32
90419 Nürnberg
www.geschichte-fuer-alle.de
e-mail: info@geschichte-fuer-alle.de
Telefon 0911-307360

Herausgeber:
SPD-Stadtratsfraktion Nürnberg
Rathaus, 90403 Nürnberg
Telefon 0911-231 2906
www.spd-stadtratsfraktion.nuernberg.de
e-mail: spd@stadt.nuernberg.de

Nürnberg 2008
Gestaltung: Norbert Kühlthau, Nürnberg
Druck: Druckhaus Oberpfalz, Amberg

ISBN 978-3-930699-57-5

demokratie

Katrin Kasparek

100 Jahre Sozialdemokratie im Nürnberger Rathaus 1908–2008

mit einem Beitrag von André Fischer

herausgegeben von der
SPD-Stadtratsfraktion Nürnberg

Socialdemokratischer
Wahlverein
Nürnberg.

Montag, den 15. Februar, Abends 8 Uhr:

Erste ordentliche
Versammlung

im „Cafe Merk".

Tagesordnung: Socialpolitische Rundschau. Referent: Grillenberger. Vereinsangelegenheiten. Aufnahme neuer Mitglieder und Entgegennahme der Beiträge, sowie von Zeitungsabonnements.

Die Mitglieder werden aufgefordert, vollzählig zu erscheinen; außerdem hat

Jedermann Zutritt.

Der Vorstand.

Genossenschaftsbuchdruckerei Nürnberg, Obere Schmiedgasse 445.

Plakat des Sozialdemokratischen Wahlvereins Nürnberg aus dem Jahr 1875.

Inhalt

6 Vorwort, Editorial

10 **Nürnberg im 19. Jahrhundert**
Industrialisierung, Arbeiterbewegung und liberale Stadtverwaltung

30 **Stadtverwaltung im 19. Jahrhundert**
Auf dem Weg zur kommunalen Selbstverwaltung

42 **1908 Erste SPD-Stadtratsfraktion**
Sozialdemokraten in den Nürnberger Stadtrat

50 **1908–1918 Die Fraktion im Kaiserreich**
Von der Opposition zur größten Fraktion im Stadtrat

78 **1919–1933 Die Fraktion unter Hermann Luppe**
Sozialdemokratisch-liberales Bündnis in der Weimarer Zeit

100 **1933–1945 Nationalsozialismus**
Neuer Geist im Rathaus und das Ende der SPD-Fraktion

116 **1945–1956 Wiederaufbau und Reorganisation**
»Gemeinsam der Weg, gemeinsam die Arbeit, gemeinsam die Überwindung«

148 **1956–1972 Auf dem ›Nürnberger Weg‹**
Konsolidierung des städtischen Gemeinwesens

170 **1972–1984 Frischer Wind im roten Stadtrat**
»Wir gehen meilenweit für den Sozialismus«

192 **1984–1996 Die rot-grüne Koalition**
Neue Mehrheitsverhältnisse

208 **1996–2008 Nach zwölf Jahren zurück zur alten Stärke**
Essay von André Fischer

218 Tabellen
234 Personenregister
236 Literaturauswahl
238 Anmerkungen
240 Bildnachweis, Quellen

Vorwort

Für eine solidarische Stadtgesellschaft

Am 23.11.2008 haben wir, die SPD-Stadtratsfraktion Nürnberg, allen Grund zum Erinnern. An diesem Tag vor genau hundert Jahren zogen die ersten Sozialdemokraten in den Nürnberger Rat ein. Bei der Wahl zum damaligen Kollegium der Gemeindebevollmächtigten wurde zum ersten Mal in der Geschichte das Verhältniswahlrecht eingesetzt. Von den insgesamt 20 Sitzen, die zu vergeben waren, gewannen die Sozialdemokraten auf Anhieb zehn. Die veröffentlichte Meinung bezeichnete dies auch als »Sturm auf das Nürnberger Rathaus« und als »Erdrutschwahl«.

Seitdem sind nun 100 Jahre vergangen, 100 Jahre, in denen die Sozialdemokratie aus dem Nürnberger Rathaus nicht weg zu denken ist. Mit Ausnahme der grauenvollen und schmerzhaften Zeit des Nationalsozialismus zwischen 1933 und 1945 haben die sozialdemokratischen Vertreter im Rat die Stadt ganz entscheidend mitgeprägt und ihre Entwicklung befördert.

Dieses Jubiläum ist auch der Anlass der vorliegenden Publikation.

Dabei geht es nicht nur darum, mit Stolz auf das Erreichte zurück zu blicken. Wir, die SPD-Stadtratsfraktion, möchten uns hiermit auch bei all jenen bedanken, die in den vergangenen Jahren und Jahrzehnten so viel Großes für die Stadt Nürnberg geleistet haben. Und diese kommunalpolitischen Leistungsträger finden sich in der gesamten hundertjährigen Historie der SPD-Stadtratsfraktion wieder, seien es nun Martin Treu, Julius Loßmann, Otto Bärnreuther, Lina Ammon, Käte Strobel oder Willy Prölß, um nur ganz wenige der vielen herausragenden Nürnberger Sozialdemokraten zu nennen.

Sie haben 100 Jahre lang unser Nürnberg begleitet, geleitet, geformt und geprägt.

Vieles hat sich in diesen 100 Jahren verändert, es gab Umbrüche, Neuerungen, kleinere und größere Revolutionen und Reformen. Was blieb, war und ist die sozialdemokratische Grundidee von Freiheit, Gleichheit, Gerechtigkeit und Solidarität. Diese Idee, dieser Wunsch leitet uns noch heute in unserem kommunalpolitischen Handeln an. Es ist eine Tradition und Verpflichtung, die wir pflegen, weil sie richtig und weil sie seit jeher wichtig ist. Auch und gerade in dem Spannungsfeld, in dem eine Ratsfraktion immer stand, steht und auch stehen muss: im Spannungsfeld zwischen Bürger, Verwaltung und Politik.

Zu den Erfolgen der Stadt Nürnberg haben viele sozialdemokratische Ratsfraktionen seit 1908 beigetragen. Die Geschichte der SPD-Stadtratsfraktion ist auch ein Stück Geschichte der Stadt. Auf diese Geschichte sind wir zu Recht stolz. Ausgehend vom ersten Auftreten einer sozialdemokratischen Fraktion 1908, über den Widerstand gegen den aufkeimenden und so verderblichen Nationalsozialismus, über den Wiederaufbau und den Neubeginn nach dem Zweiten Weltkrieg, bis hin zum Umbruch 1972 zur Zeit der Studentenbewegung, der Wahlniederlage 1996 und dem inzwischen erfolgten deutlichen Wiedererstarken bei den Wahlen 2008. Vom Wohnungsbau nach 1945, über die Errichtung des Südklinikums und der U-Bahn, die Einführung der Fußgängerzone oder die sehr gute sozial- und jugendpolitische Infrastruktur, in unserer langen Geschichte konnten wir vieles erreichen. Den erfolgreichen Weg wollen wir auch in Zukunft weiter beschreiten, im Dialog mit der Bürgerschaft, für eine solidarische Stadtgesellschaft.

Mit diesem Buch liegt Ihnen nun die hundertjährige Geschichte der SPD-Stadtratsfraktion vor, komprimiert natürlich auf das Wesentliche, konzentriert auf das Entscheidende. Ich wünsche Ihnen viel Freude beim Eintauchen in 100 Jahre SPD-Stadtratsfraktion Nürnberg.

Ihr Gebhard Schönfelder
Fraktionsvorsitzender

Editorial

Die vorliegende Geschichte der SPD-Fraktion im Nürnberger Rathaus spannt einen weiten Bogen: Sie beschreibt die Entwicklung einer zunächst oppositionellen Gruppierung ohne direkte Einflussmöglichkeiten auf die Gemeindepolitik Nürnbergs im 19. Jahrhundert, über ihren überraschend schnell anwachsenden Einfluss im Kollegium der Gemeindebevollmächtigten, die Konsolidierung in der ›Ära Luppe‹ der 1920er Jahre bis hin zum Ende der Gemeindetätigkeit der Sozialdemokraten unter den Nationalsozialisten. Der Neubeginn unter der amerikanischen Militärregierung, die Wiederaufbautätigkeiten der Nachkriegsjahre, die zunehmende Politisierung der Kommunalpolitik in den 1960er und 1970er Jahren, die Jahre der rot-grünen Koalition, die große Wahlniederlage im Jahr 1996 bis hin zum erneuten Machtwechsel durch die Kommunalwahl 2002 bilden den zweiten Teil der Publikation.

Die Erarbeitung des ersten Teiles basiert auf einer Magisterarbeit mit dem Titel ›Der Weg ins Rathaus und die Frühzeit sozialdemokratischer Kommunalpolitik in Nürnberg bis 1933‹, die ich im Februar 2008 unter dem Namen Katrin Bielefeldt an der Universität Erlangen bei Prof. Werner K. Blessing eingereicht habe und die als detailreicheres Nachschlagewerk dienen kann. Für diesen Band wurden die Inhalte leserfreundlich für ein breiteres Publikum aufbereitet: Anstelle eines rein wissenschaftlichen Textes findet der Leser neben der eigentlich geschichtlichen Erzählung zahlreiche Porträts ausgewählter Persönlichkeiten, die für die Nürnberger Sozialdemokratie von Bedeutung waren oder sind. Dazu ermöglichen kurze, farblich abgesetzte Infokapitel die Nutzung der Publikation wahlweise als kleines kommunalpolitisches Nachschlagewerk oder als informative Lektüre für zwischendurch. Am Ende der Publikation finden sich zahlreiche Tabellen, die erstmals die Zusammensetzung der Stadtratsfraktion schnell zugänglich machen.

Für den aktuelleren Teil der Geschichte wurden zahlreiche Interviews mit ehemaligen und aktiven Fraktionsmitgliedern oder Personen aus dem nahen Umfeld der Fraktion geführt, die in schriftlicher Form in der Fraktion einsehbar sind. Nur einzelne Ausschnitte wurden für diese Publikation verwendet und geben der Darstellung der letzten 50 Jahre Lebendigkeit.

An dieser Stelle möchte ich mich ganz herzlich bei allen Interviewpartnern bedanken, die mit ihrem Wissen und ihrer persönlichen Einschätzung der Vergangenheit dieses Buch mit geprägt haben: Willy Prölß, Dr. Peter Schönlein, Walter Schatz, Adolf Goßler, Arno Hamburger, Hildegard und Reiner Wagner, Gebhard Schönfelder, Lia Sommer, Rolf Langenberger, Siegfried Kett, Jürgen Fischer und Gerlind Zerweck. Dazu danke ich Dr. André Fischer, der als profunder Kenner der Kommunalpolitik der letzten Jahre das aktuelle letzte Kapitel verfasst hat, Katharina Polster für ihre Zuarbeit als Praktikantin, den Mitarbeitern des Stadtarchivs Nürnberg für ihre geduldige Unterstützung sowie allen Personen und Institutionen, die uns Archiv- und Bildmaterial zur Verfügung gestellt haben.

Diese Publikation ist eine Auftragsarbeit der SPD-Stadtratsfraktion Nürnberg, die mir als Autorin inhaltlich viele Freiräume gegeben hat. Die vorliegende Publikation ist der Versuch anlässlich des 100jährigen Fraktionsjubiläums, das im November 2008 begangen wird, einen analytischen Blick auf diese hundert Jahre zu werfen und die Anteile sozialdemokratischer Politik an der Nürnberger Stadtgeschichte nachvollziehbar zu machen. Die Darstellung der Fraktionsgeschichte basiert dabei auf einer persönlichen Auswahl und Schwerpunktsetzung der Themen und hat keinerlei Anspruch auf Vollständigkeit.

Katrin Kasparek
Geschichte Für Alle e.V. –
Institut für Regionalgeschichte

Wahlplakat zur Kommunalwahl 1952.

100 Jahre Sozialdemokratie im Nürnberger Rathaus

Nürnberg wird zur Industriestadt: Der Blick vom Spittlertorturm Richtung Süden zeigt links neben der Steinbühler Straße die Fabrikgebäude der 1838 an der heutigen Zeltnerstraße gegründeten Nürnberger Ultramarinfabrik, Fotografie von Ferdinand und Georg Schmidt 1865.

Verkehrsentwicklung, Fabrikarbeit und Arbeiterwohnungen
Die Geburt der Arbeiterfrage

Die Entwicklung Nürnbergs zur viel zitierten ›Hochburg der Sozialdemokratie‹ ist eng mit dem industriellen Aufschwung Nürnbergs verbunden. Zu Beginn des 19. Jahrhunderts war allerdings vom früheren Glanz der Reichsstadt nicht mehr viel zu spüren. Mit dem Verlust der Stellung als reichsunmittelbare Stadt und dem Übergang an Bayern war symbolisch ein Schlussstrich unter den langsamen Niedergang Nürnbergs bis hin zur politischen und wirtschaftlichen Bedeutungslosigkeit gezogen. Mit dem Ende der Reichsfreiheit war der alte Rat aufgelöst und die jahrhundertelange Alleinherrschaft des Patriziats in Nürnberg beendet. Das 1818 von den Bürgern ge-

Nürnberg im 19. Jahrhundert

Industrialisierung, Arbeiterbewegung und liberale Stadtverwaltung

wählte neue Stadtparlament, bestehend aus Magistrat und Kollegium der Gemeindebevollmächtigten, spiegelte die neue Zeit deutlich wider: Statt mit Vertretern der Patrizierfamilien waren die Gremien nun vor allem mit Großkaufleuten besetzt. Diese neue Herrschaft des Besitzbürgertums fand seine politische Vertretung in den liberalen Parteien. Der → **Liberalismus** prägte bis in die 1920er Jahre die Politik im Rathaus.

Mit dem Übergang an Bayern war 1806 das gesamte Kommunalvermögen an den bayerischen Staat übertragen worden, was jegliches eigenständiges Handeln Nürnbergs nahezu unmöglich machte. Erst als 1811 Teile davon an die Stadt zurückgegeben wurden, konnte die Stadt wieder eingeschränkt in manchen Bereichen der Stadtpolitik agieren. Es sollte aber noch gut 20 Jahre dauern, bis infolge des Zusammenschlusses deutscher Staaten zum Deutschen Zollverein im Jahr 1834, der maßgeblich von Nürnberger Großkaufleuten vorangetrieben wurde, und der Lockerung der Gewerbeverfassung ein wirtschaftlicher Aufschwung in Nürnberg zu verzeichnen war.

Die Grundlage für die bahnbrechende industrielle Revolution wurde mit dem Ausbau des Verkehrssystems gelegt. Die Fahrt der ersten deutschen Eisenbahn 1835, die Eröffnung der Teilstrecke Nürnberg-Bamberg des Ludwig-Donau-Main-Kanals im Jahr 1843 und der Anschluss Nürnbergs an das überregionale Eisenbahnnetz 1844 begründeten die bis heute währende Bedeutung Nürnbergs als Verkehrsknotenpunkt. 1859 konnten auf dem Schienenweg erste Eisenerzlieferungen aus der Oberpfalz nach Nürnberg transportiert werden, zwei Jahre später auch Kohlen aus Böhmen, die in den neu entstandenen industriellen Betrieben dringend benötigt wurden.

Mit dem ansteigenden Import von Rohstoffen wuchs auch der Export von in Nürnberg gefertigten Gütern wie Blattmetallen, leonischen Drähten, Bronzefarben, Spielwaren, Pinseln, Bleistiften, Spiegelglas oder Fahrzeugen aller Art immer stärker an. Schon zu Beginn der 1860er Jahre waren in Nürnberg von 100 Gewerbemeistern 73 für den Export tätig. Um 1890 war Nürnberg schließlich zu einer wichtigen Handelsstadt für den internationalen Handel mit Industriegütern geworden.

In den ersten Jahrzehnten des 19. Jahrhunderts erfolgte die Umstrukturierung von Handwerksbetrieben zu ersten

ARBEITERBEWEGUNG

Zeugnis der Industriekultur: Die um 1906 entstandene Erinnerungstafel der Siemens-Schuckert-Werke präsentiert selbstbewusst vor den Firmengebäuden Werkmeister und Ingenieure mit ihren Werkstücken.

kleinen Fabriken nur zögerlich, auch blieb die Unterscheidung von Manufaktur und Fabrik lange Zeit nur schwer greifbar, gehörte doch die Dampfmaschine zunächst noch nicht zur gewöhnlichen Ausstattung einer solchen Fabrik. Eine Zählung im Jahr 1852 nannte erstmals eine Zahl von 586 Fabriken, die allerdings meist kaum mehr als 10 bis 20 Arbeiter beschäftigten. Herausragend war die 1841 gegründete Firma Klett & Co., die sich später zur Maschinenfabrik Augsburg-Nürnberg (MAN) entwickeln sollte und bereits 1857 etwa 2.300 Arbeiter beschäftigte. Neben der Metallverarbeitung spielten in der frühindustriellen Entwicklung die Chemische Industrie mit der 1838 von Johannes Zeltner gegründeten Ultramarinfabrik, die Bleistiftindustrie mit den ab 1840 florierenden ersten Bleistiftfabriken der Firmen Faber, Staedler, Lyra und Schwan sowie auch die Textilproduktion eine wichtige Rolle.

Mit dem Voranschreiten des Eisenbahnbaus erhielt die Industrialisierung immer mehr Schwung. Eine Zählung des Magistrats im Jahr 1875 registrierte 11.555 Personen, die in Nürnberger Fabriken tätig waren, was darauf schließen lässt, dass zu diesem Zeitpunkt bereits mehr Arbeiter in so genannten Fabriken als Gesellen im herkömmlichen Handwerk beschäftigt waren.

Eine Sonderrolle innerhalb der Nürnberger Industrialisierung spielte die 1873 gegründete elektrotechnische Firma Schuckert, die bis zum Ersten Weltkrieg mit 12.000 Arbeitern zum größten Unternehmen in ganz Bayern anwuchs. Sie, wie auch andere zahlreiche kleinere aber dennoch florierende Betriebe, führten zu einem immer stärker ansteigenden Zuzug von Arbeitern aus dem fränkischen Umland und der Oberpfalz, so dass Nürnberg bereits 1881 mit 100.000 Einwohnern aufwarten konnte und somit zur Großstadt angewachsen war. Bis zum Ersten Weltkrieg sollte sich nun die Stadt vor allem durch die elektrotechnische und metallverarbeitende Industrie in eine Industriestadt verwandeln und sich ihre Einwohnerzahl nahezu verdreifachen. Wie stark sich Nürnberg als Industriestadt hervortat, zeigt der Vergleich mit München: Die Zahlen der bayerischen Betriebszählungen von 1882 und 1907 weisen eine Verdreifachung der Einwohner Nürnbergs von 102.874 auf 301.258 auf, während sich die Einwohnerzahl Münchens in der gleichen Zeit nur verdoppelte. Im Jahr 1907 unterhielt Nürnberg trotz der geringeren Einwohnerzahl mit insgesamt 299 bereits 20 Großbetriebe mehr als München. Auch die Motorisierung der Betriebe und die Anzahl der Arbeiter waren in Nürnberg bereits weiter vorangeschritten; im Jahr 1907 waren 62,2 Prozent der Nürnberger Einwohner in der Industrie beschäftigt, während dies in München nur auf 42,1 Prozent zutraf.

Liberalismus in Nürnberg

Die Anfänge des Liberalismus in Nürnberg finden sich im ersten Drittel des 19. Jahrhunderts mit der Gründungsversammlung des ›Jünglingsbundes‹, einer Art Dachverband der Burschenschaften, die im Oktober 1822 unter der überschaubaren Beteiligung von sieben Mitgliedern in Nürnberg unter der Leitung von Johann Gottfried Eisenmann stattfand.

Erst seit der Revolution von 1848 bildeten sich aus dieser zunächst bürgerlichen Bewegung einzelne Parteien heraus, die seit dem Beginn der 1860er Jahre zur Blütezeit des Liberalismus führten.

Der Nürnberger Liberalismus war auch nach der Revolution von 1848/49 mehrheitlich linksliberaler oder freisinniger Ausrichtung und wurde neben politischen Vereinen durch ein ausdifferenziertes, liberal gesinntes Pressewesen getragen. Mit Otto Freiherr von Stromer bekam die Stadtspitze im Jahr 1867 eine sozial-liberale Prägung, die auch von dessen Nachfolger Georg Ritter von Schuh weitergeführt wurde. Selbst nach der Reform des Gemeindewahlrechts im Jahr 1919 stellten die Linksliberalen trotz einer sozialdemokratischen Mehrheit im Stadtrat mit Hermann Luppe den Ersten Bürgermeister.

Ab Mitte der 1920er Jahre nahmen die Mitgliederzahlen der linksliberalen Partei in Nürnberg kontinuierlich ab.

Gleichzeitig mit dem Anwachsen der Einwohnerzahlen dehnte sich die Stadt auch flächenmäßig immer weiter über die Stadtmauern hinaus aus. Mit der Eingemeindung des größten Teils des Burgfriedens, also den Gemeinden Wöhrd, Gärten hinter der Veste, Galgenhof, Gostenhof, Johannis und Gleißhammer im Jahr 1825 und der umfassenderen Eingemeindung von 13 weiteren Gemeinden im Jahr 1899 war Nürnberg nun auf ein Gebiet angewachsen, das im Süden bis zur Werderau und Gebersdorf, im Westen bis Höfen und Leyh, im Norden bis Kleinreuth hinter der Veste und Ziegelstein und im Osten bis Rehhof und Erlenstegen reichte.

Die Industrialisierung und das explosionsartige Bevölkerungswachstum hatten konträre Auswirkungen: Zum einen verhinderten die schnell anwachsenden Arbeitsplätze die drohende Massenarbeitslosigkeit, zum anderen mussten nun tausende Arbeiter für wenig Geld unter menschenunwürdigen Bedingungen arbeiten und in hygienisch höchst fragwürdigen Unterkünften auf engstem Raume wohnen.

Die Arbeiterfrage war geboren: Als Phänomen während der Frühindustrialisierung schon in manchen Vororten deutlich zu spüren, verschärfte sich die Massenarmut der Arbeiterschicht in der zweiten Hälfte des 19. Jahrhunderts in Nürnberg dramatisch. Trotz anstrengender Arbeit unter meist gesundheitsgefährdenden Bedingungen waren die Arbeiter meist nicht in der Lage, für sich und ihre Familien ausreichend zu sorgen. Dazu verschärften Fabrikarbeit von Frauen und die immer stärker zunehmende Kinderarbeit die desolaten Verhältnisse. Die Kluft der Klassengegensätze zwischen Bourgeoisie und Proletariat, zwischen Kapitaleignern und Lohnabhängigen, vergrößerte sich dramatisch und konfrontierte die Kommunalpolitik mit bis dahin unbekannten Fragen und Problemen.

Auch wenn die Stadtverwaltung unter Georg Ritter von Schuh seit den 1880er Jahren den Missständen durch eine große Zahl von Neuerungen entgegenwirkte, so klafften die erforderlichen Reformen und die Haltung der liberalen Stadtverwaltung weit auseinander: In Fragen der Mitbestimmung der Arbeiterschaft auf kommunaler Ebene durch eine Änderung des Bürger- und Wahlrechts, bei der Revidierung des Vereinsrechts oder in sozialen Fragen bezüglich der Kranken- und Armenfürsorge blieben die liberalen Stadtoberen konservativ-bürgerlich und wenig innovationsfreudig.

Erst die Veränderung des Wahlrechts gab schließlich den Startschuss für sozialdemokratische Stimmen im Stadtparlament und war somit eine der wichtigen Zäsuren auf dem Weg Nürnbergs zur bayerischen Hauptstadt der sozialdemokratischen Bewegung.

ARBEITERBEWEGUNG

»Die Geburtsglocken der Nürnberger Sozialdemokratie läuten«
Die Gründung des Arbeiterbildungsvereins

Schon während der Revolution im Jahr 1848 gründete sich in Nürnberg als Untergliederung der Berliner »Arbeiterverbrüderung« ein erster Arbeiterverein. Die insgesamt 500 Mitglieder, die den Verein zum größten seiner Art in Bayern machten, waren allerdings seltener Fabrikarbeiter als Handwerksmeister und -gesellen. Dennoch spiegelten die auf einem am 2. April 1849 in Nürnberg vom Zentralkomitee der Arbeiterverbrüderung einberufenen Kongress besprochenen Themen bereits Anliegen der Arbeiterbewegung wider. Neben Forderungen nach Arbeitsbildungseinrichtungen, Gewerbefreiheit, einer progressiven Einkommensteuer, Wahlrechtsreformen und Reformen des Eherechts sprach sich der Kongress auch gegen die ständische Ungleichheit aus. Infolge des → **Bayerischen Vereinsgesetzes von 1850** wurden alle Arbeitervereine als politisch eingestuft und somit verboten. Erst in den 1860er Jahren lockerten sich die staatlichen Repressionen, und 1861 wurde die Neugründung eines Nürnberger Arbeitervereins möglich. Die Agitation des Vereins stand ganz im Zeichen der Ideen von Herman Schulze-Delitzsch, einem der Gründer der deutschen Genossenschaftsbewegung. Er gehörte wie die meisten Mitglieder des Vereins der Fortschrittspartei an. Der Verein führte die Ideen der Revolution fort, indem er versuchte, die Situation der Gewerbetreibenden durch genossenschaftliche Zusammenschlüsse zu verbessern, lehnte aber gleichzeitig die Ideen Ferdinand Lassalles ab, der die Arbeiterschaft an den Staat heranführen und ihr mit dem allgemeinen Wahlrecht zu politischen Rechten verhelfen wollte. Mit der Gründung des Allgemeinen Deutschen Arbeitervereins (ADAV) im Jahr 1863 wurde Ferdinand Lassalle zum Gründervater der deutschen Sozialdemokratie.

Aufgrund persönlicher Rivalitäten und Auseinandersetzungen innerhalb des Nürnberger Arbeitervereins kam es schließlich 1866 zur Spaltung. Der Schreinermeister Anton Köberlein verkündete am 24. Mai vor dem Nürnberger Magistrat, dass »(…) eine Anzahl ausgetretener Mitglieder des Arbeitervereins beabsichtige nächsten Samstag den 26. ds. Mts. Abends 8 Uhr im Contumazgarten eine Versammlung behufs Bildung eines neuen Vereins abzuhalten.« Die Programme der beiden Vereine lesen sich in den ersten Jahren allerdings nahezu identisch – beide waren weniger politisch als gesellig ausgerichtet. So beschreibt die Satzung des Arbeiterbildungsvereins seinen Zweck darin, »den Arbeiterstand

Schreiben mit Briefkopf des Arbeiterbildungsvereins Nürnberg vom 17. Juni 1868.

Das Bayerische Vereinsgesetz von 1850

Seit Beginn des 19. Jahrhunderts entwickelte sich anstelle der ständischen Korporationen ein vielfältiges Vereinswesen, das in dieser neuen Form des Zusammenschlusses gemeinsame – häufig auch politische – Ziele verfolgte. Bis 1848 gab es eine deutliche Tendenz, Vereine mit politischen Tendenzen zu verbieten und deren Zusammenkünfte von einer behördlichen Genehmigung abhängig zu machen. Auch mit dem Erlass des ›Reichsgesetzes betreffend die Grundrechte des deutschen Volkes‹ vom 27. Dezember 1848, das erstmals die Grundrechte und somit auch das Recht auf persönliche Freiheit als anwendbar erklärte, konnte dieses Recht noch nicht wirklich umgesetzt werden, da zusätzliche Gesetzesregelungen durch die Glieder des Deutschen Bundes vorausgesetzt wurden. In Bayern war ab dem 26. Februar 1850 eine vereinspolizeiliche Kontrolle vorgeschrieben, die neben einer Meldepflicht von Sitzungen und Versammlungen auch die Überwachung der Veranstaltungen durch einen Polizeibeamten oder einen anderen Bevollmächtigten, wie auch die Möglichkeit des Versammlungsverbots vorsah, wenn eine Gefahr für das öffentliche Wohl und die öffentliche Sicherheit gesehen wurde. Dazu waren politische Vereine verpflichtet, Statuten zu formulieren und ihre Vorsteher und Mitglieder den Behörden zu melden. Im Gegensatz zu Preußen galt in Bayern das Verbot an Veranstaltungen politischer Vereine teilzunehmen nicht für Frauen, sondern nur für Minderjährige.

Die neu gegründete Sozialdemokratische Arbeiterpartei stand aufgrund ihrer zweifellos politischen Ausrichtung unter besonderer staatlicher Beobachtung. Vielleicht als Vorsichtsmaßnahme gegen das Versammlungsverbot wurden auf den Werbeplakaten die Daten handschriftlich nachgetragen.

sittlich und social zu heben«. Es sollten Vorträge und Diskussionsveranstaltungen durchgeführt werden, auf denen »gewerbliche Verhältnisse« besprochen und die »gemeinschaftliche(n) Vergnügungen zur Förderung des geselligen Verhältnisses«[1] im Vordergrund stehen sollten.

Als 1867 August Bebel die Präsidentschaft des ›Verbandes der Deutschen Arbeitervereine‹ übertragen wurde, schloss sich auch der Nürnberger Arbeiterbildungsverein dem Verband an. Erst im darauffolgenden Jahr wurde anlässlich des 5. Verbandsvereinstages, auf dem im alten Nürnberger Rathaussaal nach hitziger Diskussion die Statuten der Internationale angenommen wurden, eine Politisierung des lange Zeit recht unpolitischen Vereins deutlich. Gabriel Löwenstein, der in den folgenden Jahren zu einem der Urväter der Bayerischen Sozialdemokratie avancieren sollte, begründete seine Zustimmung zur Politisierung des Vereins damit, dass es » (...) ein ganz verkehrter Standpunkt (sei), anzunehmen, dass die Arbeiterbildungsvereine ihre Aufgabe verfehlen, wenn sie die Politik in den Bereich ihrer Tätigkeit ziehen«.[2]

Der Vereinstag hatte sowohl auf kommunaler wie auch auf reichsweiter Ebene entscheidende Auswirkung auf die Geschichte der Sozialdemokratie: Eine Minderheit trat aus dem ADAV aus und bildete am 7. August 1869 auf dem Gründungsparteitag der Sozialdemokratischen Arbeiterpartei in Eisenach den

Erste Auflage des Fürther Demokratischen
Wochenblatts vom 28. Oktober 1871.

Kern der neu gegründeten Partei. Mit den Nürnbergern Konrad Rüll, Karl Hirsch, Emil Weller, Karl Böhm und Johann Faaz waren auf dem Eisenacher Kongress Vertreter aus den örtlichen Vereinen, Gewerkschaften und Genossenschaften vertreten. Sie stellten bereits am 24. August 1869 in einer Versammlung in Nürnberg die neue Sozialdemokratische Arbeiterpartei vor. 30 Personen traten daraufhin sofort in die Partei ein. Somit war der Grundstein der Sozialdemokratie in Nürnberg gelegt. 1871 schlossen sich schließlich auch der Arbeiterbildungsverein und die Nürnberger Gruppierung der Internationalen Arbeiterassoziation der Sozialdemokratischen Arbeiterpartei nach dem Eisenacher Vorbild an. Vor allem der Nürnberger Arbeiterbildungsverein hatte sich unter seinem ersten Vorsitzenden Konrad Rüll zur Keimzelle der Nürnberger Sozialdemokratie entwickelt.

Schon 1868 wurde der Verein vom Polizeisenat als ›politischer Verein‹ eingestuft, da auf Wochenversammlungen regelmäßig soziale und politische Themen diskutiert wurden. Die neugegründete Sozialdemokratische Arbeiterpartei war äußerst erfolgreich und bereits 1874 zur zweitgrößten Parteigruppierung der SPD in Deutschland angewachsen.

Vom ›Demokratischen Wochenblatt‹ zur ›Fränkischen Tagespost‹
Sozialdemokratisches Pressewesen in Nürnberg

Durch den deutsch-französischen Krieg 1870/71 wurde die Arbeiterbewegung auf eine harte Probe gestellt. Nicht nur der Verlust von Mitgliedern und Aktiven durch den Tod an der Front machte der sich gerade formierenden Partei zu schaffen; auch die leidenschaftliche Unterstützung des Vorhabens des Pariser Stadtrats, gegen den Willen der Regierung eine sozialistische Verwaltung im Sinne einer Räterepublik einzuführen, schuf auf bürgerlicher Seite feindliche Stimmungen gegenüber den Sozialdemokraten. Die revolutionäre Haltung der Partei zu Eigentum, Grund und Boden tat ihr Übriges zu einer sozialdemokratenfeindlichen Atmosphäre. Potentielle Parteimitglieder fürchteten – vermutlich zu Recht – Benachteiligungen durch ihre Arbeitgeber wie auch Anfeindungen in der Öffentlichkeit.

Bei den bereits überzeugten Sozialdemokraten erzeugte dies allerdings eher Kampfgeist statt Resignation. Durch eine eigene Parteizeitung sollten die sozialdemokratischen Ideen verbreitet, aber auch Gegner der Bewegung offensiv bekämpft werden. Der erste Redakteur des Fürther Democratischen Wochenblatts, das am 28. Oktober 1871 seine erste Ausgabe publizierte, Anton Memminger, kündigte kampflustig an, »er werde (…) jeden, ob

Vorderansicht des Verlagsgebäudes der Fränkischen Tagespost in der Breiten Gasse 25/27, Fotografie Anfang 20. Jahrhundert.

groß oder klein, in seinem Blatte entlarven«[3]. Dass diese Ankündigung schonungslos in die Tat umgesetzt wurde, zeigt die überaus beeindruckende Anzahl von Strafanträgen, die gegen das Parteiblatt gestellt wurden. Bis zum Jahr 1876 mussten sich die Herausgeber in über 50 Prozessen gegen verschiedene Arbeitgeber und den Nürnberger Magistrat verteidigen. Dass das neu geschaffene Parteiorgan, das sicherlich eines der radikalsten in ganz Süddeutschland war, aber nicht nur im Kampf gegen Parteigegner, sondern auch für die Partei selbst von großer Bedeutung war, zeigt eine Aussage aus einem Versammlungsprotokoll der Partei: »Hätten wir dieses Blatt nicht, so wären wir hier null und nichtig, und unsere Agitation wäre zu Ende (…) das gehörte Wort verhallt, (…) und die Parteigenossen (…) wissen oft eine Stunde nach der Versammlung nicht mehr, was gesprochen wurde«.[4]

Die Zeitung war trotz oder vielleicht gerade wegen ihrer forschen Ausrichtung überaus erfolgreich: Handelte es sich zunächst um ein Wochenblatt in privatem Besitz von Anton Memminger, ging die Zeitung 1873 an die Partei über und verzeichnete bereits 1874 einen großen Aufschwung. Nachdem die Buchdruckerei Wörlein, in der die Zeitung gedruckt wurde, im Februar 1874 zur Genossenschaftsdruckerei umgewandelt wurde, war bereits im April des gleichen Jahres eine Auflage von 3.000 Stück, die zwei-

19. JAHRHUNDERT

ARBEITERBEWEGUNG

Blick in den Hinterhof des Verlagsgebäudes der Fränkischen Tagespost. Zu sehen sind rechts Karl und Margarethe Grillenberger und Karl Oertel, vorne links der Inhaber der Druckerei Hans Wörlein.

mal wöchentlich unter dem Titel ›Social-Demokratisches Wochenblatt‹ erschien, zu verzeichnen. Nur wenige Monate später erfolgte eine erneute Umbenennung in ›Nürnberg-Fürther-Social-Demokrat‹. Ab Oktober 1874 konnten die begeisterten Leser und weniger begeisterten Kritiker bereits dreimal wöchentlich die forschen sozialdemokratischen Äußerungen konsumieren. Im Oktober 1877 hatte die Zeitung dann endlich den Status einer Tageszeitung mit täglicher Veröffentlichung erlangt. Im Jahr darauf konnten die Herausgeber auf die stolze Auflagenzahl von 5.000 Stück blicken.

Die Herausgeber des Parteipresseorgans ahnten schon früh die antisozialdemokratischen staatlichen Repressionen, die mit dem → **Sozialistengesetz 1878** Realität wurden. Mit politischem Spürsinn wurde die Parteipresse bereits 1878 privatisiert und unter dem unverfänglichen neuen Titel ›Fränkische Tagespost – Organ für Jedermann aus dem Volk‹ veröffentlicht. Buchdruckerei und Zeitungsverlag waren nun im Besitz von Margarethe Grillenberger, der Gattin Karl Grillenbergers, und dem früheren Besitzer Hans Wörlein. Durch dieses geschickte Taktieren konnte die Parteipresse weitgehend unbeschadet die zwölf Jahre unter dem Sozialistengesetz überstehen. Obwohl das Presseorgan nicht aufgehoben wurde, mussten die Redakteure und Eigentümer etliche Strafen und über 100 Hausdurchsuchungen über sich ergehen lassen.

**Karl Grillenberger
(1848–1897)**

Der in Zirndorf als Sohn eines Volksschullehrers geborene Karl Grillenberger gilt heute als einer der Gründerväter der Nürnberger Sozialdemokratie. Durch seine publizistische Tätigkeit wie auch durch sein politisches Engagement gewann er auf Landes- und Reichsebene weit über die Stadtgrenzen hinaus an Bedeutung.

Nach Schlosserlehre und mehrjähriger Wanderschaft trat Karl Grillenberger 1869 in die Nürnberger Sozialdemokratie ein und begann mit der Übernahme der Redaktion eines Vorgängers der späteren Fränkischen Tagespost seine politische Karriere. Mit der Verbreitung und dem Druck verbotener Zeitungen, der Unterstützung von politisch verfolgten Sozialdemokraten und der strategisch geschickten Leitung des sozialdemokratischen Pressewesens tat er sich besonders während der Zeit des Sozialistengesetzes von 1878 bis 1890 als bedachter Politiker hervor.

Die seit 1874 mit wachsendem Erfolg geführten Bewerbungen um ein Reichstagsmandat im Wahlkreis Nürnberg-Altdorf brachten ihm, trotz der Reglements unter dem Sozialistengesetz, das ihm jeglichen Wahlkampf durch öffentliche Auftritte oder Flugblätter versagte, 1881 den Ruhm des ersten bayerischen Sozialdemokraten im deutschen Parlament ein. Die Beliebtheit des Nürnberger Sozialdemokraten der ersten Stunde zeigen die stetig anwachsenden Stimmenzahlen, die ihn bis zu seinem Tod im Amt als Reichstagsabgeordneter bestätigten. Nicht nur auf Reichsebene war Karl Grillenberger erfolgreich: 1893 zogen er und seine Nürnberger Kollegen Johann Scherm, Gabriel Löwenstein und Josef Ehrhardt sowie der Münchner Georg von Vollmar als erste Sozialdemokraten in den bayerischen Landtag ein. Aber auch in Nürnberg blieb er weiterhin aktiv und setzte sich für die Einrichtung eines Arbeitersekretariats zur Beratung hilfesuchender Arbeiter in Nürnberg ein, das für weitere Arbeitersekretariate in Deutschland Vorbild wurde.

Karl Grillenberger galt als erfolgreicher Verleger, Redakteur, Parlamentarier und Kopf der sozialdemokratischen Bewegung. »Ein Bild urwüchsiger Manneskraft, hatte sich der Führer der Nürnberger Arbeiter zu einem trefflichen Kämpfer auf parlamentarischem Boden entwickelt. Kundig, wie wenige, in allen Fragen der Arbeitergesetzgebung, immer bereit und fähig, in sachlichster Weise zu prüfen, was selbst von dieser Regierung dem Proletariat Gutes kommen konnte...«[6] Diese Haltung machte ihn – wenngleich er kaum als Person für die Ideen und Ziele der Nürnberger Sozialdemokratie stand – doch zum Idol und Vorbild bis zu seinem Tod, der 1897 vermutlich durch Spätfolgen eines Attentats, dessen Opfer er geworden war, eintrat.

Da Karl Grillenberger in München bestattet wurde, erinnert an ihn auf dem Nürnberger Westfriedhof nur ein Ehrenmal. 1930 ehrte ihn der Parteichronist Georg Gärtner mit der Veröffentlichung seiner Biografie ›Grillenberger. Lebensbild eines Kämpfers für Volksrecht und Volksfreiheit‹.

Nach der Aufhebung des Sozialistengesetzes im Jahr 1890 wurde der Tarnname ›Fränkische Tagespost‹ beibehalten. In den Anfangsjahren wie auch in der Zeit des Sozialistengesetzes war Karl Grillenberger die treibende Kraft der Nürnberger Parteipresse. Zwei Jahre vor seinem Tod blieb Karl Grillenberger zwar Redaktionsleiter, verkaufte aber Zeitung und Druckerei an Karl Oertel, der als Schützling Grillenbergers nach dessen Tod auch sein Nachfolger in Reichs- und Landtag wurde. 1899 wurde die Zeitung schließlich zurück in den Parteibesitz überführt und bot in den folgenden Jahren immer wieder Anlass für Auseinandersetzungen innerhalb der Partei.

»Das wichtigste Organ jeder Bewegung ist eine gut geleitete und rückgratfeste Presse. Sie bildet das geistige Bindeglied zwischen Gleichgesinnten, die öffentliche Tribüne, von der die Führer zu den Massen sprechen, das Sprachrohr, das Kritik übt an unerwünschten Zuständen und die wichtige Aufgabe hat, geltend gemachten Wünschen und Forderungen Nachdruck zu geben.«[5] Diese Bewertung der Parteipresse, die der Chronist der Nürnberger Arbeiterbewegung, Georg Gärtner, im Jahr 1928 vornahm, spiegelt das Verhältnis der Nürnberger Sozialdemokratie zur Fränkischen Tagespost: Die Parteipresse schuf Erfolge für die Partei und war gleichsam Karrieresprungbrett für eine Vielzahl von Personen. So zählten die

Das Sozialistengesetz 1878

Das so genannte Sozialistengesetz wurde im Oktober 1878 als Reaktion auf zwei Attentate, die gegen Wilhelm I. ausgeführt wurden und von Reichskanzler Otto von Bismarck unrechtmäßig der Sozialdemokratie zu Last gelegt wurden, als ›Gesetz gegen die gemeingefährlichen Bestrebungen der Sozialdemokratie‹ erlassen. Otto von Bismarck hatte die immer größere Akzeptanz der sozialdemokratischen Bewegung schon seit einigen Jahren als reichsfeindliche Bedrohung betrachtet, was sich schon 1872 im Leipziger Hochverratsprozess zeigte. August Bebel und Wilhelm Liebknecht wurden in diesem Prozess wegen ihrer solidarischen Haltung zur Pariser Stadtverwaltung zur Zeit des deutsch-französischen Krieges zu zwei Jahren Festungshaft verurteilt.

Das Sozialistengesetz schrieb vor, »Vereine, welche durch sozialdemokratische, sozialistische oder kommunistische Bestrebungen den Umsturz der bestehenden Staats- oder Gesellschaftsform bezwecken«, zu verbieten. Neben Vereinen galt dies auch für ›Verbindungen jeder Art‹. Das Sozialistengesetz stellte somit jegliche sozialdemokratische Aktivität außerhalb der Reichs- und Landtage unter Geld- und Freiheitsstrafe. Dies betraf auch die sozialdemokratischen Presseorgane.

Das Verbot konnte allerdings die sozialdemokratische politische Aktivität nicht völlig unterdrücken: ›Der Sozialdemokrat‹, eine seit 1880 im Ausland publizierte Zeitung, wurde illegal auch in Nürnberg verbreitet. Dazu wurden bis 1890, als das Sozialistengesetz nicht länger aufrecht erhalten werden konnte, zahlreiche Tarnorganisationen wie Arbeitersport- oder Gesangsvereine gegründet, die zum Teil unter erschwerten Bedingungen weiterhin politisch tätig waren.

Titelseite des im Ausland gedruckten und nach Nürnberg geschmuggelten ›Sozialdemokrat‹ vom 27. September 1890.

Das Café Merk in der Prechtelsgasse 14 in Gostenhof entwickelte sich seit den 1870er Jahren zum wichtigsten Parteilokal der Nürnberger SPD, der Gewerkschaftsbewegung wie auch der USPD. In der Zeit des Sozialistengesetzes fanden dort als gesellige Veranstaltungen getarnte politische Versammlungen statt, Plakat 1872 und Fotografie 1912.

19. JAHRHUNDERT

erfolgreichen Sozialdemokraten Anton Memminger, Gabriel Löwenstein und Karl Grillenberger zur Gründergeneration der Zeitung wie auch der Partei; Albert Südekum, Adolf Braun und Martin Segitz waren zunächst als Redakteure, später als Spitzenfunktionäre der Partei in Nürnberg tätig. Mit Philip Scheidemann und Kurt Eisner hatte die Fränkische Tagespost Mitarbeiter, die später auf Landes- und Reichsebene Karriere machten.

Bis zum März 1933 führte die Fränkische Tagespost, die nun als Tageszeitung an sieben Tagen in der Woche erschien, und neben einer Sportzeitung, einer Feuilleton- und einer Romanbeilage zwei Illustrierte veröffentlichte und in etwa 170 Orten in Mittelfranken in einer Auflage von 31.000 Stück verkauft wurde, ihre Arbeit erfolgreich weiter. Am 9. März 1933 wurde das Redaktionsgebäude von der SA gestürmt und am folgenden Tag alle Organe der Fränkischen Tagespost verboten. Nach der Zeit des Nationalsozialismus erschien zunächst nur ein kleines Nachrichtenblättchen der SPD unter dem gleichen Titel, bis von 1948 bis 1971 die »Fränkische Tagespost« als Zeitung nochmals erschien.

Der Kampf um parteiliche Freiheit
Nürnberger Sozialdemokratie während des Sozialistengesetzes 1878–1890

Wenngleich Bismarck mit dem Sozialistengesetz die Sozialdemokratie im Keime ersticken wollte, so konnte dieser Effekt in der geplanten Vehemenz nicht erzielt werden. Bereits seit Mitte des Jahrhunderts war die sozialdemokratische Agitation durch das Vereinsgesetz nur in beschränktem Maße möglich. Hierdurch hatten auch die Nürnberger Sozialdemokraten gelernt, ihren Weg trotz widriger äußerer Umstände effektiv weiterzugehen. Karl Grillenberger und die weiteren führenden Köpfe der Nürnberger Sozialdemokratie schafften kaum

Mögliches: Sie agierten während der zwölf Jahre des Sozialistengesetzes so überlegt und geschickt, dass die Parteipresse – wenngleich unter strenger Überwachung – ununterbrochen publizieren konnte und sie auch sonst kein einziges Mal mit dem Gesetz in Konflikt gerieten.

Schon seit Beginn der 1870er Jahre bauten die Nürnberger Sozialdemokraten auf offensive Werbung für ihre Sache: Veröffentlichung der eigenen Parteizeitung, Initiierung von und Beteiligung an Veranstaltungen über die Nürnberger Stadtgrenzen hinaus und nach den bestehenden Möglichkeiten forsch vorangetriebene und erfolgreiche Wahlkämpfe, ließen die Gegner immer kritischer auf die unbequemen Stimmen aus der Arbeiterschaft blicken. Je intensiver die parteilichen Aktivitäten ausgebaut wurden, desto stärker wurde auch die polizeiliche Überwachung. Am 24. April 1874 kam es schließlich im Magistrat zum Beschluss eines Parteimitgliedschaftsverbotes. Alle nun einberufenen Versammlungen konnten wegen »Fortsetzung verbotener Vereinstätigkeit« aufgelöst werden. Fast zehn Jahre lang sollte die sozialdemokratische Bewegung nun in Nürnberg ohne organisierte Partei überdauern.

Man war allerdings erfinderisch: Schon wenige Wochen nach dem Verbot in Nürnberg organisierte Karl Grillenberger eine Versammlung in Fürth. Als im Jahr 1876 vom Obersten Gericht in München entschieden wurde, dass sozialdemokratische Vereine per se als politische Vereine zu gelten haben und somit verboten werden konnten, sprossen eine Vielzahl von Nebenorganisationen aus dem Boden. Die Nürnberger Sozialdemokraten engagierten sich nun in neu gegründeten Gewerkschaften, Gesangs- und geselligen Vereinen, Krankenunterstützungskassen oder auch in Vereinen, die eine politische Zielsetzung nur erahnen ließen. Darunter waren der 1876 mit dem Ziel, sympathisierende bürgerliche und kleinbürgerliche Nürnberger an die Sozialdemokratie heranzuführen, gegründete ›Bürgerbund‹ oder der im selben Jahr ins Leben gerufenen ›Wahlverein zur Erzielung einer volkstümlichen Reichstagswahl‹. Dass diese Bewegung durchaus erfolgreich war, zeigen die Ergebnisse der Reichstagswahl 1877: Von 20.867 abgegebenen Stimmen entfielen 10.025 auf Karl Grillenberger, nur 9.919 auf den Fortschrittskandidaten, was erstmals eine Stichwahl erforderlich machte. Diese brachte zwar knapp 600 Stimmen mehr für die Fortschrittspartei, war insgesamt aber dennoch ein großer Erfolg für die Sozialdemokraten: Sie wurden als ernst zu nehmende Konkurrenz erkannt.

Als in Folge der Attentate gegen Kaiser Wilhelm im Mai und Juni 1878 ein härterer Umgangston gegen die Sozialdemokratie gefordert wurde, stieß dies in Nürnberg auf offene Ohren. Postum wurde der Kaiser von der städtischen Verwaltung per Telegramm benachrichtigt, sie werde »nie und nimmer ruhen und rasten in der Bekämpfung des nun allen klar gewordenen Urgrundes dieser beklagenswerten Erscheinungen unserer Zeit, in dem Kampfe gegen Zuchtlosigkeit, Lüge und Niedertracht«[7].

Dieser Kampf zeigte sich bald darauf durch offensive Aufrufe im Fränkischen Kurier, dem liberalen Pendant der Fränkischen Tagespost. Es wurden Hetzreden gegen führende Sozialdemokraten abgedruckt, zum Boykott von durch Sozialdemokraten als Versammlungsort genutzten Lokalen aufgerufen und die Verhaftung einzelner Personen gefordert.

Unter diesen Bedingungen gestaltete sich der erneut bevorstehende Reichstagswahlkampf im Juni 1878 schwer. Dieser Wahlkampf war für die deutsche Sozialdemokratie besonders wichtig, sollten doch mit dem Vorwand der Attentate die Sozialdemokraten aus dem Reichstag verbannt werden.

Der Bund von Fortschrittlern und Nationalliberalen mit einem gemeinsamen Gegenkandidaten, aber auch die Ausschreitungen in der Öffentlichkeit, die vor allem das Ziel verfolgten, potentielle Wähler einzuschüchtern, hatten Erfolg und führten letztendlich zur Wahlniederlage von Karl Grillenberger.

Die Nürnberger Sozialdemokratie schätzte die sich immer mehr verschärfende antisozialdemokratische Stimmung richtig ein und reagierte prompt: Am 25. September wurden auf einer Versammlung im Café Merk die Grundsätze der Partei diskutiert und bereits Anfang

Sonnenaufgang über der Arbeiterstadt: Auch in Nürnberg wurde, lange bevor der Erste Mai in der Weimarer Republik zum nationalen Feiertag erklärt wurde, dieser Tag für identitätsstiftende Feiern genutzt, Postkarte 1901.

Oktober die Privatisierung der Parteizeitung vorgenommen, die von nun an als Fränkische Tagespost veröffentlicht wurde. Gleichzeitig lösten die umsichtigen Nürnberger Genossen den ›Wahlverein zur Erzielung volkstümlicher Wahlen‹ wie auch die Gewerkschaften der Metalldrücker, Flaschner und Manufakturarbeiter auf, um einem drohenden Verbot zuvorzukommen. Dass dies sozusagen in letzter Minute geschah, zeigte sich kaum zwei Wochen darauf, als durch die Annahme des Sozialistengesetzes im neu gewählten Reichstag sozialdemokratische Vereine, Gewerkschaften und eben auch die Publikation sozialdemokratischer Zeitungen verboten wurde.

Obwohl oder vielleicht gerade weil in Nürnberg nach Inkrafttreten des Gesetzes keine größeren Organisationen mehr zerschlagen werden konnten, richteten sich die Maßnahmen unter dem Deckmantel des Sozialistengesetzes vor allem gegen einzelne Funktionäre. In zahlreichen Hausdurchsuchungen versuchte man erfolglos, belastendes Material bei den früheren Machern der Fränkischen Tagespost, Hans Wörlein und Karl Grillenberger, zu bergen; man überwachte die Geselligkeitsvereine und versuchte,

ARBEITERBEWEGUNG

Titelseite der Metallarbeiter-Zeitung vom 3. Juni 1911.
Sie erschien von ihrer Gründung 1883 bis 1903 in Nürnberg.

Versammlungen von Sozialdemokraten weitgehend zu verhindern. Die Überwachung war, laut Georg Gärtner, durchschaubar gestaltet: »Wenn Grillenberger abends das Geschäft verließ, so hatte er jedes Mal hinter sich eine Polizeibedeckung, die ihm bis zu seiner Wohnung folgte, vor der dann ebenfalls und lange ein Ehrenposten stand«[8]. Die Tätigkeiten im Untergrund, die sich vor allem auf die Weiterverbreitung der in der Schweiz gedruckten und in Deutschland verbotenen Zeitschrift ›Sozialdemokrat‹ wie auf die Hilfe verfolgter Sozialdemokraten bezogen, konnten dennoch weitergeführt werden. Deutlich schwieriger gestaltete sich der Wahlkampf für die Reichstagswahl 1881, der vollständig ohne Wahlversammlungen und Flugblättern auskommen musste. Wie schon ein paar Jahre zuvor rettete man sich über die Nachbarschaft Fürth, wo August Bebel auf einer Versammlung sprechen konnte. Auf der Alten Veste wurde im Geheimen schließlich eine erfolgreiche Untergrundaktion geplant. Über Nacht wurde Nürnberg zur Wahlkampfbühne: Nach einer von der Polizei unbemerkten Aktion wurde die Nürnberger Arbeiterschaft am nächsten Morgen beim Weg in die Fabrik von unzähligen mit Gummistempeln aufgedruckten »Wählt Grillenberger!«-Slogans begrüßt. Die von den Wahlhelfern verteilten Flugblätter und Stimmzettel taten ihr Übriges und die Wahl konnte in der Stichwahl für Karl Grillenberger entschieden werden. Somit saß erstmals ein

Nürnberger Vertreter der Sozialdemokratie – als einer der beiden ersten sozialdemokratischen Abgeordneten aus Bayern – im Reichstag. Nicht nur in Nürnberg, auch reichsweit konnten bei dieser Wahl trotz der Reglementierungen unter dem Sozialistengesetz weitere Erfolge verzeichnet werden und insgesamt zwölf sozialistische Abgeordnete in den Reichstag einziehen.

Obwohl Karl Grillenberger auch bei der Folgewahl 1884 in seinem Amt bestätigt wurde, und immer wieder kleinere politische Versammlungen in Nürnberg möglich waren, hielten die Bespitzelungen und Verbote an, bei denen immer wieder bloße Willkür des Nürnberger Magistrats zu erkennen war und die dadurch auch nicht selten ins Absurde abdrifteten. Mitte 1889 begingen die Mitarbeiter der Fränkischen Tagespost symbolisch die 100. Hausdurchsuchung der Druckerei mit einem Faß Bier. Als schließlich am 30. September die stetigen Bemühungen des Reichstags, das Sozialistengesetz zu verlängern, scheiterten, wurde die Aufhebung des Gesetzes in Nürnberg durch insgesamt fünf große Feste feierlich begangen. Die Konsolidierung der Sozialdemokraten in Nürnberg zeichnete sich aber bereits ab, als Karl Grillenberger bei der Reichstagswahl 1887 bereits im ersten Wahlgang die Stimmenmehrheit erlangte und noch im gleichen Jahr die ersten Bayerischen Landtagswahlen unter Beteiligung der Sozialdemokraten stattfanden.

In die neue Zeit
Die Anfänge der sozialdemokratischen Kommunalpolitik ab 1890

Da das Sozialistengesetz in Nürnberg zwar viele reglementierende Maßnahmen mit sich brachte, aber nicht in der Lage war, die positive Entwicklung der Sozialdemokratie zu stoppen, war seine Aufhebung keine Zäsur in der Parteigeschichte, sondern hatte eher den Charakter eines Startschusses für die sich nun frei entfaltende Parteientwicklung. Beschränkte sich die – wenn auch rege – politische Agitation der Nürnberger Sozialdemokratie während des Sozialistengesetzes weitgehend auf den Wahlkampf um ein Reichstagsmandat, so kann ab 1890 vom Beginn einer sozialdemokratischen Kommunalpolitik gesprochen werden. In Folge der Industrialisierung und dem immer stärkeren Zuzug von Arbeitern zeigte sich nun der Bedarf, sich mit kommunalpolitischen Themen zu beschäftigen, deutlich. Hier stand natürlich zunächst der Kampf um Reformen des Bürger- und Wahlrechts im Vordergrund, ohne den eine demokratische Mitbestimmung der Arbeiterschaft nicht möglich war.

Trotz der zunächst erschwerten Bedingungen sollte Nürnberg in den Jahren bis zum Ersten Weltkrieg zur Hauptstadt der bayerischen Sozialdemokratie anwachsen. Zu diesem Zeitpunkt waren über 21.000 Personen im Nürnberger Ortsverein organisiert, in den örtlichen Gewerkschaften über 58.000. Der Nürnberger Ortsverein war somit auch nach der Unterbrechung durch das Sozialistengesetz wieder zum mitgliederstärksten angewachsen. Nicht nur die Parteipresse der Fränkischen Tagespost als Parteiblatt mit der höchsten Auflage in Bayern unter Philipp Scheidemann, Kurt Eisner und Dr. Adolf Braun als bedeutendste Chefredakteure, sondern auch die innovative Einrichtung des 1894 gegründeten Arbeitersekretariats zeichnete Nürnberg als sozialdemokratisches Zentrum aus.

Schon drei Jahre nach der Aufhebung des Sozialistengesetzes konnten die Sozialdemokraten einen durchschlagenden Erfolg in Nürnberg feiern: Bei der Landtagswahl 1893 konnten erstmals fünf Mandate von sozialdemokratischen Kandidaten besetzt werden. Neben dem Münchner Georg von Vollmar kamen ganze vier Sitze aus dem Wahlkreis Nürnberg-Fürth: Der inzwischen auf Reichsebene bereits erfahrene Politiker Karl Grillenberger dazu Franz Josef Ehrhardt, Gabriel Löwenstein und Johannes Scherm. Obwohl dieser Minderheit von fünf Abgeordneten, der immerhin 74 Vertreter des katholischen Zentrums und 67 Mitglieder des liberalen Lagers gegenüberstanden, zunächst heftigste Vorurteile entgegengebracht wurden, konnte sie bereits nach wenigen Monaten sowohl durch Sachkompetenz wie auch durch akribische Einarbeitung in die aktuellen Themen und ihre rhetorischen Fähigkeiten überzeugen. Ab 1897 waren mit Martin Segitz, ab 1907 mit Dr. Max Süßheim, Josef Simon, Albert Roßhaupter und ab 1912 mit Ernst Schneppenhorst weitere Nürnberger im Landtag vertreten, die eine tragende Rolle in der sozialdemokratischen Landes- und Gemeindepolitik spielten. Als 1908 die Sozialdemokraten in das bis dahin liberal regierte Nürnberger Rathaus einzogen, war damit ein Meilenstein in der Konsolidierung der Parteiarbeit gesetzt.

Die Aufhebung des Sozialistengesetzes erforderte eine organisatorische Neuordnung. Auch wenn die Organisationsvorgaben der Gesamtpartei, die sich 1890 als ›Sozialdemokratische Partei Deutschlands‹ wieder gründete, in Nürnberg so nicht umgesetzt werden konnten, wurden die Strukturen neu geordnet: Auf Anregung Grillenbergers wurde neben dem Wahlverein, der neben der Vorbereitung der Wahlen auch für Mitgliederbetreuung und -werbung zuständig war und die laufenden Geschäfte in Nürnberg abwickelte, ein Agitationsverein eingerichtet, der sich vor allem der Betreuung der ländlichen Gebiete in Nordbayern widmete, sowie ein Vertrauensmann der Sozialdemokraten gewählt. Der Vertrauensmann der Partei, zu dem zunächst Karl Grillenberger gewählt wurde, bildete gemeinsam mit den Vertrauensleuten aus den Stadtteilen die eigentliche Parteiführung. Die eigentlichen politischen Entscheidungen wurden von den Vertrauensleuten und Vereinsvorständen getroffen.

Neben der Änderung des Bürger- und Wahlrechts, das unbestritten das wichtigste Thema dieser Epoche war, setzten sich die Sozialdemokraten für eine Verbesserung der Krankenfürsorge für Arbeiter ein. Trotz intensiver Versuche konnten sich die Sozialdemokraten gegen den liberalen Magistrat, der vor allem die Belange der Arbeitgeber und Unternehmer berücksichtigte, nicht durchsetzen.

Mit der Gründung des Arbeitersekretariats im Jahr 1894 wurde auf einen weiteren Mangel reagiert: Die 1880 neu eingeführte Sozialversicherung wie auch die in den Folgejahren erlassenen Gesetze bezüglich Alters- und Invalidenversicherung, Unfallversicherung und Krankenversicherung warfen bei den Betroffenen so viele Fragen auf, dass die Leistungen ohne fundierte fachliche Beratung kaum in Anspruch genommen werden konnten. Schon Mitte der 1880er Jahre wurde der Gedanke zur Errichtung einer Auskunftsstelle formuliert, »welche den Arbeitern bei Differenzen über Lohn- und Arbeitsverhältnisse sachdienliche Auskunft erteile, Beschwerden entgegennehme, um sie dem Fabrikinspektor zu übermitteln und auch bezüglich der Kranken- und Unfallversicherung den Hilfesuchenden mit Rath und That an die Hand gehe«[9]. Vor allem auf das Drängen Karl Grillenbergers wurde schließlich am 1. November 1894 in Nürnberg das erste Arbeitersekretariat Deutschlands eröffnet. Inwiefern die Dienstleistungen der Beratungsstelle an die Mitgliedschaft in einer Gewerkschaft geknüpft sein sollten, blieb über Jahre heiß diskutiert. Karl Grillenberger galt als einer der größten Befürworter, das Arbeitersekretariat an die Gewerkschaften zu binden, deren Aufgabe er auch in der Gewährleistung von Rechtsschutz sah und denen durch das Arbeitersekretariat »gewissermaßen ein Kopf gegeben«[10] werde. Das Sekretariat, das die Dienstleistungen kostenlos zur Verfügung stellte, wurde bestens angenommen. Bereits ein Jahr nach der Eröffnung musste der erste Sekretär Johann Martin Segitz, ein Vertreter der Nürnberger Gewerkschaftsbewegung, durch einen zweiten Sekretär unterstützt werden. Ab 1912 waren sogar fünf Sekretäre im Nürnberger Arbeitersekretariat tätig.

Die Gründungszeit der Sozialdemokratie war von wenigen Einzelpersonen geprägt: Neben Johann Faaz, dem Gründer der Nürnberger Metallarbeitergewerkschaft, Konrad Rüll und Hans Wörlein trat in den Anfangsjahren immer wieder besonders Karl Grillenberger hervor, der zu Recht als Gründervater der Nürnberger Sozialdemokratie bezeichnet werden kann. Um die Jahrhundertwende und in den ersten Jahren des 20. Jahrhunderts übernehmen dann Martin Segitz, Dr. Adolf Braun, Josef Simon, Ernst Schneppenhorst oder Martin Treu wichtige Ämter und wurden zu den neuen Zugpferden der Bewegung bis zur großen Zäsur im Jahr 1933. Die frühe sozialdemokratische Geschichte Nürnbergs war auffällig stark auf wenige führende Persönlichkeiten reduziert, die dennoch in der Lage waren, eine Massenbewegung anzustoßen.

Diese Postkarte, die anlässlich des Todes von Karl Grillenberger im Jahr 1897 gedruckt wurde, erinnert mit der Abbildung der ersten Sozialdemokraten im Bayerischen Landtag an einen seiner größten Erfolge.

ARBEITERBEWEGUNG

**Karl Michael Oertel
(1866–1900)**

Der in Forchheim geborene Karl Oertel wurde trotz seines nur 34jährigen Lebens zu einem der Führer der frühen Sozialdemokratie in Nürnberg. In den Fußstapfen seines Ziehvaters Karl Grillenberger, den er 1883 kennenlernte, führte er nach dessen Tod in Reichs- und Landtag seine Politik weiter. Durch die Buchhaltertätigkeit in der Buchhandlung von Hans Wörlein, zu der auch die Genossenschaftsdruckerei gehörte, in der zahlreiche Gewerkschaftsschriften wie auch die Fränkische Tagespost gedruckt wurden, pflegte er seit 1885 engen Kontakt zu den sozialdemokratischen Führern Nürnbergs. Noch unter dem Sozialistengesetz sammelte er mit seinem eifrigen Einsatz für die Sozialdemokratie ein stattliches Vorstrafenregister an. Mit dem Vorsitz des neu gegründeten ›Agitationsvereins für Franken und die Oberpfalz‹ und der Mitgliedschaft im SPD-Landesvorstand Bayern übernahm er 1890 seine ersten politischen Ämter und war maßgeblich an der Neukonstitution der SPD nach dem Sozialistengesetz beteiligt. Sein politisches Wirken reichte von der Tätigkeit als stellvertretender Vertrauensmann der Nürnberg-SPD über ein Mandat im Bayerischen Landtag, das er seit 1899 ausübte, bis zum Reichstagsmandat, das er seit 1897 inne hatte, und der Tätigkeit als Revisor der Berliner Parteileitung.

Im Bayerischen Landtag löste er den Pfälzer Parteiführer Franz Ehrhardt ab, der nun auch in seiner Heimat ein Landtagsmandat erringen konnte, und das Nürnberger Mandat daher zurückgab.

Auf Drängen Karl Grillenbergers übernahm Karl Oertel 1895 Verlag und Druckerei der ›Fränkischen Tagespost‹. Seit 1898 litt er an nervösen Störungen, die nach einem Aufenthalt in der Nervenheilanstalt zu seinem frühen Tod führten. Unter überwältigender Anteilnahme der Öffentlichkeit wurde er auf dem Nürnberger Westfriedhof neben dem Ehrendenkmal für Karl Grillenberger bestattet.

**Johann Gottfried Scherm
(1851–1940)**

Johann Scherm, einer der ersten Sozialdemokraten im Bayerischen Landtag, war politisch vor allem im Metallarbeiterverband tätig. Selbst ausgebildeter Schlosser, wandte er sich 1893 gänzlich von der Handwerkspraxis ab. Bereits seit 1871 war er in Partei und Gewerkschaft aktiv. 1883 gründete er mit Gleichgesinnten die ›Deutsche Metallarbeiterzeitung‹, die er bis 1891 als Herausgeber, Redakteur und Kaufmann im Vertrieb leitete. Als 1891 unter anderem von Martin Segitz und Johann Scherm der Deutsche Metallarbeiterverband in Nürnberg gegründet wurde, wurde die Zeitschrift zum Verbandsorgan und Scherm bis 1919 als Redakteur angestellt. Diese Tätigkeit führte ihn 1903 nach Stuttgart, da die Redaktion dorthin verlegt wurde.

In der Nürnberg-SPD war er von 1884 bis 1901 als Vorsitzender tätig, in den 1890er Jahren wurde er in den Landesvorstand der SPD in Bayern und von 1893 bis 1899 in den Bayerischen Landtag gewählt.

**Franz Josef Ehrhardt
(1863–1908)**

Franz Ehrhardt zog mit einem ›geliehenen‹ Nürnberger Mandat 1893 als rhein-pfälzer Vertreter in den Bayerischen Landtag ein. Nach sechsjähriger Tätigkeit konnte er 1899 auch in seiner Heimat ein Mandat erlangen und gab das Nürnberger Mandat zurück.

Ihm folgte Karl Oertel in den Landtag. Auch Franz Ehrhardt war, wie Johann Scherm und Karl Oertel mit Karl Grillenberger eng befreundet.

**Gabriel Löwenstein
(1825–1911)**

Gabriel Löwenstein gehört zu den Mitbegründern der Sozialdemokratie in Nürnberg und war einer der ersten Sozialdemokraten im Bayerischen Landtag. Seine kommunalpolitische Karriere begann er in seiner Heimatstadt Fürth. Der gelernte Weber gründete dort eine Spiegelbortenfabrik und setzte sich Zeit seines Lebens für eine fortschrittliche Sozialgesetzgebung ein.

Er wurde auf dem 5. Vereinstag des Verbandes der Deutschen Arbeitervereine 1868 in Nürnberg zum Stellvertreter August Bebels als Verbandsvorsitzenden gewählt und im Jahr darauf zum Mitglied des Gemeindekollegiums der Stadt Fürth. Von 1872 bis 1878 wurde er sogar, was einmalig in Bayern war, zum Magistratsrat gewählt. Der leidenschaftliche Kommunalpolitiker war Zeit seines Lebens Verfechter einer gerechteren Sozialgesetzgebung. Er setzte schließlich durch, dass Fürth 1873 als einzige Stadt Bayerns das Volksschulgeld wie auch den Zensus für das Gemeindewahlrecht abschaffte.

Seine publizistische Tätigkeit nahm er 1871 mit der Herausgabe des ›Fürther Demokratischen Wochenblattes‹ auf. Ab 1875 gab er zusätzlich die ›Fürther Bürgerzeitung‹ heraus, die 1907 in der Fränkischen Tagespost, für die er bis zu diesem Zeitpunkt als Redakteur tätig war, aufging. Seit 1884 lebte Gabriel Löwenstein in Nürnberg und prägte die lokale Parteiarbeit mit. Sein wichtigstes Amt als Landtagsabgeordneter bekleidete er bis zu seinem 81. Lebensjahr. Sein Grab befindet sich auf dem Jüdischen Friedhof in der Schnieglinger Straße.

In den 1880er Jahren wurde das Rathaus um einen Bau des Architekten August von Essenwein erweitert, Postkarte um 1900.

Die Nürnberger Stadtverwaltung
zu Beginn des 19. Jahrhunderts

Mit der Einverleibung Nürnbergs ins Königreich Bayern im Jahr 1806 ging zunächst das Ende jeglicher kommunaler Selbstverwaltung einher. Die ursprünglich Freie Reichsstadt Nürnberg war mit ihren selbständigen Verwaltungsorganen im Rahmen der gesamten Umgestaltung des Bayerischen Staates durch die Reformen von Maximilian von Montgelas zu einer Art Verwaltungsbezirk geworden. Ziel des organisatorischen Umbaus war es, nach dem Vorbild Frankreichs und Preußens, alle Gewalt beim Staat zu zentralisieren. Die Aufhebung aller Privilegien traf Franken hier besonders hart, blickte man doch auf eine lange Tradition der Eigenstaatlichkeit zurück.

Eine maßgebliche Veränderung brachte in Nürnberg die Einsetzung von

Stadtverwaltung im 19. Jahrhundert
Auf dem Weg zur kommunalen Selbstverwaltung

Christian Wurm als staatlichem Polizeidirektor. Kleineren Gemeinden unter 5.000 Einwohnern wurde die Wahl eines Bürgermeisters gewährt, während bei größeren Kommunen die stringente Führung durch eine staatliche Behörde Komplikationen vermeiden sollte. Der in Nürnberg nun für zwölf Jahre bis zur Gemeindereform im Jahr 1818 tätige Christian Wurm nahm diese Aufgabe nur allzu ernst: In preußischer Beamtenmanier füllte der Polizeipräsident autoritär und selbstherrlich sein Amt aus. Bis heute wird die Zeit von 1806 bis 1818 in Nürnberg mit skeptischem Blick auf seinen forschen Führungsstil als ›Ära Wurm‹ bezeichnet.

Nach der vollständigen Neuordnung des Steuerwesens in Bayern, die neben der Einteilung Nürnbergs in 16 Bezirke, Landvermessungen und eine Volkszählung mit sich brachte, veränderte sich die Situation in Nürnberg im Jahr 1808 durch die neue Kreiseinteilung des gesamten Königreichs: Nürnberg wurde nun als Hauptstadt des Pegnitzkreises zum Sitz zahlreicher Kreisinstitutionen wie Generalkreiskommissariat, Finanzdirektion oder Appellationsgericht. Bereits 1810 wurde aber der Pegnitzkreis aufgelöst und mit dem Rezatkreis vereint. Da Ansbach bereits als Hauptstadt des Rezatkreises fungierte, verlor Nürnberg die Eigenschaft als Kreisregierung.

Die wohl folgenreichste Veränderung im Zusammenhang mit dem Übergang Nürnbergs an Bayern lag im Verlust des gesamten Kommunalvermögens. Nun gelangte das Königreich in den Besitz aller öffentlichen Gebäude, der Reichswälder, der gesamten Stadtbefestigung und auch des reichsstädtischen Archivs. Allerdings gingen mit dem gesamten Kommunalvermögen auch die nicht unbeträchtlichen Schulden der ehemaligen Reichsstadt an den Staat über. Um den Schuldenberg abzutragen, machten die staatlichen Behörden zahlreiche Gebäude und Wertobjekte wie Augustinerkirche, Barfüßerkirche, den Silberschatz der Reichsstadt oder die berühmten Tafelaufsätze von Wenzel Jamnitzer ohne Rücksicht auf den künstlerischen Wert der Objekte zu Geld. Ungenutzte Kirchengebäude fanden beispielsweise als Sitz der Militärverwaltung, Heumagazin oder Oberpostamt neue Nutzungen. Zur Repräsentation der neuen Herrschaft errichtete man mit dem klassizistischen Gebäude der Hauptwache im Jahr 1810 und der Polizeidirektion im Jahr 1812 eindrucksvolle Neubauten und demonstrierte hierdurch auch nach außen die neue Herrschaft. Auch der Abbruch des Hochgerichts, der reichsstädtischen Richtstätte beim Galgenhof, im Jahr 1809 setzte ein deutli-

STADTVERWALTUNG

Auch die Augustinerkirche fiel, nachdem sie nicht mehr als Gotteshaus genutzt wurde, den bayerischen Sparmaßnahmen zum Opfer, Radierung zum Abbruch der Augustinerkirche von Georg Christoph Wilder 1818.

ches Zeichen der neuen Machtverteilung, war die hohe Gerichtsbarkeit doch ein wichtiges Privileg der Freien Reichsstadt Nürnberg gewesen. Mit der Rückgabe eines Teils des Kommunalvermögens durch den Staat steht das Jahr 1811 für den Neuanfang einer selbständigen Kommunalverwaltung. Zwar wurde nur ein Teil des ursprünglichen Vermögens wieder zurückübertragen, dafür aber mit einer Kommunaladministration mit eigener Kasse eine erste eigene Verwaltungseinheit geschaffen. Kaiserburg, Rathaus, Peunthof, Luginsland sowie die Nürnberger Gefängnisse blieben weiterhin in bayerischer Hand. Für die restlichen Burganlagen, die gesamte Stadtmauer mit Türmen und Zwingern, Weißem Turm und Laufer Schlagturm, Verkehrswege, Brunnen, Wasserleitungen, Dutzendteich, Fischbach und einzelne Gebäude wie die Schultheißenwohnung in der Burgstraße, Ungeldhaus, Fünferhaus, Peststadel, Tuchhaus, Kürschnerhaus, Fleischhaus, Leihhaus, Unschlitthaus, Theater und die ehemals städtischen Krämerläden war die Kommune zuständig, die nun vom → **Munizipalrat** verwaltet wurde. Mit den Einnahmen aus Getreide- und Fleischaufschlag, Pflaster- und Brückengeld, den Einkünften aus dem Unschlittamt und weiteren Miet- und Gebühreneinnahmen in der Höhe von etwa 60.000 Gulden pro Jahr musste die Kommunaladministration für die Instandhaltung der Gebäude wie auch für den Betrieb der Schulen sorgen. Dass es sich hierbei um einen unausgewogenen Haushalt handelte, zeigte sich, als das Kommunalvermögen 1818 von der Kommunaladministration der neu gebildeten Stadtverwaltung übertragen wurde und Einnahmen in der Höhe von 72.217 Gulden fixe Ausgaben in der Höhen von 78.588 Gulden gegenüberstanden.

Die ›Ära Wurm‹ wird bis heute in der Geschichtsschreibung meist negativ gesehen. So wurde immer wieder dargestellt, Nürnberg wäre in besonderer Weise benachteiligt und stiefmütterlich behandelt worden, was wohl eine etwas vereinfachte Sicht der Dinge spiegelt. Nürnberg war sicherlich von den Veränderungen durch die bayerische Inbesitznahme in besonderer Weise betroffen. Die bisher überaus privilegierte Reichsstadt wurde durch die strukturellen Änderungen ihrer Autonomie beraubt, die sie erst Stück für Stück in einer komplett neu geordneten städtischen Verwaltung wieder erhielt. Die frühere Führungselite, das Nürnberger Patriziat, wurde geschwächt und sollte nie wieder die kommunalpolitische Rolle übernehmen, die es vorher innehatte. Die vielfach kriti-

Der Munizipalrat (1808–1818)

Der Munizipalrat beschreibt die Form der Bürgervertretung, die im Gemeindeedikt von 1808 für den neu formierten bayerischen Staat vorgeschrieben wurde. Vier bis fünf Mitglieder sollten durch die doppelte Anzahl von Wahlmännern in das Gremium gewählt werden. Von Beginn an war klar vorgegeben, dass dieses Gremium unter dem direkten Einfluss des Polizeidirektors zu stehen hatte: Dieser bestimmte die Wahlmänner und steuerte somit die Besetzung des Gremiums, das nur unter seiner Leitung und auf seine Einberufung hin tagte; auch Beschlüsse bedurften seiner Genehmigung. Dazu hatte der Munizipalrat zwar das Recht auf Rechnungseinsicht und das Vorbringen von Beschwerden vor den Polizeipräsidenten, aber keinerlei Entscheidungsbefugnis.

Dies führte in Nürnberg zu einer ausgeprägt oppositionellen Haltung der früheren reichsstädtischen Eliten gegenüber dem bayerischen Staat. Der Munizipalrat wurde in Nürnberg erst 1810 gewählt und im Folgejahr installiert. Es handelte sich in Nürnberg um ein ausgesprochen uneffektives Gremium, da die unfreiwillig gewählten Mitglieder vom Beginn ihrer Dienstzeit an einer Zusammenarbeit mit dem unbeliebten Nürnberger Polizeidirektor Wurm systematisch entgegenwirkten. Immer wieder stellten Mitglieder den Antrag, aus dem Munizipalrat entlassen zu werden.

Erst durch die Einführung des Magistrats und des Kollegiums der Gemeindebevollmächtigten als Vertretungsorgan der Bürger im Jahr 1818 entspannte sich die Lage. Die staatliche Kontrollfunktion wurde nun über ein Stadtkommissariat abgedeckt, das vor allem in Angelegenheiten der Sicherheits-, Fremden-, und Sanitätspolizei und bezüglich des Pressewesens aktiv wurde. Es bestand bis 1872.

schen Stimmen aus der Bevölkerung bezüglich der innerstädtischen Veränderungen, die 1809 sogar zum Aufstand führten, lassen wenig Innovationsfreude bei der Bevölkerung erkennen und sind vermutlich vor allem auf die Person Christian Wurms zurückzuführen, der in bekannter Schärfe in Nürnberg agierte. Dennoch ist bei einer Bewertung dieser zwölf Jahre zu bedenken, dass die Maßnahmen im Rahmen einer gesamten Neugestaltung des bayerischen Staates konzipiert wurden und sich eben nicht, wie immer wieder vermutet, im Speziellen gegen Nürnberg richteten. Der Aufschwung Nürnbergs im 19. Jahrhundert begann zwar erst nach 1818, sein Grundstein wurde aber bereits vorher gelegt.

Der erste Polizeidirektor Nürnbergs in bayerischer Zeit, Christian Heinrich Wurm, Pastellgemälde von Johann Lorenz Kreul.

Die Anfänge der kommunalen Selbstverwaltung

Der Beginn der neuen Epoche der Kommunalpolitik, die mit dem → **Bayerischen Gemeindeedikt von 1818** begann, zeigt sich in einem ambivalenten Licht. Zum einen wurden die Eröffnungssitzungen der beiden neuen Gemeindegremien, → **Magistrat und Kollegium der Gemeindebevollmächtigten**, die am 23. November 1818 im großen Rathaussaal stattfanden, feierlich mit Festgottesdienst und Bankett begangen und von Kanonendonner und Glockengeläut begleitet. Noch 1821 beschreibt ein Zeitzeuge den Beginn der öffentlichen politischen Mitsprache mit begeisterten Worten: »Die düsteren Pforten der Amtsstuben springen auf; man sieht in das Innere heller; die Theilnahme für das Öffentliche beginnt (…) Das freie Wort ist hergestellt und jeder darf Reden, wie es ihm ums Herz ist; (…) sei stolz auf die Gemeinde-Verfassung, denn dies ist die starke Wurzel constitutioneller Freiheit«[2] und der erste Bürgermeister Jakob Friedrich Binder dichtete anlässlich der Kommunalwahl 1830: »So strahlt auch Noris voll der reinen Wonne, dass sie nun mündig steht. Die Nacht entfloh, es glänzt des Tages Sonne, der Freiheit Athem weht.«[3]

Auf der anderen Seite zeigt eine ganze Reihe von Beispielen, wie gering bei manchen Betroffenen die Begeisterung war, diese neue Freiheit zu nutzen.

Das Bayerische Gemeindeedikt vom 17. Mai 1818

Während für die linksrheinische Pfalz, die seit 1816 zu Bayern zählte, bis 1869 weitgehend das französische Gemeinderecht Geltung behielt, wurde dem rechtsrheinischen Bayern mit dem Gemeindeedikt aus dem Jahr 1818 ein neues Kommunalrecht gegeben. Diese neue Kommunalgesetzgebung ermöglichte erstmals Ansätze einer kommunalen Selbstverwaltung und löste die im Jahr 1808 von Maximilian von Montgelas erlassene Gesetzgebung ab, die Gemeinden auf staatliche Organe ohne eigenen Handlungsspielraum reduzierte. Eines der Hauptanliegen des Gemeindegesetzes von 1818 war die Abschaffung der Benachteiligung des Bürgerstandes gegenüber dem Adel. Durch ein – zwar immer noch begrenztes – Maß an Selbstverwaltung sollte Nähe zum Bürger geschaffen und der Bürgerstand hierdurch befriedet werden. Die Verfassungsurkunde für das Königreich Bayern nennt die »Wiederbelebung der Gemeindekörper durch die Wiedergabe der Verwaltung der ihr Wohl zunächst berührenden Angelegenheiten«[1] als Ziel, das durch ein dualistisches System von Magistrat und Kollegium der Gemeindebevollmächtigten umgesetzt werden sollte. Dies geschah vor allem dadurch, dass den Gemeinden die Vermögensfähigkeit wieder zuerkannt wurde.

Die wichtigste Aufgabe des Magistrats bestand nun in der Verwaltung der vom bayerischen Staat rückerstatteten Gemeinde- und Stiftungsvermögen und der Ordnung des öffentlichen Finanzwesens. Auch Fragen bezüglich der Aufnahme von Bürgern, die Mitwirkung bei der Zulassung von Gewerben und gewisse Zuständigkeiten in Kirchenverwaltung und Volksschulwesen oblagen dem Magistrat.

Die Gemeindegesetzgebung von 1818 kann zwar als Grundstein der kommunalen Selbstverwaltung bezeichnet werden; dennoch übten die staatlichen Behörden auch weiterhin eine straffe Aufsicht über die Kommunen aus.

Städte und größere Märkte wurden nach der Anzahl der bürgerlichen Familien in drei Klassen eingeteilt. Nürnberg zählte zu den Städten Erster Klasse, für welche eine kommunale Verwaltungsstruktur von Bürgermeister, Magistrat und Kollegium der Gemeindebevollmächtigten festgelegt war. Auf dem Land wurden im Zusammenhang mit dem Gemeindegesetz über 8.500 Landgemeinden geschaffen, die das Grundgerüst des Gemeindewesens bis in die Gegenwart bilden.

Die Skepsis der Nürnberger gegenüber der ›neuen‹ bayerischen Regierung führte dazu, dass der bayerische König Max I. Joseph 1823 erstmals die ehemalige Reichsstadt besuchte, kolorierte Radierung 1823.

16 der im Jahr 1818 gewählten 36 Mitglieder des Kollegiums lehnten zunächst das Mandat ab. Da allerdings nicht nur Stimmpflicht für die Wahlmänner festgelegt war, sondern auch im Zweifelsfall die Annahme der Wahl mit Ordnungsstrafen erzwungen werden konnte, konnten nur sieben Personen das Amt von sich weisen, die anderen wurden »beruhigt«[4], wie es im Protokoll heißt. Auch in den folgenden Jahren sind immer wieder Versuche belegt, das Mandat im Kollegium der Gemeindebevollmächtigten abzuwehren. Dass dieses ständige Ringen um die Besetzung der Ämter für reichlich Unmut sorgte, zeigt der Fall des Kaufmanns J. C. Knopf, der 1839 schließlich nach hartnäckiger Weigerung sein Mandat anzunehmen »des Rechtes und der Ehre, in den Magistrat einzutreten, für verlustig erklärt«[5] wurde. Der Versuch, sich die Tätigkeit im Kollegium ersparen zu können, ging in manchen Fällen so weit, dass Haus und Hof an Gemahlin oder Sohn übertragen oder – im extremeren Fall – sogar verkauft wurden. In diesem Fall verlor der Gewählte das

STADTVERWALTUNG

Recht ins Kollegium gewählt zu werden – und das Mandat blieb ihm somit erspart.[6]

Auch die Wahlen selbst trugen nur bedingt eine demokratische Handschrift, war die Wahlberechtigung doch noch auf so genannte ›wirkliche‹ Mitglieder der Gemeinde, also Inhaber eines häuslichen Anwesens oder eines besteuerten Grundes oder Ausüber eines besteuerten Gewerbes, somit auf einen nur geringen Prozentsatz der männlichen Bevölkerung, beschränkt.

Dies spiegelte sich ebenso in der Zusammensetzung des Gemeindebevollmächtigtenkollegiums deutlich wider: Von den 36 Gemeindebevollmächtigten waren allein 22 wohlhabende Kaufleute, dazu kamen vier Patrizier, vier Advokaten, zwei Fabrikanten, zwei Druckereibesitzer, ein Handwerksmeister und ein Apotheker. Bis zum Beginn des 20. Jahrhunderts sollte sich dies auch nicht grundlegend ändern, und die Kommunalverwaltung blieb vom wohlhabenden Großbürgertum bestimmt. Die Verwaltung umfasste zusätzlich etwa 80 Personen, die vor allem in Kanzlei und Polizeiwesen beschäftigt waren, und war in sich einfach strukturiert.

Geprägt wurde die Stadtverwaltung in den ersten Jahrzehnten der bayerischen Zeit vor allem durch den Magistratsrat und Zweiten Bürgermeister Johannes Scharrer, den Gemeindebevollmächtigten und Marktvorsteher Georg Zacharias Platner und den Magistratsrat,

Widmungsblatt des ersten Rechenschaftsberichtes der seit 1818 eingesetzten Nürnberger Stadtverwaltung aus dem Jahr 1822/23.

Marktvorsteher und Zweiten Bürgermeister Johann Merkel. Die Gründung der Stadtsparkasse und der Polytechnischen Schule, das Vorantreiben des Eisenbahnausbaus und eine umfassende Reform des Schulwesens legten die Grundlagen für den Aufstieg Nürnbergs zur hochindustrialisierten und modernen Stadt.

Magistrat und Kollegium der Gemeindebevollmächtigten (1818-1919)

Erst infolge der Revolution von 1918/19 wurde mit dem ›Gesetz über die gemeindliche Selbstverwaltung‹ vom 22. Mai 1919 die Grundlage für den modernen Stadtrat gelegt. Anstelle des seit 1818 bestehenden Zweikammersystems aus Magistrat und Kollegium der Gemeindebevollmächtigten trat in den bayerischen Kommunen ein Einkammersystem: Der direkt gewählte Stadtrat, an dessen Spitze der Bürgermeister stand, war nun alleiniges Vertretungs- und Verwaltungsorgan.

Das Kollegium der Gemeindebevollmächtigten wurde 1818 mit zunächst 36 Personen als direkte Vertretung der Bürgerschaft eingerichtet. Das Kollegium wurde von Bürgern mit Bürgerrecht gewählt, hatte die Aufgabe den Magistrat und die Bürgermeister zu bestellen und galt als Vertretung der Bürgerschaft gegenüber dem Magistrat.

Der Magistrat, der in reichsstädtischer Zeit den ›Inneren Rat‹, also das zentrale Organ der Reichsstadt Nürnberg, bezeichnete, bildete seit 1818 das Hauptverwaltungsorgan der Stadt dar. Er setzte sich zunächst aus zwei Bürgermeistern, vier rechtskundigen und zwölf bürgerlichen ehrenamtlichen Magistratsräten zusammen. Die Vorschrift ›rechtskundige‹, also zum Richteramt oder höheren Verwaltungsdienst ausgebildete Personen, als hauptamtliche Magistratsräte einzustellen, führte bis ins Jahr 1945 zu einem Juristenmonopol innerhalb der Stadtverwaltung. Nach 1869 wurde der Magistrat um zwei vom Magistrat direkt angestellte technische Magistratsräte erweitert.

Zunächst entsprachen die kommunalen Wahlen noch nicht dem heutigen Verständnis einer demokratischen Wahl. Dabei war nicht nur das Wahlrecht in dieser Zeit beschränkt: Zum Gemeindebevollmächtigten konnte nur gewählt werden, wer dem obersten Drittel der Höchststeuerklasse der Stadt angehörte. Bis zum Jahr 1908 wurde das Kollegium der Gemeindebevollmächtigten durch Wahlmänner auf neun Jahre gewählt. Im Turnus von drei Jahren wurden Ergänzungswahlen durchgeführt, bei denen jeweils ein Drittel des Kollegiums neu gewählt wurde. Erst ab 1908 fanden direkte Wahlen statt.

Der Einfluss des Kollegiums der Gemeindebevollmächtigten und somit die demokratische Mitbestimmung der Bürgerschaft wurde sukzessive erweitert: Ab 1849 waren alle Sitzungen öffentlich und seit 1869 bedurften alle wichtigen Entscheidungen des Magistrats in Haushalts- und Vermögenssachen der Zustimmung durch das Kollegium.

Bereits die erste Hälfte des 19. Jahrhunderts war maßgeblich geprägt von sozialen Themen: 1821 wurde dem Magistrat die Zuständigkeit für das Personal der Pfarr- und Schulstellen wie auch die Verwaltung der örtlichen Stiftungen übertragen. Trotz der Einrichtung von 15 zusätzlichen Wohltätigkeitsstiftungen ließen die Industrialisierung und Urbanisierung die Armut in Nürnberg soweit ansteigen, dass ab 1839 eine Armensteuer erhoben werden musste.

In der Zeit zwischen den beiden bedeutenden Gemeindereformen von 1818 und 1869 wurde im Kollegium der Gemeindebevollmächtigten immer wieder hitzig über anstehende Ausgaben diskutiert, welche die Lebensbedingungen in der Stadt verbessern sollten. Umstritten war der Umgang mit Steuern und Gebühren, wie der Bürgeraufnahmegebühr sowie dem Korn- und Weizenaufschlag als kommunale Einnahmequelle oder Ver- und Rückkäufe kommunaler oder ehemals kommunaler Gebäude. Die Auseinandersetzungen im Kollegium während dieser Zeit beschränkten sich zwar meist auf eine Zustimmung oder Ablehnung eines vorgefertigten Vorschlages, die Auseinandersetzungen hatten aber dennoch eine Parteienbildung und das Entstehen einer politischen Diskussionskultur zur Folge.

STADTVERWALTUNG

Die Entwicklung zur ›großen neuzeitlichen Stadt‹
Kommunale Veränderungen im Bismarckreich

Mit dem Ersten Bürgermeister Karl Otto Freiherr Stromer von Reichenbach zog 1867 der Liberalismus ins Nürnberger Rathaus ein, der Nürnberg 40 Jahre lang prägen sollte. Auch sein Nachfolger, Georg von Schuh, der von 1892 bis 1913 das Amt des Ersten Bürgermeisters bekleidete, führte die Stadtpolitik im Sinne Stromers fort.

Die Amtszeit dieser beiden bedeutenden Kommunalpolitiker gilt als die Phase des Wandels Nürnbergs zur modernen Industriestadt. Im Jubiläumsjahr 1906 blickte Georg von Schuh stolz auf die Errungenschaften der Stadtverwaltung zurück, die in Nürnberg seit 1869 zu einer »völligen Umwälzung auf allen öffentlichen Gebieten« geführt hatten: »Unter Beseitigung alter, gesundheitsschädlicher Abwässerungskanäle wurden mächtige Gürtelsiele hergestellt, die Straße mit neuem, zum Teil geräuschlosem Pflaster versehen, zum Ersatze der vielen kleinen, meist bedenklichen Wasserleitungen zwei neue, große Wasserleitungen ausgeführt (…) öffentliche Bäder, ein weit und breit als musterhaft anerkanntes neues Krankenhaus, ein neues Waisenhaus, neue Elektrizitäts- und Gaswerke, ein ausgedehnter neuer Vieh- und Schlachthof (…) neue Schulhäuser, ein neues vornehm ausgestattetes Theater (…) eine ausgedehnte Straßenbahn, Erholungsstätten (…) errichtet (…)« Mit der rhetorischen Frage »(…) sind das nicht wichtige Marksteine der gewaltigen Entwicklung der Stadt in der kurzen Zeit nach der Einführung der Selbstverwaltung durch die neue Gemeindeordnung?«[7] setzte er diese Innovationen direkt mit der Einführung der Selbstverwaltung durch die → **Bayerische Gemeindeordnung vom 24. April 1869** in Verbindung.

Die Fortschritte unter der liberalen Stadtverwaltung waren offensichtlich und wurden auch von der Nürnberger Sozialdemokratie anerkannt. Kritisiert wurden hingegen die Form und die Entscheidungswege der praktizierten Kommunalpolitik. Die von den Liberalen und Freisinnigen im Nürnberger Rathaus gefeierte ›Selbstverwaltung der Bürgerschaft‹ war nur scheinbar demokratisch. Bis zum Jahr 1908 verhinderte das undemokratische Wahlsystem, das nur einen Teil der Bevölkerung zur Wahl berechtigte, eine tatsächliche Mitbestimmung und Mitgestaltung kommunaler Entscheidungsprozesse durch einen repräsentativen Teil der Bürgerschaft.

Das Thema, das neben dem Kampf ums Wahlrecht die größte Reibungsfläche zwischen sozialdemokratischen Überzeugungen und liberaler Rathauspolitik bot, war die Frage nach dem Um-

Mit dem 1897 eröffneten neuen städtischen Krankenhaus leistete die Stadt Nürnberg einen wichtigen Beitrag zur Anpassung der städtischen Infrastruktur auf die durch die Industrialisierung stark angewachsene Bevölkerung. Fotografie von Ferdinand Schmidt, 1898.

Das neobarocke Opernhaus am Ring galt als eine der großen Errungenschaften des Nürnberger Bürgertums zu Beginn des 20. Jahrhunderts, Postkarte 1905.

Der 1891 in Sündersbühl eröffnete Schlacht- und Viehhof wurde über 20 Jahre lang geplant, Fotografie von Ferdinand Schmidt, nach 1891.

gang mit der durch die Industrialisierung hervorgerufenen Wohnungsnot. Auch das Kollegium der Gemeindebevollmächtigten hatte den Handlungsbedarf seitens der Kommune erkannt, wie eine Eingabe des Kollegiums an den Magistrat vom Juli 1872 zeigt: »Zu ungesunden Räumen als Wohnungen hat aber die hiesige Wohnungsnoth längst geführt. Abgesehen von mehr als überfüllten Häusern und kaum wasserdichten Dachkammern sind vielfach ehemalige Ställe und feuchte Hofwinkel von filzigen Wucherern aller Art gegen theueren Miethzins als Wohnräume eingerichtet worden; dort verkümmern die Kinder zu ›scrophulösem Gesindel‹, (…) und den Familienvater grauset, wenn er heim kommt.«[8] Ziel dieses Schreibens war, den Magistrat »ohne irgendwie ungesunden sozialistischen Theorien Vorschub zu leisten«[9] zum Bau von Arbeiterwohnungen zu motivieren. Der Erste Bürgermeister und Leiter der Stadtverwaltung Karl Otto Stromer lehnte dennoch jegliche städtische Beteiligung am Wohnungsbau ab. In seiner Begründung vom 5. September 1872 argumentierte er, dass drei Gruppen von Personen von Wohnungsnot betroffen seien. Neben »ganz unwürdige(n) Personen, welche bei gutem Verdienste jedoch wegen ganz besonders liederlichen Lebenswandels absolut keine Wohnung erhalten«, seien dies »ganz ehrenwerthe jedoch in mittelmäßigen Vermögensverhältnissen lebende Personen« und »kleine Gewerbe-

STADTVERWALTUNG

treibende, Arbeiter und Beamte.« Die erstgenannte Gruppe wollte er »ihrem Schicksal überlassen«, die zweite sollte »in weniger bevölkerten Städten Unterkunft suchen«[10] und für die Gruppe von Gewerbetreibenden, Arbeitern und Beamten sollten die Löhne erhöht werden, um die teuren Mieten zahlen zu können. Der eigentliche Bauaufwand könne durch die Einführung von Renten bei Neubauten von privater Hand gefördert werden.[11] Somit war die kommunale Beteiligung am Wohnungsbau zunächst vom Tisch.

Erst im Jahr 1899, als sich die Wohnungsnot noch verschärft hatte, beschlossen das Kollegium der Gemeindebevollmächtigten und der Magistrat den Bau von Mietwohnungen für städtische Angestellte zu testen: Zwei Jahre darauf entstanden am Ludwigsfeld und in Muggenhof 19 Häuser mit insgesamt 57 Mietwohnungen, die an städtische Mitarbeiter vermietet wurden. Die zunächst errechnete Miete lag zwischen 260 und 415 Mark, musste aber noch um ein Viertel reduziert werden, um überhaupt Mieter für die Wohnungen zu finden. Städtische Wohnungen dieser Art konnten also nur mit Subventionen unterhalten werden, weshalb der Stadtverwaltung die Umsetzung weiterer Bauprojekte nicht ratsam erschien. Auch in den folgenden Jahren ging der städtische Wohnungsbau nur zögerlich voran, was Georg Gärtner 1911 dazu veranlasste, das Thema Wohnungsbau als »von jeher

Die Gründung der Städtischen Arbeitsnachweisstelle am 2. Januar 1896 im Fünferhaus, einem Vorgänger des heutigen Rathausgebäudes am Fünferplatz, legte den Grundstein für die Entwicklung des modernen Arbeitsamtes.

eines der heikelsten Kapitel« und die bis dahin durchgeführten Maßnahmen als »nichts weiter als Flickwerk«[12] zu bezeichnen und dem »Rathaus-Freisinn« das Versäumnis all seiner Pflichten vorzuwerfen.

Auch im Bereich des Steuerwesens positionierte sich die Nürnberger Sozialdemokratie deutlich: Die Verbrauchssteuern, die in Form des Getreide- und Mehlaufschlags, des Fleischaufschlags und des Lokalmalzaufschlags existierten, sollten – so die sozialdemokratische Forderung, die von der Stadtverwaltung weitgehend ignoriert wurde – durch Gemeindeumlagen auf Grund-, Haus-, Gewerbe-, Kapitalrenten und Einkommensteuern, die vom Staat einbehalten wurden, ersetzt werden. Die politische Stimmung in der Zeit bis zum Ersten Weltkrieg war in Nürnberg auch auf kommunaler Ebene explosiv. Das wahlberechtigte Nürnberger Bürgertum, das gleichzeitig die Stadtspitze stellte, hatte seine politische Heimat größtenteils in der 1861 gegründeten ›Deutschen Fortschrittspartei‹, die sich 1884 mit anderen liberalen Gruppierungen zur ›Deutschen Freisinnigen Partei‹ umwandelte. Die Nürnberger Vertreter gruppierten sich im Verein ›Freisinn‹, der 1910 zur ›Fortschrittlichen Volkspartei‹ wurde. Von Beginn an stand die liberal-freisinnige Politik, die vor allem eine Förderung des Unternehmertums verfolgte, im Gegensatz zu den politischen Zielen der Sozialdemokraten. Dass die Stadtspitze nur sehr bedingt die öffentliche Meinung wahrnahm und vertrat, zeigte sich deutlich bei den Auseinandersetzungen, die durch die pompöse Einweihung des Reiterdenkmals von Kaiser Wilhelm I. am Egidienplatz ausgelöst wurden. Während die bürgerlichen Zeitungen begeistert von diesem Akt bürgerlicher Selbstdarstellung berichteten, wies die ›Fränkische

Die Bayerische Gemeindeordnung vom 29. April 1869

Die Gemeindeordnung für das rechtsrheinische Bayern vom 29. April 1869 brachte den Durchbruch zur kommunalen Selbstverwaltung im heutigen Sinne und gilt als erstes modernes Gemeindegesetz Bayerns. Nach einigen Veränderungen und Gesetzesreformen erfuhr die Gemeindeordnung von 1818 hiermit eine völlige Neufassung.

Strukturell wurde zwar die Unterscheidung zwischen Land- und Stadtgemeinden wie auch der Aufbau der großen städtischen Gemeindeverwaltungen aus Magistrat und Kollegium der Gemeindebevollmächtigten beibehalten, eine wesentliche Veränderung bestand aber im Bereich der gemeindlichen Aufgaben. Polizeiverwaltungsaufgaben wie auch die Rechtsetzungshoheit bei Fragen in Gemeindeangelegenheiten wurden auf die Gemeinden übertragen. Somit lagen nun die wesentlichen Hoheitsrechte in kommunaler Hand.

Die Stärkung des Gemeindebevollmächtigtenkollegiums durch die Möglichkeit gemeinsam mit dem Magistrat beratende und beschließende ›Kommissionen‹ (Ausschüsse) zu bilden, war ein weiterer bedeutsamer Schritt auf dem Weg der Demokratisierung der kommunalen Selbstverwaltung. Die in Nürnberg 1869 gegründeten Ausschüsse spiegeln gleichzeitig die Themenschwerpunkte dieser Zeit: Neben einer Stadtkämmerei-Kommission wurden Kommissionen zur Stadtentwicklung, zur Armenpflege, für Wohltätigkeitsstiftungen und eine administrative Baukommission ins Leben gerufen. Ein weiterer Schwerpunkt lag in Fragen des Heimatrechts, also der Entscheidung über Ansässigkeitsmachungsgesuche, die eng mit Fragen der Armenfürsorge verbunden waren.

Tagespost‹ darauf hin, dass die »Mehrheit der Einwohnerschaft (…) für derartige Dinge keinen Pfennig«[13] bewilligen würde. Weiterhin wurde Ritter von Schuh ein übereifriger Alleingang vorgeworfen; er habe bei der Enthüllung des Denkmals fälschlicherweise »im Namen der Gesamtbevölkerung« gesprochen, der er eine »anererbte Gesinnung« im Bezug auf die »Treue von Kaiser und Reich« andichtete. Sarkastisch wurde festgestellt, dass hiervon nicht die Rede sein konnte, denn diese Bevölkerung hätte »mit 28 000 gegen 18 000 bürgerliche Stimmen einen Sozialdemokraten in den Reichstag geschickt (…); die überwiegende Mehrheit gehört also zu jener ›Rotte‹, die der Kaiser selbst als ›vaterlandslose Gesellen‹ gebrandmarkt hat«.[14] Ein ähnliches Echo fand sich in der Fränkischen Tagespost anlässlich der aufwändigen Einweihungsfeierlichkeiten des ›Neuen Stadttheaters am Ring‹. Die Festveranstaltung der Hundertjahrfeier der Zugehörigkeit Nürnbergs zu Bayern am 15. September 1906 kommentierte die sozialdemokratische Presse abfällig: »Die überwiegende Mehrheit der Bevölkerung will eben von derartigem Firlefanz nichts wissen.«[15] Zwischen der prachtvollen Feier- und Selbstdarstellungskultur dieser Jahre und dem Alltag der arbeitenden Nürnberger Bevölkerung lagen tatsächlich Welten. Dies verdeutlichen die allein im Jahr 1906 insgesamt 62 in der Stadtchronik dokumentierten Streiks in Nürnberg. Im August desselben Jahres kam es sogar zu blutigen Auseinandersetzungen beim Ausstand der Metallarbeiter bei der Motorfahrzeugfabrik ›Maurer-Union‹ in der Regensburger Straße.

Bis zum Jahr 1919 sollte Nürnberg vom bürgerlichen Liberalismus geprägt bleiben. Erst durch die Einführung des kommunalen Verhältniswahlrechts im Jahr 1908 verlor der ›Rathausfreisinn‹, der innerhalb der SPD begrifflich als Synonym für Starrköpfigkeit und Behinderung sozialdemokratischer Ideen gebraucht wurde, nach und nach seine Führungsposition. Nach einem erdrutschartigen Sieg, durch den die Sozialdemokraten überraschend zehn der zwanzig zu vergebenden Plätze im Stadtrat erlangten, wurde der Freisinn von der Sozialdemokratie überflügelt und verlor immer mehr an Bedeutung.

Postkarte zur Gemeindewahl 1908: Den erstmals im Rathaus vertretenen Sozialdemokraten und den Vertretern des Zentrums wird symbolisch der Rathausschlüssel überreicht, die bürgerlichen Vertreter ziehen ›unerledigter Dinge‹ aus dem Rathaus aus.

1908

Erste SPD-Stadtratsfraktion

Sozialdemokraten in den Nürnberger Stadtrat

❸

»Diese Wahl geht mich aber nichts an...«
Die Ausgrenzung der Arbeiterschaft aus dem kommunalen Gemeindewahlrecht

»Diese Wahl geht mich aber nichts an, denn ich kann selbst nicht einmal Gemeindebevollmächtigter werden, weil uns der selige Vater nichts hinterlassen hat, als seine Rechtschaffenheit und eine gute Erziehung und weil die Zeiten zu schlecht waren, als dass ich mir bei meiner zahlreichen Familie auf rechtlichem Wege so viel hätte erwerben können, daß ich unter die Höchstbesteuerten käme. Das muß ich meinen reichen Mitbürgern überlassen und ihren Gewissen, dafür sind sie Gott verantwortlich.«[1] Mit diesen Worten beschrieb der Nürnberger Goldarbeiter Treu in einem Schreiben an seinen in Leipzig lebenden Bruder resigniert seine Haltung gegenüber den Gemeindewahlen des Jahres 1821. Nicht nur die Wahlberechtigung und somit die Möglichkeit zur Mitbestimmung der bürgerlichen Gemeindevertretung, sondern auch das Recht in die Gemeindevertretung gewählt zu werden, konnte bis 1919 allein durch persönliches Vermögen erkauft werden. Somit war das aktive wie auch das passive Wahlrecht dem Besitzbürgertum vorbehalten.

Um das Wahlrecht zu erlangen, musste man im Besitz von → **Bürger- und Heimatrecht** sein. Selbst in Nürnberg aufgewachsene Personen konnten, um das Heimatrecht zu erlangen, nur gegen eine hohe Gebühr und mit Genehmigung des Magistrats einen Heimatbrief erwerben. Um wählen zu dürfen, bedurfte es zusätzlich eines Bürgerbriefes, der ebenfalls nur gegen hohe Zahlungen erhältlich war. Abgesehen davon, dass ein solches Gesuch auch abgelehnt werden konnte oder für Personen, die kurz zuvor Armenfürsorge beantragt hatten, völlig ausgeschlossen war, machten es die Gebührensatzungen für Arbeiter nahezu unmöglich, das Bürger- und somit das Wahlrecht zu erlangen.

Unter diesen Umständen blieben kommunale Wahlen lange Zeit Sache eines überschaubaren Personenkreises, der sich nach außen hin kaum einer Kritik stellte. Die Bevölkerung konnte nur hoffen, dass das Kollegium der Gemeindebevollmächtigten und der Magistrat in ihrem Sinne regierten. So formulierte Treu in seinem Schreiben hilflos weiter: »Gebe nur der Himmel, dass sie vernünftig wählen, und uns besonders gute rechtskundige Räte und einen recht braven Bürgermeister geben, weil der doch das Haupt ist in der Stadt und vor allem ein Herz zu seinen Mitbürgern haben

FRAKTIONSGRÜNDUNG

muß, und diese wieder Vertrauen und Liebe zu ihm, und ihn kennen müssen als einen klugen, rechtschaffenen Mann, der keinen Stand dem andern vorzieht, und der doch bürgerlich mit uns umgeht.«[2]

Wie erfolgreich die Maßnahmen des liberalen Bürgertums gegen eine allgemeine Vergabe des Nürnberger Bürgerrechtes waren, zeigen Statistiken aus dem Jahr 1869, die von den insgesamt 70.000 Einwohnern nur 6.191 als wahlberechtigt ausweisen. Obwohl die Einwohnerzahl in den darauf folgenden achtzehn Jahren auf 120.000 anwuchs, reduzierte sich die Anzahl der Wahlberechtigten sogar noch.

Neben der geringen Anzahl der Wähler spielte auch das Wahlsystem für die liberale Regierung in Abgrenzung zu der immer mehr erstarkenden Sozialdemokratie eine wichtige Rolle. Da ganz Nürnberg nur aus einem einzigen Wahlbezirk bestand, hätten die Sozialdemokraten die absolute Mehrheit in der gesamten Stadt benötigt, um ins Kollegium der Gemeindebevollmächtigten einzuziehen. Somit gingen selbst die Gemeindebezirke mit einer höheren Anzahl an sozialdemokratischen Wählern in der gesamtstädtischen liberalen Mehrheit unter. Der Erste Bürgermeister Karl Otto Stromer lehnte den Vorschlag, die Stadt in Wahlbezirke aufzuteilen rigoros mit der abfälligen und wenig objektiven Bemerkung ab, er »liebe die Leute mit destruktiven Tendenzen nicht« und wäre

Bürger- und Heimatrecht in Nürnberg

In reichsstädtischer Zeit war die Zahlung einer Aufnahmegebühr und der Nachweis eines Mindestvermögens Grundlage für die Erlangung des Bürgerrechtes. Die jeweilige Höhe der Gebühren wurde vom Inneren Rat festgesetzt. Diese waren so hoch, dass sie nur von wohlhabenden Bürgern entrichtet werden konnten. Auch der kategorische Ausschluss von Katholiken und Juden aus der Bürgerschaft zeigte, dass der Rat bis ins 19. Jahrhundert, als diese Beschränkungen aufgehoben wurden, die Gewährung des Bürgerrechtes als systematisches kommunalpolitisches Steuerungsinstrument einsetzte. Den Bürgern, die etwa zwei Drittel der Nürnberger Bevölkerung ausmachten, standen die Unbürger gegenüber. Besser umschreibt der Begriff Schutzbürger diese Personengruppe, die größtenteils aus Knechten und Mägden bestand und aufgrund ihres Wohnsitzes innerhalb der Stadtmauern auch ohne Bürgerrecht unter dem Schutz der Reichsstadt standen.

Die bayerische Gesetzgebung führte zu Beginn des 19. Jahrhunderts zusätzlich zum Bürgerrecht das Heimatrecht ein. Nur wer das ›selbständige Heimatrecht‹ besaß, hatte das Recht auf Eheschließung und Gründung eines eigenen Hausstandes, wie auch die Möglichkeit durch die kommunalen Kassen eine Armenunterstützung zu erhalten. Das Heimatrecht, das Voraussetzung für das Bürgerrecht und die Möglichkeit der kommunalen Mitbestimmung war, blieb für die meisten Nürnberger in unerreichbarer Ferne: Auch wenn die zahlreichen Bescheinigungen, die für den Antrag notwendig waren, eingereicht wurden, erhielt der Antragsteller meist nur einen Ablehnungsbescheid. Selbst bei erfolgter Bewilligung eines Heimatrechtsgesuches fielen Gebühren an, deren Höhe etwa den Monatslohn eines Fabrikarbeiters ausmachte. Erst 1868 wurde gesetzlich für alle Bürger und Unbürger die Freiheit zur Verehelichung festgelegt und ein rechtlicher Anspruch auf Heimatrecht für die Personen eingeräumt wurde, die fünf Jahre selbständig oder zehn Jahre unselbständig in der entsprechenden Gemeinde ansässig waren, Steuern gezahlt und keine Armenfürsorge in Anspruch genommen hatten. Aber noch immer verhinderten die hohen Gebühren eine zahlreiche Inanspruchnahme des Heimatrechts. Erst gegen Ende des 19. Jahrhunderts wurden die Kosten drastisch reduziert.

Erinnerungstafel des Vereins zur Erwerbung des Heimat- und Bürgerrechts, 1908.

Karl Grillenberger tritt als Redner auf der ersten Versammlung des Sozialdemokratischen Wahlvereins Nürnberg am 15. Februar 1875 auf, Plakat 1875.

Nur der Besitz eines ›Heimat-Scheines‹ ermöglichte das Bürger- und somit auch das Wahlrecht zu erlangen.

»entschieden dagegen, die Hand dazu zu bieten, dass die Sozialdemokratie die Gemeindevertretung zum Tummelplatz ihrer unreifen Ideen macht«.³

Während sich diese Situation in Nürnberg bis zum Jahr 1919 nicht maßgeblich änderte, handhabte die Nachbarstadt Fürth die Zulassung zum Wahlrecht sehr viel offener. Dort konnte der sozialdemokratische Ortsverein bereits 1869 einen großen Erfolg verbuchen: Mit dem Weber und Bortenfabrikanten Gabriel Löwenstein wurde der erste Sozialdemokrat in den Fürther Magistrat gewählt.

Kurz darauf konnte er mit der Abschaffung des Schulgeldes an den Fürther Volksschulen und des Zensus für das Gemeindewahlrecht zwei der wichtigsten sozialdemokratischen Ziele in der Kommunalpolitik erfolgreich durchsetzen.

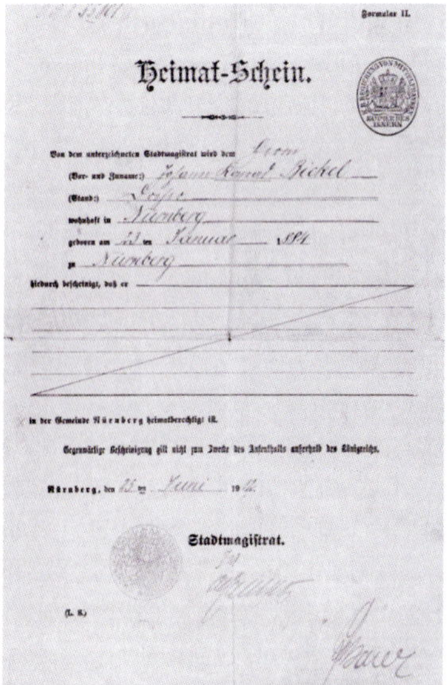

Der ›Sturm auf das Rathaus‹
Einführung des kommunalen Verhältniswahlrechts 1908

Während die Arbeiterschaft bei den Wahlen der kommunalen Vertretungsorgane zunächst kaum Erfolge erzielen konnte, verwiesen die zunehmenden Gewinne auf Land- und Reichstagsebene auf den rapiden Aufstieg der Sozialdemokratie in Nürnberg. Dank des in der Reichsverfassung von 1871 eingeführten allgemeinen Wahlrechts, das für alle Männer ab 25 Jahren galt, konnte Karl Grillenberger bereits 1881 einen Sitz im Reichstag für die Nürnberger Sozialdemokratie erlangen und diesen mit ansteigender Stimmenanzahl auch bei den folgenden Wahlen behaupten. Die bayerische Landtagswahl im Juli 1893, zu der die SPD erstmals antrat, zeigte dann deutlich, dass Nürnberg zur bayerischen Hochburg der Sozialdemokratie geworden war: Vier der insgesamt fünf errungenen sozialdemokratischen Landtagsmandate wurden im Wahlkreis Nürnberg-Fürth erreicht.

Auf kommunaler Ebene erschien es zunächst aufgrund des rigiden Umgangs mit dem Bürgerrecht für die Sozialdemokraten eher aussichtslos, Einfluss auf kommunalpolitische Entscheidungsprozesse zu nehmen. Dies spiegelte auch das erste kommunalpolitische Programm wider, das von Gabriel Löwenstein anlässlich der Gemeindewahl im Jahr 1890 vorgestellt wurde und sich auf die allgemeinen proletarischen Forderungen beschränkte. Eine Vision, wie eine sozialistische Kommunalpolitik im Kaiserreich aussehen könnte, war darin nur im Ansatz enthalten. Erst seit etwa 1904 zeichnete sich in Nürnberg unter dem Parteivorsitz Konrad Dorns ein wachsendes Interesse an kommunalpolitischen Themen ab.

Noch im Jahr 1890 muss man von einer reinen Elitenwahl sprechen, waren doch von insgesamt 140.000 Einwohnern nur 6.000 wahlberechtigt. Von diesen nahm nur etwas mehr als die Hälfte dieses Wahlrecht tatsächlich in Anspruch. Trotzdem erstaunt, dass von den abgegebenen Stimmen immerhin 20% auf die sozialdemokratischen Kandidaten entfielen. In den folgenden 15 Jahren wuchs der Anteil der sozialdemokratischen Wählerstimmen kontinuierlich. 1905 entfielen bereits 40% der 13.637 insgesamt abgegebenen Wählerstimmen auf die Arbeiterpartei. Auch wenn unter diesen Umständen ohne eine grundsätzliche Veränderung des Wahlrechts die nötige 50%-Hürde in erreichbare Nähe rückte, forcierten die Sozialdemokraten die Versuche, die Zahl der Wahlberechtigten zu erhöhen, immer mehr. Im Dezember 1896 gründeten sie hierzu den ›Verein zur Erwerbung der Staatsangehörigkeit, des Heimat- und Bürgerrechts‹.

Die entscheidende Veränderung, die schließlich den Sozialdemokraten den Weg ins Rathaus ebnete, war die Abschaffung des → **Mehrheitswahlrechtes**, das vom **Verhältniswahlrecht** abgelöst wurde. Bereits im ersten Landtagswahlprogramm hatte die bayerische SPD im Jahr 1893 eine Reform des Kommunal- und des Landtagswahlrechts gefordert.

Mehrheits- und Verhältniswahlrecht

■ Grundsätzlich unterscheidet man bei der Wahl von Repräsentanten in ein Parlament mit Mehrheitswahl und Verhältniswahl zwei Grundtypen von Wahlen.

Bei der Mehrheitswahl wird das Wahlgebiet in so viele Wahlregionen eingeteilt, wie insgesamt Mandate vorgesehen sind. Das Mandat erhält der Kandidat mit den meisten Stimmen. Die Stimmen, die für andere Kandidaten abgegeben wurden, verlieren dabei jeglichen Einfluss.

Bei der Verhältniswahl erhält jede Partei so viele Mandate, wie es ihrem Stimmenanteil im Wahlgebiet entspricht. Hierdurch spiegelt die Zusammensetzung der Repräsentanten im Parlament die politische Einstellung der gesamten Wählerschaft. Es werden hierdurch, zumindest wenn eine Sperrklausel erreicht wird, auch kleine politische Gruppierungen in der Regierung abgebildet. In der Regel werden bei der Verhältniswahl Listen gewählt, deren Rangfolge von den einzelnen Parteien im Vorfeld festgelegt wird.

1908

Bei der Grundsteinlegung des Rathausneubaus am Fünferplatz im Jahr 1897 präsentieren sich der Magistrat und das Gemeindebevollmächtigtenkollegium unter dem Ersten Bürgermeister Ritter von Schuh noch rein bürgerlich.

Wichtige Impulse gingen hier von Karl Grillenberger aus, der bereits im ersten Antrag des sich neu konstituierenden Landtags im September 1893 die Forderung auf Neueinteilung der Wahlkreise, allgemeine und direkte Wahlen auch für Frauen, das Absenken des aktiven Wahlrechts auf 21 und des passiven auf 25 Jahre, sowie die Einführung des Verhältniswahlrechts in den Landtag einbrachte. Allerdings liefen diese Bemühungen zunächst ins Leere. Erst nachdem die SPD 1899 die Anzahl ihrer Abgeordneten auf elf erhöhen konnte und in ihren Bemühungen um die Wahlrechtsreform vom Zentrum unterstützt wurde, kam es 1908 im Bayerischen Landtag zum Beschluss, dass für alle Kommunen mit mehr als 4.000 Einwohnern anstelle der Mehrheitswahl die Verhältniswahl für Landtags- und Kommunalwahlen zu gelten habe. Am 23. November 1908 konnten somit in Nürnberg erstmals Wahlen nach dem Verhältniswahlrecht stattfinden. Bei einer Wahlbeteiligung von 90% aller wahlberechtigten Personen – noch immer waren Frauen von der Wahl ausgeschlossen – errangen die Nürnberger Sozialdemokraten einen Wahlerfolg, der sie vermutlich selbst überraschte: Von den 20 Sitzen des Kollegiums der Gemeindebevollmächtigen gingen zehn Sitze an die SPD, acht an die verschiedenen liberalen Gruppierungen und je ei-

FRAKTIONSGRÜNDUNG

Nicht nur die Sozialdemokraten, sondern auch die Wahl des Polizeikommissärs Gerner, der sich durch geschickte Wahlmanöver gegen seinen Gegenkandidaten Graf Pestalozza durchgesetzt hatte, wurden in Karikaturen zur Gemeindewahl 1908 verspottet.

ner an Zentrum und Mittelstand. Dass die ersten sechs Kandidaten der SPD Georg Gärtner, Rudolph Hermann, Konrad Dorn, Josef Simon, Karl Giermann und Hermann Schneider die Plätze 1-18 der Liste füllten, also je dreimal auf die Liste gesetzt wurden, die nächsten drei Kandidaten Theodor Hellwarth, Johann Merkel und Max Haugenstein auch jeweils zwei Plätze erhielten und nur die restlichen sechs Plätze an je einen Kandidaten vergeben wurden, zeigt, dass die Sozialdemokraten in der Wahlprognose eher zurückhaltend waren und auf die hierdurch erzielte automatische Kumulation der Stimmen bauten, um zumindest die ersten Listenkandidaten sicher in das Kollegium der Gemeindebevollmächtigten einziehen zu lassen. Auch der Wochenbericht des Magistrats berichtete am 28. November: »Dieses Ergebnis hat überrascht (…)«[4].

Diesen ›Sturm auf das Nürnberger Rathaus‹ oder die ›Erdrutschwahl‹, wie die Kommunalwahl 1908 auch genannt wurde, verdankten die Sozialdemokraten auch einer regen Wahlvorbereitung. Seit Beginn des Jahres 1908 hatte die SPD 19 Wahlveranstaltungen organisiert – die Liberalen stellten dem lediglich sechs Veranstaltungen entgegen –, die Wahlagitatoren hatten über die Chancen der Wahlrechtsreform informiert und waren nicht müde geworden, immer und immer wieder für den Erwerb des Bürgerrechts und somit die Ausweitung der Wählerschaft zu werben. Scheinbar mit Erfolg: Auch die sichtbare Steigerung der Bürgerzahlen war vermutlich für den durchschlagenden Erfolg der Sozialdemokraten verantwortlich. Zeitgleich mit der Wahlkampfphase war es in mehreren Betrieben zu massiven mehrwöchigen Streiks gekommen. Vermutlich motivierte der Unmut der Arbeiterschaft zusätzlich, sich um die Bürgerschaft zu bemühen und die Wahlen in ihrem Sinne mit zu beeinflussen.

Die nun formierte sozialdemokratische Fraktion im Kollegium der Gemeindebevollmächtigten wurde unter dem Vorsitz von Konrad Dorn, der bereits seit 1902 der Nürnberg-SPD vorsaß, dem stellvertretenden Vorsitzenden Martin

Der Rathauskeller und das Ratsstübchen am Fünferplatz wurde auch für die SPD-Rathausfraktion zur beliebten Einkehr, Postkarte vor 1905.

Treu und dem Schriftführer Hermann Schneider installiert. Am 15. Dezember 1908 konnten mit Martin Treu und Johann Merkel durch ein Bündnis mit den Demokraten gleich zwei Sozialdemokraten in den Nürnberger Magistrat entsandt werden und somit den Einfluss der SPD auf kommunaler Ebene noch erhöhen.

Die Zusammensetzung der Fraktionsmitglieder spiegelte ebenso wie die gesamte Kandidatenliste die Struktur der sozialdemokratischen Partei: Alle Fraktionsmitglieder hatten als Facharbeiter einen handwerklichen Beruf gelernt. In Fraktion wie auch in der Partei spielten Hilfsarbeiter kaum eine Rolle. Auffällig ist, dass die – zum Teil intellektuellen – bereits politisch erfolgreichen Nürnberger Parteiführer wie Albert Südekum, Gabriel Löwenstein, Karl Oertel oder Martin Segitz sich auf kommunalpolitischer Ebene kaum einbrachten, dies im Übrigen ein Phänomen, das bis in die Gegenwart existiert. Es scheint fast, als hätten die veränderten Rahmenbedingungen der Politik auf kommunaler Ebene die Herausbildung eines zweiten Typus des SPD-Politikers angestoßen. Neben den Führungskräften, die auf Landes- und Reichsebene den Kampf mit den politischen Gegnern nicht scheuten und gewohnt waren, rhetorisch und argumentativ zu überzeugen, rückten auf kommunaler Ebene nun – selbst für sie überraschend – politisch weitgehend ungeübte Sozialdemokraten in die Verwaltungsgremien nach, die zunächst nicht gewohnt waren, mit ihrer Politik direkt Einfluss nehmen zu können und erst einen Weg finden mussten, diese Position auszufüllen. Dies erklärt zumindest in Ansätzen, warum die Sozialdemokraten im Nürnberger Rathaus in den ersten Jahren nicht die Führungsposition einnahmen, die eigentlich zu erwarten gewesen wäre und die ihnen aufgrund der bereits 1914 erreichten Mehrheit auch zugestanden hätte.

Viele Arbeiter bewohnten in Nürnberg überbevölkerte, dunkle Wohnungen in schlechtem baulichen Zustand, Fotografie eines Hinterhofes in der Judengasse um die Jahrhundertwende.

Unter der liberalen Mehrheit
Ringen um erste Erfolge

Die Rolle des Kollegiums der Gemeindebevollmächtigten in Nürnberg hatte sich seit seiner Gründung im Jahr 1818 stark verändert. Als Teil einer Stadtverwaltung mit einem vielgliedrigen Verwaltungsapparat kam dem Kollegium zu Beginn des 20. Jahrhunderts deutlich mehr Verantwortung zu als noch in den Anfangsjahren. In zahlreichen Ausschüssen und Kommissionen, die sowohl durch Mitglieder des Kollegiums als auch durch Magistratsräte besetzt waren, hatte das Kollegium seit dem Erlass der Gemeindeordnung im Jahr 1869 viele Möglichkeiten der Einflussnahme in den verschiedensten kommunalpolitischen Bereichen erlangt. Von großer Kontinuität aber war die Zusammensetzung des Gremiums: Von Beginn an wurden die kom-

Die Fraktion im Kaiserreich

Von der Opposition zur größten Fraktion im Stadtrat

munalpolitischen Entscheidungen ausschließlich von Vertretern des Besitzbürgertums getroffen. Man kann sicherlich davon ausgehen, dass die plötzliche Durchmischung des bürgerlichen Zirkels mit dem oppositionellen ›Proletariat‹ für einige Unruhe sorgte. Dies spiegelt auch die Äußerung des Oberbürgermeisters von Schuh bei der Begrüßung der neu gewählten Magistratsräte wider. Er ließ es sich nicht nehmen, darauf hinzuweisen, dass die beiden sozialdemokratischen Magistratsräte vor allem von der Arbeiterschaft gewählt worden waren, und diese in diesem Zusammenhang zu ermahnen »eine einseitige Vertretung der Gemeindeangehörigen hintanzuhalten«[1] – gekoppelt mit der Bemerkung, dass dies die bisherigen Magistratsräte ebenso gehandhabt hätten. Die liberale Rathausspitze befürchtete zu diesem Zeitpunkt – völlig zu Recht – dass sich mit den sozialdemokratischen Vertretern in Kollegium und Magistrat auch die verpönte Arbeiterpolitik mit altbekannten und unliebsamen Themen wie der Änderung des Wahlrechts, der Bekämpfung der Wohnungsnot oder der Einführung einer Arbeitslosenversicherung ihren Weg auf die Tagesordnung der Gemeindebevollmächtigten bahnen würden.

Die sozialdemokratischen Bürgervertreter ließen nicht lange darauf warten und brachten schon bald ihre Themen in einer Vielzahl von Anträgen ein. Obwohl der Wahlerfolg der Sozialdemokraten überwältigend war und sie nun in den meisten Ausschüssen vertreten waren, konnten sie ihren Einfluss in den ersten Jahren aber nicht wirklich entfalten. Die Übermacht der bürgerlichen Stimmen sowohl im Kollegium, wo auf zehn Sozialdemokraten 50 bürgerliche Politiker kamen, als auch im Magistrat, in dem sich die Sozialdemokraten Martin Treu und Johann Merkel sogar 18 Bürgerlichen gegenüber sahen, führte dazu, dass die Anträge der Sozialdemokraten reihenweise abgelehnt wurden. So scheiterten nicht nur Forderungen bezüglich der Demokratisierung der Wahlen durch Aufheben der Bürgerrechtsgebühren oder der Verlegung der Wahltermine vom Werk- auf den Sonntag, sondern auch verschiedenste Anträge zu einer sozialeren Umverteilung städtischer Gelder. Nach Meinung der Sozialdemokraten sollte die Stadtkasse bei der Finanzierung von Festen und Ehrungen sparen und stattdessen zusätzliche Einnahmen aus einer Erhöhung der Gewerbeumlage erzielen. Dazu gab es Vorschläge, durch die Entnahme von Mitteln aus den Erneuerungs- und Erweiterungsfonds für Gas-, Elektrizitäts- und Wasserwerk, Straßenbahnen oder Vieh- und Schlachthof wie auch durch die Ein-

KAISERREICH

Der liberale Erste Bürgermeister Ritter von Schuh stand den Sozialdemokraten im Nürnberger Rathaus zunächst mit viel Skepsis gegenüber, Fotografie um 1890.

Die ›Erdrutschwahl‹ 1908 brachte mit neuen Verhältnissen im Nürnberger Kollegium der Gemeindebevollmächtigten einiges durcheinander. Die Karnevals-Ausgabe der ›Nordbayerischen Zeitung‹ aus dem Jahr 1909 karikiert die ›Proporz-Rodelbahn‹ auf dem Weg ins Nürnberger Rathaus.

stellung der an die Kirche übergebenen Mittel die Stadtkassen wieder zu füllen. Mit ihren Forderungen wagten sich die Sozialdemokraten an emotional aufgeladene Themen, die bei der bürgerlichen Stadtvertretung auf wenig Gegenliebe stießen und daher weitgehend erfolglos blieben. Bei der Menge der Tagesordnungspunkte, die nicht selten hundert pro Sitzung überstiegen, kann man davon ausgehen, dass gerade diesen Themen nicht besonders viel Platz eingeräumt wurde. Dieses Vorgehen erregte bei den neu gewählten Mitgliedern starke Kritik. Der Vorschlag, einzelne Punkte in Sachgebiete zusammenzufassen und somit übersichtlicher zu gestalten, wurde erst langfristig umgesetzt, machte dann aber das Kollegium sichtbar arbeitsfähiger.

Während man sich im Kollegium über den notwendigen Bau neuer Schulhäuser einig war, boten soziale Themen wie die Frage nach dem städtischen Engagement im Wohnungsbau deutlich mehr Konfliktstoff. Bereits seit vielen Jahren wurden immer wieder Forderungen vorgebracht, der in manchen Stadtteilen ausgesprochen dramatischen Wohnungsnot entgegenzuwirken. Dies scheiterte allerdings an den städtischen Gegebenheiten: Die Großstadt Nürnberg verfügte im Vergleich mit anderen Städten wie Augsburg, München oder Köln mit insgesamt 623 Hektar über nur sehr geringen Grundbesitz, der noch dazu zu knapp einem Viertel außerhalb der Stadt gelegen war. Als vor diesem Hintergrund im Magistrat der Beschluss gefasst wurde, Teile des Stadtparks sowie der in der Nordstadt gelegenen Platnersanlage zum Bau privater Villen zu veräußern, war dies aus Sicht der Sozialdemokraten einer der härtesten Rückschläge in der städtischen Wohnungsbaupolitik.

Es gab allerdings auch eine Reihe von Themen, die sowohl von bürgerlichen wie auch von proletarischen Gemeindebevollmächtigten vorangetrieben wurden. Hierzu zählten die Unterstützung der Gartenstadtidee oder innovative Ansätze in der Armenfürsorge. Gleich 1908 besetzte die SPD fünf der insgesamt 26 Sitze im städtischen Armenpflegschaftsrat, der für die gesamte städtische Armenfürsorge zuständig und im Zuge der Industrialisierung immer stärker gefordert war. Auf sozialdemokratische Initia-

Die modernen Schulhausbauten zeichneten sich unter anderem durch Innovationen wie dieses Brausebad im Schweinauer Schulhaus aus. Die neuen Bäder ermöglichten eine deutliche Verbesserung der hygienischen Verhältnisse, Fotografie 1911.

tive konnte die Tätigkeit des Armenpflegschaftsrates verbessert und eine gerechtere Verteilung der Mittel umgesetzt werden, da man unberechtigten Anträgen einen Riegel vorschob. Außerdem wurden zum Beispiel Arbeitsprämien für die Insassen der Armenbeschäftigungsanstalt eingeführt.

Nicht nur die Anliegen der Armen, sondern in erster Linie der Fabrikarbeiterschaft wurden von den Sozialdemokraten im Kollegium der Gemeindebevollmächtigten vertreten. So wurden bereits 1908/09 im Magistrat die Möglichkeiten einer Arbeitslosenversicherung diskutiert. Dies war allerdings vorläufig zum Scheitern verurteilt, da Staat und Kommunen versuchten, die Zuständigkeit jeweils aufeinander abzuwälzen und sich somit gegenseitig blockierten. Einen ersten Schritt in Richtung einer Arbeitslosenversicherung, die erstmals 1911 im Rahmen der Reichsversicherungsordnung als Erwerbslosenfürsorge umgesetzt wurde, bildete auf kommunaler Ebene im Jahr 1909 die Bereitstellung von Geldern, um Arbeiter ohne Anstellung im Bedarfsfall zu unterstützen. Die Abstimmung hierüber, die mit einer nur knappen Mehrheit von 26 zu 25 Stimmen im Kollegium der Gemeindebevollmächtigten entschieden wurde, kann als erster kleiner Erfolg der sozialdemokratischen Kommunalpolitik gewertet werden.

Auch wenn die Anträge aus den Reihen der SPD meist von der bürgerlichen Mehrheit abgelehnt wurden und dies sicherlich für viel Frustration innerhalb der Fraktion führte, zeigte sich diese im Blick auf die Zukunft optimistisch und blieb mit Ausdauer ihren Zielen treu. Im Tätigkeitsbericht aus dem Jahr 1911, der einen Rückblick auf die ersten drei Jahre im Nürnberger Rathaus liefert, beweisen die Autoren Durchhaltevermögen und Realitätsnähe: »Unsere grundsätzlichen Forderungen sind allerdings stets zu betonen, sie aber mit einem Schlage in die Wirklichkeit umzusetzen, wäre unmöglich.«[2]

KAISERREICH

Bestätigung im Amt:
Neuwahlen 1911 und 1914

Bereits drei Jahre nach dem Sturm der Sozialdemokraten auf das Nürnberger Rathaus konnte bei den Nachwahlen des Kollegiums der Gemeindebevollmächtigten im Jahr 1911 der Wahlerfolg von 1908 noch übertroffen werden. Eines der wichtigsten Wahlkampfziele war die Werbung für den Erwerb des Bürgerrechts und somit der Wahlberechtigung. Ähnlich wie im Vorfeld der Wahl im Jahr 1908 waren auch jetzt deutliche Erfolge bei der Steigerung der Bürgerzahlen zu verzeichnen und somit ein neuer sozialdemokratischer Wählerkreis gewonnen. Die SPD konnte schließlich erstaunliche 45,48% der Stimmen für sich gewinnen, während die Liberalen mit 35,68% bereits deutlich abgeschlagen waren. Mittelstand, Demokraten und Zentrum teilten sich mit 8,15%, 5,99% und 4,74% die restlichen Stimmen. Die Sozialdemokraten hatten somit weitgehend Akzeptanz in der Nürnberger Bürgerschaft gefunden. Dies zeigt auch der überwältigende Stimmanteil des Nürnberger Reichstagskandidaten der SPD, Albert Südekum, der mit stolzen 65,5% im Dezember 1911 in den Reichstag gewählt wurde.

Von den insgesamt 20 neu gewählten Gemeindebevollmächtigten gehörten erneut zehn der SPD an, womit nun insgesamt 20 Sozialdemokraten Teil des 60köpfigen städtischen Gremiums waren und somit die zweitstärkste Fraktion

Karikatur aus der Karnevals-Ausgabe der ›Nordbayerischen Zeitung‹ aus dem Jahr 1914 auf den Dienstantritt des Ersten Bürgermeisters Dr. Otto Geßler.

bildeten. Somit fiel ihnen auch das Amt des zweiten Vorsitzenden zu, das mit dem langjährigen SPD-Vorsitzenden Konrad Dorn besetzt wurde. Auf diesem Weg war eine direkte einflussreiche Verbindung zwischen SPD-Parteipolitik und Rathaus hergestellt. Auch in den im gleichen Jahr erfolgten Nachwahlen des Magistrats spiegelte sich der Erfolg der Sozialdemokraten wider: Mit drei zusätzlichen Sitzen stellten sie nun ein Viertel dieses Gremiums.

In der neuen Wahlperiode des Kollegiums bis zum Beginn des Ersten Weltkrieges konnten nun zahlreiche sozialdemokratische Ideen weiter entwickelt und zur Umsetzung gebracht werden, die bis dahin stets von der übermächtigen bürgerlichen Mehrheit abgeschmettert worden waren. Schon im Folgejahr wurde die städtische Fürsorge durch die Einführung von beruflichen Vormündern professionalisiert. Dienstleistungen, die bisher nur im Arbeitersekretariat erhältlich waren, wurden durch eine städtische Rechtsauskunftstelle für alle Bewohner der Stadt zugänglich gemacht. Die Einrichtung des Nürnberger Nachrichtenamtes, Vorläufer des heutigen Presseamtes der Stadt Nürnberg, die ebenfalls bereits im Frühjahr 1912 erfolgte, zeugt von der Wunschvorstellung einer transparenten Stadtverwaltung, die sich von Beginn an durch das kommunalpolitische Handeln der SPD zog und sich ebenso in immer wiederkehrenden Anträgen auf öffentliche Sitzungen spiegelt.

Der lange geplante Burgberg-Tunnel wurde zwar 1911 vom Magistrat als Anbindung der Nordstadt ans Zentrum beschlossen, allerdings nie in die Realität umgesetzt, Postkarte 1899.

Bei einigen Themen aus dem Gesundheits- und Bildungswesen zogen die verschiedenen Vertreter in der Stadtverwaltung an einem Strang. Die soziale und gesundheitliche Situation der Industriestadt Nürnberg, die weithin als ›Tuberkulosestadt‹ bekannt war, war inzwischen den Mitgliedern des Kollegiums so präsent, dass Maßnahmen wie der Bau des Volksbades, des städtischen Krematoriums oder die Einrichtung des Südfriedhofs ebenso wie die Weiterführung des bereits in den 1870er Jahren begonnenen Schulhausneubaus, der allein von 1912 bis 1914 acht neue Bauten hervorbrachte, weitgehend Konsens waren. Auch wurde aus hygienischen Gründen noch im Jahr 1911 der Bau einer Müllverbrennungsanlage angeregt. Auch die Einrichtung einer allgemeinen Ortskrankenkasse, die im Reich bereits seit den 1880er Jahren vorgesehen war, in Nürnberg aber erst zu Beginn des Jahres 1914 nach jahrelangen Bemühungen durchgesetzt wurde, fand nun eine Mehrheit.

Die Stimme der Sozialdemokraten hatte im Laufe der ersten sechs Jahre im Kollegium der Gemeindebevollmächtigten deutlich an Einfluss gewonnen. Dies wurde im Vorfeld der Kommunalwahlen 1914 besonders deutlich. Da abzusehen war, dass der inzwischen 67jährige Erste Bürgermeister Georg von Schuh sein

Amt nicht mehr weiterführen würde, standen Neuwahlen des Oberbürgermeisters an. Es war allerdings zu erwarten, dass die SPD bei den im Jahr 1914 bevorstehenden Kommunalwahlen mindestens die Hälfte der Sitze und somit das Recht erhalten würde, den Ersten Bürgermeister zu stellen. Um dies zu verhindern, wurde Georg von Schuh durch eine Pressemitteilung seiner eigenen Partei zum vorzeitigen Rücktritt gezwungen. In einem Zeitungsartikel wurde bekanntgegeben, dass er aus gesundheitlichen Gründen noch vor der Kommunalwahl sein Amt niederlegen würde. Somit kam es, nachdem sich Georg von Schuh schließlich dem recht forsch formulierten Wunsch seiner Partei gefügt hatte, bereits am 9. Dezember 1913 zur Bürgermeisterwahl. Hierbei stellte sich heraus, dass die Befürchtungen der Liberalen völlig unnötig waren: Unter den insgesamt 26 Kandidaten für das Amt des Ersten Bürgermeisters befand sich kein einziger Sozialdemokrat.

Die Zurückhaltung der SPD hatte vermutlich mehrere Gründe. Zum einen fürchtete man mangelnde Anerkennung eines sozialdemokratischen Stadtoberhauptes innerhalb der reaktionären politischen Stimmung in Bayern, zum anderen mangelte es der Nürnberger SPD dieser Jahre an zugkräftigen Politikern, die sich auch in der Kommunalpolitik einbringen wollten. Somit lag aus Sicht der Sozialdemokratie im Rathaus als Kompromiss ein von den Sozialdemokraten akzeptierter liberaler Kandidat nahe. Eine recht kuriose Begleiterscheinung dieser Wahl war die Kandidatur Wilhelm Voigts, der als Hauptmann von Köpenick einige Jahre zuvor Berühmtheit erlangt hatte und sich nun mit den Worten »Laut Inserat im ›Vorwärts‹ No. 271 biete ich mich für die Stelle des ersten Bürgermeisters an. Verstand und Talent ist da. Hochachtend, Wilhelm Voigt, Hptm. a.D. von Köpenick«[3] um die Kandidatur zum Ersten Bürgermeister der Stadt Nürnberg bewarb.

Die Sozialdemokraten unterstützten schließlich die Wahl Otto Geßlers, der bisher als linksliberaler Bürgermeister in Regensburg tätig gewesen war und schließlich mit einer deutlichen Mehrheit von 447 zu 13 Stimmen zum Ersten Bürgermeister gewählt wurde. Seine Amtsführung als Erster Bürgermeister bis zum Ende des Ersten Weltkrieges fand bei den sozialdemokratischen Volksvertretern große Akzeptanz und ermöglichte eine harmonische Zusammenarbeit. Bereits in Regensburg hatte er soziale Ideen wie die Einführung einer kommunalen Arbeitslosenfürsorge vertreten. Der spätere Reichswehrminister Otto Geßler legte in seiner Zeit als Erster Bürgermeister in Nürnberg mit seiner sozial-liberalen Einstellung den Grundstein für die zukünftige gute Zusammenarbeit zwischen dem liberalem Stadtoberhaupt und der sozialdemokratischen Fraktion in der Amtszeit Hermann Luppes. Auch sein Vorgänger Georg von Schuh hatte bereits

Die Nachricht vom Beginn des Krieges trieb die Nürnberger in Scharen auf die Straße, Foto August 1914.

das Ziel verfolgt, die Arbeiterschaft in die Kommunalpolitik aktiv miteinzubeziehen, wie er bei seiner Antrittsrede im Jahr 1892 deutlich machte: »Möchten aber auch jene Kreise, welche, durch ihre

Obwohl die Wahlen am 14. Dezember 1914 bereits im Kriegszustand und unter entsprechend schwierigen Bedingungen stattfanden, brachten sie den Sozialdemokraten den durchschlagenden Erfolg. Zwar wurde ein großer Teil der Arbeiterschaft und somit potentielle Wähler durch die Einberufung gehindert an der Wahl teilzunehmen, dazu schränkte ein Regierungserlass den Wahlkampf weitgehend ein. Dennoch brachten die Stimmen der sozialdemokratischen Fraktion insgesamt 28 der 60 Sitze.

Damit stellten die Sozialdemokraten nun die stärkste Fraktion im Kollegium der Gemeindebevollmächtigten. Konrad Dorn wurde der Vorsitz des Kollegiums übertragen. Bei der am 30. Dezember 1914 stattfindenden Magistratswahl wurden mit dem Gauleiter Johann Merkel, dem Parteisekretär Martin Treu, dem Parteiwirt Karl Zapf, dem Geschäftsführer der Fränkischen Tagespost Karl Fentz und dem Redakteur Max Schneider insgesamt fünf neue beziehungsweise in ihrem Amt bestätigte sozialdemokratische Magistratsräte bestimmt. Zusammen mit den vier bereits im Jahr 1911 gewählten Magistratsräten Wilhelm Herzberg, Karl Klötzel, Max Mirsberger und Hermann Schneider waren die Sozialdemokraten nun schon mit neun von insgesamt 20 Mandaten im Magistrat vertreten.

besondere Lebensauffassung geleitet, bisher eigene Wege gegangen sind, nicht länger zur Seite stehen, sondern sich mit uns in der Verfolgung erreichbarer Ziele zu gemeinsamer Arbeit vereinigen.«[4] Allerdings untergrub die liberale Rathausfraktion dieses Vorhaben bis zum Jahr 1908 nachhaltig. Erst als durch eine Veränderung des Wahlrechts Sozialdemokraten in das Gremium einzogen und 1914 die Mehrheit im Kollegium der Gemeindebevollmächtigten erlangten, konnte eine wirkliche Zusammenarbeit entstehen, die unter der Regierung Otto Geßlers jedoch stark unter den Einflüssen des Ersten Weltkrieges stand.

KAISERREICH

Das überfüllte Herkules-Velodrom bei einer Massenspeisung im Februar 1917 spiegelt die Brisanz der schlechten Lebensmittelversorgung während des Krieges.

Neue soziale Herausforderungen:
Der Erste Weltkrieg und seine Auswirkungen auf Nürnberg

Auch in Nürnberg waren bereits vor Ausbruch des Ersten Weltkrieges die heftigen Differenzen bezüglich der Kriegspolitik innerhalb der Sozialdemokratie zu spüren, die 1917 schließlich zur Spaltung der Partei in → **USPD und MSPD** führen sollten. Auch wenn dies auf die Kommunalpolitik zunächst wenig Einfluss hatte, standen sich mit der Politik des Reichstagsabgeordneten Albert Südekum und der Haltung der lokalen Parteivertreter Adolf Braun, Max Süßheim und Josef Simon die beiden konträren Haltungen innerhalb der SPD gegenüber. Bereitete Albert Südekum auf Reichsebene dem ›großen Burgfrieden‹ den Weg, in dem er dem Reichskanzler Theobald von Bethmann-Hollweg zusicherte, dass die Sozialdemokraten eine Kriegserklärung nicht durch Streiks sabotieren würden, traten Max Süßheim und Josef Simon noch auf der letzten der zahlrei-

Stadt. Kartoffelstelle Nürnberg
Waizenbrauhaus.

Die Abgabe von Speisekartoffeln an die minderbemittelte Bevölkerung findet am:

**Samstag, den 18. März
vormittags u. nachmittags**

statt und werden nur gegen Vorzeigen einer Brotzusatzkarte:

5 Pfund zu 35 Pfennig

verabreicht.

Der allgemeine Verkauf von Kartoffeln wird erst am **Montag** wieder aufgenommen.

Lebensmittelkarten unterschiedlichster Art gehörten ab 1916 auch in Nürnberg zum Alltag, Anzeige im Fränkischen Kurier 1916.

Vom Magistrat wurden die zahlreichen Frauen, die aus Finanznot während des Krieges in Männerberufe drängten, mit lobenden Worten gewürdigt: » (...) es ist eine erfreuliche Erscheinung, feststellen zu können, dass die Zahl der Straßenbahnzusammenstöße in der letzten Zeit nach Einstellung der Führerinnen auf ein außerordentlich niedriges Maß zurückgeschraubt worden ist. Wir möchten diese erfreuliche Erscheinung in erster Reihe mit auf den Eifer und die Dienstfreudigkeit, die Gewissenhaftigkeit und Umsicht, ja auf die Geistesgegenwart des weiblichen Führerpersonals zurückführen.«

chen Nürnberger Antikriegsversammlungen der SPD am 29. Juli 1914 im Herkulesvelodrom als hitzige Redner gegen den nationalen Rausch der Bevölkerung und für die Friedenswahrung auf. Obwohl zu diesem Zeitpunkt innerhalb der Partei kaum mehr Kriegsgegner das Wort gegen den aufflammenden Patriotismus erhoben, drei Tage darauf die deutsche Kriegserklärung gegen Russland ausgesprochen wurde und auch die SPD-Reichstagsabgeordneten am 4. August endgültig den Kriegskrediten zustimmten und somit den Krieg befürworteten, stieß die Versammlung in Nürnberg auf so viel Interesse, dass auf ein zusätzliches Veranstaltungslokal ausgewichen werden musste.

Als bereits am folgenden Tag die Teilmobilisierung Russlands verkündet wurde, kippte die Stimmung allerdings auch in der Nürnberger SPD. Der Aufruf des liberalen Bürgermeisters Otto Geßler das Vaterland »gegen die sibirische Unkultur und das Knuten- und Mordregiment des russischen Zarismus«[5] zu verteidigen, stieß auf offene Ohren. Gerade das hierdurch heraufbeschworene Feindbild des ›Feindes aus dem Osten‹, der nun auch in Deutschland zu wüten drohte, ließ die furchtsame und bedachte Antikriegsstimmung der Sozialdemokraten innerhalb kürzester Zeit in erregte nationale Aufrufe umschwenken, die sich ansatzweise auch in der ›Fränkischen Tagespost‹ widerspiegelten.

Bereits wenige Tage nach dem Kriegseintritt am 1. August 1914 machten sich in Nürnberg Probleme bemerkbar, die in der Kriegsvorbereitung nicht bedacht worden waren. Man war doch fast überall von einem nur wenige Wochen andauernden Kriegszustand ausgegangen. Während die militärische Mobilmachung im Sinne eines ausgeklügelten Generalplans akribisch vorbereitet worden war, wurde die Überforderung im wirtschaftlichen und sozialen Bereich bald offensichtlich.

Zunächst boten die in der Stadt vorhandenen Lebensmittelvorräte keinen Anlass zur Unruhe, stand doch die Ernte kurz bevor. Außerdem hatte ein bereits am 29. Juli 1914 gegründeter Lebensmittelausschuss zusätzliche Vorräte für die Stadt angekauft und eingelagert. Doch bereits im August 1914 setzte eine enorme Preissteigerung ein. Ferner waren über Nacht etwa 31.000 Personen, also etwa 40% der beschäftigten männlichen Bevölkerung Nürnbergs, arbeitslos geworden und bildeten zusammen mit zahllosen Frauen und Kindern, deren Ehemänner, Väter und vor allem Ernährer in den Krieg gezogen waren, eine neue Armutsschicht. Betroffen waren hiervon vor allem Fabriken der Exportindustrie und der Fertigung von Luxusgütern wie Spielwaren, Pinseln oder Bleistiften.

Auch wenn diese soziale Frage zunächst zu Lasten des Reiches gelöst werden musste, blieben die Sorgen der Soldatenfamilien nicht zuletzt ein Problem der Stadtverwaltungen, da die staatlichen Unterstützungssätze für die Versorgung bei Weitem nicht ausreichten.

Die Nürnberger Stadtverwaltung, die diese Missstände schnell erfasste, handelte zügig und traf bereits in den ersten Kriegswochen Fürsorgemaßnahmen, durch welche die Not gelindert werden sollte. Erschwert wurde dies aber durch die zahlreichen Einberufungen, die auch die städtische Verwaltung betrafen. Da nun fast ein Drittel der städtischen Bediensteten im Dienst an der Waffe stand, musste man sich temporär mit dem Einsatz städtischer Lehrer behelfen, um die ersten Kriegsfürsorgemaßnahmen umsetzen zu können. Organisiert wurde dies vom neu gegründeten Kriegsfürsorgeamt, das unter der Leitung des Ersten Bürgermeisters stand und für die Auszahlung der reichsgesetzlichen Unter-

USPD und MSPD

Schon vor Beginn des Ersten Weltkrieges gingen die Meinungen der SPD-Mitglieder zum Nationalismus, zur Haltung der Partei gegenüber dem Staat und letztlich zur Frage, ob dieser Krieg überhaupt geführt werden sollte, auseinander. 1914 stand im Mittelpunkt der Auseinandersetzung innerhalb der SPD die Frage, ob die Gewährung staatlicher Kriegskredite zu befürworten sei. Bereits 1915 kam es mit Karl Liebknecht und neunzehn weiteren SPD-Reichstagsabgeordneten, die sich weigerten weiteren Krediten zuzustimmen, zum Eklat. Unter dem Einfluss der Parteiführer Friedrich Ebert und Philipp Scheidemann wurden die linksgerichteten Kritiker aus der Partei ausgeschlossen.

Die auf diesem Weg neu gegründete ›Fraktion der Sozialdemokratischen Arbeitsgemeinschaft im Reichstag‹ bildete von nun an die Parteiopposition und gründete im April 1917 in Gotha die Unabhängige Sozialdemokratische Partei Deutschlands (USPD).

Auch in Nürnberg gründete sich trotz vorangegangener intensiver Bemühungen Adolf Brauns um die Parteieinheit der SPD noch im April 1917 eine Ortsgruppe der Unabhängigen Sozialdemokraten unter dem Vorsitz von Konrad Beißwanger. Als Versammlungslokal dieses ›Sozialdemokratischen Arbeitervereins Nürnberg und Umgebung‹ diente das Café Merk, das bislang von der SPD als Parteilokal genutzt worden war. Im ersten Jahr war die Agitation des Vereins

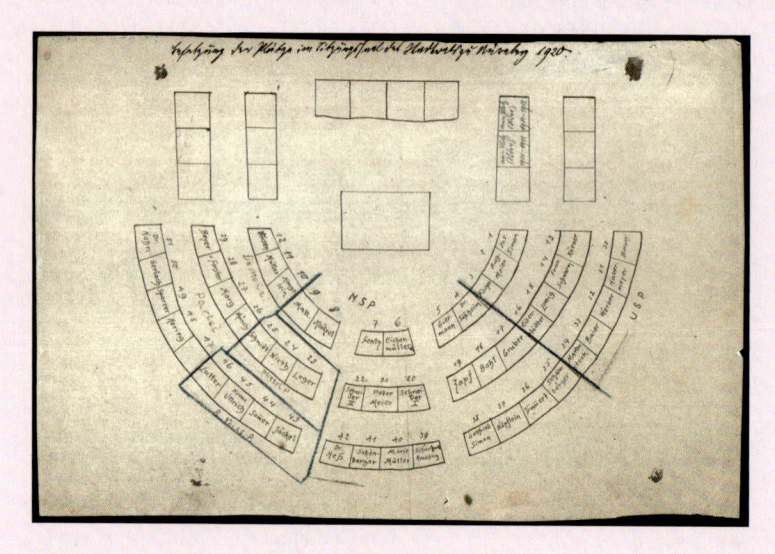

Besetzung der Plätze im Sitzungssaal des Stadtrats zu Nürnberg, Planzeichnung 1920.

aus mehreren Gründen eher verhalten: Neben dem aufgrund des Krieges ausgerufenen Ausnahmezustand und internen Auseinandersetzungen wurde die Parteiarbeit vor allem durch staatliche Repressionen erschwert. Die Regierung von Mittelfranken forderte den Magistrat im Mai 1918 auf, keine öffentlichen Versammlungen der USPD zu dulden und »Mitgliederversammlungen der Unabhängigen (...) scharf im Auge zu behalten und auch, soweit dies rechtlich vertreten werden kann, zu kontrollieren«.[10] Dies hatte zahlreiche Gerichtsverhandlungen und Verhaftungen der Parteiführer zur Folge.

Zunächst definierte sich die Oppositionspolitik vor allem über die Abgrenzung zur Mehrheitspartei (MSPD) und blieb in ihrer Kritik eher polemisch als inhaltlich stichhaltig. Auf kommunaler Ebene führten die Splitterparteien häufig nur die Bezeichnung MSP und USP. Die Nürnberger Ortsgruppe der USPD konnte während des Krieges beeindruckende Erfolge für sich verbuchen: Schätzte der Magistrat die Mitglieder der USPD im September 1917 nur auf etwa 60 Personen, so war die Partei bis zum Frühsommer des darauffolgenden Jahres auf rund 600 Anhänger angewachsen. Im April 1919 hatte sie bereits 4.678 Mitglieder, ein Jahr später war die Zahl auf über 10.000 angestiegen. Zurückzuführen waren diese Erfolge weniger auf die Politik einzelner überzeugender Persönlichkeiten, welche die Partei mit dem 1917 zur USPD übergetretenen Josef Simon oder mit August Meier durchaus in ihren Reihen hatte, sondern vielmehr auf ihre nicht selten polemisch vorgebrachte Antikriegspropaganda. Diese stieß vor allem in den Reihen der von den Kriegsfolgen besonders betroffenen Fabrikarbeiterschaft auf offene Ohren.

Nach Ende des Ersten Weltkrieges führten gemeinsame innenpolitische Ziele und nicht zuletzt der Einigungswille der MSPD-Führung zur Wiedervereinigung der Parteien. Ausschlaggebend für diesen Schritt war die finanzielle Notlage der USPD, die 1922 nicht einmal mehr in der Lage war, das Papier für eine eigene Parteizeitung zu finanzieren. Nachdem am 24. September 1922 die Parteien auf dem Einigungsparteitag in Nürnberg wieder zusammengeführt worden waren, vereinigten sich am 11. Dezember auch die sozialdemokratischen Vereine Nürnbergs. Zwar blieb eine kleine Gruppe von Unabhängigen Sozialdemokraten als eigenständige politische Gruppierung bestehen, diese erlangte aber keinen nennenswerten politischen Einfluss. 1930 berichtete der Magistrat, dass die Gruppe seit längerer Zeit ihre Tätigkeit eingestellt habe.

Wahlplakat der Unabhängigen Sozialdemokraten aus dem Jahr 1920.

stützungssätze sowie bedarfsangepasster Zusatzleistungen zuständig war. Schon kurz zuvor war mit der Eröffnung erster Kriegsvolksküchen der Auftakt für die städtische Kriegsfürsorge gegeben worden.

Wie bereits im Vorfeld von den sozialdemokratischen Gemeindebevollmächtigten vermutet, ging der Erste Bürgermeister Otto Geßler im Umgang mit der Arbeitslosigkeit einen für sie akzeptablen Weg. Obwohl die von der SPD geforderten Maßnahmen zur Arbeitslosenunter-

Die gesamte Lebensmittelversorgung während des Krieges war von den Kommunen zu tragen, wie hier durch die städtische Gemüseverkaufsstelle an der Hauptwache, Fotografie 1917/18.

stützung aufgrund der hohen Arbeitslosenzahlen nicht finanzierbar waren und daher nicht umgesetzt wurden, kam es zu konkreten Schritten gegen die Arbeitslosigkeit: Bereits am 28. August wurde dem Antrag Otto Geßlers auf Bereitstellung von 100.000 Mark für die Arbeitslosenunterstützung im Magistrat zugestimmt. Weiterhin konnte die Zahl der Arbeitslosen reduziert werden, indem die Arbeitszeit der städtischen Angestellten drastisch reduziert wurde und somit zusätzliches Personal eingestellt werden konnte. Darüber hinaus wurden arbeitslose Fabrikarbeiterinnen in der städtischen Kriegsarbeitsstelle mit der Produktion von Heeresbedarfsgegenständen beschäftigt. Allein die letztgenannte Maßnahme sollte bis zum Frühjahr 1915 insgesamt 9.000 Frauen aus der Arbeitslosigkeit holen. Auch dies ist auf den persönlichen Einsatz Otto Geßlers zurückzuführen, der direkten Kontakt mit der Beschaffungsstelle des Kriegsministeriums in Berlin aufnahm, um Produktionsaufträge für Nürnberg zu bekommen.

Diese Maßnahmen konnten die Arbeitslosigkeit zwar verringern, das Problem allerdings keineswegs aus dem Weg schaffen. Die im August bewilligten 100.000 Mark reichten gerade aus, um einen Monat lang Arbeitslosenunterstützungsgelder auszuzahlen; die hohe Verschuldung der Stadtkasse machte weitere laufende Zahlungen in angemessener Höhe undenkbar. Dennoch machte sich Otto Geßler bereits im ersten Jahr seiner Amtszeit einen Namen als »Seele der Kriegsfürsorge«[6], wie der Magistratsrat Häberlein auf der Jahresabschlusssitzung 1914 feststellte. Die Sozialdemokraten erkannten – wie auch die anderen politischen Gruppierungen – seine Erfolge an und unterstützten weitgehend dessen Politik.

Je deutlicher sich abzeichnete, dass der Krieg über einen längeren Zeitraum weiter gehen würde, desto mehr rückte die Frage der allgemeinen Lebensmittelversorgung in den Mittelpunkt des öffentlichen Interesses. Auch wenn man in Nürnberg erst im Jahr 1916 – nach einer schlechten Getreideernte im Vorjahr –

Der Hungerwinter 1917/18 führte zu zahlreichen Demonstrationen und Streiks. Die Fotografie entstand bei einer Friedensdemonstration am Obstmarkt am 29. Januar 1918.

von einer wirklichen Lebensmittelknappheit sprechen konnte, zogen die Preise für Schweinefleisch, Kartoffeln und Brot bereits im Frühjahr 1915 stark an. Den im Mai 1915 eingeführten Brotkarten folgten 1916 weitere Maßnahmen wie die Zwangsbewirtschaftung von Kartoffeln, Eiern, Fleisch und Butter. Der Stadtspitze blieb hierbei wenig Handlungsspielraum, lediglich die Verwaltung des Mangels an Lebensmitteln war nun ihre Aufgabe. Die Verbitterung der Nürnberger Bevölkerung über diese Zustände entlud sich schließlich im Juli 1916 in den so genannten Lebensmittelkrawallen. Das erfolglose Anstehen von Frauen, die auf der Insel Schütt Eier sowie in einem Kolonialwarengeschäft in der Rieterstraße Butter kaufen wollten, erzürnte diese so sehr, dass es zu tumultartigen Auseinandersetzungen auf der Straße kam, von denen ein Polizeiprotokoll in schillernden Farben berichtet: »Die Menge johlte und pfiff. Ein Wachmann wurde mit Steinen beworfen, ein anderer mit Pferdemist und Straßenkot. Der letztere wurde an der Festnahme eines ihn beleidigenden Soldaten durch die Menge und anderer Soldaten gehindert und von diesen derart bedrängt, dass er blankzog.

– Im ganzen waren etwa 50-60 Soldaten in der Menge, die zum größten Teil für diese Partei ergriffen.«[7] Ähnliches ereignete sich in den darauffolgenden Tagen, wenn auch in geringerem Ausmaß als beim hier beschriebenen Auflauf von nahezu 2.000 Personen vor weiteren Butter- und Käsegeschäften. Auch wenn der Stadtverwaltung in weiten Teilen die Hände gebunden waren, beschloss der Ernährungsbeirat des Magistrats, die Brotrationen zu verdoppeln, um die Nürnberger Bürger zu befrieden. Dies entspannte zwar vorübergehend die Lage, konnte aber die ansteigende Kriegsmüdigkeit, die sich mit der schlechteren Versorgungssituation immer mehr verstärkte, nicht verhindern. So sollte sich die Aussage, die sich in einer Notiz des bayerischen Kriegsministeriums an die Staatsregierung aus dem Jahr 1916 findet, schließlich bewahrheiten: »(…) weil der Geist der Heimat, der Wille des Volkes zum Durchhalten, letzten Endes eine Magenfrage bleibt.«[8]

Auch wenn die Arbeiter in den Rüstungsbetrieben ihren Lebensstandard zunächst verbessern konnten, spitzte sich die Not und Existenzangst in weiten Teilen der Arbeiterschaft immer mehr zu und schuf auch in Nürnberg einen guten Nährboden für plakative Feindbilder. Die Kritik der Bevölkerung richtete sich dabei nicht nur an die Staatsregierung, sondern nun auch direkt an die Vertreter der Stadt, wie ein Bericht Otto Geßlers über die Stimmung der Bevölkerung in

**Josef Simon
(1865-1946)**

Der gelernte Schuhmacher Josef Simon, in Schneppenbach in Unterfranken geboren, betrat bereits als 20jähriger mit seinem Eintritt in die Arbeiterbewegung in Offenbach am Main die Parteibühne. 1888 wurde er aufgrund von Verbreitung verbotener Schriften in Untersuchungshaft genommen. Trotz eines Freispruchs wurde er daraufhin unter den Sozialistengesetzen aus dem Frankfurter Gebiet ausgewiesen.

Josef Simon zeichnete sich vor allem durch seine vielseitigen Funktionen aus: So engagierte er sich von 1900 bis 1933 als Vorsitzender des Schuhmacherverbandes und ab 1907 als Internationaler Sekretär der Schuh- und Lederarbeiter in Deutschland für seinen Berufsstand, war von 1908 an zwanzig Jahre lang im Kollegium der Gemeindebevollmächtigten beziehungsweise im Stadtrat in Nürnberg tätig, seit 1907 in der bayerischen Abgeordnetenkammer und ab 1912 als Reichstagsabgeordneter aktiv.

Da sein erster Reichstagswahlkreis Hof-Münchberg-Naila-Rehau zur USPD wechselte – erst ab 1920 kandidierte Josef Simon als Reichstagskandidat für den Wahlkreis Nürnberg –, wurde auch er am 6. Oktober 1917 Unabhängiger Sozialdemokrat, was für die Nürnberger USPD einen großen Gewinn darstellte. Nach der Revolution von 1918 wurde er in die Deutsche Nationalversammlung gewählt und vertrat die USPD als Handelsminister im ersten Kabinett des bayerischen Ministerpräsidenten Johannes Hoffmann.

Nach der Machtübernahme der Nationalsozialisten wurde Josef Simon gemeinsam mit einem seiner Söhne verhaftet und im KZ Dachau interniert. Auch nach seiner Freilassung im Jahr 1934 stand er unter strenger Polizeiaufsicht. Dennoch war eine Beteiligung an dem gewerkschaftlichen Widerstand um Wilhelm Leuschner möglich. Im Falle des erfolgreichen Widerstandes und einer politischen Umwälzung war Josef Simon als ›Politischer Beauftragter‹ für den Nürnberger Bezirk eingeplant. Josef Simon überlebte den Nationalsozialismus und verstarb mit 84 Jahren. Heute erinnert eine Straße in Langwasser an ihn.

**Konrad Beißwanger
(1869-1934)**

Der in der Nähe von Aschaffenburg geborene Buchdrucker Konrad Beißwanger war der führende Vertreter der proletarischen Bewegung der linksgerichteten Freidenker in Nürnberg. Nach der Auflösung der ›Freidenker Vereinigung Nürnberg‹, der er zeitweise vorsaß, engagierte er sich innerhalb der sozialdemokratischen Parteiopposition. Als Nürnberger Vertreter nahm er im April 1917 am Gründungskongress der USPD in Gotha teil, gründete daraufhin noch im gleichen Monat den ›Sozialdemokratischen Arbeiterverein Nürnberg und Umgebung‹ als Nürnberger Ortsgruppe der USPD und übernahm dessen Vorsitz. Der überzeugte Atheist gilt als schillernde Persönlichkeit, der von Historikern als »utopischer Sozialrevolutionär«[11] oder als der »zu dieser Zeit in Nürnberg wohl einzige potentielle Spartakist«[12] bezeichnet wurde. Schon vor dem Ersten Weltkrieg hatte er seine Druckerei in den Dienst seiner antiparlamentarischen Haltung gestellt und dort zunächst das zentrale Presseorgan der Freidenker ›Atheist‹, sowie die ›Zeitschrift für freie Weltanschauung‹ verlegt. Ein ebenfalls in seiner Druckerei vervielfältigtes Flugblatt aus dem Jahr 1917 zeigt die Stimmung der Unabhängigen Sozialdemokraten in Nürnberg. In einem ›Kriegsglaubensbekenntnis‹ setzte Konrad Beißwanger der Kriegsmüdigkeit auf populistische Weise ein Zeichen: »Ich glaube an die Steckrübe, die allgemeine Ernährung des deutschen Volkes und an die Marmelade, ihre stammverwandte Genossin, empfangen vom Kriegsernährungsamt, gelitten unter der Zentraleinkaufsgesellschaft, wiederauferstanden als Tafeläpfel, von denen sie kommen werden als Aufstrichmasse für Deutschlands Heer und Flotte und gegen Karte für das Volk. Ich glaube an heilige Propheten, eine große allgemeine Wuchergesellschaft, Gemeinschaft der Hamsterer, Erhöhung der Steuern, Verteuerung des Fleisches, Erfrierung der zurückgehaltenen Kartoffeln, und an den ewigen Kriegszustand. Amen.«[13]

Aufgrund weiterer Flugblätter, die unter den Matrosen der Kriegsmarine und den Teilnehmern des Internationalen Jugendtags der sozialistischen Jugend verteilt wurden, wurde er noch im Jahr 1917 unter dem Vorwurf zur Gehorsamsverweigerung aufgerufen zu haben, verhaftet und zu einer fast zweieinhalbjährigen Zuchthausstrafe verurteilt. 1919 wandte er sich der KPD zu.

Nürnberg zeigt, den er in einer Sitzung des Ernährungsbeirates vortrug: »(...) Die Leute seien unterernährt, abgearbeitet, verdrießlich (...) Sehr erbitterten die Briefe von der Front über Mißstände daselbst, ferner verstimmen Briefe von der Heimat an die Front, in denen die Verhältnisse im Land meist übertrieben geschildert werden (...) Jene, die scharfe Kriegsziele verfolgen, seien z.Z. in den Städten die Verhaßtesten, vor allem der Bund der Landwirte, die Konservativen, die Industriellen (...)«[9]

Der Ruf nach Frieden wurde innerhalb der Partei wie auch unter der Bevölkerung immer lauter. Ab August 1916 wurden in Nordbayern zahlreiche Versammlungen durchgeführt, Unterschriftensammlungen forderten die Beendigung des Krieges, allerdings unter Wahrung der politischen Unabhängigkeit sowie der territorialen Unversehrtheit Deutschlands. Allein in Nürnberg trugen sich bis zum 11. September 1916 53.000 Personen in die Listen ein, im nordbayerischen Raum wurden zusätzliche 27.000 Unterschriften gegen den Krieg gesammelt.

Eine Errungenschaft der Novemberrevolution:
Die Erfindung des Stadtrats

Als im Sommer 1918 die Vertreter der staatlichen Instanzen, die zuvor noch euphorisch den Krieg befürworteten, völlig unerwartet die Aussichtslosigkeit des Krieges eingestanden, waren einer revolutionären Bewegung alle Wege geebnet: Die Machthaber zogen sich zurück und gaben den Ball somit an die Revolutionäre ab. Die Bevölkerung stand spürbarer denn je vor der sozialen Katastrophe. Die enormen Preissteigerungen schon in den ersten Kriegsjahren, die schleichende Inflation und die steigende Wohnungsnot hatten großes Elend hervorgebracht. Die schlechte Ernährung und mangelnde Versorgung mit Medikamenten forderten allein durch die Tuberkulose- und Grippeepidemien im Jahr 1918 hunderte von Toten.

Die Kluft zwischen arm und reich war durch den Krieg noch größer geworden. Zahlreiche Großbürger hatten durch Kriegsgeschäfte ihren Reichtum noch vermehren können; die ärmere Schicht setzte sich nun jedoch sowohl aus der Arbeiterschaft als auch aus dem inzwischen völlig verarmten Mittelstand zusammen. Die Lebenssituation beider Bevölkerungsgruppen hatte sich nahezu angeglichen. Dennoch ging die Revolution auch in Nürnberg nicht – wie eigentlich zu erwarten war – von der als ›revolutionär‹ bekannten Arbeiterschaft aus, sondern von der Soldatenschaft, die in besonderem Maß unter dem völlig sinnlos gewordenen Krieg zu leiden hatten. Soziale Ungerechtigkeit und die Hoffnungslosigkeit ihres Kriegseinsatzes führten schließlich zum Protest gegen die desolaten Zustände. Die so genannte Novemberrevolution fand ihren Auftakt im Aufstand der Matrosen in Kiel und Wilhelmshaven, die sich in Anbetracht des bereits verlorenen Krieges gegen eine letzte sinnlose Seeschlacht gegen die britischen Verbände auflehnten. Diese Revolution breitete sich in wenigen Tagen über das gesamte Reich aus und führte schließlich am 9. November zur Ausrufung der Republik und zum Abdanken des deutschen Kaisers Wilhelm II.

Auch in Nürnberg wurde die Revolution von Soldaten eingeläutet. Noch am Tag der Machtübernahme Kurt Eisners in München, der bereits am 8. November 1918 in Bayern die Republik ausrief, richteten Münchner Soldaten in Nürnberg einen provisorischen 70köpfigen Arbeiter- und Soldatenrat nach Kieler Vorbild ein, in dem neben 20 Soldaten je 25 Arbeiter von SPD und USPD vertreten waren. Auch in diesem Gremium kooperierten Unabhängige und Mehrheitssozialdemokraten weitgehend konfliktfrei. Der Arbeiter- und Soldatenrat sollte auf kommunaler Ebene das entscheidende politische Organ der neu entstandenen parlamentarischen Regierung darstellen. In einigen Städten lösten die Räte die Stadtverwaltungen auf und ordneten sie neu. In Nürnberg allerdings wurde von Beginn an zwischen Otto Geßler als oberstem Vertreter der Stadtverwaltung

Mit einer rasch formulierten Proklamation übernahmen die Arbeiter- und Soldatenräte am 7. November 1918 die Macht in Bayern.

Der Saalbau des Herkules-Velodroms, zunächst zum Fahrradfahren gebaut, wurde später Veranstaltungsort zahlreicher Parteiveranstaltungen, Postkarte 1907.

und dem neu gegründeten Arbeiter- und Soldatenrat, vertreten durch Konrad Dorn, Martin Treu, Dr. Max Süßheim – dem Redakteur des ›Sozialdemokrat‹ –, Johann Baier und dem Gewerkschaftsbeamten Karl Hermann festgelegt, dass »die städtischen Kollegien in ihrer Zusammensetzung und in ihrem Wirkungskreise nach Maßgabe der geltenden Gesetze selbständig bleiben«[14] sollen, die Tätigkeit der Stadtverwaltung also nach wie vor von den Magistrats- und Kollegiumsbeschlüssen geleitet werden sollte. Die Räte konnten lediglich in einem Ausschuss aus Mitgliedern der im Magistrat vertretenen Parteien und Mitgliedern des Vollzugsausschusses »in grundsätzlichen Fragen der öffentlichen Sicherheit und Ruhe und der Lebensmittelversorgung ihre Wünsche, Beschwerden und Anregungen vor der Beschlussfassung durch die städtischen Kollegien zum Ausdruck bringen.«[15] Somit wurde in Nürnberg eine Art Kompromiss geschaffen, der den städtischen Beamten die Fachkompetenz, den Räten aber die politische Kontrolle darüber zubilligte. Ein tatsächlicher Einfluss der Räte auf die Nürnberger Kommunalpolitik ist allerdings kaum nachzuweisen.

Zwischen den Vertretern der Nürnberger SPD und USPD bestand bezüglich der Gestaltung der Revolution Einigkeit. So hieß es in ihrem am 8. November gemeinsam veröffentlichten Revolutionsaufruf: »In dieser Zeit sinnlosen, wilden Mordens verabscheuen wir jedes unnütze Blutvergießen. Jedes Menschenleben ist heilig. Bewahrt die Ruhe.«[16] Josef Simon umschrieb die Besonderheit der Revolution wenige Tage später damit, »in welch unglaublich kurzer Zeit sich diese größte aller Revolutionen abspielte und wie sie sich vor allem als die unblutigste aller Revolutionen darstellt« und sah den Grund hierfür »in dem völligen Zusammenbruch des Militarismus und in der Tatsache, daß das Volk sich bewußt geworden war, daß es unter der kaiserlichen Regierung nimmermehr zum Frieden gelangen werde.«[17]

Am 12. November 1918 wurde der Belagerungszustand aufgehoben und mit der Präsentation des politischen Programms der Übergangsregierung Vereins-, Versammlungs- und Pressefreiheit erlassen, sowie das allgemeine Wahlrecht ab 20 Jahren eingeführt, das nun erstmals Frauen miteinbezog. Auch soziale Neuerungen wie der Acht-Stunden-Tag und der Ausbau von Arbeitslosenfürsorge, Sozial- und Unfallversicherung wurden damit eingeführt.

Auf den ersten Blick erstaunt die Haltung der Sozialdemokraten: Sowohl innerhalb der städtischen Verwaltung als Mehrheit vertreten, wie auch unter den Räten die stärkste Kraft, ging kaum Initiative von ihnen aus. Weder das Anstoßen einer Revolution – selbst in den Reihen der Sozialdemokraten wurde in Frage gestellt, ob es sich tatsächlich um eine Revolution oder nicht um einen bloßen Machtwechsel handelte – noch das zielstrebige Besetzen wichtiger Positionen auf kommunaler Ebene, die ihnen zu diesem Zeitpunkt unbestritten zustanden, wurde aktiv angegangen. Auch die Nürnberger Arbeiterräte verschwanden »sang- und klanglos von der Bildfläche«[18], wie Klaus-Dieter Schwarz in seiner Beschreibung der Revolution von 1918/1919 schreibt. Er erklärt die Zurückhaltung der Sozialdemokraten mit der nicht vorhandenen Reife für die Demokratie und der Befähigung zur »Verantwortung für das Ganze«[19].

Aufgrund der bisherigen Erfahrungen als Protestbewegung gegen den Liberalismus und die politischen Strukturen des Kaiserreiches, als Verfechter der Rechte der benachteiligten Arbeiterschaft und als Vorkämpfer einer demokratischen politischen Struktur fehlte den Sozialdemokraten ein realistisches Verhältnis zur Macht und zur Verantwortung, die ihnen inzwischen aufgrund der Mehrheitsverhältnisse zustand. Gewohnt war man bisher, rein reaktives Verhalten auf das politische Handeln der bisherigen Machthaber zu zeigen. Eine Ausnahme bildete hier die Sozialpolitik, in der durchaus von sozialdemokratischer Seite aus In-

Der Aufruf der DDP zur Gemeindewahl 1919 richtet sich an Männer und Frauen, die bei dieser Wahl erstmals wahlberechtigt waren.

itiativen ausgingen. In den administrativen Bereichen der Arbeitslosen-, Armen- und Gesundheitsfürsorge, des Schulwesens oder der Wohnungsbaupolitik übernahmen die Sozialdemokraten dieser Zeit willig die Aufgabe der Interessensvertretung, als Partei mit übergeordneten politischen Zielen definierte man sich allerdings noch nicht einmal auf kommunaler Ebene. Dies zeigte sich deutlich, als die Sozialdemokraten aus den Gemein-

Die Einführung des Stadtrats im Jahr 1919

Eine der wichtigsten Veränderungen in Folge der Umwandlung der Monarchie zur parlamentarisch-demokratischen Republik bestand auf kommunaler Ebene im Gesetz über die gemeindliche Selbstverwaltung vom 22. Mai 1919. Dieses Selbstverwaltungsgesetz sollte, um Kosten zu sparen, die kommunalen Strukturen vereinfachen, die Selbstverwaltung der Kommunen weiter ausbauen und die staatliche Aufsicht einschränken. An die Stelle des Zweikammersystems von Kollegium der Gemeindebevollmächtigten und Magistrat (Magistratsverfassung) war nun ein reines Einkammersystem mit dem Stadtrat als einzigem Vertretungsorgan der Stadt getreten (Rats- oder Stadtratsverfassung).

Die Aufgabe des Stadtrats bestand nicht nur in der Beschlussfassung, sondern auch in der Leitung der gesamten Stadtverwaltung. Dem aus 50 gewählten ehrenamtlichen Stadträten, mehreren Bürgermeistern und einigen berufsmäßigen Stadträten bestehenden Gremium stand der Erste Bürgermeister vor, der nach 1919 vorübergehend in Direktwahl von der Bürgerschaft gewählt wurde. Dieser war nun oberster Vorgesetzter aller städtischen Beamten und Angestellten und somit Leiter der gesamten Stadtverwaltung. Ein eigenmächtiges und selbstherrliches Handeln des Ersten Bürgermeisters war allerdings nur sehr eingeschränkt möglich, war er doch an die Beschlüsse des Stadtrats gebunden. Nur die vom Stadtrat in der Geschäftsordnung festgelegten Geschäfte konnten von ihm eigenverantwortlich ohne Rücksprache erledigt werden. Die Beschlüsse im Stadtrat wurden von einer Vielzahl an Ausschüssen vorbereitet, die unter der Leitung der berufsmäßigen Stadträte tagten. Schon bald wurden für die Bereiche Finanzen, Wirtschaft, Bau, Wohlfahrt, Schule und Personal Ausschüsse gebildet.

Der neu gebildete Stadtrat hatte durch das Einkammersystem an Bedeutung gewonnen. Er war nun als Gremium für Beschlüsse und deren Umsetzung voll und ganz zuständig. Die Reibungsverluste, die das vorherige System von Magistrat und Kollegium prägten, existierten nun nicht mehr. Nicht selten hatte der Magistrat für seine Beschlussfassung und inhaltliche Schwerpunktsetzung forsche Kritik einstecken müssen oder war vom Kollegium für politische Fehlentscheidungen gerügt worden.

Die demokratische Idee einer Selbstverwaltung der Stadt spiegelte sich im Stimmrecht innerhalb des Stadtrats: Nur die gewählten Vertreter, also ehrenamtliche Stadträte und Bürgermeister hatten volles Stimmrecht, während die berufsmäßigen Stadträte nur in Angelegenheiten ihres eigenen Ressorts stimmen durften. Hierdurch erhielten die berufsmäßigen Stadträte eine immer stärkere Experten- und Beraterfunktion. Bei der Besetzung der Stellen zeigte sich dies deutlich: Nicht die Parteizugehörigkeit, sondern die Sachkenntnis war für die Nürnberger relevant. So hatte 1919 die SPD-Mehrheit im Stadtrat von zehn berufsmäßigen Stadträten nur einen aus dem Kreis der Mehrheitssozialisten gewählt.

Von 1935 bis 1945 wurde unter den Nationalsozialisten das nunmehr nur scheinbar demokratische Gremium in ›Rathsherren‹ umbenannt. Danach wurde es zu dem uns heute bekannten Stadtrat.

dewahlen im Juli 1919 gemeinsam mit der USPD mit 60% der Sitze im Stadtrat hervorgingen, dennoch aber keinen Ersten Bürgermeister stellten.

Neben dem allgemeinen Wahlrecht war vor allem die neue Struktur der Gemeindeverwaltung, die durch die süddeutsche Ratsverfassung festgelegt wurde, eine bahnbrechende Errungenschaft der Revolution von 1918/1919. Auf der letzten Sitzung des Kollegiums der Gemeindebevollmächtigten am 13. Juni 1919 verwies der Sozialdemokrat Karl Giermann als Kollegiumsvorsitzender auf die zukünftigen schwierigen Aufgaben, die neben der Umstrukturierung der Verwaltungsbürokratie vor allem in der nach Kriegsende anstehenden Neuordnung der Finanzen und dem Wiederaufbau der Wirtschaft dem neuen Stadtrat bevorstünden. Mit der Einführung des Einkammersystems hatte die Sozialdemokratie ein lange verfolgtes Ziel erreicht. Karl Giermann stellte in seiner Ansprache heraus, »daß die kommunale Geschichte Bayerns an einem Wendepunkt angelangt sei und dass damit ein allgemein als veraltet anerkannter Zustand sein Ende erreicht habe; die Zeit sei vorüber, in welcher das Gemeindekolleg die Rolle eines Kontrollorgans und einer Geldbewilligungsmaschine gespielt habe«[20].

Dr. Adolf Braun (1862-1929)

Adolf Braun, der in der Steiermark geborene Sohn eines jüdischen Eisenbahnunternehmers, war nach Karl Grillenberger einer der bedeutendsten Arbeiterführer Nürnbergs. Schon während seiner Schulzeit in Wien hatte er über seinen Bruder und den Ehemann seiner Schwester erste Begegnungen mit dem Sozialismus. Nach seinem Studium der Ökonomie, Geschichte, Philosophie und Statistik und der anschließenden Promotion wurde er 1887 zum Mitbegründer der Sozialistischen Partei Österreichs. Noch in Wien begann er als Redakteur der Parteizeitung der SPÖ ›Gleichheit‹ seine schriftstellerische Tätigkeit. Nach dem Fall der Sozialistengesetze schrieb er für die Dresdner ›Sächsische Arbeiterzeitung‹ und die ›Münchner Post‹, später auch für die Berliner Zeitschrift ›Vorwärts‹.

Nach seiner Ausweisung aus Preußen wurde er 1898 Arbeitersekretär in Nürnberg. Besonders hervorzuheben sind bei dieser Tätigkeit die von ihm durchgeführten statistischen Erhebungen über Nürnberger Arbeiterhaushalte. Auch in Nürnberg war seine politische Tätigkeit vor allem im publizistischen Bereich zu finden: Ab 1902 betreute er als Chefredakteur die ›Fränkische Tagespost‹, zeitweilig gehörte er auch der Redaktion der Wiener ›Arbeiterzeitung‹ an. Immer wieder rückte er dabei die Belange der Gewerkschaften und Themen wie die Einführung des Acht-Stunden-Tags in den Mittelpunkt seiner schriftstellerischen Tätigkeit.

Während des Ersten Weltkrieges setzte sich Adolf Braun vehement für den Erhalt der Partei ein. Er selbst gehörte dem linken Flügel der Partei an und forderte 1918 als erster Publizist in den so genannten ›Kaiserartikeln‹ den Rücktritt Kaiser Wilhelm II.

1919 wurde Adolf Braun in die Nationalversammlung gewählt, von 1920 bis 1927 war er Nürnberger Reichstagsabgeordneter und gleichzeitig Sekretär des SPD-Parteivorstands. 1927 zog er sich aus gesundheitlichen Gründen aus der politischen Arbeit zurück.

**Konrad Dorn
(1864–1919)**

Der Pinselmacher Konrad Dorn war als langjähriger Parteivorsitzender und erster Fraktionsvorsitzender der Sozialdemokraten im Nürnberger Parlament eine der prägenden Figuren der Nürnberger Parteiengeschichte. Schon während seiner Tätigkeit als Pinselmachergehilfe in den 1890er Jahren engagierte sich Konrad Dorn in den Nürnberger Berufsverbänden der Bürsten- und Pinselmacher und Holzarbeiter. Von 1897 an war er zehn Jahre lang als Arbeitersekretär in Nürnberg, im Anschluss daran als Vorsitzender der Fränkischen Verlagsanstalt sowie bis 1919 als Geschäftsführer der Druckerei der Fränkischen Tagespost tätig. Nicht nur innerhalb des Parteivereins Nürnberg-Altdorf, dem er ab 1902 vorsaß, und der SPD in Nürnberg, die er ebenfalls langjährig als Vorsitzender leitete, sondern auch im Kollegium der Gemeindebevollmächtigten spielte er eine tragende Rolle. Als einer der ersten Sozialdemokraten im Kollegium der Gemeindebevollmächtigten rückte er, sobald die SPD durch Stimmenmehrheit diese Funktionen für sich beanspruchen konnte, 1911 in die Position des zweiten Vorsitzenden auf; von 1914 bis zu seinem Tod im Jahr 1919 führte er das Kollegium als erster Vorsitzender an. Von 1907 bis 1918 hatte er zusätzlich als Nürnberger Abgeordneter einen Sitz im Landtag und wurde 1918 sozialdemokratisches Mitglied im provisorischen Nationalrat Bayern.

→ **Die Einführung des Stadtrats im Jahr 1919** war tatsächlich ein unbestrittener Wendepunkt in der Geschichte der Kommunalpolitik: Das Gremium aus Honoratioren wurde nun von einem politischen, durch demokratische Wahlen legitimierten Stadtrat abgelöst, der sich zur Recht als Vertretung der gesamten Bürgerschaft bezeichnen konnte und nun als Mittler zwischen Öffentlichkeit und Stadtverwaltung stand. Die gesamte Macht und Weisungsbefugnis über den inzwischen auf über hundert Abteilungen, Ämter und Einrichtungen angewachsenen Verwaltungsapparat mit etwa 4.300 Bediensteten hing nun allein an Stadtrat und Erstem Bürgermeister.

Viele Jahre unterschätzt:
Frauen in der Kommunalpolitik

Bis zur Änderung des Wahlrechts im Jahr 1919 blieben Frauen bei der Gestaltung kommunalpolitischer Prozesse weitgehend außen vor. Erst die in der Gründungsphase der Weimarer Republik durch den ›Rat der Volksbeauftragten‹ ausgerufenen Gesetzesänderungen gaben den Frauen das aktive wie auch passive Wahlrecht, also das Recht sowohl ihre Stimme abzugeben, wie auch sich in ein politisches Amt wählen zu lassen. Im Kampf um ein allgemeines, gleiches, geheimes und direktes Wahlrecht für Männer und Frauen nahm die SPD eine Vorreiterrolle ein: Bereits im Jahr 1891 wurden diese Forderungen ins Parteiprogramm aufgenommen. Die SPD war somit die erste Partei, die offiziell das Frauenwahlrecht forderte. Gegner des Frauenwahlrechts fanden sich aber durchaus auch in sozialdemokratischen Reihen, wie zahlreiche Berichte von Sozialdemokratinnen illustrieren, denen selbst vom eigenen Ehemann nicht selten Defizite in intellektueller, psychologischer oder konditioneller Hinsicht diagnostiziert wurden oder denen schlicht die Vorstellung entgegengebracht wurde, politische Aktivität widerspräche dem ›eigentlichen‹ Wesen der Frau.

Gerade Arbeiterfrauen hatten aufgrund ihrer misslichen Lebensbedingungen ein Interesse daran, politischen Einfluss geltend zu machen. Um die Jahrhundertwende waren etwa 22 Prozent aller erwerbstätigen Frauen in Fabriken beschäftigt. Die Arbeitsbedingungen waren hart: Die körperlich anstrengende Arbeit wurde meist zehn bis zwölf Stunden am Tag verrichtet. Obwohl Frauen häufig die gleichen Tätigkeiten verrichteten wie Männer, erhielten sie meist nur etwa 30 bis 50 Prozent des Lohns, der den männlichen Arbeitern ausgezahlt wurde. Gerechtfertigt wurde dies mit der nicht vorhandenen Ausbildung der Arbeiterinnen. Allerdings gab es für Frauen zu diesem Zeitpunkt auch keine Möglichkeit, einen Ausbildungsberuf im gewerblichen Bereich zu erlernen. Nicht selten wurde das geringe Arbeitsentgelt durch ein Zubrot wie die Einquartierung von Untermietern oder zusätzliche Heimarbeit aufgestockt. Zunächst waren fast ausschließlich ledige Frauen in den Fabriken anzutreffen, galt es doch als höchst ehrenrührig, nach der Hochzeit oder gar nach der Geburt eines Kindes einer Erwerbstätigkeit nachzugehen. Als es aber, um überhaupt eine Familie ernähren zu können, für immer mehr Frauen notwendig wurde, das geringe Arbeitereinkommen des Mannes aufzustocken, wurden die Missstände in den Fabriken und die Diskriminierung der Frauen in dieser neuen Arbeitswelt immer deutlicher.

Auch unter den Frauen sah man im Zusammenschluss in einer übergeordneten Organisation die einzige Möglichkeit, die Forderungen von gleichem Lohn für gleiche Arbeit, der Einführung des Mutterschutzes und die Aufhebung sonstiger Diskriminierungen am Arbeitsplatz Nachdruck zu verleihen. Aber auch der Gründung solcher Frauenzusammenschlüsse stand das Vereinsgesetz von 1850 wirkungsvoll entgegen. In diesem Gesetz wurde nicht nur die Gründung politischer Vereine untersagt, Frauen wurden darüber hinaus aufgrund ihres Geschlechtes politisch entmündigt und Minderjährigen gleichgestellt. »Frauenspersonen und Minderjährige können weder Mitglied politischer Vereine seyn,

Im Gegensatz zu bürgerlichen Koch- und Lehrbüchern für Frauen gaben Schriften für Arbeiterfrauen vor allem Tipps zur besonders kostengünstigen Haushaltung.

Arbeiterinnen-Versammlung.

Mittwoch, den 11. September, abends 6 Uhr, im „Rosengarten"
Gostenhofer Schulgasse

Allgem. Arbeiterinnen-Versammlung.

Tagesordnung:

1. Warum ist die Frauenarbeit so außerordentlich beliebt in den Fabriken?
   Referentin: Helene Grünberg
2. Diskussion.

Arbeiterinnen der Firmen Dannhorn, Metallwarenfabrik, Schüner, Reißzeugfabrik, und Schüner, Spielwarenfabrik, erscheint zahlreich in der Versammlung.

Die Einberuferin: Käthe Erber.

Helene Grünberg war häufig Rednerin auf Versammlungen von Arbeiterinnen, Anzeige in der Fränkischen Tagespost vom 10. September 1907.

noch den Versammlungen derselben beiwohnen.«[21] heißt es im Artikel 15 des Bayerischen Vereinsgesetzes. Das Gesetz behielt bis 1908 seine Gültigkeit. Ab 1898 wurde der Artikel aufgeweicht und Frauen waren nun offiziell bei Gewerkschaftsversammlungen zugelassen und ab 1902 wurde durch eine Art ›Separee für Damen‹ die körperliche Anwesenheit von Frauen bei politischen Versammlungen gesetzlich ermöglicht – solange sie stillschweigend vor sich ging. Eine Beteiligung in Form einer politischen Rede war nicht denkbar, selbst Klatschen oder Ausrufe konnten dazu führen, dass die Versammlung polizeilich aufgelöst wurde. Noch 1907 wurden in Nürnberg Frauen durch offizielle Vertreter der Stadt aus Versammlungen entfernt, da dort gewerkschaftliche Themen behandelt wurden.

Die Nürnbergerin und bedeutende Vertreterin der proletarischen Frauenbewegung, Helene Grünberg, berichtete im Jahr 1908, dass in Nürnberg bereits 1875 erste Überlegungen angestellt wurden, die Arbeiterfrauen zu organisieren. Die erste nachvollziehbare Aktivität bezüglich einer Vereinsgründung von Arbeiterfrauen findet sich allerdings erst im Jahr 1885. Die geplante Versammlung Nürnberger Arbeiterinnen, die im Café Merk nach einem Vortrag der Gründerin des Berliner Arbeiterinnenvereins, Gertrud Guillaume-Schack, über die gesellschaftliche und wirtschaftliche Stellung der Frau zu einer Vereinsgründung nach dem Berliner Vorbild führen sollte, wurde noch vor ihrem Beginn aufgrund ihrer offensichtlich politischen Intention offiziell aufgelöst. Warum diese Versammlung von den städtischen Vertretern durchaus ernst genommen wurde, lässt ein Bericht der ›Fränkischen Tagespost‹ erahnen, der von einer »außerordentlichen Anzahl von Frauen und Mädchen« berichtet, die sich trotz des Vereinsgesetzes zu dieser Versammlung eingefunden hatten. Dass diese Versammlung nach außen großes Aufsehen erregte, war allerdings der arbeiterfeindlichen Stadtverwaltung selbst zuzuschreiben: Um die Versammlung zu behindern, war im Vorfeld polizeilich eine Absperrung des Saales angeordnet worden, die letztlich dazu führte, dass »auf der Straße zeitweise eine so starke Ansammlung statt(fand), wie man sonst nur an Wahltagen gewöhnt ist.«[22] Trotz der offiziellen Auflösung der Versammlung kam es in der Gaststätte zu einem inoffiziellen Zusammentreffen von Arbeiterfrauen, die sich auf die Gründung des ›Vereins zur Vertretung der Interessen der Arbeiterinnen‹ verständigten, dem noch am gleichen Tag 60 Frauen beitraten. Als Grundlage für die Tätigkeit des Vereins wurden die Statuten des Berliner Vorbilds herangezogen, das sich offiziell als unpolitisch darstellte. Dennoch wurde der Verein schon zwei Wochen später vom Magistrat als politisch eingestuft und aufgelöst. Dass die Arbeiterfrauen weiterhin in ihrem eingeschränkten Spielraum aktiv waren, zeigt die Gründung eines ›Frauen-Agitationscomites‹ im Jahr 1891, das ohne jegliche Organisationsstruktur geführt wurde, um der erneuten Auflösung zu entgehen. Ziel dieser Initiative war vor allem die Aufklärung der Frauen über die politischen Ideen der Sozialdemokratie durch Versammlungen und Flugschriften. Auch die Tätigkeit des ›Frauen- und Mädchenbildungsvereins für Nürnberg und Umgebung‹, der im Jahr 1892 auf einer Versammlung, die immerhin 60 Frauen und 40 Männern anzog, gegründet wurde und sich vor allem der Weiterbildung der Arbeiterinnen verschrieben hatte, wurde durch ständige Bespitzelung erschwert und 1894 schließlich verboten. Die Entscheidungen des Magistrats diesen und ähnliche Vereine aufzulösen, kam einem generellen Verbot der Sozialdemokratie gleich und hatte wenig mit den tatsächlichen Aktivitäten der Vereine zu tun. In diesem konkreten Fall genügte allein die Tatsache, dass die Kassiererin des Frauen- und Mädchenbildungsvereins beim Parteitag der SPD anwesend war, um den Verein als politisch einzustufen und somit zu verbieten.

Erst der Kunstgriff reichsweit so genannte ›Vertrauenspersonen‹ einzuführen, führte nach 1896 schließlich zu einer institutionalisierten Vertretung der Arbeiterfrauen. Die Vertrauensperson war in jedem Fall weiblich und wurde in größeren Städten jährlich in einer öffentlichen Versammlung gewählt. Das System der Vertrauenspersonen war hierarchisch strukturiert und reichte über die kommunale Ebene bis hinauf zur gesamten Partei. Ab 1905 hatte in Nürnberg Helene Grünberg dieses Amt inne, gleichzeitig wurde sie als erste Arbeitersekretärin im Nürnberger Arbeitersekretariat eingestellt und machte durch ihre Arbeit die proletarische Frauenbewegung von einem Aufbegehren einzelner Arbeiterfrauen zu einer solide organisierten Bewegung. Waren im Jahr 1904 nur 1.589 Arbeiterinnen gewerkschaftlich organisiert, so hatte sich diese Zahl nur fünf Jahre später auf 11.000 erhöht.

Der Kampf ums Wahlrecht der Frauen bewegte bürgerliche wie proletarische Frauen gleichermaßen. Seit Oktober 1909 existierte eine Ortsgruppe des bürgerlichen ›Bayerischen Vereins für Frauenstimmrecht‹. Die proletarische Frauenbewegung machte vor allem seit 1906 das Frauenstimmrecht zu ihrem Hauptthema. Auf dem ersten Internationalen Frauentag der Sozialdemokraten, der am 19. März 1911 im Herculesvelodrom stattfand und durch Ansprachen von Albert Südekum und der Arbeitersekretärin Helene Grünberg ausgestaltet wurde, wurde eine Resolution verfasst, in der das Frauenwahlrecht als »notwendige Folge der durch die kapitalistische Produktionsweise bedingten wirtschaftlichen und sozialen Umwälzungen, die die Stellung der Frau von Grund aus umgewandelt haben« bezeichnet wurde und die in folgende Forderung mündete: »Die Frauen fordern das Wahlrecht, um teilzunehmen an der Eroberung der politischen Macht zum Zweck der Aufhebung der Klassenherrschaft und Herbeiführung der sozialistischen Gesellschaft, die erst das volle Menschentum dem Weibe verbürgt.«[23] Nach der Veranstaltung zogen die Frauen in einem Demonstrationszug in die Innenstadt, am Rathaus vorbei bis zum Haus des Ersten Bürgermeisters Georg von Schuh, um ihre Forderung zu bekräftigen. Allerdings blieben auch die zahlreichen Folgeveranstaltungen in den Jahren danach zunächst abgesehen von der anwachsenden Zahl der Anhänger der Frauenwahlrechtsbewegung ohne konkretes Ergebnis.

Erst 1919 wurde eine wirkliche Demokratisierung des Wahlrechts erreicht. Danach war nicht nur der Einzug der Frauen ins Stadtparlament gesichert, sondern auch das endgültige Aus der bis dahin weitgehend vom Besitzbürgertum geprägten Kommunalpolitik gekommen. Die ersten gleichberechtigten Wahlen fanden im Januar 1919 mit einer überwältigenden reichsweiten Wahlbeteiligung der Frauen von 82,3 Prozent statt. Auch das nach der Ratsverfassung als Stadtrat bezeichnete städtische Verwaltungsgremium, das am 15. Juni 1919 bestimmt werden sollte, konnte nun erstmals von allen Männern und Frauen, welche die bayerische Staatsangehörigkeit hatten, mindestens ein halbes Jahr in Nürnberg ansässig waren und das 20. beziehungsweise das 25. Lebensjahr vollendet hatten, gewählt werden. Diese Wahl brachte immerhin sechs Frauen in den

Eines der ersten großen Ziele der Frauenbewegung war der Kampf um das Frauenwahlrecht, das 1919 erlangt wurde, Handzettel 1914.

Stadtrat. Mit der späteren Verbandssekretärin Babette Schartau und der Schuhmachersgattin Maria Müller für die MSP und der als Hausfrau gelisteten Anna Schwarm für die USP waren davon die Hälfte Sozialdemokratinnen. Für die DDP zogen die bekannte Frauenrechtlerin Helene von Forster und Agnes Gerlach, für die BVP Anna Ullrich in den Stadtrat.

Die Tätigkeit und der Einfluss dieser ersten Stadträtinnen in Nürnberg lässt sich heute kaum noch nachvollziehen. Es liegt die Vermutung nahe, dass dies von den Zeitgenossen und -genossinnen ähnlich wahrgenommen wurde, da in der folgenden Kommunalwahl im Jahr 1924 von insgesamt 20 in allen Parteien gelisteten Frauen nur noch zwei in den Stadtrat gewählt wurden. Diese beiden Frauen waren allerdings erfolgreich und wurden die gesamte Weimarer Zeit über in ihrem Amt bestätigt. Neben Anna Ullrich, die für die BVP kandidierte, war dies die Sozialdemokratin Anna Schwarm, die trotz acht eigener Kinder und des Steinhauerbetriebs ihres Mannes, in dem sie mitwirkte, neben ihrer 14jährigen Tätigkeit als Stadträtin von 1919 bis 1933 zusätzlich mit nur zweijähriger Unterbrechung im Vorstand der Nürnberger SPD tätig war.

Ab 1924 lassen sich die politischen Aktivitäten der weiblichen Stadträte deutlicher fassen: Im Vordergrund standen neben der Interessensvertretung der Frauen die Tätigkeit im Jugendamts- und

Wohlfahrtsausschuss, dem beide angehörten. Anna Schwarm war zusätzlich Mitglied im Verwaltungs- und Ältestenausschuss. Mit der Kommunalwahl von 1929 erweiterten die Arbeiterin Käthe Steinmetz und Marie Brand, die sich auch als Bezirksvorsitzende der Arbeiterwohlfahrt engagierte, den Kreis der Stadträtinnen. Interessant scheint hier, dass alle drei Sozialdemokratinnen von der Partei auf einen sicheren Listenplatz gesetzt wurden und somit die Unterstützung ihrer Partei genossen.

Das Ende weiblicher Politik im Stadtrat kam mit der Machtübernahme der Nationalsozialisten. Zwar wurden Anna Schwarm (SPD), Marie Brand (SPD) und Anna Ullrich nach der Verkleinerung des Stadtrats auf 44 Mitglieder durch das Gleichschaltungsgesetz noch als Stadträtinnen gelistet, die beiden Sozialdemokratinnen waren aber bereits nach der ersten öffentlichen Sitzung am 27. April 1933, bei der sie noch anwesend waren, von ihrem Amt zurückgetreten. Über die Haltung der Nationalsozialisten gegenüber politisch aktiven Frauen im Stadtrat ließ Julius Streicher bei seiner Rede in der Stadtratssitzung vom 10. Mai keinen Zweifel: »Nun meine sehr verehrten Herren (…) ich möchte wünschen, daß wir künftig nicht auch Frauen in unseren Sitzungen begrüßen müssen. Ich halte das für unwürdig. Ich halte es nicht für richtig, dass eine Frau, hier nur eine einzelne, unter so vielen Männern erscheinen soll. Ich gebe zu, daß sie dies und jenes besser verstehen. Aber früher haben es die Gemeindekollegien auch fertiggebracht, ohne Frauen zu regieren, und sie haben nicht schlechter regiert, als es in den letzten 14 Jahren der Fall war.« Daran, dass sich diese Rede auch gezielt an die letzte anwesende Stadträtin, Anna Ullrich, richtete, ließ er keine Zweifel: »Ich meine es sehr gut mit der Frau und möchte dem Wunsch Ausdruck geben, daß die Herren der BVP künftig dafür sorgen, daß es die Dame nicht mehr nötig hat, hier zu sitzen. Ausdrücklich erkläre ich, daß, wenn eine Frau hier erscheinen sollte, wir ihr immer als – ich möchte sagen – Kavaliere gegenübertreten. Frauen sollen dort wirken, wo sie hingehören, aber nicht in einem Parlament sich einfinden, wo eine Frau viel verlieren, aber nichts gewinnen kann…«[24] Die letzte bürgerliche Stadträtin, Anna Ullrich, legte schließlich am 4. Juli 1933 ihr Amt nieder. Eine Stellungnahme zeigte allerdings, dass sie die nationalsozialistische Argumentation für sich übernahm: »Die Entwicklung der politischen Verhältnisse der letzten Mandate haben mich zu der Überzeugung gebracht, dass die Frau sich zurückziehen soll aus dem öffentlichen Leben in den Kreis, der ihr ureigenstes Gebiet umfaßt, Haus und Familie.«[25]

Anna Schwarm (1879–1940)

Die in Burglengenfeld geborene Anna Schwarm wurde bereits 1919 als eine der ersten sechs Stadträtinnen in den Nürnberger Stadtrat gewählt und war dort durchgehend bis 1933 tätig. Zunächst war Anna Schwarm Mitglied der USPD für die sie von 1919 bis 1924 im Stadtrat saß, kehrte danach aber zur SPD zurück. Obwohl ihr Mann, der Steinhauer Christoph Schwarm bereits 1909 im Alter von nur 32 Jahren verstarb und Anna Schwarm von da an den Steinhauerbetrieb allein weiterführen musste, brachte sie sich mit ausgesprochen großem Engagement in die Kommunalpolitik ein. Neben ihrer Tätigkeit im Stadtrat, bei der sie sowohl im Jugendamts-, Wohlfahrts-, Verwaltungs- und Ältestenausschuss tätig war, war sie von 1924 bis 1933 zusätzlich mit nur zweijähriger Unterbrechung Vorstandsmitglied der Nürnberger SPD. Am 9. Mai 1933 legte sie gezwungenermaßen ihr Mandat nieder. Bis zu ihrem Tod wurde Anna Schwarm von der Gestapo überwacht.

**Helene Grünberg
(1874-1928)**

Die Berliner Modell- und Kostümschneiderin Helene Grünberg gilt als bedeutende Vertreterin der gewerkschaftlichen und sozialdemokratischen Frauenbewegung. Bereits mit 22 Jahren wurde sie aktives Mitglied der Gewerkschaft der Schneiderinnen sowie des sozialdemokratischen Frauen- und Mädchenbildungsvereins in Berlin.

Helene Grünbergs Arbeit als erste Arbeitersekretärin in Deutschland war ausgesprochen erfolgreich: Schon 1907 hatte sich durch ihr Engagement die Zahl der gewerkschaftlich organisierten Arbeiterinnen in Nürnberg verdreifacht, obwohl ihr von politischen Gegnern nicht selten Steine in den Weg gelegt wurden.

Ihr Engagement galt vor allem Frauen, die durch ihre Tätigkeit besonders benachteiligt waren. Durch Maßnahmen wie Nachtversammlungen für Kellnerinnen oder die Gründung des ›Vereins der Nürnberger Dienstmädchen, Waschfrauen und Putzfrauen‹ im Jahr 1906, ermöglichte sie eine politische Vertretung von Personen, die bislang von den Gewerkschaften nicht erreicht wurden. Kein Berufsstand war bis dahin so recht- und schutzlos wie der der Dienstboten, waren die Angestellten einzelner Familien doch fast völlig der Willkür ihrer Dienstherren ausgeliefert.

Die Vorträge Helene Grünbergs waren des öfteren Auslöser politischer Neuerungen für berufstätige Frauen. So forderte die Reichsfrauenkonferenz 1906 nach einem Referat Helene Grünbergs die Abschaffung der diskriminierenden Gesindeordnung und der Gesindedienstbücher, die Anwendung der Gewerbeordnung und die Ausdehnung des politischen Schutzes auf das Haushaltspersonal, gesetzliche Vorschriften für Arbeitszeit und Freizeit und verbesserte Fortbildungsmöglichkeiten für Dienstangestellte. Dazu ist die Gründung des ›Zentralverbandes der Hausangestellten Deutschlands‹ auf ihre Initiative zurückzuführen.

Einer ihrer größten politischen Erfolge war die Zulassung von Frauen zu den Gewerbe- und Kaufmannsgerichten und das Recht auf Arbeit für verheiratete Frauen auch in Fabriken, die sie in der Deutschen Nationalversammlung durchsetzte.

Helene Grünberg war jahrelang die einzige weibliche Rednerin auf sozialdemokratischen Veranstaltungen in Nürnberg. Mit ihren kraftvollen und überzeugenden Reden setzte sie sich auch mit Aufrufen wie »aber eines konnte man nicht, den Mund konnte man uns nicht verschließen, und darum: Sind wir auch keine Wählerinnen, so lasst uns Wühlerinnen sein.« [26] für eine politische Beteiligung der Frauen auch ohne Wahlrecht ein. Als 1908 das Sozialistengesetz aufgehoben wurde, wurde Helene Grünberg zum Vorstandsmitglied der Frauenabteilung der SPD gewählt. Von 1912 bis 1913 und von 1919 bis 1922 war Helene Grünberg Mitglied der zentralen Kontrollkommission der SPD und wurde 1919 in die verfassungsgebende Nationalversammlung von Weimar gewählt. Als sie 1923 an einem schweren Nervenleiden erkrankte, zog sie sich sukzessive aus der Politik zurück und nahm sich mit 54 Jahren in einem schwer depressiven Zustand das Leben.

Nachruf für Helene Grünberg in der Fränkischen Tagespost vom 10. Juli 1928.

Und die Zukunft gehört doch dem demokratischen Gedanken!

Dr. Luppe

Siegessicher und selbstbewußt präsentiert sich der von 1920 bis 1933 amtierende Nürnberger Oberbürgermeister Hermann Luppe auf dieser Fotografie um 1930.

Auf der Suche nach dem kooperativen Partner
Die Wahl Hermann Luppes zum Oberbürgermeister

Die Geschichte sozialdemokratischer Kommunalpolitik in Nürnberg lässt sich für die Weimarer Zeit nicht ohne einen Blick auf den liberalen Oberbürgermeister Hermann Luppe betrachten, der der Stadtverwaltung von 1920 bis 1933 vorstand und in der Zusammenarbeit mit den Sozialdemokraten eine zentrale Rolle einnahm. Zum Zeitpunkt der ersten Stadtratswahlen, die für die Sozialdemokraten einen durchschlagenden Erfolg mit sich brachten, hatte allerdings noch Otto Geßler das Amt des Ersten Bürgermeisters inne.

Die erste gleiche und allgemeine Gemeindewahl vom Juni 1919 brachte für MSP und USP insgesamt mehr als 60

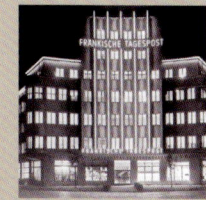

Die Fraktion unter Hermann Luppe

Sozialdemokratisch-liberales Bündnis in der Weimarer Zeit

Prozent der Wählerstimmen. Somit erhielten MSP 20, USP 12, DDP elf, BVP 4 sowie Mittelpartei und Mittelstand drei der insgesamt 50 Sitze im Stadtrat. Diese Wahl spiegelte, betrachtet man zum Vergleich die Wahl zur Nationalversammlung im Januar desselben Jahres, einen bayernweiten Trend wider, der sich auch in Nürnberg bemerkbar machte: Sanken die Stimmen für die Mehrheitssozialdemokraten von 51,6 Prozent bei der Wahl zur Nationalversammlung auf 37,9 Prozent bei der Gemeindewahl, so erlangten die Unabhängigen Sozialdemokraten statt ursprünglich 7,5 Prozent nun ganze 22,5 Prozent. Da der Erste Bürgermeister von der DDP gestellt wurde, konnte die MSP wegen des hohen Anteils an Sitzen im Stadtrat den Posten des Zweiten und Dritten Bürgermeisters beanspruchen. Diese mussten vom Stadtrat bestimmt werden. Die Wahl vom 30. Juli 1919 machte deutlich, dass die nichtsozialdemokratischen Parteien eher bereit waren, mit den Mehrheitssozialdemokraten als mit der USP zu kooperieren: Martin Treu wurde als Kandidat der MSP mit überzeugenden 42 von 43 Stimmen zum Zweiten Bürgermeister gewählt, Hugo Freund erhielt als Kandidat der USP nur 24 Stimmen. Somit standen dem Ersten Bürgermeister Otto Geßler nun Martin Treu und Hugo Freund an der Stadtspitze zur Seite. Als Otto Geßler allerdings im Oktober 1919 infolge der Wahlen als Erster Bürgermeister zurücktrat, stand der neu gewählte Stadtrat vor der Aufgabe, seinen Posten neu zu besetzen. Jahre später begründete Otto Geßler seinen Rücktritt mit der »völligen Veränderung im Rathaus«[1], womit er Bezug auf die neu gewonnene Mehrheit der Sozialdemokraten im Nürnberger Stadtparlament nahm. Im Speziellen gründete sich seine Zurückhaltung allerdings auf die ihm als unmöglich erscheinende Zusammenarbeit mit dem Dritten Bürgermeister Hugo Freund. Dazu kam, dass die Leitung des neu geschaffenen Reichsministeriums für Wiederaufbau, die er noch im gleichen Jahr übernehmen sollte, für ihn einen reizvollen Schritt auf der Karriereleiter darstellte.

Das Procedere der Wahl des Ersten Bürgermeisters musste erst im Stadtrat festgelegt werden. Einstimmig einigte man sich auf die öffentliche Ausschreibung der Stelle eines berufsmäßigen Bürgermeisters und war sich ebenso einig, dass man einen besonders erfahrenen Verwaltungsfachmann einstellen wollte. Die Parteizugehörigkeit dieser Person wurde als nachrangig eingestuft. Dies zeigt sehr deutlich, welchen Anspruch die Kommunalpolitik dieser Zeit hatte: Man erwartete von einem guten Ober-

Das zwischen 1926 und 1928 errichtete städtische Stadionbad galt als vorbildliche moderne Freizeitanlage der 1920er Jahre.

bürgermeister nicht in erster Linie ideologisch ausgefeilte politische Programme, sondern vielmehr den Sachverstand, eine Stadtverwaltung mit all ihren Gremien und Mitarbeitern professionell und umsichtig zu leiten und zu führen. Eine allseits anerkannte geeignete Person schien für diesen Posten recht bald gefunden zu sein: Sowohl Adolf Braun (MSP) wie auch Konrad Weiß (DDP) baten unabhängig voneinander den damaligen Zweiten Bürgermeister der Stadt Frankfurt am Main, Hermann Luppe, sich um den Posten zu bewerben. Bereits 1913 hatte dieser sich für das Amt des Ersten Nürnberger Bürgermeisters interessiert, unterlag damals aber dem Konkurrenten Otto Geßler.

Im Vorfeld der Wahl brachte Otto Geßler den Vorschlag ein, die Sozialdemokraten sollten aufgrund ihrer Mehrheit den Ersten Bürgermeister allein bestimmen. Dies erscheint heute historisch interessant, war aber letztlich für den Ausgang der Wahl irrelevant. Unter den 32 Bewerbern war Hermann Luppe von Beginn an bei Sozialdemokraten wie auch Vertretern der weiteren Parteien der unumstrittene Favorit. In der engeren Wahl waren zwar neben ihm die ebenfalls sehr erfahrenen Oberbürgermeister von Herne, Gera und Darmstadt sowie die berufsmäßigen Nürnberger Stadträte

Johann Merkel, Karl Fischer und Christian Weiß. Der Stadtrat entschied aber, Hermann Luppe als einzigen Kandidat zur Wahl zu stellen. Somit hatte die Stadt noch vor der eigentlichen Wahl einen Ersten Bürgermeister gefunden.

Auch im Vorfeld dieser Wahl überraschte die Zurückhaltung der Sozialdemokraten. Der Zweite Bürgermeister Martin Treu, der bereits auf eine knapp zwölfjährige Tätigkeit als Stadtrat beziehungsweise Gemeindebevollmächtigter und Magistratsrat zurückblicken konnte und seit dem Rücktritt Otto Geßlers dessen Geschäfte in Stellvertretung übernommen hatte, lehnte die Anfrage seiner Partei, sich für das Amt des Ersten Bürgermeisters zu bewerben, mit den Worten »Tut das Euch und mir nicht an!«[2] ab – so Hermann Luppe später in seinen Memoiren. Scheinbar war mit der persönlichen Ablehnung Martin Treus die Frage nach einem sozialdemokratischen Kandidaten aus den eigenen Reihen vom Tisch. Der SPD-Fraktionsvorsitzende Karl Giermann verkündete am 30. Dezember 1919 – vermutlich zur Freude der bürgerlichen Stadträte –, dass sich auch die Sozialdemokraten auf die Unterstützung der Kandidatur von Hermann Luppe geeinigt hätten. Dies allerdings sei für sie keine Notlösung, sondern »für seine Partei sei das Beste gerade gut genug«. Betont wurde auch, dass »die Stadtratsfraktion und die Funktionäre der MSP (…) keine Parteikandidatur« aufstellen würden, sondern ganz speziell die Person Hermann Luppes im Amt des Ersten Bürgermeisters sahen, von dessen Wissen und Können sie absolut überzeugt schienen: »Dr. Luppe habe in Frankfurt a.M. fast alle kommunalen Verwaltungsgebiete in reicher, fruchtbarer Arbeit durchlaufen; er verbinde mit großem Wissen und Können reiche praktische Erfahrung, er besitze Tüchtigkeit, Fähigkeit, Erfahrung, Energie, d.h. die Eigenschaften, die von dem künftigen Oberhaupte der Stadt Nürnberg im allgemeinen Interesse zu fordern seien (…).«[3] Allerdings erschien diese betont antiparteipolitische Haltung in der Öffentlichkeit nur bedingt glaubhaft, was die Pressestimmen dieser Tage deutlich machen. So machte der liberal orientierte Fränkische Kurier seine Leser darauf aufmerksam, dass die Sozialdemokraten neben der fachlichen Eignung durchaus die linksliberale Haltung Luppes schätzten und sich daher eine fruchtbare Zusammenarbeit erhofften, was sich in den folgenden Jahren als richtig erweisen sollte. Da die Wahl durch die Einzelkandidatur bereits im Vorfeld entschieden war, blieb die Wahlbeteiligung mit 16,5 Prozent ausgesprochen gering. Da von den 34.982 abgegebenen Stimmen 34.833 auf Hermann Luppe entfielen, kann man vermuten, dass seine politischen Gegner gar nicht erst an der Wahlurne erschienen. Dass es diese Gegner aber durchaus gab, sollte sich in den nun folgenden Jahren seiner Amtszeit mehr als deutlich zeigen.

**Karl Giermann
(1872–1946)**

Den Schlosser und Maschinenbauer Karl Giermann führte seine Wanderschaft als Geselle 1894 von Greifswald nach Nürnberg. Er betätigte sich zunächst im Metallarbeiterverband und wurde 1909 in den Vorstand des SPD-Ortsvereins gewählt. Nicht nur seine Mitarbeit im Kollegium der Gemeindebevollmächtigten beziehungsweise im Nürnberger Stadtrat von 1908 bis 1933 hatte Kontinuität. Auch das Mandat im Bayerischen Landtag bekleidete er von 1919 bis 1933, wo er gegen das Ermächtigungsgesetz stimmte.

Seine Position vor Ort verstärkte sich zunehmend durch die Tätigkeit als Fraktionsvorsitzender der SPD-Stadtratsfraktion seit 1919, durch seinen Vorsitz im Aufsichtsrat des Großkraftwerks Franken, in der Nürnberger Arbeiterwohlfahrt und in der städtischen Wohnungsbaugenossenschaft.

Zwischen Putschversuch und Konsolidierung
Kommunalpolitik im Nürnberg der 1920er Jahre

Die ersten Jahre der neuen Demokratie waren von heftigen innenpolitischen Auseinandersetzungen geprägt, die auch in Nürnberg deutlich zu spüren waren. Die 1919 neu eingesetzte sozialdemokratische Regierung hatte einen schwierigen Stand: Während sie von rechts als Vaterlandsverräter diffamiert wurde, übte die Linke harte Kritik am Einsatz der Reichswehr gegen die Arbeiterräte. Der am 13. März 1920 von Wolfgang Kapp und Walther von Lüttwitz gegen die Weimarer Regierung durchgeführte Putsch-Versuch wurde von MSPD und USPD mit einem Aufruf zum Generalstreik beantwortet. Infolgedessen fanden 21 Menschen bei einer Protestkundgebung am 17. März, die von Einwohner- und Reichswehr zerschlagen wurde, vor der Nürnberger Hauptpost den Tod.

In Bayern hatte sich infolge des Putsches eine reaktionäre Regierung unter Gustav von Kahr gebildet, welche die Arbeiter- und Soldatenräte auflöste und in der immer härtere antirepublikanische Stimmen laut wurden. Wie völkisch-nationalistisch, antidemokratisch und rassistisch die Stimmung dieser Jahre war, demonstriert eine bekannte Liedstrophe, die unter anderem der Nürnberger Arbeiterchronist Georg Gärtner überliefert hat. »Du tapferer Held, / du schoßt den Gareis nieder; / Du brachtest allen uns Befreiung wieder / von einem faulen Sozihund. / Welch Licht in unsrer Trauerstund!« Dieser Text bezieht sich auf den Mord an dem bayerischen USPD-Landtagsabgeordneten Karl Gareis im Jahr 1921. Die Nürnberger Arbeiter wurden nach dem Mord von der lokalen Polizei an einer öffentlichen Protestdemonstration gehindert und beantworteten dies mit dem Generalstreik. Dazu beschwor der Liedtext die im Juni 1922 dann tatsächlich umgesetzte Ermordung Walter von Rathenaus: »Auch Rathenau, der Walter, / Erreicht kein hohes Alter. / Die Rache, die ist nah. / Hurra! Hurra! Hurra!« An anderer Stelle wird das viel zitierte Lied noch deutlicher »Knallt ab den Walter Rathenau, / die gottverdammte Judensau!«[4]

Obwohl die bayerische Regierung die infolge der Ermordung Walter Rathenaus erlassene ›Verordnung zum Schutze der Republik‹ systematisch boykottierte, versammelten sich in Nürnberg etwa 40.000 Menschen zu Ehren des Reichsaußenministers zu einer Demonstration. Am 4. Juli 1922 wurde eine Großdemonstration gegen die Duldung des rechten Terrors durch die bayerische Regierung durchgeführt. Die Vertreter von MSP und USP im Stadtrat wollten nun ein Exempel statuieren und setzten durch ihre Stimmenmehrheit gegen die gesamte bürgerliche Stadtspitze und den Willen des Ersten Bürgermeisters die Umbenennung des Hindenburgplatzes in Rathenauplatz durch. Hierdurch richteten sich allerdings auch die Stimmen des gesamten Bürgertums gegen sie.

Die immer massiveren Anfeindungen von rechts ließen auch den Wunsch nach Wiedervereinigung der Sozialdemokraten, die vor allem von Adolf Braun in Nürnberg seit den ersten Tagen der Spaltung an gefordert wurde, immer lauter werden. Schließlich wurde der Zusammenschluss von MSPD und USPD auf dem gemeinsamen Parteitag am 24. September 1922 im Herculesvelodrom vollzogen und mit einer anschließenden Kundgebung im Luitpoldhain der Öffentlichkeit verkündet. Die USP im Nürnberger Stadtrat war bis dahin mit zwölf Sitzen – nach den Mehrheitssozialdemokraten mit zwanzig und vor der DDP mit elf Sitzen – die zweitgrößte Fraktion. Die Unabhängigen Sozialdemokraten standen vor der Vereinigung in den Augen vieler für Unruhe und Wirbel im Stadtrat. So berichtet Hermann Luppe, dass Störungen im Stadtrat, bevor die rechte Opposition Fuß fassen konnte, meist von der USP ausgegangen waren. Mit einem kritischen Blick auf manche Schwierigkeit, die die Sitzungsleitung unter diesen Umständen mit sich brachte, spricht er hier von »gehässigen, beleidigenden, beschimpfenden Reden und Zwischenrufen«. Nahezu amüsant liest sich hingegen seine Reaktion auf diese Zwischenfälle, die er häufig einfach überging und hierbei von einer »leichten Schwerhörigkeit« unterstützt wurde. Dies allerdings führte

Kundgebung im Nürnberger Luitpoldhain anlässlich des Wiedervereinigungsparteitags von MSPD und USPD im September 1922.

sich zunächst Unabhängige Sozialdemokratische Partei-Linke (USP-Linke) nannte, und sich schließlich als Vertreter der Vereinigten Kommunistischen Partei Deutschlands (VKPD) bekannten.

Obwohl die heftigen innenpolitischen Auseinandersetzungen im Nürnberg der 1920er Jahre deutlich zu spüren waren, blieb der sozialdemokratisch dominierte Stadtrat doch bis zum Einzug der Nationalsozialisten im Jahr 1925 davon weitgehend verschont. Ein Resümee des Oberbürgermeisters Hermann Luppe nach fünfjähriger Tätigkeit des Stadtrats unter seiner Leitung war durchweg positiv. Trotz der Schwierigkeiten, die sich durch die enge Verbindung zwischen politischen Entscheidungsprozessen und dem streng hierarchisch strukturierten städtischen Verwaltungsapparat in der täglichen Arbeit ergaben, bewertete Hermann Luppe das Einkammersystem insgesamt positiv. Zu diesem Gesamtbild trug seiner Meinung nach auch bei, dass »politische Strömungen in der Verwaltung nicht stärkeren Einfluß« nahmen als »andere Systeme« – eine Einschätzung, die aus Sicht der heutigen Kommunalpolitik kaum nachvollziehbar erscheint. Besonders hob er aber die starke Vereinfachung des Verwaltungsapparates durch die Abschaffung des Zweikammersystems hervor, die »eine leichte Anpassung an veränderte Bedürfnisse und an die Vielheit und Vielseitigkeit der kommunalen Aufgaben ermöglicht und durch Erhöhung der Verantwortlichkeit der eh-

nicht selten zum Vorwurf »nicht oder nur einseitig gegen Angehörige bestimmter Parteien vorzugehen und parteiliche Geschäftsführung zu betreiben.«[5]

Auch in der Öffentlichkeit hatte die Rathaus-USP nicht den besten Ruf. So schrieb 1921 der Nürnberger Anzeiger: »Der Stadtrat kann sich bald Schwatz-Rat nennen lassen und sich für diese Umtaufe bei der an der Antrag-Seuche und Mund-Diarrhöe leidenden U.S.P.-Fraktion bedanken!«[6] In der Stadtratsfraktion spiegelte sich die Situation der USP in Nürnberg wider: Neben dem anerkannten Josef Simon, der aber aufgrund seines Reichstagsmandates nur begrenzt zur Verfügung stand, und dem Dritten Bürgermeister Hugo Freund, der bereits 1921 unter undurchsichtigen Umständen aus seinem Amt ausschied, fanden sich dort einige radikale Linke ohne ausgeprägtes eigenes Profil zusammen. Im Oktober 1920 kam es zu einer weiteren Spaltung der USP-Fraktion in KPD und den Teil der USP, der nach dem Einigungsparteitag in der MSP aufging. Die erfolgte Spaltung hatte auch eine Teilung der USP-Stadtratsfraktion zur Folge: Anna Schwarm, Marie Eichenseer, Fritz Habermeyer, Willi Werber, Georg Ludwig und Hans Baier bildeten ab dem November 1920 eine eigene Fraktion, die

renamtlichen Mitglieder eine einheitliche und zielbewusste Kommunalpolitik erleichtert.«⁷

Auch in der Stadtpolitik waren die ersten Jahre der Weimarer Republik geprägt von den Folgen des Weltkrieges. Neben dem Abbau der Kriegswirtschaft und der Auflösung der Streitmächte war die Stadtverwaltung mit der ansteigenden Arbeitslosigkeit und den sozialen Folgen vor dem Hintergrund eines überschaubaren kommunalen Finanzrahmens vor große Herausforderungen gestellt. Über die gesamte Dauer der Weimarer Republik gab es eine kontinuierliche Zusammenarbeit zwischen dem liberalen Oberbürgermeister und der sozialdemokratischen Stadtratsfraktion, die nach der Wiedervereinigung von MSPD und USPD im Jahr 1922 mit insgesamt 26 Sitzen die absolute Mehrheit im Stadtrat inne hatte. Trotz der sozial-liberalen wirtschaftspolitischen Einstellung Hermann Luppes behielt er bei den sozialdemokratischen Stadträten das Vertrauen, das sie ihm bereits bei der Wahl erwiesen hatten. Sicherlich trug dazu neben seiner überzeugenden und einnehmenden Persönlichkeit auch die von ihm proklamierte Trennung von Verwaltungs- und politischen Grundsatzfragen bei, die innerhalb der SPD-Fraktion ähnlich gehandhabt wurde. Als kompromissloser Demokrat, der gleichzeitig mit seiner Mitgliedschaft im sozialdemokratisch dominierten Reichsbanner Schwarz-Rot-Gold seine Verbundenheit zur Republik

Fränkische Tagespost zum 1. Mai 1924.

demonstrierte, sowie als vertrauenswürdiger Verwaltungsfachmann stellte Hermann Luppe für die Sozialdemokraten einen geeigneten Bündnispartner dar. Dies brachte dem Oberbürgermeister die Bezeichnung ›roter Luppe‹ ein.

Ein wichtiger Mittler zwischen dem Stadtoberhaupt und der Fraktion war der Zweite Bürgermeister Martin Treu, der mit seinem ausgleichenden Wesen und seiner jahrelangen Erfahrung als Kommunalpolitiker maßgeblich dazu beitrug, trotz unterschiedlicher parteipolitischer Meinungen zu einem kommunalpolitischen Konsens zu kommen. Auch Hermann Luppe signalisierte bereits bei seiner Amtseinführung die Notwendigkeit einer Kooperation zum Wohle der Stadt. Mit einem Augenzwinkern kommentierte er in seinen Lebenserinnerungen die Anwesenheit des Oberregierungsrates Lieb aus Ansbach und die der beiden sozialdemokratischen Bürgermeister mit den Worten »(…) bei Lieb, Treu und Freund konnte es mir sicher nicht fehlen!« als gutes Omen und ergänzte, dass er bei dieser Gelegenheit darauf hingewiesen hatte, »daß wir durch schwere Zeiten hindurch müßten, die sich nur in engster Zusammenarbeit und vollstem Vertrauen, um das ich bat, überwinden ließen.«8 Die eingeschränkten Führungsqualitäten und die persönliche Zurückhaltung Martin Treus, die sich in der Ablehnung des Postens des Ersten Bürgermeisters deutlich gezeigt hatten, waren vermutlich durchaus im Sinne Hermann Luppes. In seinen Memoiren beschrieb er Martin Treu Jahre später als »treu ergebenen Freund und eine wertvolle Stütze« und als einen »Mann von gesundem Menschenverstand und nüchterner Klugheit, fleißig und gewissenhaft, ohne überdurchschnittliche Begabung, Temperament oder Phantasie, dabei ehrlich und aufrichtig, ein lauterer, integrer Charakter, auf dessen Wort absoluter Verlaß war; dabei besaß er die seltene Gabe, innerlich bescheiden zu sein und seine Grenzen zu kennen.« Dass Hermann Luppe Martin Treu zwar schätzte, er sich diesem aber weit überlegen fühlte, zeigt folgende Bemerkung, mit der er Martin Treus Zurückhaltung bei der Besetzung des Amtes des Ersten Bürgermeisters begründete: »Er war sich durchaus klar, dass geschickte Vorsitzführung und verständige Führung der Geschäfte für den Oberbürgermeister einer Großstadt nicht genügen, dass ihm dafür Sachkenntnis und Erfahrung sowie geistige Überlegenheit über die leitenden Beamten fehlten.« Wenn Hermann Luppe hier anmerkte, dass Treu zwar in der Lage war, eine »gute Rede in kulturellen Fragen zu halten«9, allerdings stets ohne eigenes Urteil blieb, so lässt dies erahnen, dass dieser Zweite Bürgermeister Hermann Luppe nicht gerade unrecht kam. Von diesem Mann hatte er, obwohl er betonte, dass dieser ihm durchaus rege Kritik entgegenbrachte, keine direkte Konkurrenz oder eine offensive Gegnerschaft zu fürchten. Luppe konnte den Vertreter des rechten Parteiflügels gezielt als Mittler und Verbindungsmann zwischen der liberalen Stadtspitze und der sozialdemokratischen Mehrheit im Stadtrat nutzen, hatte aber nicht zu befürchten, dass ihm sein Amt streitig gemacht würde.

Die scheinbar geringe Bedeutung der Parteizugehörigkeit lässt sich – vor allem vor dem Hintergrund der erbitterten politischen Kämpfe der 1920er Jahre und dem langen beschwerlichen Weg der Arbeiterschaft in die Stadtpolitik – nur schwer nachvollziehen. Zum einen zeigt sich erneut sehr deutlich, dass die Politik auf kommunaler Ebene in erster Linie mehr als Verwaltungsakt denn als parteipolitisches Handlungsfeld gesehen wurde. Parteipolitische Grundsätze ordneten sich hier häufig den anstehenden praktischen und verwaltungstechnischen Fragestellungen unter. Dazu mussten die Sozialdemokraten erst die Entwicklung von einer rein oppositionellen Gruppierung, deren Ziel zunächst vor allem darin bestand, durch Änderung des Wahlrechts überhaupt in die politischen Gremien einzuziehen, hin zu einer Fraktion mit einer eigenen kommunalpolitischen Strategie vollziehen. Dass innerhalb dieses Prozesses zunächst kaum Personen mit ausgeprägten Führungsqualitäten aus der Gruppe der Rathaussozialdemokraten hervortraten und die Rathauspolitik auch nach außen hin sichtbar zu einer ›roten‹ Politik machten, zeigt, dass eine sozialdemokratische Kommunalpolitik erst entwickelt werden musste. Die

Nürnberger Sozialdemokratie konnte in den 1920er Jahren nur auf wenige starke Persönlichkeiten zurückgreifen, die ihre sozialdemokratische Überzeugung auch in der Stadtpolitik umsetzen wollten. Personen wie der linke Intellektuelle Max Süßheim, der über mehrere Jahre als Landtagsabgeordneter tätig war und sich dann erneut der Kommunalpolitik zuwandte, der Mehrheitssozialdemokrat Karl Giermann oder Josef Simon von der USPD bildeten hier sicherlich die Ausnahme. Obwohl heute meist der linksliberale Oberbürgermeister Hermann Luppe als Urheber mit den kommunalen Errungenschaften der 1920er Jahre assoziiert wird, trugen diese bereits eine deutlich sozialdemokratische Handschrift.

Auch bei der Wahl im Jahr 1919 verhielten sich die Sozialdemokraten sehr zurückhaltend. Sie wählten mit Hermann Heimerich als Referenten für die Bereiche Wohlfahrt, Jugend und Gesundheit nur einen einzigen Parteigenossen in den Kreis der berufsmäßigen Stadträte, besetzten damit aber gleich für die Sozialdemokratie zentrale Themen und waren somit maßgeblich am Aufbau der städtischen sozialen Ämter beteiligt. Auch in den folgenden Jahren sollten nie mehr als drei Sozialdemokraten gleichzeitig ein Referentenamt bekleiden. In der Weimarer Zeit gehörten von den insgesamt 19 gewählten Referenten nur vier der SPD an: Hermann Heimerich, der 1919 und 1925 ins Wohlfahrtsreferat gewählt wurde, Arthur Fey, der 1924 Personalreferent wurde, der Stadtrat Nikolaus Eichenmüller, der 1925 Hermann Heimerich im Wohlfahrtsreferat ablöste sowie der SPD-Stadtrat Hans Rollwagen, der 1929 das Bau-, Gewerbe- und Verwaltungspolizeireferat übernahm. Diese Zurückhaltung gründete in der Entscheidung, aus sachlichen Gründen eine möglichst hohe personelle Kontinuität in den Ämtern zu erhalten; dazu hatte die »Qualität fast stets einen stärkeren Ausschlag gegeben als ihre Parteizugehörigkeit,«[10] wie Hermann Luppe das Vorgehen bei der Besetzung der Referentenstellen später umschrieb.

Das Vertrauen beruhte auf Gegenseitigkeit. Auch wenn Hermann Luppe im Hinblick auf die sozialdemokratische Mehrheit pragmatisch feststellte: »Mit ihr mußte ich arbeiten; öffentlich mit ihr zu streiten oder sie zu desavouieren, war deshalb nicht möglich. Ich mußte meine ganze Kraft einsetzen, sie in den nichtöffentlichen Sitzungen wie in Einzelbesprechungen zu verständiger Haltung zu bekommen (...)«,[11] so holte er sich dennoch mit der Besetzung der Pflegschaften für Arbeitersachen und Beamtensachen durch die SPD-Stadträte Karl Giermann und Simon Matt in diesem einflussreichen Bereich gezielt zwei von ihm geschätzte Sozialdemokraten ins Boot. Die personelle Besetzung der Pflegschaften konnte vom Ersten Bürgermeister vorgenommen werden, wenngleich die Verteilung derselben auf die jeweiligen Parteien nach Größe der Fraktionen festgelegt wurden. Folglich legte Hermann Luppe fest, dass Personalfragen im Nürnberg der Weimarer Zeit nicht ohne sozialdemokratische Zustimmung entschieden werden konnten.

Die Nachkriegsjahre stellten die Stadtverwaltung vor schier unlösbare Probleme: Die erschreckende Ernährungslage, die sich nach Ende des Krieges noch zugespitzt hatte, der immer deutlicher zu Tage tretende Wohnungsnotstand und auch der Mangel an Kleidung hatten vor allem für Kinder und Jugendliche schlimme soziale Folgen. Nürnberg zählte zu den Großstädten mit der höchsten Säuglingssterblichkeit; bei einer Schuluntersuchung anlässlich einer Armenspeisung wurden bei knapp einem Drittel der insgesamt 38.000 Schulkinder schwere gesundheitliche Mängel wie Un-

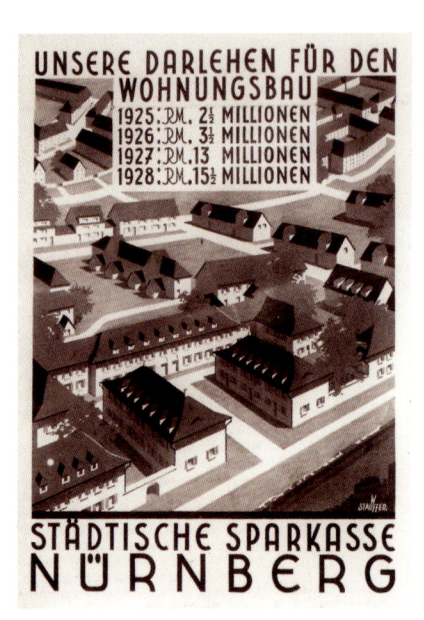

Die Sparkasse wirbt für den Wohnungsbau, Schautafel um 1928.

Gutscheine wie auch das Notgeld der Stadt Nürnberg dokumentieren die Inflation.

terernährung, Entwicklungsrückstände oder chronische Krankheiten wie Skrofulose – eine Entzündungskrankheit der Lymphknoten und Schleimhäute –, Rachitis oder Tuberkulose festgestellt. Mit Gesundheitsproblemen dieses Ausmaßes waren die traditionellen Formen der öffentlichen Fürsorge und des privaten Stiftungswesens völlig überfordert. Noch im Dezember 1918 beschlossen das Kollegium der Gemeindebevollmächtigten und der Magistrat die Einrichtung eines städtischen Wohlfahrtsamtes, das ab 1919 unter Hermann Heimerich neu aufgebaut wurde und eine völlige Neustrukturierung des kommunalen Fürsorge- und Wohlfahrtswesens initiierte. Bis heute ist diese Vorform des heutigen Sozialamtes unter seiner umgangssprachlichen Abkürzung ›Wolferla‹ bekannt.

Auch dies kann als Beispiel für die gemeinsamen Ziele und die kollegiale Zusammenarbeit zwischen Hermann Luppe und der Stadtrats-SPD – hier vertreten durch den Referenten Hermann Heimerich – dienen. Hermann Luppe hatte bereits bei seiner Tätigkeit in Frankfurt am Main die Wohlfahrtspflege zu seinem persönlichen Anliegen und sich zu einem Fachmann für soziale Fürsorge entwickelt. Nun unterstützte er Hermann Heimerich nach Kräften bei seiner Arbeit. Das gemeinsame Anliegen mündete in eine persönliche Freundschaft zwischen den beiden charakterlich doch so unterschiedlichen Männern, die schließlich auch dazu führte, dass Hermann Heimerich ab 1924 von den Nationalsozialisten angegriffen wurde. Dieser stellte sich aber – im Gegensatz zum streitkräftigen Oberbürgermeister – der Auseinandersetzung nicht und verließ Nürnberg im Jahr 1925, um in Kiel das Amt des Zweiten Bürgermeisters zu übernehmen. Die Umstrukturierung des Nürnberger Fürsorgewesens galt als große Errungenschaft der modernen Großstadt: Die plastische Umschreibung der früheren Zustände in Nürnbergs Sozialwesen als ›Bayerisch Kongo‹, die Martin Treu geprägt hatte, gehörten nun der Vergangenheit an. Wurde bis dahin deutschlandweit häufig Frankfurt als Vorbild für Neuerungen in der Fürsorge genannt, so hatte sich nun Nürnberg diesen Rang erobert.

Trotz der schwierigen Voraussetzungen gelangen während der Weimarer Republik bahnbrechende Reformen auf kommunaler Ebene. Im Schulwesen wurde die Mitsprache von Lehrern und Eltern sowie flächendeckende Bildungsmöglichkeiten für alle eingeführt. 1921 erhielt Nürnberg eine eigene Volkshochschule und auch das städtische Schulwesen wurde weiter ausgebaut. Auf kulturellem Gebiet kam Nürnberg wie andere Großstädte zu einer neuen Blüte.

Mit einem neuen Gebäude der Schule für Frauenberufe in der Pilotystraße, der Volkssternwarte auf dem Rechenberg, dem Neubau des kommunalen Arbeitsamtes, dem Gefallenendenkmal im Luitpoldhain, der Neubau der Frauenklinik im Städtischen Klinikum an der Flurstraße und des Wöchnerinnen- und Säuglingsheimes, dem Städtischen Stadion mit seinen Sportanlagen und nicht zuletzt dem modernen Milchhof wurden bis 1931 eine ganze Reihe kommunaler Großbauten errichtet. Symbolisch stand für die ›Ära Luppe‹ das 1927 fertig gestellte Planetarium am Wöhrder Tor, das 1934 als Zeichen einer neuen architektonischen Epoche und unter dem Vorwurf einer ›jüdischen Architektur‹ von den Nationalsozialisten niedergerissen wurde.

Viele Veränderungen der 1920er Jahre verweisen auf die Entwicklung Nürnbergs zur modernen Großstadt: Die Gründung eines Städtischen Betriebsamtes ordnete die expandierenden städtischen Versorgungsbetriebe wie Gas- und Wasserversorgung oder den Betrieb der Straßenbahnen neu. Vor allem auf Drängen der SPD-Fraktion wurde der seit 1918 bestehende Wohnungsbauverein im Jahr 1922 zur städtischen Wohnungsbaugesellschaft umgewandelt und errichtete zwischen 1918 und 1932 insgesamt 5.000 Wohnungen in St. Johannis, am Nordbahnhof und in Gibitzenhof. Der Neubau der Nordostbahnhofsiedlung schloss den kommunalen Wohnungsbau der Weimarer Zeit ab. Dem immer größeren Verkehrsaufkommen wurde mit dem Ausbau der Fürther Straße und der Einrichtung der Schnellstraßenbahn zwischen Nürnberg und Fürth Rechnung getragen. Schließlich präsentierte sich die Stadt Nürnberg im Jahr 1928 stolz mit der Eröffnung des Städtischen Stadions samt Stadionbad und den umfangreichen Außenanlagen sowie den Feierlichkeiten anlässlich des ›Dürerjahres‹ der überregionalen Öffentlichkeit als Sport- und Kulturhochburg.

Sozialer Wohnungsbau der 1920er Jahre in eindrucksvoller Architektur: die wbg-Wohnanlage am heutigen Dr.-Luppe-Platz in Steinbühl, Fotografie 1930er Jahre.

Der Finanzhaushalt der Stadt wurde in diesen Jahren stark strapaziert. Kaum hatte man die Inflation weitgehend überstanden, brachten die Neuerungen der 1920er Jahre gleich wieder hohe finanzielle Belastungen. Der weit verbreitete Vorwurf, die Städte hätten in dieser Zeit in großem Maß Gelder verschwendet, ist für Nürnberg allerdings nicht haltbar. Als die Wirtschaftskrise im Jahr 1929 über Deutschland hereinbrach, stand Nürnberg im Vergleich zu anderen Großstädten gut da, was sich nur durch eine durchdachte Finanzpolitik erklären lässt.

Martin Treu
(1871–1952)

Das politische Leben Martin Treus ist gleichzeitig ein Spiegel der Geschichte sozialdemokratischer Kommunalpolitik in Nürnberg: Der gelernte Schneider aus Schwandorf in der Oberpfalz, der sich nach seiner Wanderschaft 1897 in Nürnberg niederließ und 1902 das Bürgerrecht erlangte, war einer der ersten Sozialdemokraten im Kollegium der Gemeindebevollmächtigten und einer der letzten Sozialdemokraten in der Stadtverwaltung bevor die Nationalsozialisten der Demokratie das Ende bereiteten. Unter der amerikanischen Militärregierung kehrte er für kurze Zeit als Oberbürgermeister in die Stadtpolitik zurück.

Schon 1890 trat Martin Treu dem freigewerkschaftlichen Schneiderverband bei, ab 1892 war er Mitglied der SPD und dort ab 1905 als Parteisekretär tätig. Der ›Sturm‹ der Sozialdemokraten aufs Nürnberger Rathaus im Jahr 1908 brachte ihn mit 27 Jahren als jüngstes Mitglied ins Kollegium der Gemeindebevollmächtigten. Bis 1933 war Martin Trau durchgehend Mitglied des Kollegiums beziehungsweise des Stadtrats. Die Wahl zum ehrenamtlichen Zweiten Bürgermeister im Jahr 1919, die Martin Treu mit 42 von 43 Stimmen für sich entschied, belegt seine große Akzeptanz und Wertschätzung innerhalb des Stadtrats. Von 1929 bis 1933 wurde er zum berufsmäßigen Zweiten Bürgermeister gewählt und gestaltete so die Stadtpolitik an der Seite Hermann Luppes maßgeblich mit. Während der Tätigkeit als Zweiter Bürgermeister übte Martin Treu zahlreiche zusätzliche Ämter und Funktionen aus: Bis 1928 war er Präsident des Mittelfränkischen Kreistags und betreute hier vor allem das Fränkische Überlandwerk, dessen Aufsichtsrat er von 1919 bis 1933 vorsaß, und die landwirtschaftlichen Anstalten in Triesdorf. Von 1928 bis 1933 war er Mitglied des Bayerischen Kreisverbandes und ab 1930 zweiter Vorsitzender des Bayerischen Städteverbandes. In Nürnberg engagierte er sich zusätzlich für das Großkraftwerk Franken, die Bayerische Milchversorgung und im Albrecht-Dürer-Verein.

1933 ließ sich Martin Treu in den Ruhestand versetzen. Am 26. Juli 1945 wurde der inzwischen 74jährige von der amerikanischen Militärregierung als Erster Bürgermeister eingesetzt. Nach einer Denunziation aus den Reihen der SPD wurde er unter dem Vorwurf, die Entnazifizierungsverfahren zu behindern, nur wenige Monate später seines Amtes enthoben. Erst 1948 wurde er mit der Ehrenbürgerwürde von der Stadt Nürnberg rehabilitiert. Nach seinem Tod wurde Martin Treu auf Vorschlag des Bayerischen Ministerpräsidenten mit dem Bundesverdienstkreuz ausgezeichnet.

WEIMARER REPUBLIK

**Dr. Max Süßheim
(1876–1933)**

Der bürgerliche Intellektuelle Max Süßheim, Sohn eines jüdischen Hopfenhändlers, wurde bereits in seiner Kindheit durch seinen Großvater, den demokratischen Landtagsabgeordneten David Morgenstern, für die Politik interessiert. Nach dem Erwerb eines juristischen wie auch eines philosophischen Doktortitels war Max Süßheim zunächst in Fürth als Rechtsanwalt tätig, gab seine akademische Laufbahn aber letztendlich für die Politik auf. 1906 wurde er für die SPD in den Landtag gewählt, von 1911 an war er bis zu seinem Tod im Jahr 1933 Mitglied des Nürnberger Kollegiums der Gemeindebevollmächtigten und des Stadtrats. Max Süßheim war sicherlich mit seiner radikaldemokratischen Einstellung, die ihn immer wieder in eine breitere Öffentlichkeit auch über den Stadtrat hinaus zog, einer der prominentesten Vertreter des linken Parteiflügels.

Max Süßheim blieb trotz seiner linken Einstellung und seinem überzeugten Eintreten gegen den Krieg den Mehrheitssozialisten treu. Er wagte es, in Zeiten allgemeiner Kriegsbegeisterung am 29. Juli 1914 im Herculesvelodrom noch eine letzte flammende Antikriegsrede zu halten. Max Süßheim galt als der Wortführer der Revolution in Nürnberg. Schon 1917 forderte er die Aufhebung aller Adelsprivilegien, die Trennung von Kirche und Staat und die Einführung eines parlamentarischen Systems. Als Redner bei der Großkundgebung am 9. November 1918 im Luitpoldhain und als Beauftragter des Nürnberger Arbeiter- und Soldatenrats marschierte er bei der Revolution in erster Reihe mit. Nach der Revolution wurde er Mitglied des provisorischen Nationalrats und zog von 1919 bis 1920 erneut in den Landtag. Danach galt sein Interesse aber vor allem der Kommunalpolitik. Als Stadtrat machte sich Max Süßheim vor allem als Förderer von Kunst und Wissenschaft verdient. In den Blick der Öffentlichkeit rückte er erst durch die Vertretung Hermann Luppes im Prozess gegen Julius Streicher, bei dem er letztendlich die Verurteilung Streichers durchsetzte.

Max Süßheim verstarb am 1. März 1933 an den Folgen eines Schlaganfalls und entging somit den Übergriffen der Nationalsozialisten, die ihn als Sozialdemokraten und Juden kaum verschont hätten. Seine Witwe Hedwig Süßheim nahm sich in der Reichspogromnacht das Leben.

Vorboten einer ›neuen Zeit‹
Die Frühphase des Nationalsozialismus

Die Gründung der Weimarer Republik war gleichzeitig der Beginn eines erbitterten Kampfes der demokratischen Kräfte gegen die neuen und alten Feinde der Demokratie. Dies war auch in Nürnberg deutlich zu spüren. Am 20. Oktober 1922 gründete sich unter der Leitung von Julius Streicher eine Ortsgruppe der seit dem Frühjahr 1920 bestehenden Nationalsozialistischen Deutschen Arbeiterpartei (NSDAP). Seit April 1923 publizierte Julius Streicher, der sich später eigenmächtig zum ›Frankenführer‹ erklärte, die Zeitschrift ›Der Stürmer‹ und schuf somit ein Sprachrohr für seine antisemitischen und nationalsozialistischen Thesen. Nicht zuletzt Julius Streicher war für die überdurchschnittliche Akzeptanz und den durchschlagenden Erfolg der NSDAP in ihrer Frühphase in Franken verantwortlich. Bereits bei der Reichstagswahl 1928 lag die Nürnberger NSDAP mit einem Stimmanteil von 10,6 Prozent weit über dem Durchschnitt von 2,6 Prozent. Gleichzeitig erlebte die Nürnberger Sozialdemokratie eine erneute Blüte. Die Mehrheit im Rathaus schien gesichert, und bis zum Beginn der 1930er Jahre hatten die Mitgliederzahlen der Partei fast die Höhe der Vorkriegsjahre erreicht.

Auch kulturell prallten im Nürnberg der 1920er Jahre zwei gegensätzliche Bilder der Stadt heftiger aufeinander denn je zuvor. Zum einen erfreute sich seit dem 19. Jahrhundert das Bild Nürnbergs als des ›Reiches Schatzkästlein‹ immer größerer Beliebtheit. Der Sicht auf Nürnberg als Symbol des Heiligen Römischen Reiches Deutscher Nation, als ursprünglicher Aufbewahrungsort der Reichsinsignien und Inbegriff der ›deutschen Stadt‹, stand das Bild der durch die Industrialisierung geprägten Großstadt, der ›Arbeiterstadt‹ und des ›roten Nürnberg‹ gegenüber. Beide Perspektiven fanden nun verstärkt ihren Widerhall in den großen Arbeiterfesten auf der einen, der Durchführung zahlreicher militärischer Lobesfeiern, des ›Deutschen Tages‹ im Jahr 1923 sowie der frühen Parteitage

Postkarte anlässlich der Verfassungsfeier des Reichsbanners Schwarz-Rot-Gold am 14./15. August 1926, die in Nürnberg mit einer großen Kundgebung begangen wurde.

Das 1912 in Nürnberg durchgeführte »Erste Süddeutsche Arbeiterturnfest« wurde 1929 vom »Zweiten Deutschen Arbeiterturn- und Sportfest«, das im neu errichteten Städtischen Stadion stattfand, noch übertroffen, Postkarte 1929.

der NSDAP in den Jahren 1927 und 1929 auf der anderen Seite. In der vollen Überzeugung, dass der Name ›Nürnberg‹ genau die eigene politische Idee widerspiegelte, wählten beide Bewegungen die Stadt gezielt als Veranstaltungsort.

Natürlich hatte die Arbeiterkulturbewegung eine lange Tradition: Bereits im 19. Jahrhundert gründeten sich zahlreiche Arbeiterturn- und Sängervereine, die regelmäßig Turn- und Sängerfeste mit großen Versammlungen, Kundgebungen und Umzügen abhielten. Jährlich fanden dazu seit 1921 in Nürnberg die Reichsarbeitersportfeste statt. Neben Arbeiter- und Sängervereinen, die sicherlich zu den populärsten Organisationen zählten, existierten unzählige weitere Vereinsformen in denen sich Arbeiter zum gemeinsamen Schach- oder Theaterspielen trafen oder anderen Interessen nachgingen.

Zur sozialdemokratischen Nürnberger Feierkultur gehörten auch die jährlich stattfindenden 1. Mai-Feiern und die seit 1922 jährlich am 11. August abgehaltenen Verfassungsfeiern.

Schon 1922 wird deutlich, dass die politische Rechte dieser Arbeiterkultur in Nürnberg etwas entgegensetzen wollte. Noch bevor die SPD ihren Parteitag, auf dem die Wiedervereinigung von MSPD und USPD stattfinden sollte, im Jahr

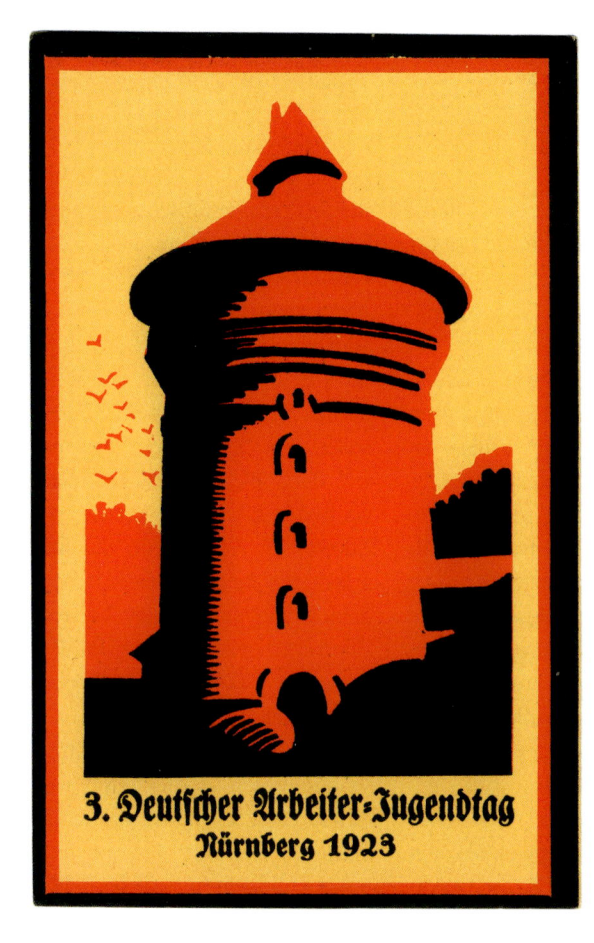

Die Werbung für die großen Arbeiterfeste der 1920er Jahre in Nürnberg präsentiert sich mit moderner Grafik, wie die beiden Postkarten zeigen. Das Turmmotiv stammt vom zeitgenössischen Künstler Hermann Bek-Gran.

1922 in Nürnberg durchführen und somit ein erneutes Zeichen für die ›Arbeiterstadt Nürnberg‹ setzen konnte, ließen ›Nationalpatrioten‹ am 2. September desselben Jahres den schon zu Beginn der Weimarer Republik als nicht mehr zeitgemäß eingestuften und abgeschafften Sedantag, eine Hommage an die Schlacht von Sedan im Jahr 1870, in Nürnberg wieder aufleben. Die im Kaiserreich beliebten Sedanfeiern wie auch andere militärische Tage und Regimentsfeiern rechtsgesinnter und völkischer Kreise waren den Sozialdemokraten schon immer ein Dorn im Auge gewesen. Die Ankündigung dieses ›Nordbayerischen Waffentages der bayerischen Fußartillerie‹ führte bereits im Vorfeld der Veranstaltung zu heftigen Auseinandersetzungen. Die Meldung der Fränkischen Tagespost, dass die Nürnberger Arbeiterschaft keine antirepublikanischen Veranstaltungen dulden würde, wurde vom Fränkischen Kurier mit dem Vorwurf des »Terrors der Straße«[12] beantwortet. Allerdings vertraten die Sozialdemokraten keinen gemeinsamen Standpunkt, so dass zunächst im Verwaltungs- und Polizeisenat ein geplanter Straßenumzug im Rahmen des Waffentages genehmigt wurde. Die Fränkische MSP protestierte daraufhin gegen die Durchführung und drohte Gegenmaßnahmen an. Auch die sozialdemokratische Stadtratsfraktion entschied sich nun nachträglich, gegen den Umzug zu kämpfen und somit ihr Gesicht zu wahren. Nach längeren Auseinandersetzungen wurde der Zug tatsächlich in Folge einer Abstimmung im Senat von Hermann Luppe verboten. Daraufhin schaltete sich das Staatspolizeiamt ein und genehmigte gegen den Willen der Stadtratsmehrheit den Umzug doch. Am Waffentag selbst kam es im Umfeld des Umzuges wie erwartet zu gewaltsamen Auseinandersetzungen. Diese Episode sollte weit reichende Auswirkungen haben. So berichtete das Staatspolizeiamt: »(…) was sich in diesen Tagen vor dem 3. September und an diesem selbst abspielte, das war ein Kampf und eine Machtprobe zwischen sozialistischem Terror und Staatsautorität. Daß diese sich durchgesetzt hat, wurde in den Bürgerkreisen Nürnbergs wie eine Erlösung empfunden.«[13] Durch dieses Vorgehen setzte die bayerische Regierung deutliche Zeichen: Nun war klar geworden, dass die Rechte unter staatlichem Schutz öffentlich auftreten konnte. Hermann Luppe hatte sich zudem für viele Mitglieder seiner Partei unglaubhaft gemacht, da er den Antrag der Sozialdemokraten, den Umzug zu verbieten, letztlich unterstützt hatte. Die politische Polarisierung zwischen rechts und links hatte sich nun in der Stadt personalisiert: Nicht nur die Sozialdemokraten, sondern auch der liberale Oberbürgermeister waren nun Zielscheibe rechter Anfeindungen geworden. Dieser neu entdeckte Kampfspielplatz sollte für die junge NSDAP schließlich zum Mittel einer immer erfolgreicheren Oppositionspolitik werden.

Die schon seit dem Winter 1922/23 schwelenden Gerüchte eines geplanten Putsches durch die NSDAP führten zu einer ganzen Reihe von Protestversammlungen und zur Gründung sozialdemokratischer Bündnisse wie dem ›Sozialistischen Ordnungsdienst‹ der fränkischen SPD, der als Zusammenschluss verschiedener Arbeitervereine dem rechten Terror etwas entgegensetzen sollte. Auch der am 11. August 1923 in Nürnberg durchgeführte Deutsche Arbeiter-Jugendtag mit etwa 100.000 Teilnehmern wurde genutzt, um für die Verteidigung der Republik zu demonstrieren. Nur zwei Wochen später stellten die Rechten dieser Veranstaltung die Durchführung des ›Deutschen Tages‹ entgegen, der eine Fortführung der Sedanfeiern darstellte und zur öffentlichwirksamen Heerschau der vaterländischen und völkischen Verbände wurde.

Zwar wurde der so genannte Hitlerputsch vom 8./9. November 1923, der von der NSDAP und anderen republikfeindlichen Organisationen in München gegen die Regierung Kahr durchgeführt wurde, niedergeschlagen, die bayerische Regierung ging aber nach wie vor rigide gegen Sozialdemokraten und Kommunisten vor. Die Selbstschutzverbände von SPD und KPD wurden verboten, die gesamte kommunistische Presse und ihre Jugendorganisationen aufgelöst. Erst im Februar 1924 gründete die SPD mit dem ›Reichsbanner Schwarz-Rot-Gold‹ erneut eine Organisation, die dem Schutz der Republik und dem Schutz der eigenen politischen Veranstaltungen dienen sollte. Der Nürnberger Ortsgruppe, die seit dem 29. Juni 1924 existierte, trat auch der Oberbürgermeister Hermann Luppe bei. Auch wenn die Mitgliederschaft des Reichsbanners neben Sozialdemokraten auch aus Vertretern der Zentrumspartei und der DDP bestand, waren jene hier doch in der absoluten Minderheit.

Der Wirtschaftsaufschwung in den so genannten ›Goldenen Zwanzigern‹ führte zunächst zu einer Abnahme des massiven rechten Terrors. Eine Ausnahme bildeten in Nürnberg die Angriffe Julius Streichers gegen Hermann Luppe. Ab Ende des Jahres 1922 kam es immer wieder zu gerichtlichen Auseinandersetzungen des angriffslustigen Nationalsozialisten mit dem Oberbürgermeister. Als dieser im Frühjahr 1923 die polizeiliche Anordnung gab, ein Waffenlager der NSDAP ausheben zu lassen, sah Streicher dies als persönlichen Affront. Dies war der Beginn einer hartnäckigen Feindschaft.

Schon Jahre bevor die NSDAP nach den Wahlen 1924 in den Nürnberger Stadtrat einziehen konnte, ließ Streicher dies als eines seiner persönlichen Ziele deutlich erkennen. So wetterte er in ei-

Unser die Macht!
1. Mai 1928
Maifestbeilage der „Fränkischen Tagespost"

Auch die Fränkische Tagespost spiegelt den Kampf um die Autoritäten in Nürnberg in den späten 1920er Jahren.

nem Artikel im ›Deutschen Sozialist‹: »Auf dem Rathause, so einst deutsche Mannheit und deutscher Gemeinschaftswille nach altem deutschem Gewissensrecht berieten, da lümmeln heute Fremdrassige mit deutschen Knechten und bringen Schande und Spott über den gefeierten Namen von Albrecht Dürer und Hans Sachsens Vaterstadt. (…) Aber nur noch eine kurze Weile! Schon wird der große eiserne Besen gebunden, da und dort unermüdlich. Hei, wie werden da die Funken fliegen!«[14] Streicher wurde nicht müde, immer und immer wieder die ›Verjudung‹ und die Verwahrlosung des Stadtratsgremiums durch die Unfähigkeit und Unmündigkeit der Sozialdemokraten anzuklagen und letztlich für alle Missstände Hermann Luppe verantwortlich zu machen. Dass diese Propaganda, die im Fränkischen Kurier durch Berichte über »rote Drahtzieher und ihre schwarz-rot-gelben Helfershelfer«, die im Rathaus ein korruptes Parteienklüngel praktizierten, gestützt wurde, durchaus auf offene Ohren stieß, zeigen die Wahlergebnisse der Stadtratswahlen im Jahr 1924: Von den 50 Sitzen im Stadtrat gingen 20 an die SPD und neun Sitze an die bürgerliche Rechte, die sich in der Volksgemeinschaft Schwarz-Weiß-Rot auf einer Liste zusammengeschlossen hatte und nun zweitstärkste Partei wurde. Die Liste Julius Streichers erlangte immerhin sechs Sitze, vier Sitze gingen jeweils an den Mittelstand und die BVP, nur drei Sitze an DDP und KPD

Inflation und Weltwirtschaftskrise bahnen dem Nationalsozialismus den Weg: Die Kinderspeisung der Firma Bruckner & Stark-Radio Lumophon-Werke im Jahr 1930 zeigen die Bedürftigkeit breiter Bevölkerungsschichten.

und ein Sitz an den Christlichen Volksdienst. Der Erfolg der Rechten war bei dieser Wahl durchaus überraschend und zeichnete sich nicht nur durch die sechs Sitze der Liste Streicher ab. Auch auf der Liste der Volksgemeinschaft zogen nun eine ganze Reihe völkisch gesinnter Politiker in den Stadtrat ein.

Wie in vielen anderen Städten versuchte die NSDAP im Stadtrat anfangs vor allem politische Prozesse zu stören und die bisherige Rathauspolitik zu boykottieren. Dass dies von Julius Streicher bevorzugt auf dem Rücken des ihm verhassten Oberbürgermeisters ausgetragen werden sollte, wurde bereits in der ersten Stadtratssitzung in der neuen Zusammensetzung mehr als deutlich. Als Hermann Luppe den neuen Stadtrat zu Beginn der Sitzung vor überfüllten Zuschauerrängen, die vor allem mit Anhängern der NSDAP besetzt waren, begrüßte, wurde er prompt von Julius Streicher mit dem Zwischenruf ›Zur Geschäftsordnung!‹ unterbrochen. Als Hermann Luppe sich eine Unterbrechung verbat, entgegnete ihm der hitzige Nationalsozialist, dass er, so lange er die Beleidigung anwesender Stadtratsmitglieder als ›Psychopathen‹ nicht zurücknähme, in diesem Gremium das Wort nicht hätte. Hier stand vermutlich eine persönliche narzisstische Kränkung im Vordergrund: Luppe hatte im Vorfeld der Gerichtsverhandlungen der Luppe-Streicher-Prozesse darum gebeten, die geistige Zurechnungsfähigkeit Julius Streichers zu überprüfen. Die Sitzung musste schließlich, nachdem die Fraktionsführer mehrheitlich entschieden, dass Streicher das Wort nicht erteilt würde, aufgrund allgemeinen Tumults, bei dem vor allem die Zuschauer beteiligt waren, abgebrochen werden. Der Oberbürgermeister wusste sich aber zu helfen und erließ zunächst eine neue Ordnung für den Besuch der Stadtratssitzungen. Nun konnte man sich nur noch gegen Entgelt eine Eintrittskarte zu den öffentlichen Sitzungen erwerben. Dazu waren die Karten entsprechend der Größe der einzelnen Fraktionen für ihre Anhänger kontingentiert. Zusätzlich wurde von den Fraktionsführern aller Parteien – ausgenommen Nationalsozialisten und Kommunisten – entschieden, die Geschäftsordnung des bayerischen Landtages zu übernehmen, die einige hilfreiche Klauseln gegen Störer vorsah. Nicht nur der Platzverweis von Stadtratsmitgliedern bei besonders groben Ordnungswidrigkeiten lag nun in der Befugnis des Vorsitzenden, sondern auch der Ruf zur Ordnung, der nach dreimaliger Missachtung dazu führte, dass dem Störer das Wort entzogen werden konnte. Schon bei der folgenden Sitzung wurde zum Ärgernis der NSDAP das Recht des Platzverweises gegenüber den nationalsozialistischen Stadträten Julius Streicher, Karl Holz und Georg Gradl angewandt.

Die inzwischen gefestigten Strukturen, die sich seitens der SPD mit der Wahl Martin Treus zum berufsmäßigen Zweiten Bürgermeister noch verbesserten, ließen trotz stetigen Auflehnens der Nationalsozialisten deren Radaupolitik nur in sehr begrenztem Maße zu. Im Nürnberger Rathaus konnte nach heftigen Kämpfen in den ersten Monaten des Jahres 1925 trotz der nationalsozialistischen Präsenz im Stadtrat noch eine weitgehend stringente und erfolgreiche Kommunalpolitik betrieben werden. Letztlich ging Hermann Luppe aus den andauernden Kämpfen mit den Anhängern der NSDAP als Sieger hervor, da er inhaltlich überzeugte und sich in der Form der Auseinandersetzung nicht auf das Streichersche Niveau primitiver Verleumdung und unflätiger übler Nachrede herabließ.

Auch die drei Vertreter der KPD glänzten im Jahr 1925 – auf das Geheiß ihrer Partei – hauptsächlich in der Rolle von Störern. Dies führte erstaunlicherweise in manchen Fällen, wie bei einem Misstrauensvotum, das gegen den Oberbürgermeister ausgesprochen wurde, zu einer Kooperation mit den Nationalsozialisten. Insgesamt verfügte die KPD im Nürnberger Stadtrat nur über geringen Einfluss. Im April 1926 traten die beiden KPD-Stadträte Christian Grün und Georg Ludwig schließlich zur SPD über, was der SPD und DDP nun wieder die Mehrheit im Stadtrat sicherte. Diese Mehrheit konnte eine ganze Reihe nationalsozialistischer Anträge verhindern, durch die mit großer Energie versucht wurde, alle nur erdenklichen Vorhaben des Stadtrates zu kippen. Auch antisemitische und rassistische Anträge wurden bereits in den 1920er Jahren von der NSDAP eingebracht, waren aber nicht mehrheitsfähig. So wurden beispielsweise die Versuche eine Licht- und Plakatsteuer für jüdische Geschäftsleute zu erheben, der Versuch, eine Aufführung der experimentellen Jazz-Oper ›Johnny spielt auf‹ von Ernst Krenek im Nürnberger Stadttheater zu unterbinden oder der Antrag jüdische Firmen von der Vergabe städtischer Aufträge auszuschließen, verhindert.

Bei den Bürgermeisterwahlen im Jahr 1929 durch den Stadtrat – die Volkswahl des Ersten Bürgermeisters war inzwischen wieder abgeschafft worden – wurden Hermann Luppe wie auch Martin Treu im Amt bestätigt. Zusätzlich zog der Sozialdemokrat Rollwagen als berufsmäßiger Stadtrat in die Nürnberger Stadtverwaltung ein. Die eigentlichen Wahlerfolge der Nationalsozialisten

Bis zum Verbot durch die Nationalsozialisten am 9. März 1933 wurde die ›Fränkische Tagespost‹ im Verlagshaus südlich des Nürnberger Bahnhofs produziert, Fotografie 1931.

ließen auf sich warten. Trotz eines intensiven Wahlkampfs im Vorfeld der nun folgenden Stadtratswahlen entfielen nur acht Sitze auf die NSDAP. Noch bildeten die Sozialdemokraten und Bürgerlichen die Mehrheit im Stadtrat. Durch den Wechsel an der Fraktionsspitze von Julius Streicher zum späteren Oberbürgermeister Willy Liebel fiel zwar die psychopathische Note der NSDAP-Agitationen im Stadtrat weg, die Ziele blieben aber dieselben. Zunehmende Wahlerfolge auf Land- und Reichstagsebene oder auch die als Parteifest gefeierten frühen Parteitage der NSDAP in Nürnberg gaben der Bewegung weiteren Aufwind. Aufgrund heftiger Ausschreitungen beim Parteitag 1929 konnten die demokratischen Kräfte im Stadtrat 1930 und 1931 die Durchführung weiterer Parteitage der NSDAP in Nürnberg verhindern.

In Anbetracht der beträchtlichen Stimmengewinne auf Reichsebene seit 1930 sahen sich die Nationalsozialisten im Stadtrat völlig unterrepräsentiert. Aus diesem Grund kamen sie bereits im Nachklang der Reichstagswahlen 1930 auf die Idee, den Stadtrat nach Coburger Vorbild, wo dies bereits 1929 von nationalsozialistischer Seite aus erfolgreich umgesetzt wurde, aufzulösen. Dieser Versuch scheiterte im Jahr 1930 sowohl bei einem entsprechenden Antrag im Stadtrat als auch bei einem Volksentscheid. Selbst am 31. Juli 1932, nachdem die NSDAP bei den Landtagswahlen im ›roten Nürnberg‹ bereits mit 37,6% der Wählerstimmen die SPD auf den zweiten Platz verwiesen hatte, scheiterte ein erneuter Versuch, den Stadtrat durch einen Volksentscheid aufzulösen an der Unterstützung der KPD und der anderen Parteien. Der gesamte Sommer 1932 stand infolgedessen unter dem Zeichen gewalttätiger Ausschreitungen. Noch am 31. Juli wurde das Verlagsgebäude der sozialdemokratischen Fränkischen Tagespost beschossen, nur drei Tage später konnte ein erneuter Anschlag verhindert werden. Über den gesamten Sommer zählte man insgesamt 145 politische Versammlungen, knapp die Hälfte davon wurde von der NSDAP organisiert. Die Fränkische Tagespost berichtete von »bürgerkriegsähnlichen Zuständen« und bezeichnete Nürnberg als »Unruheherd in Bayern«[15].

Die Kommunalpolitik selbst hatte bis zur Machtergreifung der Nationalsozialisten im Januar 1933 kaum noch eigene Stoßkraft und stand völlig im Schatten der reichsweiten politischen Bewegungen. Die Unentschlossenheit und mangelnde Geradlinigkeit der Nürnberger Sozialdemokraten wie auch die politische Verzweiflung im Kampf gegen den aufblühenden Nationalsozialismus in Deutschland spiegelten sich in einer Episode im Frühjahr 1932 wider: Um den Erfolg Adolf Hitlers bei der Reichspräsidentenwahl im April 1932 zu verhindern, unterstützten selbst die Sozialdemokra-

Noch am 12. Februar 1933 organisierte die Nürnberger SPD mit der Eisernen Front eine Massenkundgebung auf dem Hauptmarkt, die in der Parteipresse als »wuchtiger Protest gegen das Kabinett der Reaktion, gegen Hitler« beschrieben wurde.

ten die Wahl Hindenburgs zum Reichspräsidenten. Im Rahmen dieses Wahlkampfes forderte ein Nürnberger Stadtrat des Christlichen Volksdienstes die Ernennung Hindenburgs zum Ehrenbürger der Stadt Nürnberg. Die Rathaus-SPD, die 1922 infolge des Attentats auf Walther Rathenau als Zeichen gegen die radikale Rechte den Hindenburgplatz in Rathenauplatz umbenennen hatte lassen, befand sich nun in einem Dilemma: Zehn Jahre zuvor hatte sie sich noch demonstrativ gegen Hindenburg gewandt, nun unterstützte sie die Verleihung der Ehrenbürgerwürde und somit auch die Kandidatur Hindenburgs. Am 13. September 1932 wurde die Ehrenbürgerwürde durch Hermann Luppe an den Reichspräsidenten verliehen. Nur wenige Monate später ernannte dieser Adolf Hitler zum Reichskanzler und beendete damit die Demokratie in Deutschland.

Auch wenn die Geschehnisse in Nürnberg im Hinblick auf die ›große Politik‹ nicht mehr als eine belanglose Episode darstellen, so spiegeln sie doch das Dilemma der demokratischen Kräfte am Ende des Jahres 1932 wider.

Karl Bröger ruft in der letzten Ausgabe der Fränkischen Tagespost in der satirischen Wochenschau dazu auf, für die SPD zu stimmen. Bereits am 9. März 1933 wurde die Fränkische Tagespost von den Nationalsozialisten verboten.

Nationalsozialismus

Neuer Geist im Rathaus und das Ende der SPD-Fraktion

1933–1945

Zwischen Wahlerfolg und Bedrohung von rechts
SPD und NSDAP in den letzten Tagen der Weimarer Republik

Der 20. Juli 1932, an dem Franz von Papen in den ersten Tagen seiner Funktion als Reichskanzler die sozialdemokratische Regierung Braun absetzte, gilt heute als der Tag, der der Republik an entscheidender Stelle das Rückgrat brach – und unmittelbar der Machtergreifung Hitlers den Weg bereitete. Bereits zu diesem Zeitpunkt war das Agitieren der Führungskräfte der SPD und der Gewerkschaften rein defensiv. Auch nach der Machtübernahme am 30. Januar 1933 blieb ein zumindest von der Eisernen Front erwarteter offensiver sozialdemokratischer Widerstand weitgehend aus. Die infolge des Reichstagsbrandes erlassene ›Reichstagsbrandverordnung‹ öffnete schließlich durch die Aufhebung wesentlicher Grundrechte wie des Rechts auf persönliche Freiheit, Meinungs-, Presse-, Vereins- und Versammlungsfreiheit, Brief-, Post- und Fernmeldegeheimnis oder der Unverletzlichkeit der Wohnung den Terrormaßnahmen der Nationalsozialisten alle Türen.

Auch das Nürnberger Rathaus wurde innerhalb kürzester Zeit nahezu ohne Widerstand den Nationalsozialisten überlassen. Zwischen der Ernennung Adolf Hitlers zum Reichskanzler am 30. Januar 1933 und dem Hissen der Hakenkreuzfahne auf dem Nürnberger Rathaus, das nach außen hin das Ende des ›roten Nürnberg‹ demonstrierte, lagen nur knapp sechs Wochen.

Auch wenn der Machtwechsel in Nürnberg schnell und aus der Sicht der Nationalsozialisten nahezu reibungslos vor sich ging und ein vehementer Widerstand von sozialdemokratischer und kommunistischer Seite ausblieb, spiegelte dies nicht unbedingt die Stimmung in der Bürgerschaft wider. Die Machtübernahme der Nationalsozialisten im Nürnberger Stadtrat war ein Produkt der Gleichschaltung. Eine ›Entmachtung von oben‹ trat an die Stelle demokratischer Wahlen, die im Jahr 1933 den Nationalsozialisten in Nürnberg keineswegs eine überdeutliche Mehrheit an Stimmen gebracht hatten. Die in Nürnberg erlangten 41,7 Prozent entsprachen etwa der Anzahl der Wählerstimmen, die an SPD und KPD entfielen. Dies verwundert zunächst, war doch der Anteil der Wähler, welche die NSDAP wählten, bei den Reichstagswahlen 1928 in Nürnberg noch viermal höher gewesen als im Reichsdurchschnitt. Bei den Wahlen im November 1932 und im März 1933 hingegen sank die NSDAP-Akzeptanz in

NATIONALSOZIALISMUS

Nürnberg deutlich unter den Reichsdurchschnitt. Dieser Sachverhalt spiegelt die Situation der fränkischen NSDAP wider, die zu Beginn des Jahres 1933 die größte Krise seit ihrer Gründung zu bestehen hatte. So war nicht nur das Wachstum der Wählerschaft zunächst erschöpft, das noch in der zweiten Hälfte der 1920er Jahre der fränkischen NSDAP rasante Erfolge gebracht hatte. Auch ein heftiger Konflikt unter den nationalsozialistischen Größen in Franken lähmte zeitweise die Agitation der Partei. Erst die Machtübernahme Adolf Hitlers ließ die heftigen Auseinandersetzungen zwischen Wilhelm Stegmann, dem Führer der fränkischen SA, und Julius Streicher samt den weiteren Parteiführern in den Hintergrund treten und sicherte auch der fränkischen NSDAP die Zukunft, die sie zu einem Zentrum des Nationalsozialismus werden ließ.

Diese – allerdings nur kurzzeitige – Schwäche erkannten auch die Nürnberger Sozialdemokraten. Der Jahresrückblick des SPD-Ortsvereins auf das Jahr 1932 verkündete siegesgewiss »(…) der Marsch des Faschismus ist aufgehalten, die nationalsozialistische Bewegung ist im Rückgang begriffen. Trotz des Stimmenrückganges vom 31. Juli zum 6. November sind wir wieder in 15 von unseren 22 Distrikten die stärkste Partei geworden. (…) Freudig können wir am Jahresschluß feststellen, dass die Einheit und Geschlossenheit unserer Bewegung unerschütterlicher denn je dasteht. Unerschütterlich ist bei all unseren Anhängern der Glaube an den Sieg, die Hoffnung auf den Sozialismus. (…) Eine Organisation, die sich stützen kann auf die Treue ihres Funktionärskörpers, auf die Entschlossenheit und Tatkraft ihrer Anhänger, wird und muß siegen.«[1] Vermutlich schwingt hier die Ablehnung des Volksentscheides zur Auflösung des Stadtrats mit. 1932 hatten die Vertreter der NSDAP erfolglos versucht, die Nürnberger Bevölkerung davon zu überzeugen, den Nürnberger Stadtrat aufzulösen. Das Scheitern dieses Unternehmens signalisierte den Sozialdemokraten, dass in Nürnberg noch weitgehend demokratische Verhältnisse vorherrschten. Allerdings sollte sich wenige Monate später diese Schlussfolgerung als Trugschluss erweisen.

Die Eiserne Front marschiert unter Führung von Ernst Schneppenhorst, Hans Vogel und Julius Loßmann am Hauptmarkt, Fotografie vor Februar 1933.

Die Auswirkungen der ›Nationalen Revolution‹ auf Nürnberg:
Kommunale Machtübernahme der Nationalsozialisten

Noch im Vorfeld der Machtübernahme der Nationalsozialisten hatten sich auch in Nürnberg im Dezember 1931 das Reichsbanner Schwarz-Rot-Gold, Gewerkschaftsorganisationen und Arbeitersportverbände zusammengeschlossen, um der im Oktober 1931 gegründeten antidemokratischen nationalistischen Harzburger Front etwas entgegenzusetzen. Die Gruppierung der Eisernen Front wurde in Nürnberg vom SPD-Unterbezirksvorsitzenden Ernst Schneppenhorst angeführt. In der Resolution der Gründungskonferenz wurden die Ziele der Propaganda- und Abwehrorganisation im »Kampf gegen den Faschismus«, der mit gesteigerter Aktivität fortzuführen sei, und in der »Überwindung der faschistischen Gefahr«[2] definiert. All dies sei die Pflicht der Bürger im Interesse der Arbeiterklasse. Doch die Bewegung sollte nur kurze Zeit überdauern. Die letzte Massenkundgebung der Eisernen Front am 12. Februar 1933 auf dem Hauptmarkt, wie auch der letzte öffentliche Auftritt auf der Deutschherrenwiese am 4. März 1933, dem Vorabend der letzten ›halbfreien‹ Reichstagswahlen, waren bereits von der gewalttätigen Präsenz nationalsozialistischer Kräfte überschattet.

Schon auf der ersten Sitzung des neuen Stadtrats am 27. April 1933 präsentierten sich die Nationalsozialisten offensiv: Die uniformierten NS-Stadträte wurden von einer ›SA-Ehrenwache‹ flankiert.

Obwohl die Sozialdemokraten in Nürnberg bei der Wahl am 5. März 1933 mit 32,7 Prozent weit über dem Reichsdurchschnitt von 18,3 Prozent lagen, konnte die nationalsozialistische Machtergreifung in Nürnberg nicht verhindert werden. Der 9. März 1933 war in Nürnberg wie in anderen bayerischen Städten von nationalsozialistischen Massenaufmärschen und gewaltsamen Übergriffen geprägt. Auf die Amtseinsetzung des Reichsstatthalters Franz Ritter von Epp als oberster Instanz der neu installierten nationalsozialistischen Macht in Bayern durch den Reichsinnenminister Wilhelm Frick folgten auch in Nürnberg Aufmärsche der SS und SA und das symbolische und durch Glockenläuten der großen Innenstadtkirchen untermalte Hissen der Hakenkreuzfahne an Rathaus und Burg. In den Nächten zum 10. und 12. März wurde mit der Besetzung der SPD-Parteiräume, des Metallarbeiterheimes in der Kartäusergasse, des Verlagsgebäudes der ›Fränkischen Tagespost‹ und der Gewerkschaftsbüros in der Breiten Gasse der endgültige Schlag gegen die SPD durch Gruppierungen der SA und der SS unter der Leitung Julius Streichers und unter dem Schutz der lokalen Polizei durchgeführt. Am 11. März erfolgte dazu das Verbot des Reichsbanners, der Eisernen Front und der SAJ sowie die offizielle Weisung an alle Polizeidirektionen und Staatspolizeiämter, sämtliche kommunistische Funktionäre und Führungskräfte der verbotenen Institutionen in ›Schutzhaft‹ zu nehmen, also der nationalsozialistischen Willkür zu überantworten. Nach dem 10. März wurden zahlreiche führende Sozialdemokraten und Kommunisten festgenommen. Nur wenige, wie der untergetauchte Ernst Schneppenhorst, konnten sich dem entziehen.

Die Zerschlagung der zentralen Einrichtungen der Partei, allen voran des Presseorgans ›Fränkische Tagespost‹, hatte eine lähmende Wirkung auf die sozialdemokratischen Kräfte in Nürnberg. Hilflosigkeit und eine kaum zu verkennende Ratlosigkeit ließen die anti-nationalsozialistischen Bestrebungen im Keim ersticken. Die Ohnmacht der Sozialdemokratie und der Zerfall der bestehenden Organisationsstrukturen wurden durch die sich häufenden Parteiaustritte, die auf bis zu 30 Prozent der Mitglieder geschätzt werden, begünstigt. Unter diesem Gesichtspunkt wirkt die Herausgabe eines unpolitischen Wochenblattes mit dem Titel ›Blick in die Zeit‹ durch den Stadtrat Karl Maly und den Vorsitzenden der Kinderfreundebewegung Hans Weinberger mit dem Ziel, auf diesem Wege den verbliebenen Parteimitgliedern einen gewissen Zusammenhalt zu vermitteln, im Rückblick eher hilflos.

Die gesamte Machtübernahme entsprach dem bekannten und erfolgreichen Muster der NSDAP: Effektvollen Bewegungen der Massen in der Öffentlichkeit und aufwendig inszenierten Auftritten auf der Straße folgte ein Austausch der Funktionsträger. In der Öffentlichkeit allerdings wurde vor allem eine scheinbar neu gewonnene Identität, überschwängliche Zukunftsversprechen und der Beginn einer angeblich eingeläuteten ›Neuen Zeit‹ gefeiert. Die Umsetzung erfolgte im Detail durch die Androhung von Gewalt.

Die Machtübernahme der Nationalsozialisten in Bayern am 9. März 1933 bildete auch den Beginn der Gleichschaltung der Nürnberger Stadtverwaltung, die mit der pseudodemokratischen Neuwahl der Bürgermeister in der ersten Sitzung des nach neuen Vorgaben zusammengesetzten Stadtrats weitergeführt werden sollte. Durch das Gleichschaltungsgesetz vom 31. März war eine neue Zusammensetzung der Länder- und Kommunalparlamente bestimmt worden. Grundlage hierfür war die Sitzverteilung im Reichstag nach den Ergebnissen der Wahl vom 5. März 1933. Der Nürnberger Stadtrat bestand demzufolge nur noch aus 44 Personen. 21 der Sitze gingen an die NSDAP, 17 an die Sozialdemokraten, vier an die BVP und zwei an die rechtsnationale Kampffront Schwarz-Weiß-Rot. Somit handelte es sich bei der Machtübernahme der Nationalsozialisten im Nürnberger Rathaus, die die NSDAP über Nacht zur stärksten Fraktion machte, nicht um ein Ergebnis demokratischer Wahlen, sondern um das Resultat eines Staatsstreichs.

Schon im Vorfeld der konstituierenden Stadtratssitzung wurde die Gleichschaltung der Stadtspitze vorbereitet. So reichte der Zweite Bürgermeister Martin Treu am 10. März beim Oberbürgermeister ein Gesuch um die Versetzung in den dauerhaften Ruhestand ein. Die Formulierung »auf Grund der Vorstellung des Herrn Stadtrats Liebel von heute Vormittag, der mich aufgefordert hat infolge der geänderten politischen Verhältnisse um meine Pensionierung einzukommen«[3] deutet hier nur die Geschehnisse des Vortages an. Martin Treus Gesuch wurde am 22. April rückwirkend zum 10. März stattgegeben. Willy Liebel wurde auf dem hierauf folgenden Presseempfang deutlicher: »Im Verlauf der nationalen Revolution wurden die Herren Treu und Dr. Luppe gezwungen, auf eine weitere Amtsführung freiwillig zu verzichten.«[4]

Der Oberbürgermeister Hermann Luppe trat am 12. März auf das nachdrückliche Anraten des mittelfränkischen Regierungspräsidenten Gustav Rohmer und des Polizeipräsidenten Heinrich Gareis seinen Urlaub an, aus dem er nie mehr ins Amt zurückkehrte. Der zu diesem Zeitpunkt noch rechtmäßige Oberbürgermeister Luppe wurde am 18. März als Symbolfigur der Weimarer Republik in seiner Nürnberger Wohnung verhaftet.

Schon am 16. März wurde Willy Liebel, den Hermann Luppe noch am 1. März wegen unflätigen Benehmens aus einer Stadtratssitzung hatte entfernen lassen, durch Gustav Rohmer, den Staatskommissar für das bayerische Innenministerium,

Der nationalsozialistische Oberbürgermeister Willy Liebel zeigt sich an der Seite des neu erfundenen lebendigen Nürnberger Christkindes als mildtätiges Stadtoberhaupt, Fotografie 1938.

als kommissarischer Erster Bürgermeister bestellt. Als eine der ersten Amtshandlungen entzog er ohne jegliche rechtliche Grundlage den berufsmäßigen SPD-Stadträten Nikolaus Eichenmüller, Arthur Fey und Hans Rollwagen sämtliche Funktionen sowie den ehrenamtlichen SPD-Stadträten die Pflegschaften.

Zahlreiche Entlassungen und Verhaftungen sozialdemokratischer Mitglieder der Stadtverwaltung führten dazu, dass drei SPD-Stadträte gar nicht zur ersten Stadtratssitzung erschienen. So konnte Johann Harbauer nicht an der Sitzung teilnehmen, da er sich in ›Schutzhaft‹ befand. Für die Wahl der Bürgermeister wurde ausschließlich eine Vorschlagsliste der NSDAP zugelassen. Auf der Liste wurde Willy Liebel für den Posten des Ersten Bürgermeisters vorgeschlagen. Den kurz darauf der NSDAP beitretenden Walter Eickemeyer, der bereits anstelle Martin Treus das Amt des Zweiten Bürgermeisters bekleidete, sah man weiterhin für dieses Amt vor, und für den zu dieser Zeit vakanten Posten des Dritten Bürgermeisters wurde der Nationalsozialist Christian Kühn vorgeschlagen. Der eigentliche ›Wahlkampf‹ beschränkte sich auf eine ausfernde, antidemokratische Hasstirade Julius Streichers gegen seine politischen Gegner, die schließlich in die prophetische Drohung mündete: »Sie werden in nicht allzuferner Zeit Dinge erleben. Adolf Hitler macht es wahr. Der Marxismus wird vernichtet und mit der Wurzel ausgerissen, und schon in nicht zu fernen Tagen werden Sie eine Tat erleben, die dem Marxismus für immer an die Wurzel geht.«[5] Andere Meinungsäußerungen wurden nicht zugelassen, nach dem »Absingen des Horst-Wessel-Liedes«[6] kam es zur Abstimmung. Die Sozialdemokraten, die bis auf drei Mandatsträger vollzählig waren, zeigten sich einig und votierten einstimmig für Walter Eickemeyer, gaben den beiden erklärten Nationalsozialisten aber keine einzige Stimme, was zu einem Wutausbruch Julius Streichers führte und den Beginn gewalttätiger Übergriffe innerhalb der städtischen Gremien markierte. Noch in dieser Sitzung wurde der SPD-Stadtrat Karl Bröger mit einem Stuhlbein so verletzt, dass er über einige Wochen nicht im Rathaus erschien.

Wie hilflos die Sozialdemokraten der offen ausgetragenen Gewalt gegenüberstanden und wie verzweifelt immer noch nach einem legalen Ausweg gesucht wurde, zeigen die Reaktionen auf das gewaltsame Verhindern der Teilnahme an einer Sitzung des Ältestenausschusses am 8. Mai 1933: Karl Giermann verfasste als Fraktionsvorsitzender nicht nur einen Beschwerdebrief an das Staatsministerium des Inneren mit der Bitte, die »Voraussetzungen zur Ausübung des gesetzmäßigen Stadtratsmandats zu schaffen«[7], sondern sah sich gleichzeitig veranlasst, das darauf folgende Fernbleiben der Sozialdemokraten im Verwaltungsausschuss wie auch im Stadtrat bei Willy Liebel zu entschuldigen. Dieser kommentierte hierauf das Schreiben mit den Worten, »daß wir das nie zulassen, daß die Marxisten hier arbeiten.«[8] Nachdem auch die sozialdemokratischen Ersatzleute die Nachfrage, ob sie die den Sitzungen fern bleibenden Stadträte vertreten würden, verneinten, beschloss der Stadtrat den Ausschluss aller Sozialdemokraten aus den städtischen Ausschüssen. Dieses Vorgehen zeigt sehr deutlich, dass die demokratischen Strukturen des Rechtstaates bereits weitgehend ausgehebelt waren. Eine Tatsache, die – betrachtet man nur die Argumentation der Sozialdemokraten – in dieser Dimension noch nicht erkannt war.

Im Protokoll der Stadtratssitzung vom 10. Mai 1933 heißt es nur noch lapidar: »Punkt 3 Uhr erscheinen die Stadträte der NSDAP, der BVP und der Kampffront Schwarz-Weiß-Rot.«[9] Der nationalsozialistische Oberbürgermeister Willy Liebel feierte anschließend in einer Ansprache vor einem nun bereits ›sozialdemokratenfreien‹ Stadtrat die nationalsozialistische Bewegung: »Nicht nur das äußere Gesicht des Saales, sondern auch das, was sich in ihm abgespielt hat ist von Bedeutung. Hier in diesem Raum hat vor fast 10 Jahren der Führer Julius Streicher den Kampf der Nationalsozialisten hereingetragen. Und von hier aus ist der Kampf gegen die Männer geführt worden, die nun verschwunden sind. Wie sich die Verhältnisse geändert haben und dass eine neue Zeit angebrochen ist, brauche ich lediglich 2 Tatsachen anführen. Als die letzte öffentliche Sitzung hier in diesem Saale stattfand, da wurde ich als Fraktionsführer von der Polizei aus dem Saale gebracht. Heute leite ich als Oberbürgermeister der Stadt Nürnberg die erste Arbeitssitzung (…) Die Stadträte und Bürgermeister dieser Stadt beseelt ein Geist, der Hitlergeist.«[10]

Auch nachdem am 24. Mai 1933 Karl Bröger, Marie Brand und Anna Schwarm ihr Mandat niedergelegt hatten, hoffte die Fraktion noch auf staatliche Unterstützung. Am 10. Juni erklärte Karl Giermann in einem Schreiben an Willy Liebel selbstbewusst, dass bis zur Entscheidung des Staatsministeriums des Innern über die Mitwirkung aller Mitglieder des neu gebildeten Stadtrats in den städtischen Gremien die sozialdemokratischen Mitglieder des Stadtrates »auch weiter bis zu dem Zeitpunkt der generellen Regelung für ganz Bayern auf die Ausübung ihrer Mandate«[11] verzichten. Als dieses Schreiben allerdings in der Stadtratssitzung am 14. Juni 1933 verlesen wurde, diente es lediglich dem Hohn der anwesenden Nationalsozialisten: »Wir erleben das köstlichste Schauspiel, daß Herr Giermann vor nationalsozialistischen Ministern herumkriecht und durch diesen Umweg wieder Eingang gewinnen will in das Nürnberger Rathaus«[12] spottete der NSDAP-Stadtrat Fink.

Erst das reichsweite Verbot der SPD am 22. Juni 1933 und die darauf folgende Verhaftung sämtlicher SPD-Stadträte und SPD-Funktionäre Nürnbergs, die daraufhin im so genannten ›Musterlager‹ Dachau in ›Schutzhaft‹ genommen wurden, zerschlugen die lange aufrecht erhaltene Hoffnung auf die Beendigung der nationalsozialistischen Umtriebe durch rechtsstaatliche Mittel. Für einen effektiven Widerstand aus den Reihen der Rathaus-SPD war es zu diesem Zeitpunkt bereits zu spät.

Die Gleichschaltung der Nürnberger Stadtverwaltung vollzog sich insgesamt nahezu reibungslos. Mit der Vertreibung der beiden Bürgermeister Hermann Luppe und Martin Treu sowie dem Ausschluss der drei berufsmäßigen und 21 ehrenamtlichen SPD-Stadträte sowie der beiden Vertreter der KPD im Stadtrat war die Stadtverwaltung bereits nahezu gleichgeschaltet. Dazu bewirkte das ›Ge-

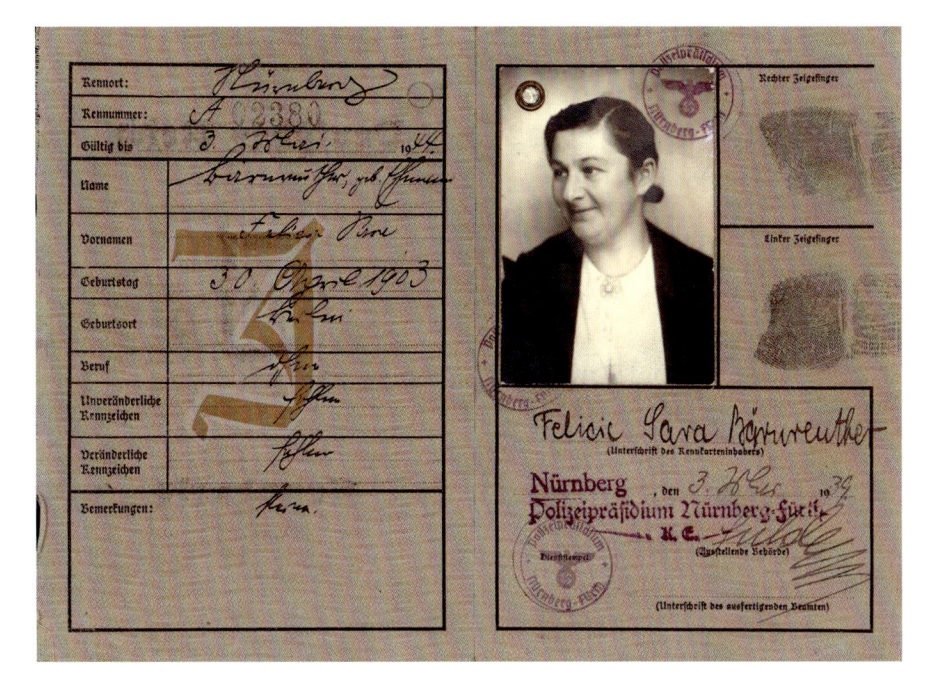

Auch Felicie Bärnreuther, die Ehefrau des späteren Oberbürgermeisters Otto Bärnreuther, musste in ihrem Pass ein »J« und den Zunamen Sara tragen, der sie als Jüdin kennzeichnete.

setz zur Wiederherstellung des Berufsbeamtentums‹ vom 7. April 1933, dass bis zum Herbst 1934 insgesamt 262 Mitarbeiter der Stadtverwaltung aus politischen und rassischen Gründen entlassen wurden.

Einer dieser Beamten war der spätere Oberbürgermeister Otto Bärnreuther. Seine Amtsenthebung steht beispielhaft für das Vorgehen der nationalsozialistischen Propaganda wie auch für die Reaktionen vieler Sozialdemokraten auf die Geschehnisse am Anfang des Jahres 1933. Seit 1928 war Otto Bärnreuther Angestellter der Städtischen Sparkasse und seit Beginn des Jahres 1933 als Stadtratsoberassistent im Rathaus tätig. Als Mitglied der SPD, der er seit 1927 angehörte, hatte er sich in den vorangegangenen Monaten wiederholt in der Fränkischen Tagespost wie auch auf politischen Versammlungen sehr deutlich gegen Nationalsozialismus und Militarismus ausgesprochen. Am 18. August 1933 prangerte die von Julius Streicher herausgegebene Fränkische Tageszeitung ihn öffentlich als Staatsfeind an: »Solche Beamte können wir nicht brauchen. (…) Es erscheint einem kaum glaublich, dass es heute noch Beamte geben kann, die glauben, gegen den nationalsozialistischen Staat Sturm laufen zu können. Dass dies nicht ohne weitere Folgen möglich ist, konnte (…) auch der Stadtrat-Oberassistent Bärnreuther (…) erfahren. Brachte dieser B. es doch fertig, sich in beleidigenden Äußerungen gegen Oberbürgermeister Liebel und gegen die Nationalsozialisten im allgemeinen zu ergehen. Verständlich wird einem das erst, wenn man weiß, dass dieser B. Mitglied der SPD und Funktionär des Reichsverbandes der Kommunalbeamten war und eine Jüdin (…) zur Frau hat. Auch er gehört wegen seines staatsfeindlichen Verhaltens nach Dachau.«[13] Zur Inhaftierung im KZ Dachau kam es nicht, dennoch wurde er am 23. April 1934 aufgrund seiner politischen Aktivitäten und seiner Ehe mit der Jüdin Felicie Bärnreuther vom Dienst suspendiert. Ein Mitarbeiter der Stadtverwaltung stellte ihm dennoch wenige Wochen später ein Arbeitszeugnis aus, das ihm bescheinigte, dass er »sämtliche Arbeiten mit großem Fleiß und mit Geschick«[14] erledigte. Dazu wurden seine Gewissenhaftigkeit, sein Interesse und seine große Höflichkeit gegenüber der Kundschaft gelobt. An der Reaktion Otto Bärnreuthers wird deutlich, wie sehr die Einschüchterungsmaschinerie der Nationalsozialisten funktionierte. In einer Art Selbstbekenntnis, das dem Entlassungszeugnis beigelegt ist, legte Otto Bärnreuther dar, dass er ab dem 5. März 1933 keine Reden oder öffentlichen Aktivitäten gegen die Nationalsozialisten mehr getätigt habe. Durch die Amtsenthebung schien sein politischer Widerstandsgeist gebrochen. In den darauf folgenden Jahren war er als Buchhalter, Tabakhändler und in der Wehrmacht tätig, aus der er schließlich 1942 aufgrund einer Kriegsverletzung ausschied. Die Beurteilung, die ihm in seinem Wehrdienst »Diensteifer« und »Gewissenhaftigkeit« bescheinigt, endet mit den Worten »Seine Führung in und außer Dienst hat nie zu Tadel Anlass gegeben«[15]. Verschiedene Gedichte, die Otto Bärnreuther in dieser Zeit verfasste, spiegeln seine Haltung, die von zunehmender Resignation geprägt ist. So textete er noch 1933: »Und doch! Wir sind noch jung / und haben Kraft. / Der Tage liegen / noch viele vor uns. / Voll Sonne und Regen / hell oder grau / werden sie sein. / Grübeln werden wir / Fluchen und schrein. / Doch / wollen wir leben; / denn leben / heißt sein.«[16] Eine wichtige Zäsur beschreibt das Gedicht »Haussuchung!« vom 18. Juli 1933: »Ein Polizist und vier Braune kamen / Frühmorgens vier Uhr zu Besuch. / Ich kannt sie nicht, vernahm nicht ihre Namen. / Sie amüsierten sich am guten Buch.«[17] Ein Grossteil der folgenden Gedichte widmet sich seinen Kameraden an der Front, einige umschreiben aber auch die Sinnlosigkeit des Krieges und erzählen von Kälte, Hunger und Trostlosigkeit an der Front. So heißt es im Gedicht »August 1939«: »Die Zeit ist toll. / was wird wohl werden – / fragt sich jeder / ohne Antwort. Ruhe ist von uns gewichen. / Wurstigkeit ist eingekehrt. / Sinnlos alles Tun geworden / und von Zukunft keine Spur. (…)«[18] Diese scheinbare Anpassung an das Regime und die politische Passivität finden sich in vielen sozialdemokratischen Biografien und stehen für eine weit verbreitete Ohnmacht und die Hoffnung, dass das NS-Regime von außen beendet werden würde. So stellt Bärnreuther in einem Brief, in dem er zur politischen Haltung des Stadtoberamtmanns Konrad Weissmann Stellung nimmt, fest: »Er beurteilte wie ich das Nazi-Regime und hat genau wie ich auf das Ende desselben gewartet.«[19]

Die Nürnberger Burg als Aushängeschild der ›Stadt der Reichsparteitage‹, Fotografie 1938.

Bis zum Jahr 1937 konnte die Nürnberger Stadtverwaltung unter ihren Mitarbeitern etwa 28 Prozent NSDAP-Mitglieder verzeichnen. Dass auch unter der nationalsozialistischen Regierung manche SPD-Stadträte überaus kompromissbereit ihren Weg im Rathaus gingen, zeigen die Beispiele der berufsmäßigen Stadträte. Nur der ehemalige Arbeitersekretär Nikolaus Eichenmüller wurde langfristig seines Amtes enthoben, die ehemaligen berufsmäßigen SPD-Stadträte Arthur Fey und Hans Rollwagen waren bald wieder in führenden Positionen in der Stadtverwaltung tätig: Dem seit 1924 als Personalreferent tätigen Arthur Fey wurde bereits zum 1. Mai 1933, nachdem er noch im März aufgrund seiner Zugehörigkeit zur SPD in den Zwangsruhestand geschickt wurde, von Willy Liebel das Verwaltungs- und Polizeireferat übertragen. »Dieses Dezernat galt wegen seiner fast auschliesslich verwaltungsrechtlichen Aufgaben innerhalb der Stadtverwaltung allgemein als politisch unbedeutsames juristisches Fachdezernat.«,[20] wie Arthur Fey im Mai 1946 versicherte. Nach eigenen Angaben hoffte er darauf, dass die NSDAP seine Aufnahme aufgrund seiner SPD-Vergangenheit verweigerte. »Zu meiner Enttäuschung wurde aber auch ich gleichzeitig mit meinen Amtskollegen im Frühjahr 1934 aufgenommen und wie diese mit Rückwirkung zum 1. Mai 1933.«[21] 1948 wurde Arthur Fey schließlich von der Spruchkammer als ›Mitläufer‹ eingestuft.[22] Der Verwaltungs- und Baupolizeireferent Hans Rollwagen wurde ebenso nur temporär im März 1933 seines Amtes enthoben. Nachdem er am 8. Mai 1933 aus der SPD austrat, wurde ihm im Oktober ehrenamtliche Tätigkeit im Polizeipräsidium Nürnberg-Fürth im Bereich der Verwaltung beschlagnahmten Vermögens bescheinigt.[23] Obwohl diese fragwürdige Tätigkeit scheinbar der Schlüssel zu seiner neuen Anstellung zum 1. Juli 1935 als Rechtsrat im Finanzreferat der Stadt darstellte, wurde er nach 1945 von der Spruchkammer Coburg als ›Entlasteter‹ eingestuft.[24]

Während der Reichsparteitage wurde die Nürnberger Innenstadt zum Ort des nationalsozialistischen Massentourismus und reich mit Hakenkreuzfahnen geschmückt, Fotografie 1938.

Widerstand, Erstarrung, Rückzug?
Sozialdemokraten unter dem Nationalsozialismus

Nach dem Verbot der SPD am 22. Juni 1933 kam es zunächst zu einer regen Untergrundtätigkeit vor allem jugendlicher Sozialdemokraten, von Mitgliedern des verbotenen Reichsbanners und des ehemals linken Flügels der Partei mit dem Ziel, die Parteiorganisationen wieder aufzubauen. Zahlreiche Zeitzeugenaussagen wie auch das Vorgehen von Partei, Stadtratsfraktion und andern Organisationen belegen, dass die Notwendigkeit für eine Untergrundtätigkeit nicht gesehen wurde und man bis zur Gleichschaltung an die Möglichkeit einer mehr oder weniger legalen Weiterarbeit geglaubt hatte.

Schon im Frühjahr und Sommer 1934 kam es zu Verhaftungswellen der führenden Köpfe der Widerstandsbewegung, die somit weitgehend beendet wurde. Von längerer Dauer war der Zusammenschluss kleiner Gruppen mit dem Ziel, die bestehenden Kontakte der Sozialdemokraten aufrecht zu erhalten und langfristig eine Infrastruktur zum Wiederaufbau eines demokratischen Staates zu schaffen. Die meisten dieser Diskussionszirkel und Ersatzorganisationen konnten sich aufgrund der zunehmenden Überwachung aber nur bis zum Jahr 1937 erhalten.

Begünstigt wurden diese Zusammenkünfte in den fast ausschließlich von

Auch in den Fabriken übernahmen die Nationalsozialisten die Führung: Robert Ley, der Führer der Deutschen Arbeitsfront bei einem Betriebsappell im Siemens-Schuckert-Werk Nürnberg, Fotografie 1941.

Sozialdemokraten bewohnten Siedlungen Gartenstadt und Loher Moos in Ziegelstein. Getarnt als Waldspaziergänge in Ziegelstein und in der Gartenstadt oder auch als sonntägliche Zusammenkünfte in der Veit-Stoß-Anlage in Gostenhof trafen sich Sozialdemokraten zu politischen Diskussionen, zum Aufbau eines Kuriersystems zwischen den Gruppierungen in Nürnberg und der Exil-SPD in Prag und zur Organisation der Verteilung illegaler Schriften. Auch im Widerstand gegen den Nationalsozialismus sah man die Verbreitung von Zeitungen und Broschüren als »wichtigste(s) Kampfmittel der alten, in die Illegalität untergetauchten Organisation«[25]. Der Glaube an die politische Wirksamkeit der Presse hatte im Rückblick auf die illegale Tätigkeit der SPD unter dem Sozialistengesetz eine gewisse Tradition, stand allerdings nun in einem fast absurden Gegensatz zu

**Ernst Schneppenhorst
(1881-1945)**

Der in Krefeld geborene Ernst Schneppenhorst gehört sicherlich zu den bedeutendsten Nürnberger Sozialdemokraten der Weimarer Zeit. In den letzten Tagen der nationalsozialistischen Gewaltherrschaft wurde er als Mitglied des sozialdemokratischen Widerstands eines der letzten Todesopfer des Nationalsozialismus.

Nach einer fünfjährigen Wanderschaft als Schreinergeselle durch Deutschland, Österreich-Ungarn, Italien und die Schweiz ließ er sich in Nürnberg nieder.

Schon als 25jähriger wurde der ehrgeizige Gewerkschaftler Geschäftsführer des Nürnberger Holzarbeiterverbandes, 1912 erhielt er ein Mandat im Bayerischen Landtag, das er bis 1920 ausfüllte. Nach dem Ende des Ersten Weltkrieges wurde Ernst Schneppenhorst im bayerischen Kabinett Johannes Hoffmann zum Minister für militärische Angelegenheiten. Als sich Bayern spürbar nach rechts wandte, gründete er zur Existenzsicherung ein optisches Institut in Nürnberg. Bereits gegen Ende der 1920er Jahre wandte er sich in seinen zahlreichen Funktionen innerhalb der Sozialdemokratie als Vorsitzender des Unterbezirks Nürnberg, Mitglied des fränkischen Bezirksvorstands, als Reichstagsabgeordneter und vor allem Vorsitzender der Eisernen Front in Nürnberg entschieden gegen den Nationalsozialismus.

1933 wurde sein Eigentum von den Nationalsozialisten beschlagnahmt und er selbst zum Untertauchen gezwungen. Nach dem Hitlerattentat vom 20. Juli 1944 wurde er von den Nationalsozialisten zum zweiten Mal verhaftet. Die Kontakte zur Widerstandsbewegung des 20. Juli sowie seine frühere Tätigkeit als bayerischer Kriegsminister und sozialdemokratischer Reichstagsabgeordneter waren Anlaß für seine Inhaftierung im Berliner Gestapogefängnis an der Lehrter Straße. Noch in der Nacht vom 23. auf den 24. April 1945 wurde Ernst Schneppenhorst mit seinen Zellennachbarn auf einem Trümmerfeld außerhalb des Gefängnisses erschossen. Die Leichen wurden von den Nationalsozialisten beseitigt.

den Methoden der nationalsozialistischen Gegner.

Federführend waren bei diesen Aktivitäten weniger alteingesessene Parteifunktionäre als vor allem Jungsozialisten und ehemalige Mitglieder des Reichsbanners. Nach der Haftentlassung aus Dachau wurde allerdings der Kontakt zu den erfahrenen Genossen wie Josef Simon, Karl Giermann und Julius Loßmann gesucht, die somit zumindest von

NATIONALSOZIALISMUS

Das Konzentrationslager Dachau wurde am 20. März 1933 zunächst für politische Häftlinge gegründet. Die nationalsozialistische Presse stellte es als ›Musterlager‹ dar.

Viele der Nürnberger Sozialdemokraten wurden in das Konzentrationslager Dachau gebracht. Das von einem Aufseher gemachte Foto zeigt einige Nürnberger, in der Mitte Josef Simon, dem ein Schild mit der Aufschrift »Ich bin ein klassenbewußter SPD-Bonze« umgehängt wurde.

deren Aktivitäten unterrichtet waren. Bis 1934 konnte trotz einiger Verhaftungen und Rückschläge ein relativ umfangreiches Verteilernetz, das Verbindungspersonen in allen Nürnberger Stadtteilen vorweisen konnte, und eine illegale Parteiorganisation in Nürnberg aufgebaut werden.

Im Jahr 1934 flogen einige Untergrundgruppierungen auf. Die Verhaftungswellen dauerten bis August 1934 an und betrafen insgesamt mehr als 150 Personen aus verschiedenen Städten Bayerns, die mit der Exil-SPD in der Tschechoslowakei in Verbindung standen. Die im Januar 1935 beginnenden Prozesse führten zu insgesamt 68 Verurteilungen durch das Oberlandesgericht München. In zwei Prozessen wurden 36 Mitglieder der Nürnberger Untergrundorganisationen wegen Vorbereitung oder Beihilfe zum Hochverrat angeklagt. Die Hauptangeklagten Heiner Stöhr, Andreas Umrath, Ernst Walz, Josef Feldmeier, Johann Prölß, Friedrich Munkert, Johann Böhmer und Johann Dillinger wurden jeweils zu mehreren Jahren Zuchthaus und Ehrverlust verurteilt. Auch für die weiteren Mitstreiter hatte der Prozess meist eine mehrjährige Gefängnis- oder Schutzhaftstrafe im Konzentrationslager Dachau zur Folge. Dieser Schlag gegen den sozialdemokratischen Nürnberger Widerstand bedeutete weitgehend das Ende widerständiger Aktivitäten in der Stadt, die immer offensichtlicher vom Nationalsozialismus beherrscht wurde.

In den folgenden Jahren verfolgten zwar weiterhin einige Organisationen und Gruppierungen illegale sozialdemokratische Aktivitäten, der organisierte Widerstand gehörte nun aber der Vergangenheit an. So gab es noch bis zu ihrer Auflösung im Dezember 1935 die Gruppe ›Albfreunde‹, in der sich ehemalige Mitglieder der SAJ Gostenhof in der Gaststätte ›Grober Wanderschuh‹ unter der Tarnung eines Wandervereins regelmäßig trafen. Eine ähnliche Funktion hatte die Naturfreundegruppe ›Falken-

**Karl Bröger
(1886–1944)**

Auch der in den Nachkriegsjahren des Ersten Weltkrieges viel gelesene Arbeiterdichter Karl Bröger war – wenn auch nur wenige Wochen – Mitglied der SPD-Stadtratsfraktion.

Als Sohn eines Bauhilfsarbeiters aus einer kinderreichen Familie war es Karl Bröger nur aufgrund der Unterstützung durch einen Geistlichen möglich, eine höhere Schule zu besuchen. Der Gegensatz zwischen dem ärmlichen Leben in der Arbeiterfamilie und dem Milieu der höheren Schule setzte dem Heranwachsenden so stark zu, dass er die Schulausbildung abbrach. Nach einer Kaufmannslehre lebte Karl Bröger vor allem von Fabrikarbeit und der Tätigkeit als Baugehilfe. Mit der Veröffentlichung einiger Gedichte in den ›Süddeutschen Monatsheften‹ im Jahr 1910 begann seine schriftstellerische Karriere. 1912 konnte Karl Bröger einen ersten Gedichtband veröffentlichen, ab 1913 war er Redaktionsmitglied der Fränkischen Tagespost. Nach dem Ersten Weltkrieg wurde er durch seine Kriegsgedichte und -erzählungen, patriotischen Dichtungen und Gedichte zur industriellen Arbeiterwelt einer der meistgelesensten Arbeiterdichter seiner Zeit und erfreute sich vor allem in der sozialistischen Jugendbewegung großer Beliebtheit.

Dass Karl Brögers Werk letztendlich vom Nationalsozialismus vereinnahmt wurde, erstaunt vor allem deswegen, weil der Dichter sich auch nach der Machtübernahme noch offen gegen den Nationalsozialismus stellte. Im März 1933 wurde er als Gauführer Franken des Reichsbanner Schwarz-Rot-Gold in den Nürnberger Stadtrat gewählt. Bereits in der ersten Stadtratssitzung wurde er, da er die Aufforderung Julius Streichers der NSDAP beizutreten ablehnte, so stark misshandelt, dass er weitere Termine im Rathaus nicht mehr wahrnehmen konnte. Von Juni bis September 1933 war Karl Bröger im Konzentrationslager Dachau inhaftiert. Dennoch griffen die Nationalsozialisten auf sein Werk zurück und machten beispielsweise den Liedvers »Nichts kann uns rauben Liebe und Glauben zu diesem Land«, der von Karl Bröger während der Besetzung des Ruhrgebietes durch französisch-belgische Truppen im Jahr 1923 getextet wurde, zur nationalsozialistischen Hymne.

Karl Bröger blieb bis zu seinem Tod im Mai 1944 überzeugter Sozialdemokrat. So berichtete Josef Simon: »Kurz vor seinem Hinscheiden besuchte ich Bröger in der Klinik in Erlangen, wo er mir den sehnlichsten Wunsch äußerte, noch die Niederlage der Nazis zu erleben. Leider war ihm das nicht mehr vergönnt.« Umso absurder erscheint das von den Nationalsozialisten organisierte ›braune‹ Staatsbegräbnis, bei dem auf dem Westfriedhof HJ-Chöre die Lieder Karl Brögers sangen. Hierdurch sollte eine angebliche Verbundenheit Karl Brögers mit dem Nationalsozialismus demonstriert werden.

NATIONALSOZIALISMUS

Fritz Munkert, der innerhalb der illegalen Parteiorganisation in Nürnberg verbotene Schriften verbreitete, wurde mehrfach verhaftet, im Konzentrationslager inhaftiert und schließlich vom Sondergericht unter dem berüchtigten NS-Richter Roland Freisler zum Tode verurteilt. Heute erinnert eine Gedenktafel am U-Bahnaufgang der Haltestelle Ziegelstein am ›Fritz-Munkert-Platz‹ an den Sozialdemokraten, Fotografie 2008.

horst‹, in der bis August 1936 versucht wurde, die Aktivitäten der ebenfalls verbotenen Naturfreundebewegung weiterzuführen. Dazu trafen immer wieder verschiedene Gruppierungen zusammen, die aber meist beim geringstem Verdacht ›marxistischer‹ Aktivitäten aufgelöst wurden und deren Mitglieder nicht selten mit längeren Gefängnisstrafen bestraft wurden.

Es ist nicht bekannt, ob die Mitglieder der SPD-Stadtratsfraktion nach ihrem Ausschluss aus dem Stadtrat noch weiter Kontakt miteinander pflegten. Dass beispielsweise die beiden berufsmäßigen SPD-Stadträte Hans Rollwagen und Arthur Fey sogar nach kurzer Zeit eine neue Funktion im inzwischen ›braunen‹ Rathaus übernahmen zeigt, dass selbst in den 1930er Jahren in der Anschauung einiger Genossen die Tätigkeit in der Stadtverwaltung weitgehend von der politischen Überzeugung getrennt wurde.

Eine Ausnahme stellte eine kleine Gruppe um August Meier dar. Der frühere SPD-Stadtrat hatte nach seiner siebenmonatigen ›Schutzhaft‹ im Konzentrationslager Dachau, die im Juni 1934 endete, einen kleinen Tabakladen in der Bindergasse eröffnet. Dieser Laden wie auch die Gaststätte, die der Bruder von Josef Simon, Fritz, führte, dienten als loser Treffpunkt einiger Sozialdemokraten, die über Ernst Schneppenhorst Kontakte zur Widerstandsgruppe des 20. Juli 1944 pflegten. Zu ihnen zählten mit dem ehemaligen Reichstagsabgeordneten Josef Simon, dem ehemaligen Reichsbannersekretär Richard Schramm und dem früheren Vorsitzenden der Nürnberger ADGB zentrale Persönlichkeiten der Nürnberger Sozialdemokratie. Nach Aussage August Meiers entstand der Kontakt zur Widerstandsbewegung des 20. Juli über den ehemaligen SPD-Reichstagsabgeordneten Gustav Dahrendorf, der sich beim Aufbau verschiedener Gruppen, die nach dem angestrebten Umsturz die politische Führung übernehmen sollten, mit Simon und Meier in Verbindung gesetzt hatte und »jeweils die neuesten Nachrichten über das Gedeihen des ›Widerstandes‹«[26] nach Nürnberg brachten. In Nürnberg existierten zwar einige Personen, die in unterschiedlicher Funktion für die Planungen des 20. Juli wichtig waren, ihnen kam aber in der Vorbereitung des Attentats nur geringe Bedeutung zu. Vielmehr ging es hierbei um den Versuch, bereits im Vorfeld des Attentats eine tragkräftige politische Leitung zusammen zu sammeln, die eine neue Regierung bilden konnte. Nachdem der Putschversuch am 20. Juli 1944 misslungen war, kam es durch die Nürnberger Gestapo am 20. Juli 1944 zu Massenverhaftungen, wobei die Gruppe um August Meier aber nicht aufgedeckt wurde. Neben Ernst Schneppenhorst, der noch am 24. April 1945 als einer der letzten Gefangenen im Berliner Gestapo-Gefängnis in der Lehrter Straße ermordet wurde, wurden in Nürnberg noch Theodor

**August Meier
(1885–1976)**

Geboren im badischen Gernsbach, kam August Meier schon als Zweijähriger nach Nürnberg, denn sein Vater stammte aus Gibitzenhof und zog mit seiner Familie in die alte Heimat zurück. August Meier lernte den Beruf des Zimmermanns und war von 1919 bis 1966 nur mit Unterbrechung in der Zeit des Nationalsozialismus Mitglied der SPD-Stadtratsfraktion, die er maßgeblich mit prägte. Bereits mit 17 Jahren schloss er sich der Gewerkschaft an und wurde sechs Jahre darauf SPD-Mitglied. Neben seiner langjährigen Tätigkeit innerhalb des Stadtrats war August Meier die gesamte Weimarer Zeit als Vorsitzender des Bezirksverbandes Franken und als Geschäftsführer der Fränkischen Tagespost tätig.

Als führender Kopf der Sozialdemokratie in Nürnberg bekam August Meier den Terror des Nationalsozialismus sehr frühzeitig und sehr deutlich zu spüren. Bereits in der letzten Stadtratssitzung im April 1933, bei der die SPD noch als Fraktion existierte, erfuhr er tätliche Übergriffe durch die Nationalsozialisten. Insgesamt sieben Monate musste er in ›Schutzhaft‹ im Konzentrationslager Dachau verbringen.

Nach seiner Entlassung aus dem Konzentrationslager und der Rückkehr nach Nürnberg lebte er nach außen hin zurückgezogen und betrieb einen kleinen Tabakladen in der Sebalder Altstadt. Dieser Ort wurde zum geheimen Treffpunkt für ehemalige Sozialdemokraten. Nach der Zeit des Nationalsozialismus nahm August Meier sowohl die Parteitätigkeit wie auch seine Funktionen im Verlagswesen wieder auf. Bis 1957 war er Vorsitzender der Nürnberg-SPD und von 1952 bis 1960 als Fraktionsvorsitzender der SPD-Stadtratsfraktion tätig. Dazu leitete er die Fränkischen Verlagsanstalten und übernahm die Zweite Geschäftsführung der Fränkischen Tagespost. Im Jahr 1965 wurde August Meier vom Nürnberger Stadtrat einstimmig zum Ehrenbürger ernannt. Eine weitere Ehrung erfuhr er nach seinem Tod und dem Begräbnis auf dem Westfriedhof, als das Seniorenheim an der Regensburger Straße 380 den Namen August-Meier-Heim erhielt.

Böhm, Matthäus Hermann, Heinrich Zwosta und Franz Göhr verhaftet. Die weiteren Beteiligten wurden nicht mit dem Attentat in Verbindung gebracht und sollten später maßgeblich an der Wiedergründung der SPD und dem Aufbau einer politischen Tätigkeit in der Nachkriegszeit beteiligt sein.

STÄDTISCHE WERKE NÜRNBERG

Zerstörung und Wiederaufbau

Das 1953 am Plärrer errichtete Hochhaus der Städtischen Werke steht symbolisch für den Wiederaufbau Nürnbergs, Prospekt 1953.

Trümmerfelder, Chaos und Fremdbestimmung
Das Ende des Zweiten Weltkrieges in Nürnberg

Am 16. April 1945 erreichten die Kampfhandlungen des Zweiten Weltkrieges Nürnberg. Bereits am Abend des 20. April wehte anlässlich der Siegesparade der US-Divisionen das Sternenbanner am Hauptmarkt. Trotz vereinzelten erbitterten Widerstandes fiel Nürnberg innerhalb kürzester Zeit unter amerikanische Besatzung. Die in Nürnberg stationierte → **Amerikanische Militärregierung** berichtete im September des Jahres 1945 über die ersten Monate in Nürnberg: »Am 20. April 1945 fiel die Stadt Nürnberg in die Hände der 3. und 45. Infantrie-Division; daraufhin begann diese Abteilung mit der ungeheuren Aufgabe, Recht und Ordnung wieder herzustellen.

1945–1956

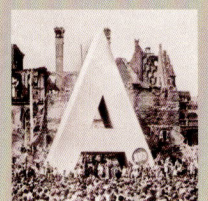

Wiederaufbau und Reorganisation

»Gemeinsam der Weg, gemeinsam die Arbeit, gemeinsam die Überwindung«

❼

Die verschiedenen Funktions-Offiziere sorgten für die Reorganisation aller zivilen Aufgabenbereiche in dem Chaos, das einst die Hochburg der Nazi-Partei war.«²

Hierzu wurden speziell in den USA für diesen Zweck ausgebildete Fachkräfte eingesetzt, die ihre Aufgabe allerdings nur mit Hilfe erfahrener Mitarbeiter aus Nürnberg bewerkstelligen konnten. Daher war eine schnelle und gründliche Reorganisation einer funktionierenden Stadtverwaltung oberstes Ziel. Bereits die ersten organisatorischen Schritte in der städtischen Personalpolitik verweisen auf das Dilemma der Amerikaner, das sich in den folgenden Monaten noch zuspitzen sollte: Zum einen bestand die vorrangige Aufgabe im Wiederaufbau der Stadtverwaltung, da man dringend auf die Mitarbeit und Erfahrung städtischer Bediensteter angewiesen war. Zum anderen galt es, umgehend deutliche Zeichen gegen den Nationalsozialismus und seine noch im öffentlichen Dienst befindlichen Vertreter zu setzen. Zu diesem Zweck überprüfte der amerikanische Sicherheitsdienst bereits am 21. April die Leiter der einzelnen Referate und übertrug Julius Rühm die ›Führung der Geschäfte des Oberbürgermeisters‹. Obwohl Julius Rühm, dienstältester berufsmäßiger Stadtrat und somit anerkannter Fachmann der Kommunalverwaltung, den amerikanischen Militärs ein wohlwollendes Schreiben von Hermann Luppe mit Glückwünschen zur Wahl als Personalreferent vorlegte, dürfte seine Amtseinführung aufgrund seiner allseits bekannten Bindung zum Nationalsozialismus für einiges Erstaunen unter den Demokraten gesorgt haben.

Erst auf vehementes Drängen der Sozialdemokraten wurde er am 26. Juli 1945 seines Amtes enthoben und die Stelle stattdessen mit Martin Treu besetzt. Zu seinem Stellvertreter wurde Hans Ziegler benannt. Mit dieser Personalentscheidung hatten sich die Amerikaner für eine klare Linie entschieden: Der – wenngleich inzwischen 74jährige – Sozialdemokrat Martin Treu war als langjähriger Zweiter Bürgermeister die Idealbesetzung für eine Führungsrolle in der neu zu schaffenden Demokratie. Der 68jährige Hans Ziegler war als ehemaliger sozialdemokratischer Reichstagsabgeordneter 1939 auf der Flucht vor der Gestapo in Nürnberg untergetaucht und positionierte sich somit ebenfalls klar gegen den Nationalsozialismus. Der in unmissverständlichen Worten formulierte Dienstauftrag der amerikanischen Militärregierung ließ zunächst wenig Handlungsspielraum zu: »Sie sind bis auf weiteres als Oberbürgermeister und erster Beigeordneter eingesetzt. In dieser

Eigenschaft werden sie restlos alle Erlasse der Militärregierung durchführen (…)«³ Allerdings war auch die Haltung Treus eher von Skepsis als von Aufbruchstimmung geprägt, was seine Antrittsrede deutlich zeigt: »Meine Herren! Es ist eine schwere und undankbare Aufgabe, die mir heute übertragen wurde. Zum zweiten Male trete ich jetzt nach einem verlorenen Krieg an die Spitze der Stadtverwaltung (…) Als ich am 30. Juli 1919, also vor genau 26 Jahren zum ersten Male durch das Vertrauen meiner Mitbürger zum Bürgermeister gewählt wurde, waren Not und Elend auch groß. Aber damals waren wir noch Herr im eigenen Haus, das deutsche Reich noch eine Einheit, die Stadt Nürnberg war unversehrt und es konnte mit neuem Mut an den Wiederaufbau der Verwaltung, des öffentlichen und privaten Wirtschaftslebens und der Existenz jedes Einzelnen gegangen werden. Heute liegen die Dinge gänzlich anders. (…) Auch die Nürnberger Bevölkerung muß sich darüber im Klaren sein, daß die Not und das Elend riesengroß sein und auf lange Zeit bleiben wird. (…) Ich hoffe und wünsche, daß es dann in absehbarer Zeit doch wieder möglich sein wird, daß sich aus Schutt und Asche ein neues Nürnberg erheben kann und der Name Nürnbergs auch in künftigen Zeiten wieder seinen alten Glanz bekommen möge. Mit diesem Wunsch trete ich mein Amt als Oberbürgermeister der Stadt Nürnberg an.«⁴

Die kommunale Verwaltung hatte in der Nachkriegszeit in Nürnberg wie

Der Dienst im Rathaus unmittelbar vor und nach der Besetzung der Stadt

»(…) Gegen Mitte April 1945 gingen die Kriegshandlungen im Bereiche des Stadtgebietes Nürnberg ihrem Ende entgegen. Viele infolge der Zerstörungen aus dem Stadtgebiet evakuierte Dienstkräfte konnten wegen der ungenügenden Verkehrsverhältnisse ihre Arbeitsstätte nicht mehr regelmäßig erreichen. Manche blieben wegen der Sorge um ihre Angehörigen und um Hab und Gut dem Dienste fern, zumal der unverständliche Befehl zur Verteidigung der Stadt gegeben worden war. Am Montag, den 16. April vormittags wurde dem im städtischen Dienst stehenden weiblichen Personal bis auf weiteres das Fernbleiben vom Dienst erlaubt. Um 14 Uhr des gleichen Tages ertönte der Panzeralarm, nachdem die amerikanischen Truppen bereits die Vororte im Norden der Stadt erreicht hatten. Gegen Abend begann die Beschießung der Stadt. Trotzdem wurde im behelfsmäßigen Rathaus am Bielingplatz ein Notbetrieb aufrecht erhalten, weil die Bevölkerung in den verschiedensten Fragen im Rathaus um Rat nachsuchte. Einige Beamte bleiben auch während der Nacht in den Kellerräumen. Am Dienstag, den 17. April wurde die Beschießung der Stadt von Thon aus fortgesetzt. In die Rettungsstelle des Rathauses wurden inzwischen 5 verwundete amerikanische Soldaten eingeliefert, während in den Amtsräumen noch eilig eine Nottrauung vorgenommen wurde. Am Mittwoch, den 18. April erschien eine Patrouille von 8 amerikanischen Soldaten im Rathaus, als schon der Platz vor dem Gebäude von amerikanischer Artillerie beschossen wurde. Als sie erfahren hatten, daß sich im Hause verwundete Amerikaner befänden, stoppten sie durch Funkspruch das Artilleriefeuer ab. In der Nacht zum Donnerstag wurden die Verwundeten im Rathaus von amerikanischen Panzern abgeholt. Am Donnerstag, den 19. April meldete der Deutschlandsender in seinem Heeresbericht (der Sender Nürnberg war bereits außer Betrieb), daß amerikanische Truppen den Ludwigskanal und die Straße Ansbach-Nürnberg erreicht hätten; in der Stadt Nürnberg wurde gekämpft. Am Freitag, den 20. April war in aller Frühe das Schulhaus von amerikanischer Infanterie besetzt worden. Die im Rathaus noch anwesenden städtischen Beamten erhielten gegen Mittag die Aufforderung, das Gebäude bis 16 Uhr zu verlassen mit dem Beifügen, daß am Montag die Stadtverwaltung wieder weiterarbeiten könne. Am Montag, den 23. April war das Amtsgebäude am Bielingplatz von Truppen frei und der Dienstbetrieb lebte wieder auf.«¹

Verwaltungsbericht der Stadt Nürnberg 1945-49

1945-1956

auch in anderen Städten eine Schlüsselrolle für das öffentliche Leben, war sie doch der einzige noch vorhandene Organisationsknotenpunkt. Eine Flut von Protokollen dokumentiert die täglichen Besprechungen der provisorischen Verwaltungsspitze mit der Militärregierung. Die städtische Verwaltung hatte hierbei zwar kaum Handlungsspielräume, sondern fungierte zunächst nur als ausführendes Organ der Militärregierung, doch kam ihr in der Umsetzung des vorrangigen Zieles der Militärregierung, der Wiederherstellung von ›law and order‹, große Bedeutung zu. Nun galt es innerhalb kurzer Zeit die Probleme des öffentlichen Lebens zu lösen: Neben der besonders dringlichen Lebensmittel- und Brennstoffversorgung galt es, städtische Institutionen wie Polizei, Feuerwehr und Einrichtungen der Gesundheitsfürsorge wieder aufzubauen, gegen Plünderer vorzugehen und vor allem die Militärregierung bei der ›Entnazifizierung‹ der öffentlichen Stellen zu unterstützen.

Martin Treu und Hans Ziegler wenden sich nach ihrer Amtseinsetzung im Juli 1945 im damals einzigen offiziellen Presseorgan, dem »Amtsblatt der Militärregierung Deutschland«, an die Bürger.

Die amerikanische Militärregierung in Nürnberg 1945-1949

Kurz nach der Besetzung Nürnbergs durch das amerikanische Militär übernahmen 15 Offiziere und zehn Mannschaften unter der Leitung von Oberstleutnant Fuller die Regierung in Nürnberg. Das Detachment Nürnberg hatte seinen Sitz im Gebäude der Oberfinanzdirektion in der Krelingstraße. Seine Mitarbeiter gehörten zum dritten der im britischen Shrivenham speziell für Militärregierungs-Aufgaben ausgebildeten European-Civil-Affairs-Regimente, von denen zwei nach Ende des Zweiten Weltkrieges in Deutschland eingesetzt wurden. Die Tätigkeit der Militärregierung war weitgehend von ersten Wiederaufbaumaßnahmen bis hin zur bloßen Verwaltung des Mangels geprägt. Die Zuständigkeiten der zunächst eingerichteten ›sections‹ geben ein eindrucksvolles Bild der Arbeitsschwerpunkte: Neben der Reorganisation öffentlicher Dienststellen, vordringlich des Polizei- und Gesundheitswesens und der Überwachung des städtischen Unterstützungs- und Wohlfahrtsamtes musste die Flut der Evakuierten und Flüchtlinge gelenkt und mit dem Nötigsten versorgt werden. Der Mangel an Lebensmitteln und Energierohstoffen sollte neben der Steuerung von Handel, Landwirtschaft und industrieller Produktion auch durch organisierte Einsätze zum Schlagen von Brennholz, das Aufspüren vorhandener Treibstoffe oder auch die Ermittlung von noch vorhandenen Transportkapazitäten behoben werden. Dazu kam die Behebung der Verkehrsprobleme, die Organisation der Trümmerräumung, die Wiedereröffnung der Schulen oder die Betreuung und Aufsicht über erste demokratische Strukturen in Betrieben in Form von Betriebsräten und Gewerkschaften.

Siegesparade der Amerikaner auf dem Hauptmarkt, Fotografie 20. April 1945.

Sowohl die sich immer stärker reduzierende personelle Ausstattung des Detachments, als auch die anwachsenden Zuständigkeiten und Befugnisse der Stadtverwaltung verdeutlichen die sich verändernde Rolle der Militärregierung. Die im Juli 1945 eingesetzten 45 Offiziere und 50 Mannschaften hatten unmittelbare Weisungsbefugnis und Eingriffsrechte gegenüber den lokalen deutschen Behörden. Die Mitarbeiter reduzierten sich bis Sommer 1946 auf acht Offiziere und sechs Mannschaften, deren Zahl 1947 nochmals verringert wurde. Gleichzeitig wandelte sich die Funktion einer zunächst autonomen Ersatzregierung zur Überwachungsbehörde der wieder aufgebauten deutschen kommunalen Selbstverwaltung.

Ab 1948 war die Nürnberger Militärverwaltung bereits weitgehend auf Überwachungs- und Beratungstätigkeiten reduziert. Anstelle der konkreten Weisungen standen nun der Abschluss der Entnazifizierungsverfahren und die ›Reeducation‹ und ›Reorientation‹ der Nürnberger Bevölkerung im Vordergrund.

**Demokratisierung
von innen und außen**
**Erste Schritte in eine
neue Demokratie**

Lange bevor die städtische Verwaltung wieder von einem demokratisch gewählten Stadtrat geleitet wurde, kam es zu ersten politischen Zusammenschlüssen und → **Wiedergründungen von Betriebsräten und Gewerkschaften**. Zunächst waren politische Zusammenkünfte durch die amerikanische Militärregierung strikt untersagt. Bereits im April 1945 kam es zu ersten Kontakten unter den überlebenden Sozialdemokraten wie auch zu ersten gewerkschaftlichen Planungen. Ein Wiederaufbau der SPD war in Nürnberg allerdings nur unter strikter Kontrolle der Alliierten möglich. Die Tagebuchaufzeichnungen von August Meier berichten von einem ersten offiziellen Treffen von knapp zehn Sozialdemokraten am 4. Mai 1945 in einer Schrebergartenlaube am Marienberg. Bereits in der zweiten Besprechung wenige Tage später plante die Gruppe den Wiederaufbau der Partei. Eine weitere Initiative um Josef Simon, die das gleiche Ziel verfolgte, schloss sich bei einem Treffen am 22. August mit ihnen zusammen. Grundlage für die Neugründung der SPD war die Konferenz von Potsdam vom 17. Juli bis 2. August 1945, auf der sich die Vertreter der Besatzungsmächte auf die Erlaubnis der Gründung demokratischer Parteien – wenn auch zunächst mit einigen Einschränkungen – einigten. Als im Oktober 1945 auch die Militärregierung in Nürnberg der Bildung politischer Parteien zustimmte, wurde ein Antrag formuliert, der von insgesamt 25 Bürgern unterstützt werden musste. Diese Liste gibt Aufschluss über die treibenden sozialdemokratischen Kräfte der Nachkriegszeit: Frauen fehlten gänzlich und Vertreter der traditionellen Arbeiterstadtteile Gartenstadt und Ziegelstein, wie auch hoch betagte Sozialdemokraten, waren besonders zahlreich vertreten. Die Liste, die von Julius Loßmann, August Meier, Josef Simon, Martin Treu und Hans Ziegler angeführt wurde, kam auf das stolze Durchschnittsalter von etwa 60 Jahren. Neben den bekannten Politikern der Weimarer Zeit fanden sich auf der Liste auch für die folgenden Jahre prägende Persönlichkeiten wie Lorenz Hagen, Martin Albert, Otto Bärnreuther, Thomas Kolb, Johann Prölß oder Leonhardt Übler.

Neben der SPD gründeten sich in Nürnberg mit der Kommunistischen Partei, der Christlich-Sozialen Union und der Demokratischen Partei drei weitere Parteien, denen Oberst Charles H. Andrews am 3. November 1945 offiziell die Gründungsgenehmigung per Urkunde bestätigte. Die Parteitätigkeit wurde allerdings zunächst auf Mitgliederversammlungen und das Verbreiten von Flugblättern beschränkt. Größere Kundgebungen waren nur mit besonderer Erlaubnis möglich. Am Tag darauf tagte der Parteiausschuss der SPD erstmals als le-

»Im historischen Nürnberg, einer Wiege der Nazipartei, stehen die Bürger inmitten der Ruinen der Stadt in langen Schlangen nach Nahrungsmitteln an«, lautete der Text einer Pressemeldung des US Signal Corps zu dieser am 26. April 1945 veröffentlichten Aufnahme einer Warteschlange an der Notwasserstelle am Weinmarkt.

Vorschlag für die Zusammensetzung des Beirats als vorläufiger Stadtrat.

gitimiertes Parteiengremium in der Nürnberger Schraubenfabrik. Das kurz darauf vorgestellte erste ›Parteiprogramm‹ der SPD benannte die Themen, die für die Kommunalpolitik der folgenden Jahre prägend werden sollten, wie ein Bericht der Nürnberger Nachrichten zeigt: »Die Sozialdemokratische Partei will gemeinsam mit den Gewerkschaften mithelfen an der planmäßigen Lenkung der deutschen Wirtschaft. (…) Als besonders vordringlich betrachtet sie die Schaffung von Wohnraum und die Beseitigung der sozialen Not und der Arbeitslosigkeit.(…).«[5]

Die erste Parteiausschusssitzung des SPD-Unterbezirks Nürnberg am 22. September 1945 und die erste Bezirkskonferenz der SPD Franken am Tag darauf zeigen, dass die parteilichen Aktivitäten aber bereits vor der offiziellen Gründung begonnen hatten. Mit der am 22. September erstellten Liste der SPD-Vertreter für den so genannten ›Beirat‹ der Militärregierung waren die ersten Schritte einer neu strukturierten Stadtverwaltung bereits getan. Auch diese Liste zeichnete sich dadurch aus, dass sich auf ihr weitgehend altgediente Politiker der Weimarer Zeit befanden, auch wenn jüngere Sozialdemokraten wie Martin Albert davor warnten, den »Schulterschluß mit den Jüngeren«[6] zu versäumen. Es sollte noch bis zum 9. Januar 1946 dauern, bis der Beirat, der sich aus insgesamt 30 Mitgliedern zusammensetzte, eingesetzt wurde. 21 Mitglieder wurden von den zugelassenen Parteien benannt, die restlichen neun Sitze wurden auf Vorschlag des Oberbürgermeisters aus den Bereichen Industrie, Handel und Gewerbe besetzt. Da als Grundlage für die Verteilung der Parteiensitze die Wahl aus dem Jahr 1929 diente, konnte die SPD zwölf, CSU, KPD und FDP jeweils drei Sitze besetzen. Mit den Vorschlägen des Oberbürgermeisters ergab sich eine Sitzverteilung von 16 Sitzen für die SPD, fünf Sitzen für FDP und jeweils drei Sitzen für CSU und KPD.

Die Einsetzung des Beirates der Militärregierung wurde zwar als Vorstufe des Stadtrates von den Nürnberger Nachrichten als »ein bedeutsamer Vorgang in der demokratischen Gestaltung des öffentlichen Lebens in Nürnberg«[7] bezeichnet, das neue Gremium entsprach aber nicht annähernd einer demokratischen Gemeindeverwaltung. Die Orientierung an Wahlergebnissen, die ganze 16 Jahre zurücklagen, ersetzte nicht eine Wahl nach demokratischen Grundsätzen. Der Beirat war weder demokratisch legitimiert und somit kein ernstzunehmendes Vertretungsorgan der Bürger, noch gewährte ihm die Militärregierung irgendeine Entscheidungsbefugnis. Nach wie vor wurden Oberbürgermeister und Bürgermeister nicht vom Beirat, sondern von der Militärregierung bestimmt. Die neu geschaffene Stadtverwaltung entsprach noch ganz der von General Eisenhower im März 1945 dem deutschen Volk verkündeten Proklamation Nr. 1, die vorschrieb, dass »alle Personen in dem besetzten Gebiet (...) unverzüglich und widerspruchslos alle Befehle und Veröffentlichungen der Militärregierung zu befolgen« haben. Das Gremium diente als reines Vollzugsorgan der Militärregierung. Die mehrfach gescheiterten Versuche des Beirats, ihren Zuständigkeitsbereich zu erweitern, wie auch die erfolglosen Kontaktversuche der früheren Opposition mit der neuen Regierung, die ebenso rigide abgeblockt wurden, ließen sicherlich nicht selten die Frage nach einer alliierten Siegerjustiz und dem Demokratieverständnis der Amerikaner aufkommen.

Ein interessantes Phänomen, das einiges über das Politikverständnis der unmittelbaren Nachkriegszeit aussagt, ist ein ›interparteilicher Aktionsausschuss‹, der von den vier Parteien des Bei-

Wiedergründung von Betriebsräten und Gewerkschaften

■ Mit der Konstitution eines provisorischen Betriebsrates der AEG am 15. Mai 1945 kam es bereits wenige Tage vor der offiziellen Genehmigung der Wiedergründung von Gewerkschaften zu einer ersten Vereinigung zur Vertretung von Arbeitnehmerinteressen.

Innerhalb weniger Wochen gründeten sich in Nürnberg 75 solcher provisorischer Betriebsräte, die zunächst unter der Aufsicht des ›labor officer‹ der Militärregierung standen. Die umgehend eingeführten Kontakttreffen der Betriebsräte in der Nürnberger Schraubenfabrik führten bereits bei der ersten Sitzung Ende Mai 1945 etwa 40 Vertreter verschiedener provisorischer Betriebsräte zusammen. Am 19. August 1945 war schließlich erstmals mit Genehmigung der Militärregierung eine freie demokratische Betriebsratswahl möglich, die mit überaus großer Wahlbeteiligung in der MAN durchgeführt wurde. Bis zum Jahresende lösten insgesamt 323 Betriebsratswahlen die provisorischen Gremien in den Nürnberger Betrieben ab.

Parallel zu den betrieblichen Arbeitnehmervertretungen bahnten sich die Vorbereitungen zur Wiedergründung der Gewerkschaften ihren Weg: Bereits Anfang Mai 1945 kam es zu einem ersten Treffen zwischen Nürnberger Gewerkschaftern, Sozialdemokraten und Vertretern der amerikanischen Militärregierung, das allerdings lediglich einer ersten Annäherung diente. Obwohl die offizielle Genehmigung zur Bildung einer Gewerkschaft bereits im Juni 1945 ausgesprochen wurde, wurde der Allgemeine Deutsche Gewerkschaftsbund (ADGB) Nürnberg erst im September offiziell von der Militärregierung anerkannt. In einem weit verbreiteten Aufruf wurden die Leitlinien des ADGB den Nürnbergern vorgestellt: Parteipolitische Neutralität, Wirken für die Völkerverständigung, Bekämpfung von Militarismus und Faschismus, Mitwirkung bei den Entnazifizierungen und die arbeits- und tarifrechtliche Interessenvertretung waren die obersten Ziele. Am 23. November 1945 formierte sich die Gewerkschaft unter der Leitung von Lorenz Hagen und Fritz Salm, am 9. Dezember 1945 fand die offizielle Gründungsfeier im Opernhaus statt.

Bayerische Gemeindeordnung vom 1. Dezember 1945

Hans Ziegler berichtete zu Beginn des Jahres 1946 stolz im Amtsblatt der Stadt Nürnberg: »Die Militärregierung hat mir mitgeteilt, daß im Neuen Jahr, ab 1.1.46, die Stadt Nürnberg ihre Selbstverwaltung zurückerhält. Auch die Herausgabe des Amtsblattes der Stadt Nürnberg erfolgt nicht mehr durch die Militärregierung, sondern durch die Stadtverwaltung. Die Militärregierung verzichtet darauf, eine Zensur über Inhalt und Form des Amtsblattes auszuüben. Der Oberbürgermeister trägt die Verantwortung für alle Handlungen.«[11]

Bis die Selbstverwaltung tatsächlich wieder in die Hände eines gewählten Gremiums zurückgegeben wurde und der Oberbürgermeister als ›Verantwortlicher aller Handlungen‹ agierte, sollte es noch einige Monate dauern. Schon im Oktober 1945 hatte die Stadtverwaltung den Entwurf einer Gemeindeordnung vorgelegt, die sich an der bis 1933 existierenden Gemeindeordnung wie auch an den Richtlinien des amerikanischen Kontrollrats orientierte. Neben der Selbstverwaltung wurde hier eine Verwaltung durch vom Volk unmittelbar oder mittelbar gewählte Organe gefordert. Auch das in Nürnberg übliche ehrenamtliche Pflegersystem sollte wieder eingeführt werden, um die Einwohner aktiv an der Kommunalpolitik zu beteiligen. Die offiziell am 1. Dezember 1945 als Gesetz Nr. 31 erlassene Gemeindeordnung der Bayerischen Staatsregierung schuf schließlich die gesetzliche Grundlage für eine demokratische Kommunalpolitik in Bayern. Trotzdem dort auch die Wahlmodalitäten für die Gemeindewahlen festgeschrieben wurden, fanden bereits am 27. Januar 1946 Wahlen in allen Städten bis 20.000 Einwohner statt. Die Städte mit mehr als 20.000 Einwohnern, somit auch Nürnberg, führten am 26. Mai 1946 die ersten Gemeindewahlen nach dem Nationalsozialismus durch. Das gewählte Gremium trug nun wieder den Titel Stadtrat und sollte in Nürnberg aus 41 ehrenamtlichen Stadträten bestehen.

Stimmzettel der ersten demokratischen Gemeindewahl der Nachkriegszeit.

rats kurz nach der Einsetzung des Beirats im Januar 1946 gegründet wurde. Motiviert aus einer gewissen Hilflosigkeit gegenüber der Militärregierung definierte man sich fernab jeglichen Parteiprofils als überparteiliche Notgemeinschaft. Bei zweiwöchigen Treffen sollten aktuelle Themen diskutiert werden mit dem Ziel, parteilich objektive gemeinsame Lösungsvorschläge zu erarbeiten, die dann jeweils der Militärregierung präsentiert werden sollten. Der Monatsbericht der amerikanischen Militärregierung vom 6. August 1946 berichtet allerdings, dass bereits seit zwei Monaten »wegen ständig wachsender Kontroversen zwischen SPD und CSU auf der einen und KPD

Bekanntmachung

Die Gemeindewahl hatte das nachstehende Ergebnis.

Nürnberg, den 31. Mai 1946.

Der Gemeindewahlleiter:

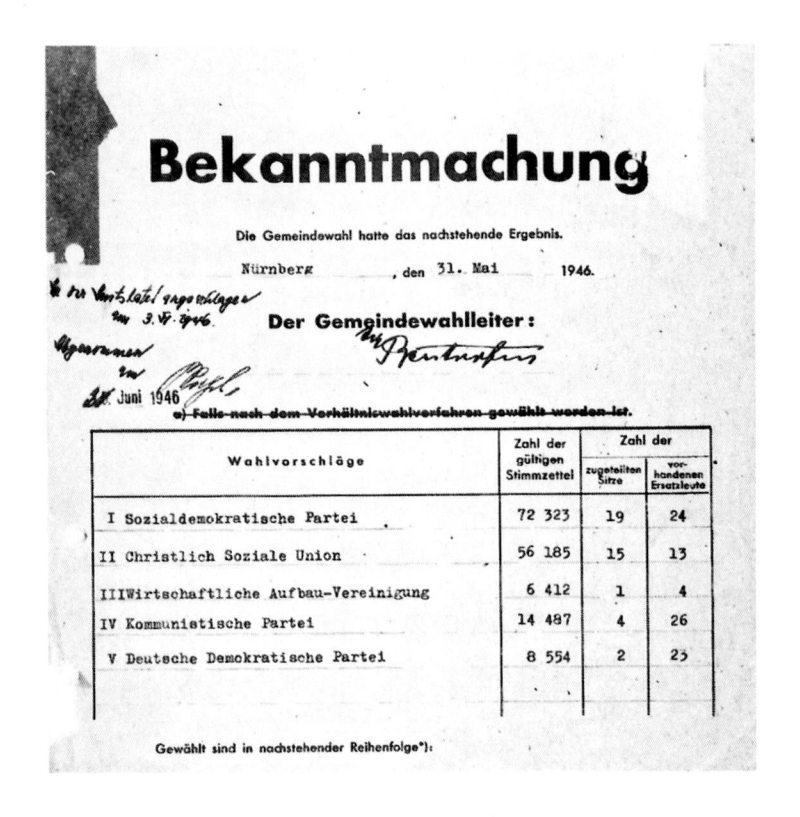

Wahlvorschläge	Zahl der gültigen Stimmzettel	Zahl der zugeteilten Sitze	Zahl der vorhandenen Ersatzleute
I Sozialdemokratische Partei	72 323	19	24
II Christlich Soziale Union	56 185	15	13
III Wirtschaftliche Aufbau-Vereinigung	6 412	1	4
IV Kommunistische Partei	14 487	4	26
V Deutsche Demokratische Partei	8 554	2	23

Gewählt sind in nachstehender Reihenfolge*):

Die Ergebnisse der Gemeindewahl vom 26. Mai 1946.

und FDP auf der anderen Seite« keine Treffen mehr stattfanden und schließt mit der Feststellung: »Es gibt keine Aussicht auf interparteiliche Zusammenarbeit in der nächsten Zukunft, und der Ausschuß muß deshalb als aufgelöst betrachtet werden.«[8] Dieses Scheitern ist letztlich ein positives Zeichen für die Demokratie, zeigt es doch, dass die Mitglieder des Beirats wieder begonnen hatten, kontrovers zu diskutieren und sich inzwischen klare Parteiprofile herausgebildet hatten, anstatt auf den politischen Konsens hinzuarbeiten.

Auch wenn die Befugnisse der Gremien noch eingeschränkt waren, wurden am 30. Januar 1946 neun beratende Ausschüsse gebildet: Von nun an waren mit einem Ältesten-, Bau-, Finanz-, Personal-, Schlachthof-, Sparkassen-, Vergebungs- und Wohlfahrtsausschuss sowie einem Verwaltungs- und Polizeisenat wieder einzelne Schwerpunkte der Stadtverwaltung definiert. Ein knappes halbes Jahr später sollte es dann zu den ersten Gemeindewahlen der Nachkriegszeit kommen. Die erreichte Wahlbeteiligung von knapp 90% erscheint auf den ersten Blick als positives Zeichen eines demokratiewilligen Volkes, betrachtet man die Zahlen aber genauer, wird deutlich, dass nur ein Bruchteil der Bevölkerung überhaupt zur Wahl zugelassen war. Im Vorfeld der Wahl wurden zusammen mit der Ausgabe der Lebensmittelkarten insgesamt 200.000 Fragebögen verteilt, die ausgefüllt in den Polizeirevieren gesammelt und anschließend von Mitarbeitern des Wahlamtes in einer Baracke im Hof der heutigen Peter-Vischer-Schule ausgewertet wurden. Ziel der Befragung war, die Personengruppe der Wahlberechtigten festzustellen: Wahlberechtigt waren nur volljährige, also mindestens 21jährige, Personen, die mindestens seit einem Jahr in Nürnberg ansässig waren und nicht vor dem 1. Mai 1937 in die NSDAP eingetreten waren oder ein Amt in einer der Gliederungen der NSDAP bekleidet hatten – und überhaupt einen solchen Fragebogen ausgefüllt hatten. Die 90%ige Wahlbeteiligung bezieht sich also nur auf eine recht überschaubare Gruppe von Nürnbergern, die überhaupt als wahlberechtigt galten und ihren Willen zur demokratischen Mitbestimmung schon durch das Ausfüllen eines Fragebogens bekundet hatten.

Die Wahlvorbereitungen waren aufwändig und brachten die kaum vorhandene Infrastruktur des Wahlamtes an ihre Grenzen: Insgesamt waren allein 65 Personen mit der Auswertung der Fragebögen und der Erstellung der Wählerlisten beschäftigt, die mangels Druckmaschinen manuell angefertigt werden mussten. Die Daten einer Wohnungszählung im Dezember dienten als Grundlage für die Festlegung der insgesamt 190

WIEDERAUFBAU

**Julius Loßmann
(1882-1957)**

Der aus Rheinland-Pfalz stammende Julius Loßmann war eine der prägendsten Persönlichkeiten für die Sozialdemokratie im Nürnberger Rathaus nach 1945. Mit ehemaligen Parteifunktionären wie August Meier stand er stellvertretend für den Wiederaufbau Nürnbergs.

Der Sohn eines Schneiders wurde bereits mit 13 Jahren Vollwaise und erlernte das Schuhmacherhandwerk. Nachdem er einige Zeit als Schuhmachergehilfe gearbeitet hatte, trat er der Gewerkschaft bei. 1900 zog Julius Loßmann nach Nürnberg und trat 1901 der SPD bei. Zehn Jahre später eröffnete ein eigenes Schuhgeschäft.

Kurz nachdem Julius Loßmann im Jahr 1933 in den Stadtrat gewählt worden war, wurde er von den Nationalsozialisten verhaftet und war bis Anfang 1934 im Konzentrationslager Dachau inhaftiert. Noch bevor Julius Loßmann bei der ersten demokratischen Gemeindewahl der Nachkriegszeit im Mai 1946 in den Stadtrat gewählt wurde, gehörte er bereits dem im Januar 1946 von der US-Militärregierung eingesetzten Beirat an. 1949 wurde Loßmann zum Zweiten Bürgermeister gewählt. Im April 1951 wurde er als Vertretung des ausgeschiedenen Otto Ziebill zwischenzeitlich in das Amt des Oberbürgermeisters berufen. Bis zu seinem Tod im Jahr 1957 war Julius Loßmann als Zweiter Bürgermeister Mitglied der SPD-Stadtratsfraktion.

Öffentlichkeitsarbeit der SPD-Stadtratsfraktion in der Nachkriegszeit, Plakat 1947.

Diskussionen oder eine weitgreifende politisierende Wirkung aus. Die Wahlkampfredner beschränkten sich dabei auf allgemeine parteipolitische Äußerungen, kommunalpolitische Konzepte schienen noch nicht erarbeitet und konkrete Problemfelder der Stadtpolitik wurden weitgehend ausgespart. Auch wenn die Militärregierung der KPD und SPD den größeren Aktivismus bei der Abhaltung öffentlicher Versammlungen nachsagte als der CSU, die sich »vor allem auf die bereits bestehende Organisation der Kirche«[9] verlasse, fand sie an anderer Stelle ernüchternde Worte über die Durchführung einer SPD-Wahlkampfveranstaltung im April 1946: »Bemerkenswert war die Unklarheit und der Mangel an Nachdruck, der die meisten Redner auszeichnete, ihr Alter und die laute und stereotype Wiederholung sozialistischer

Wahlbezirke. Wie groß die Fläche der einzelnen Wahlbezirke war, spiegelt gleichzeitig die Zerstörung des Wohnraumes und die daraus resultierenden neuen Ballungsräume in der Stadt: Während in Gostenhof bereits ein Stadtdistrikt einen eigenen Wahlbezirk mit 1.000 Wählern ergab, mussten in der Sebalder Altstadt insgesamt 24 Distrikte zusammengelegt werden, um auf die gleiche Wählerzahl zu kommen.

Der eigentliche Wahlkampf wurde durch den Mangel an Versammlungslokalen und die starke Beeinträchtigung des Verkehrs erschwert, allerdings kam er auch weitgehend ohne kontroverse

Schlagworte.«¹⁰ Dennoch überraschte der Wahlerfolg der SPD, die jedoch durch die rigorose Ablehnung eines Zusammenschlusses mit der KPD keine linke, regierungsfähige Mehrheit stellen konnte, nicht wirklich. Mit insgesamt 45,8% erhielt die SPD 19 der insgesamt 41 Sitze, die CSU sicherte sich immerhin auf Anhieb mit 35,6% ganze 15 Sitze, die KPD mit 9,2% vier Sitze, die DDP mit 5,4% zwei Sitze und die Wirtschaftliche Aufbauvereinigung mit 4,0% einen Sitz. Im Vergleich zu den Wahlen im Jahr 1929 verbesserte sich die SPD sogar um 5,2%. Die konstituierende Sitzung des ersten Nachkriegsstadtrats am 6. Juni 1946 wählte den bereits amtierenden Hans Ziegler einstimmig zum Oberbürgermeister. An seine Seite wurden der parteilose Jurist Dr. Heinz Levié einstimmig zum Zweiten Bürgermeister und der christsoziale Adam Geier mit 33 Stimmen zum Dritten Bürgermeister gewählt.

Die am 10. Juli 1946 erlassene Geschäftsordnung des Stadtrats legte insgesamt 21 Ausschüsse fest. Zu den bereits bestehenden kamen nun noch der Verwaltungsrat der städtischen Werke, der Baupolizeisenat sowie der Kunst-, Schul-, Grundstücks-, Steuer-, Fiskal-, Fahrbereitschafts- und Tiergartenausschuss hinzu. Für den Finanz-, Personal- und Verwaltungs- und Polizeisenatsausschuss wurden jeweils noch Unterausschüsse gebildet, dazu für einzelne Verwaltungszweige Pfleger bestellt. Der nun konstituierte Stadtrat konnte mit echter Beschlusskompetenz und der Verfügung über einen eigenen Etat, der in der Stadtratssitzung am 2. Oktober 1946 für das Jahr 1946/47 verabschiedet wurde, erste Schritte in eine demokratische selbst verwaltete Zukunft mit eigenen Handlungsspielräumen gehen.

Hans Ziegler (1877–1957)

Hans Ziegler wurde zwar in Henfenfeld geboren und lernte in Nürnberg das Dreherhandwerk, startete seine Parteikarriere aber außerhalb Bayerns. Aufgrund seiner Tätigkeit als Dreher engagierte er sich im Metallarbeiterverband in Bremerhaven, Heilbronn und Breslau. Erste kommunalpolitische Erfahrung sammelte er als Stadtrat in Breslau. Sein politischer Weg führte ihn als Abgeordneter in den württembergischen Landtag und den Provinziallandtag Niederschlesien wie auch 1930 in den Reichstag. Als Vertreter der sozialdemokratischen Linken wurde er 1933 von der Gestapo verhaftet, konnte jedoch fliehen. 1939 suchte er auf der Flucht vor der Gestapo Unterschlupf in Nürnberg.

Als er im Juli 1945 von der US-Militärregierung an der Seite von Martin Treu zum Bürgermeister eingesetzt wurde, war er bereits 68 Jahre alt. Nach der Amtsenthebung Martin Treus im Dezember 1945 rückte Hans Ziegler auf den Posten des Oberbürgermeisters nach, wo er sich auch bei der ersten demokratischen Wahl des Oberbürgermeisters durch den Stadtrat im Juni 1946 behaupten konnte.

Innerhalb der Nürnberger Sozialdemokratie hatte er bis zum Ende seiner Dienstzeit 1948 eine schwierige Position. 1949 wurde er schließlich aus der SPD ausgeschlossen und gehörte später zu den Mitgründern der oppositionellen Gruppierung ›Sozialdemokratische Aktion‹.

Umstrittene Säuberungen
Die ›Entnazifizierung‹ der Nürnberger Stadtverwaltung

Bis Juni 1945 wurden die Entnazifizierungen der noch viele städtische Ämter bekleidenden ehemaligen Nationalsozialisten nicht konsequent durchgeführt. Nur fünf von insgesamt elf berufsmäßigen Stadträten der NS-Zeit waren bis Ende Juni entlassen, einer von ihnen, Julius Rühm, stattdessen sogar auf den Posten des Ersten Bürgermeisters befördert worden. Erklären lässt sich dieses Phänomen nur durch einen pragmatischen Blick auf die Personalsituation:

Qualifiziertes politisch unbelastetes Personal war nur sehr schwer zu finden. Die Posten auf der einfacheren Verwaltungsebene hingegen, die sehr viel leichter wiederbesetzt werden konnten, wurden wesentlich schonungsloser behandelt. Diese Praxis wurde von Sozialdemokraten, Kommunisten und Gewerkschaftern hart kritisiert. Als dazu im Juni 1945 John McCloy, Leiter der ›Civil Affairs Division‹, harsche Kritik an der örtlichen Entnazifizierungspraxis äußerte, ließen die direkten Reaktionen nicht lange auf sich warten. Die Amtseinsetzung der Sozialdemokraten Martin Treu und Hans Ziegler als Bürgermeister war der Beginn einer zweiten Phase der Entnazifizierung, die sich von der ersten Phase durch eine nun erkennbare Systematik wie auch eine neue Intensität unterschied. Innerhalb von sechs Wochen

Mit der ersten Ausgabe der am 11. Oktober 1945 erschienenen Nürnberger Nachrichten gab es in Nürnberg wieder eine freies demokratisches Presseorgan. Berichtet wird unter anderem über die erste Ausführungsverordnung des ›Gesetz Nr. 8‹, das die Entnazifizierung auch für die private Wirtschaft vorsah.

Erste Seite des Fragebogens zur Entnazifizierung aus dem Jahr 1946, auf dem insgesamt 131 Fragen beantwortet werden mussten.

musste jeder Beschäftigte der städtischen Verwaltung einen Fragebogen ausfüllen. Nach den verschärften Richtlinien wurden nicht nur Personen, die nach dem 1. Mai 1933 in die NSDAP eingetreten waren, sofort entlassen. Der Stichtag wurde vielmehr auf den 1. Mai 1937, den Tag, an dem das Reichsbeamtengesetz in Kraft trat, verschoben. Andere Parteimitglieder wurden in Nürnberg ebenfalls entlassen, obwohl dies gesetzlich nicht zwingend vorgeschrieben war. Infolge dieser zweiten Entnazifizierungswelle wurden insgesamt 1.951 Personen aus dem Dienst entlassen und 59 Pensionisten die Rentenzahlungen gestrichen. Somit war etwa ein Drittel der städtischen Beamten von der Entnazifizierung betroffen.

Wie zu erwarten war, löste dies auch innerhalb der verbleibenden Verwaltung heftige Diskussionen um die Arbeitsfähigkeit der nun stark beschnittenen Verwaltung aus. So forderte der von den Besatzern als Stadtschulrat eingesetzte Dr. Raab: »Deutsche Beamte aller Dienstgrade bitten die Militärregierung, zwischen aktiven Nazis und glühenden Anhängern der Idee auf der einen Seite und ruhigen, nicht aggressiven Parteimitgliedern auf der anderen Seite zu unterscheiden.«[12] Auch wenn hier vor allem der Wunsch, die Täterschaft und Mitschuld der Deutschen zu differenzieren, im Vordergrund stand, gab es für die Verwaltungsspitze auch praktische Gründe, sich gegen die Entnazifizierungen zu stel-

WIEDERAUFBAU

Auch Betriebsvertretungen und Gewerkschaften setzten sich vehement für die Entnazifizierungen im städtischen Dienst ein, wie diese Aufforderung zur Entlassung zweier städtischer Mitarbeiter zeigt.

Der Regierungspräsident von Mittelfranken, Dr. Hans Schregle, äußerte heftige Kritik an der Entnazifizierungspraxis in Nürnberg.

len. Eine Notiz der Militärregierung vom 30. Juli 1945 zeigt, wie problematisch die Entlassungen für die praktischen Abläufe der städtischen Verwaltung waren: »Die vielen Entlassungen von Angestellten aus der Stadtverwaltung, in Übereinstimmung zu den neuesten Direktiven zur Entnazifizierung, haben die Lage im Rathaus sehr unsicher gemacht. Nicht nur, dass neues Personal nicht leicht gefunden werden kann, sondern auch die Tatsache, daß die verbliebenen Angestellten nicht ganz sicher sind, ob sie im Amt behalten werden, reduzieren die Effektivität der Stadtverwaltung in großem Maße.«[13]

Ab September 1945 verschärfte sich die Situation zumindest rechtlich: Nun schrieb erstmals eine deutsche Gesetzgebung auch die Entnazifizierung privatwirtschaftlicher Unternehmen vor, dazu wurde die Beschäftigung von ehemaligen Nationalsozialisten unter Strafe gestellt. Allerdings konnte in der Praxis das noch lückenhafte Gesetz leicht umgangen werden. Für die Stadtverwaltung Nürnberg bedeutete dies, dass bis zum Frühjahr 1950 insgesamt 683 Beamte, 130 Angestellte und 170 Arbeiter, die aufgrund ihrer Parteizugehörigkeit bereits entlassen waren, wieder eingestellt wurden.

Unter den Sozialdemokraten existierten zwei konträre Haltungen zur Entnazifizierungspraxis der Besatzer, die sich in den Personen des Oberbürgermeisters Martin Treu und des sozialdemokratischen Regierungspräsidenten von Mittelfranken Dr. Hans Schregle personifizierten: Vertrat Hans Schregle die Meinung, dass ein demokratischer Neubeginn nur durch einen radikalen Personalaustausch möglich sei, so ging Martin Treu einen sehr pragmatischen Weg als Verwaltungsleiter mit dem obersten Ziel, die Verwaltung am Leben zu erhalten und zu stärken. Bezeichnend für die Konflikte, die beide Haltungen hervorriefen, war die unvermittelte Entlassung Martin Treus durch die Militärverwaltung am 4. Dezember 1945. Interessant ist hierbei, dass Martin Treu einerseits innerhalb der Stadtverwaltung breite Zustimmung für seinen hartnäckigen und kontinuierlichen Widerstand gegen eine flächendeckende Entnazifizierung der städtischen Ämter genoss, andererseits aber durch eine Denunziation aus den eigenen Reihen bei den Amerikanern angeschwärzt wurde. Durch eine Person, die Zugang zu den städtischen Personalakten haben musste, waren verschiedene Unterlagen Martin Treus an einen Journalisten weitergeleitet worden, die Martin Treus antinazistische Haltung in Frage stellten. Vermutlich war aber letztlich ein vehement ausgetragener Konflikt mit Hans Schregle die eigentliche Ursache für die Entlassung. Martin Treu hatte ihm vorgeworfen, »päpstlicher als der Papst« zu sein und argumentierte, dass

Brief Otto Bärnreuthers an Julius Loßmann, Franz Haas und Lorenz Hagen zur Frage der Entnazifizierungen vom 14. Januar 1946:

»Werte Genossen!

So wie die Entnazifizierung jetzt angepackt wird, erscheint sie mir verhängnisvoll. Plötzlich, wie ein Blitz aus heiterem Himmel, kommt die Nachricht, daß Lehrlinge und Jungangestellte der Gefolgschaft (Jahrgang 1922, 1924, 1928, 1929) entlassen werden müssen, weil sie z.B. Jungenschaftsführer, Oberrottenführer bei der HJ oder Sportwartin oder Schaftführerin beim BDM waren. Es sind durchwegs ordentliche, saubere und intelligente Menschen, die wochenlang aus eigenem Antrieb Überstunden leisteten, weil es einfach der Dienst erwartete. Die Eltern der von der Entlassung Betroffenen sind größtenteils nicht bei der NSDAP gewesen. Mancher Vater der Entlassenen ist Genosse von uns. Es ist doch undenkbar, dass diese jungen Kerle von 16 - 24 Jahren als Nazis angesehen werden können. (...) Wie wollen wir Deutschland wieder ordentlich aufrichten, wenn wir alle diese Jahrgänge diffamieren. Es muß doch möglich sein, mit offiziellen Stellen der Amerikaner, Engländer usw. darüber zu sprechen. Auch die deutschen Stellen müssen sich ernsthaft über diese Angelegenheit klar werden. Wir selbst müssen so ehrlich sein, daß, wenn wir in diesem Alter gewesen wären, wir uns diesem Jugendgesetz nicht hätten entziehen können. Es erscheint mir hier deshalb nicht weise, hier irgendwie den Pharisäer zu spielen. Ich kann mich einfach nicht mit dem Gedanken abfinden, daß ein Teil der Jugend im Krieg geopfert wurde und nun der Restteil der sog. Entnazifizierung zum Opfer fallen soll. Im übrigen konnte man doch soundsooft lesen, daß die ehemaligen HJ-Angehörigen studieren können. In Erinnerung ist mir ebenfalls die Pressenotiz, daß der Sohn des Generals Rommel aus französischer Gefangenschaft entlassen wurde mit den Worten ›Gehen Sie heim und besuchen Sie die Universität.‹

Genossen, wir müssen menschlich sein und politischen Instinkt haben. Wir wissen, uns hilft niemand, wenn wir nicht selbst zugreifen. Wir können es uns nicht leisten, auf die Jugend zu verzichten und sie schematisch mit abzuurteilen. Versucht alles, um Unglück zu verhindern.

In Freundschaft
Otto Bärnreuther«[16]

das Wohl des Volkes doch über der Entnazifizierung zu stehen habe. Martin Treu wurde kurzerhand von den Besatzern als »untenable in this exposed position«[14] eingeschätzt und des Amtes enthoben. Für ihn gelangte der bislang Zweite Bürgermeister Hans Ziegler auf den Oberbürgermeisterstuhl. Bezeichnend für die unmittelbare Nachkriegszeit ist, dass sich auch nach der Amtsenthebung Treus die Praxis der Entnazifizierungen nicht maßgeblich änderte. Auch andere sozialdemokratische Politiker waren nicht unbedingt mit der radikalen Entnazifizierung einverstanden, wie das abgedruckte Schreiben von Otto Bärnreuther an seine Parteifreunde zeigt. Es mündet in einen Aufruf, sich aktiv gegen zu radikale Säuberungen einzusetzen. Wie dies in der Praxis umgesetzt wurde, dokumentieren heute umfangreiche Sammlungen von ›Persilscheinen‹, die sich beispielsweise im persönlichen Nachlass Otto Bärnreuthers befinden.

Da die Entnazifizierungsverfahren mit einem unglaublichen organisatorischen Aufwand für die Militärregierung und die städtische Verwaltung verbunden waren, waren bereits nach einigen Monaten deutliche Ermüdungserscheinungen zu verzeichnen. Die von den Amerikanern noch 1946 streng durchgeführten Kontrollen wurden gelockert, Schnellverfahren lösten die anfänglich noch umfangreichen Prozesse ab und die Säuberungsmaßnahmen wurden immer stärker von anderen Themen überlagert.

Verhandlung während eines Entnazifizierungsverfahrens vor einer Nürnberger Spruchkammer.

Fast drängt sich der Eindruck auf, dass der noch bei den großen Kriegsverbrecherprozessen dominierende Strafgedanke an Zugkraft verloren hatte und die Verfahren nun lediglich zum Abschluss gebracht werden sollten. Im Jahr 1948 schrieb ein Journalist über ein Interview mit dem Nürnberger Oberbürgermeister Otto Ziebill und dem SPD-Bundestagsabgeordneten Walter Sassnitz: »Der sozialdemokratische Oberbürgermeister Ziebill ist der Meinung, dass die Entnazifizierung zu lange dauerte. Die Kleinen hätte man übersehen sollen (…) Entnazifizierung? Er fährt zusammen und streckt die Hände als Geste der Wertlosigkeit des Unterfangens vor. ›Das Volk nennt es heute die Parade der weißen Westen. Vielleicht wäre sie ein Erfolg geworden, wenn wir sie in einer Art Blitz – schnell – wie einen chirurgischen Eingriff durchgeführt hätten, indem die Naziprominenz wirklich bestraft worden wäre und die Mitläufer unbeachtet geblieben wären. Aber es ging so viel kostbare Zeit verloren, der Zorn verrauchte und als wir dann zu den wirklichen Großfällen kamen, (…), da hing der Entnazifizierung der Gestank einer Sache an, die schon zu lange unterwegs gewesen war.‹«[15]

Der amerikanische Militärfotograf Ray D'Addario dokumentierte mit zahlreichen Fotografien die Zerstörung der Nürnberger Innenstadt, Fotografie nach 1945.

Schuttbahn am Hauptmarkt, Fotografie von 1946.

Nürnberg war, vor allem im Vergleich mit anderen bayerischen Großstädten, besonders stark von der Zerstörung betroffen.

WIEDERAUFBAU

Symbolisch wurde bei dem von den bayerischen Sozialdemokraten initiierten »Aufbautag des Volkes« am 13. Juni 1948 auf dem Hauptmarkt ein alle Trümmer überragendes A präsentiert, Fotografie 1948.

Aus den Trümmern auferstanden
Wiederaufbau in Nürnberg

Nach dem schwersten Luftangriff auf Nürnberg am 2. Januar 1945 war die Nürnberger Altstadt fast vollständig zerstört. Obwohl sich die Bevölkerung Nürnbergs zu Kriegsende von 423.000 Einwohnern auf 195.000 reduziert hatte, war die Wohnungsnot eines der größten Probleme der unmittelbaren Nachkriegszeit: Von ehemals vorhandenen 125.000 Wohnungen waren 60.000 völlig zerstört, dazu etwa 51.000 beschädigt. Neben der praktischen Frage der Wohnraumbeschaffung war die Frage des Wiederaufbaus der Altstadt auch ideologisch aufgeladen. Auch wenn eine originalgetreue Rekonstruktion von ›des Reiches Schatzkästlein‹ nicht zur Diskussion stand, bildeten sich bald zwei grundsätzliche Haltungen: Zum einen wurde im Sinne moderner vom Bauhaus beeinflusster Architektur eine radikale Gesamtlösung für ein neues Nürnberg, zum anderen traditionelle Baustile und ein das ursprüngliche Stadtbild bewahrender Wiederaufbau gefordert. Letzterer wurde von weiten Teilen der Bevölkerung unterstützt.

Einer der ersten Anträge der 1946 neu gewählten SPD-Fraktion im Nürnberger Stadtrat forderte einen Wettbewerb zum Wiederaufbau der Nürnberger Altstadt: »Der Grundplan soll eine Stadt vorsehen, die wachsend im Geiste unserer eigenen Zeit, in deren eigengesetzlichen und künstlerischen Formen unter Berücksichtigung des kunsthistorisch wertvollen erhaltbaren Baugutes der Vergangenheit, einer freischaffenden Bevölkerung würdige Wohn-, Arbeits- und Kulturstätten bietet. Die Nürnberger Bevölkerung und kommende Generationen erwarten von uns eine Planung, die den selbständigen freien Bauausdruck ihrer Zeit nicht hemmt (…) Der modern denkende, in unserer Zeit wurzelnde Architekt und Städtebauer muß die entscheidende Führung übernehmen, der Kunsthistoriker stehe ihm beratend zur Seite. Zum Zwecke der Herstellung eines Planes, der vorerst die führenden Grundlinien der kommenden Bebauung der zerstörten Altstadt festlegt, ist alsbald ein unbeschränkter Wettbewerb deutscher Architekten zu veranlassen, dessen Ergebnisse der Nürnberger Bevölkerung in einer Ausstellung zur Diskussion zugänglich zu machen sind (…)«[21] Der Antrag wurde vom Stadtrat einstimmig mit dem Hinweis angenommen, dass unter dem städtebaulichen Schwerpunkt der Wohnungsbau nicht leiden dürfe.

Im Frühjahr 1947 wurde in Nürnberg ein städtebaulicher Ideenwettbewerb ausgeschrieben, der einer der ersten seiner Art in Deutschland war. Insgesamt 188 eingereichte Entwürfe deckten die gesamte Bandbreite möglicher Wieder-

Präsentation an einem symbolischen Ort: In der stark zerstörten Fränkischen Galerie in der Lorenzer Straße wurden die Ergebnisse des Architektenwettbewerbs zum Wiederaufbau der Altstadt interessierten Nürnbergern zugänglich gemacht, Fotografie 1948.

Plakat für den Ideenwettbewerb ›Tausend Gedanken‹, der die Nürnberger Stadtbevölkerung am Wiederaufbau beteiligen wollte.

Die Gegenüberstellung der beiden Fotografien von der Burgfreiung auf die Nürnberger Innenstadt aus den Jahren 1945 und 1970 verdeutlicht die Prinzipien des Wiederaufbaus.

aufbauideen ab. Neben dem Architektenwettbewerb versuchte ein Laienwettbewerb unter dem Motto ›Tausend Gedanken für den Wiederaufbau‹ die Bevölkerung am Planungsprozess zu beteiligen. Unter den zahlreichen mit Preisen versehenen Entwürfen des Architektenwettbewerbs befand sich ein Entwurf der Architekten Hans Schmeißner und Wilhelm Schlegtendal, der den 1950 erstellten Wiederaufbauplan maßgeblich beeinflussen sollte.

Im Mittelpunkt des Wiederaufbaus standen teilzerstörte Baudenkmäler, die als historische Akzente rekonstruiert wurden. Die dringend notwendigen Neubauten passten sich in Größe und Beschaffenheit daran an. So blieben die markante Dachlandschaft Nürnbergs wie auch Baulinien und Grundstücksgrenzen weitgehend erhalten. Die ursprünglich sehr dichte Bebauung wurde durch eine moderne Blockbebauung mit begrünten Innenhöfen und die Erschließung des Pegnitzufers durch Fußwege aufgelockert.

Der Wiederaufbau war in Nürnberg maßgeblich von Heinz Schmeißner geprägt, der durch seine lange Amtszeit als Baureferent von 1948 bis 1970 die Maßnahmen über einen langen Zeitraum betreute. Ein einheitliches Stadtbild, das auch gelungene moderne Architektur aufzuweisen hatte, war der große Erfolg dieses Wiederaufbaukonzeptes. Begleitet wurde es durch das ehrenamtliche ›Kuratorium für den Wiederaufbau der Stadt Nürnberg‹, das der Stadtverwaltung als unabhängiges Fach- und Beratungsgremium zuarbeitete. Von 1949 bis 1953 erarbeitete das Kuratorium unter der Leitung des Architekten Friedrich Seegy die Leitlinien für den Wiederaufbau.

Im Zentrum des Wiederaufbaus standen erhaltene Baudenkmäler, an denen sich die Neubauten in Ausrichtung, Gebäudehöhe oder der Gestaltung der Dachlandschaft orientierten.

Diese erste Phase des Wiederaufbaus der Altstadt, deren symbolträchtigstes Gebäude das wiedererrichtete und 1949 eingeweihte Albrecht-Dürer-Haus war, ging im Jahr 1957 zu Ende. Bis dahin war aus den Trümmern die Altstadt zum Teil neu entstanden: Die Burg war mit Luginsland, Fünfeckturm und Kaiserstallung bis 1952 wieder aufgebaut, 1953 wurde das Fembohaus als Altstadtmuseum eingeweiht. Die Stadtverwaltung hatte 1951 mit dem Fünferrathaus, 1952 mit dem Rathaus an der Theresienstraße und 1955 mit einem neuen städtischen Verwaltungsgebäude an der Nordseite des Hauptmarkts wieder Räumlichkeiten bekommen. Bis 1955 hatte Nürnberg mit dem Heilig-Geist-Spital, das nun wieder 327 Senioren beherbergen konnte, dem als Jungarbeiter- und Studentenwohnheim in Betrieb genommenen Weinstadel und insgesamt 47 wieder instandgesetzten Schulhäusern sowie drei Schulhausneubauten zentrale Einrichtungen zurückerhalten. Auch optisch ließ die Altstadt mit vielen wiedererrichteten Bauwerken wie Lorenzkirche, Sebalduskirche, Frauenkirche, Nassauerhaus oder Museumsbrücke den Neubeginn deutlich erkennen.

Außerhalb der Altstadt waren gleichzeitig moderne Bauten und Hochhäuser, wie das erste Nürnberger Wohnhochhaus an der Pirckheimerstraße Ecke Pilotystraße im Jahr 1951 oder das ›Plärrerhochhaus‹ der Städtischen Werke im Jahr 1953 errichtet worden.

Mit der Entscheidung, das Pellerhaus nicht zu rekonstruieren, sondern stattdessen mit einer modernen Fassade zu verkleiden, sowie mit der Grundsteinlegung für den Trabantenstadtteil Langwasser im Jahr 1957 trat Nürnberg in eine neue Phase des Nachkriegsbauens ein: In der Altstadt hielt nun vermehrt modernes Bauen Einzug und nachdem die Wiederherstellung des kommunalen Wohnungsbestandes abgeschlossen war, betrat die Stadtverwaltung mit der Planung des ›größten Stadterweiterungsprogramms der Bundesrepublik‹ in Langwasser städteplanerisches Neuland.

Etwa zehn Jahre nach Kriegsende schienen die wichtigsten Grundlagen für einen Aufschwung gelegt. Die Stadtverwaltung hatte, auch wenn Ende der 1950er Jahre immer noch zahlreiche Menschen ohne Wohnung waren, mit der Planung großer Wohnungsneubauprojekte Zukunftsperspektiven eröffnet.

WIEDERAUFBAU

Der erste nach dem Weltkrieg neu errichtete Verkehrsflughafen Deutschlands wurde am 6. April 1955 durch Bundesverkehrsminister Hans-Christoph Seebohm eröffnet. Er landete mit dem ersten Passagierflugzeug auf dem Flughafen, Fotografie 1955.

Stadträte bei der Besichtigung der Zeche Monopol (von links: unbekannt, Josef Schmidt, Willy Prölß, Emil Förster und Rudolf Bär, Fotografie 1956.

Auch das zeitweise Abstellen des Stromes war eine Maßnahme zum Umgang mit mangelnden Ressourcen, Plakat 1946.

Nicht selten bestand die Hauptaufgabe des Stadtrats in einem rigiden Durchgreifen gegen kleinere und größere Verstöße gegen die engen Vorschriften für Gastwirte und Händler.

Reaktionen auf die immer häufiger auftretenden Hungerstreiks, Plakat Januar 1948.

Große Aufgaben, geringe Ressourcen
Die ersten Schritte der Stadtverwaltung

Die ersten Jahre der Nachkriegszeit war der Stadtrat voll und ganz damit beschäftigt, die größten Nöte zu lindern und eine zunächst provisorische Infrastruktur für das städtische Gemeinwesen zu schaffen. Die dringlichsten Themen waren hierbei zunächst die Versorgung der Bürger mit Nahrung, Kleidung und Wohnraum sowie der Wiederaufbau der wirtschaftlichen Infrastruktur, die durch die Kriegszerstörungen und anschließenden Plünderungen fast vollständig lahmgelegt war. Zu den Zehntausenden ausgebombter Nürnberger kamen ab Anfang Mai zurückkehrende Soldaten der ehemaligen Wehrmacht, wie auch Überlebende der Konzentrationslager und andere Flüchtlinge, die auf Weisung der Besatzer mit Schuhen, Kleidung und Nahrung zu versorgen waren. Da bereits im Sommer 1945 das Gesundheitsamt darauf hinwies, dass nur acht Prozent der schulpflichtigen Kinder ausreichend ernährt waren, sich die Säuglingssterblichkeit drastisch erhöht hatte und auch eine starke Gewichtsabnahme bei Erwachsenen zu verzeichnen war, versuchte die Stadtverwaltung schon im Sommer 1945 vorbereitende Maßnahmen für die Winterhilfe zu ergreifen. Die eigentliche Katastrophe sollte sich allerdings erst später einstellen. Gab man sich im Herbst 1945 noch zuversichtlich, so zeigte bereits das Jahr 1946, verstärkt dann 1947, dass die Versorgungsprovisorien der ständig wachsenden Bevölkerung nicht gewachsen waren. Schon im Sommer 1947 hatte die Nahrungsmittelversorgung mit einer amtlich vorgeschriebenen Ration von 1.000 Kalorien täglich für einen Erwachsenen ihren Tiefpunkt erreicht. Es waren kaum noch Lebensmittel für die ausgegebenen

WIEDERAUFBAU

Lebensmittelkarten zu bekommen. Infolge dessen waren auch die Preise auf dem zunächst florierenden Schwarzmarkt in horrende Höhen angestiegen. Als die Ernte 1947 zudem durch eine starke Dürre kaum etwas einbrachte, hatte sich bereits im Herbst der Gesundheitszustand der Nürnberger so drastisch verschlechtert, dass neben zahlreichen Fällen von Typhus, Hepatitis, Diphterie und Ruhr auch Rekordzahlen von TBC-Erkrankungen zu verzeichnen waren. Im strengen Winter 1947/48 kam die Stadt dann nahezu vollständig zum Erliegen. Durch Treibstoffmangel und Mangel an Ersatzteilen und Autoreifen waren die Jeeps der Militärregierung die einzigen Fahrzeuge, die noch betrieben werden konnten. Die Hilflosigkeit der Bevölkerung äußerte sich schließlich in einer Vielzahl von Hungerstreiks, wie beispielsweise bei der MAN, den Ardie-Werken oder der Firma Werder & Co.

Vor dem Hintergrund der existierenden Probleme war die Tätigkeit der Stadtverwaltung zumeist nur ein Tropfen auf den heißen Stein. Am 2. Oktober 1946 stimmte der Stadtrat erstmals über einen Haushalt für das Geschäftsjahr 1946/47 ab, der nun vom Gremium selbst verwaltet werden konnte. Aufgrund der desolaten Versorgungssituation der Stadt ist nahezu verwunderlich, dass der Haushalt nicht noch unausgewogener war: 68 Millionen Reichsmark auf der Einnahmenseite standen ›nur‹ 78 Millionen Reichsmark auf der Ausgabenseite gegenüber. Die Haushaltsgelder wurden vor allem zur Finanzierung von Wohnraum und zur Bekämpfung der Ernährungskrise eingesetzt. So sollten beispielsweise die Fürsorgesätze erhöht und Kinder- und Jugendlichenspeisungen durchgeführt werden.

Wähler im Wahllokal Kernstraße bei der Gemeindewahl am 30. Mai 1948.

Aber auch die Wiederbelebung des kulturellen Lebens wurde von der Stadtverwaltung als notwendige und wichtige Aufgabe wahrgenommen. Bereits im Oktober 1945 nahm das Opernhaus den Spielbetrieb auf. Außerdem inszenierten bald Kammerspiele, Neues Theater und Lessingtheater regelmäßig Theateraufführungen; Konzerte des Hans-Sachs-Chores oder der Nürnberger Singgemeinschaft ergänzten das Angebot. Die Rede des Oberbürgermeisters Hans Ziegler zur Eröffnung des Lessingtheaters verweist deutlich auf die Funktion der neuen Kulturpolitik: »Nürnberg erwartet vom Lessingtheater nicht nur gute belehrende, auf künstlerischer Höhe stehende Schaupiele, sondern auch freudeauslösende Lustspiele. In dieser unsicheren und freudlosen Zeit hat der Mensch ein größeres Bedürfnis und Anrecht auf Lebensfreude.«[17]

Im Jahr 1946 überraschte, wie schnell die städtische Infrastruktur zumindest provisorisch wieder in Betrieb genommen werden konnte. Am Ende des Jahres berichteten die Nürnberger Nachrichten im Jahresrückblick über die Eröffnung des Oberlandesgerichtes, die Wiederinbetriebnahme des Ohm-Polytechnikums, der Berufsschulen und verschiedener

**Dr. Otto Ziebill
(1896-1978)**

Der in Hamburg geborene Otto Ziebill studierte in Königsberg/Ostpreußen Rechts- und Sozialwissenschaften, wo er bereits 1923 zum Magistratsrat gewählt wurde. Zwei Jahre später begann er dort als Rechtsanwalt seine juristische berufliche Laufbahn. Nach Kriegsende flüchtete Otto Ziebill nach Bayern und wurde 1945 Oberamtsrichter in Beilngries, ein Jahr später Oberlandesgerichtsrat in Nürnberg und 1947 Präsident der Berufungskammer Nürnberg.

Im Juni 1948 wurde Otto Ziebill auf Vorschlag von Julius Loßmann durch den Stadtrat zum Oberbürgermeister der Stadt Nürnberg gewählt. Bereits im April 1951 schied er aus dem Oberbürgermeisteramt durch seine Berufung zum Präsidialdirektor und Hauptgeschäftsführer des Deutschen Städtetags aus.

Der Träger des Großen Verdienstkreuzes der Bundesrepublik engagierte sich als Vorsitzender im Rhein-Main-Donau-Kanalbauverein wie auch im Verein für Kommunalwissenschaften und war im kommunalwissenschaftlichen Bereich publizistisch tätig.

Brausebäder. Ein Bunkerhotel wurde eröffnet und es kam anläßlich verschiedener Jubiläen sogar zu einer ganzen Reihe von Festveranstaltungen: Gefeiert wurden 50 Jahre städtisches Elektrizitätswerk, 65 Jahre Pferdestraßenbahn, 50 Jahre elektrische Straßenbahn und 100 Jahre Ludwig-Donau-Main-Kanal. Sogar ein erstes, bescheidenes Volksfest wurde veranstaltet. Bereits am 3. April 1946 waren erste Teile der Stadt wieder mit Gas versorgt und es konnten im Laufe des Jahres immer mehr Stadtteile ans Gasnetz angeschlossen werden. Mit den 1. Mai-Feierlichkeiten, die nun nach vielen Jahren wieder unter Beteiligung von fast 50.000 Personen durchgeführt werden konnten, wie auch den ersten freien Wahlen am 26. Mai wurde die neue Demokratie gefeiert. In der zweiten Jahreshälfte 1946 sorgten die Eröffnung mehrerer Kindererholungsheime, des Kinderlagers der Sozialistischen Jugend, der Volkshochschule am 29. September und des Amerikahauses am 14. November sowie die Immatrikulationsfeier der Hochschule für Wirtschafts- und Sozialwissenschaften am 16. Dezember für Lichtblicke.

Auch wenn es 1946 noch zu keinen Neubauten kam, konnten verschiedene Gebäude, allen voran Lorenz- und Sebalduskirche nach den ersten Schadensausbesserungen Richtfest feiern. Im Bereich des Bauwesens stand zunächst die Trümmerbeseitigung im Vordergrund. Ende 1947 konnte der Oberbürgermeister Hans Ziegler die erste Erfolgsbilanz vorlegen: Insgesamt konnten 280 Straßen von 1,1 Millionen Kubikmetern Schutt befreit und wieder nutzbar gemacht werden. Dazu gewannen die Schuttarbeiter aus den Schuttbergen 29,7 Millionen Backsteine, die an anderer Stelle verbaut werden konnten. Die Erfolgsbilanz im Hinblick auf den städtischen Haushalt war hingegen deutlich ernüchternder: Den Gesamtausgaben aus der Zeit von Mai 1945 bis zum Jahresende 1947 von 7,3 Millionen Reichsmark standen nun lediglich Einnahmen in Höhe von 1,8 Millionen Reichsmark gegenüber.

Im Juni 1947 wurde mit dem SPD-Parteitag in Nürnberg der erste sozialdemokratische Höhepunkt der Nachkriegszeit zelebriert. Die Veranstaltung in der Rosenau gab auch der Nürnberger Sozialdemokratie großen Aufschwung.

**Otto Bärnreuther
(1908–1957)**

Otto Bärnreuther war maßgeblich am Wiederaufbau der SPD wie auch einer demokratischen Stadtratsarbeit in Nürnberg beteiligt.

Der gebürtige Nürnberger hatte eine Lehre als kaufmännischer Angestellter bei den Bing-Werken absolviert, bevor er 1928 als Kanzleigehilfe in der Stadtsparkasse seinen Dienst antrat. Bereits seit 1925 war Otto Bärnreuther Mitglied der freien Gewerkschaft, zwei Jahre später wurde er auch Mitglied der SPD. Nachdem er sich erfolgreich durch Abendkurse weitergebildet hatte, stieg er 1933 zum Stadtratsoberassistenten auf. Dieses Amt wurde ihm aber bereits ein Jahr später aus ›rassischen Gründen‹ aberkannt, da seine Frau, Felicie Bärnreuther, Jüdin war und er sich nicht von ihr trennte. Bis Kriegsende führte Otto Bärnreuther unterschiedlichste Tätigkeiten wie Tabakhandel oder Buchhaltung aus. Von 1940 bis 1942 war er als Soldat im Krieg; sein damaliger Alltag ist noch heute in zahlreichen selbstverfassten Gedichte nachzuvollziehen.

Nach Kriegsende war Otto Bärnreuther Wiedergründungsmitglied und Vorsitzender der SPD in Nürnberg. Im Mai 1945 wurde er als Stadtinspektor und später als Leiter der Stadtsparkasse eingesetzt. Seine Stadtratstätigkeit begann bereits im 1946 gegründeten Beirat. Dem Stadtrat gehörte er als Fraktionsmitglied bis zur Wahl zum Oberbürgermeister 1952 an.

Otto Bärnreuther engagierte sich stark im Wiederaufbau der Nürnberger Altstadt. Die Stiftung des Nürnberger Kulturpreises geht ebenso wie die Verlegung des Volksfestplatzes an den Dutzendteich auf ihn zurück. Das Amt des Oberbürgermeisters hatte er bis zu seinem Tod im Jahr 1957 inne.

Da die Legislaturperiode des ersten Nachkriegsstadtrats von Beginn an auf gut zwei Jahre begrenzt war, kam es bereits 1948 zu einer erneuten Gemeindewahl. Die Liste der aufgestellten Parteien und Gruppierungen – wie die Fliegergeschädigten, Siedlungswilligen oder Flüchtlinge – spiegelte den Bedarf spezieller Personengruppen wider, in der Kommunalpolitik eine Vertretung für ihre Belange zu finden. Am 30. Juni 1948 traf sich der nun auf 50 Sitze erweiterte Stadtrat zur konstituierenden Sitzung. Die SPD hatte sich nur 20 Sitze davon sichern können – im Vergleich zur vorhergehenden Wahl mit 19 von 41 Sitzen ein relativer Verlust. Der Abstand der Sitzanzahl zu den anderen Parteien vergrößerte sich allerdings stark, war die CSU doch von 15 auf sieben Sitze zurückgefallen. Ebenfalls je sieben Sitze gingen an die FDP und KPD, wobei letztere einen starken Verlust zu verzeichnen hatte. Die weiteren neun Sitze teilten sich auf den Parteilosen Block, WAV, Fliegergeschädigte und die Bayernpartei auf.

Der von Julius Loßmann vorgeschlagene SPD-Oberbürgermeister-Kandidat Dr. Otto Ziebill setzte sich mit Unterstützung von KPD und CSU mit 37 zu 13 Stimmen gegen Dr. Hans Hacker (FDP) durch. Zum Zweiten Bürgermeister wurde Heinrich Landgraf bestimmt, der allerdings nur ein Jahr im Amt blieb. Somit besetzten die Sozialdemokraten erstmals beide Bürgermeisterposten.

Eröffnung des neuen Rathaussaales am Fünferplatz im Jahr 1951. Erst 1955 konnte dann das Ersatzrathaus in der Bielingschule geräumt und der Neubau am Hauptmarkt bezogen werden. In den 1960er Jahren entstanden die Ämtergebäude an der Theresienstraße und der Rohbau des Großen Rathaussaales, Fotografie 1951.

Im Mittelpunkt der sozialdemokratischen Stadtratspolitik standen nach wie vor Themen wie Wiederaufbau und -instandsetzung von Versorgungsbetrieben, Industrieanlagen, zerstörten Wohnvierteln und Schulen, die Trümmerbeseitigung und die Ernährung der Bevölkerung. Obwohl sich die Tätigkeit der Stadtverwaltung in vielen Punkten fast ausschließlich auf die Verwaltung des Mangels reduzierte und die kommunalen Gelder im Schatten der Währungsreform vom 20. Juni 1948 nur sparsamst verwendet werden konnten, blieb man den sozialdemokratischen Zielen treu. So konnte die SPD-Fraktion als Erfolg verbuchen, die kommunalen Unterstützungszahlungen, die immerhin knapp ein Fünftel der Bevölkerung in Anspruch nahm, zu erhöhen und verschiedene Sonderleistungen wie Schuhreparaturen zu Pflichtaufgaben der Gemeinde zu machen. Auch die Impulse zum Wiederaufbau Nürnbergs, zur Schaffung von Wohnraum und zum Wiederbeleben der Kulturlandschaft waren deutliche Signale der sozialdemokratischen Fraktionspolitik.

Dass diese Politik auf breite Akzeptanz innerhalb der Bevölkerung stieß, zeigt der Wahlerfolg bei der Wahl des dritten Nachkriegsstadtrats im Jahr 1952, bei der sich die SPD mit insgesamt 24 Sitzen um vier Sitze verbessern konnte. Mit der Wahl Otto Bärnreuthers zum ersten direkt gewählten Oberbürgermeister der Nachkriegszeit kam es zu maßgeblichen personellen Veränderungen in den Führungspositionen: Der altbewährte August Meier wurde Bärnreuthers Nachfolger als Fraktionsvorsitzender. Zugleich war August Meier bis 1956 Parteivorstand, was zeigt, wie eng die Kommunalpolitik dieser Zeit mit der Parteipolitik verbunden war. Kontinuität brachte die Wiederwahl Julius Loßmanns auf den Posten des Zweiten Bürgermeisters, den er seit 1949 inne hatte.

Nach der von der reinen Mangelverwaltung geprägten Kommunalpolitik der 1940er Jahre waren die 1950er Jahre auch in Nürnberg von Aufbruchstimmung geprägt. Der langsame wirtschaftliche Aufschwung zeigte sich durch den Rückgang der Arbeitslosenzahlen oder die Spielwarenmesse, die 1950 im Neuen Messezentrum am Stadtpark von Ludwig Erhard eröffnet wurde. Immer stärker führte der wachsende Individualverkehr zu Verkehrschaos in der Stadt, auf das die Stadtverwaltung mit dem Ausbau von Straßen, Aufstellen von Ampelanlagen, der Einrichtung einer ›Grünen Welle‹, der verkehrstechnischen Umgestaltung des Plärrers, ersten Planungen einer Schnellstraße zwischen Feucht, Nürnberg und Erlangen im Bett des Alten Kanals, völlig überdimensionierten Planungen für den ›Großknoten Landgrabenstraße‹ oder die Diskussion einer Unterpflasterstraßenbahn reagierte.

Die ersten zehn Jahre nach Kriegsende zeigten eine interessante Entwicklung innerhalb der Kommunalpolitik. Aus einem von der Militärregierung für deren Zwecke eingesetztem Gremium politisch unbelasteter Personen entwickelte sich der Stadtrat durch die vielen gemeinsam zu lösenden Probleme in eine funktionsfähige, weitgehend in eine Richtung ziehende Arbeitsgruppe, die durch die gemeinsame Aufgabenstellung zusammengeschweißt wurde. Erst nachdem die größten Nachkriegsaufgaben gelöst waren, wurden die parteipolitischen Profile deutlicher. Die sozialdemokratische Stadtratsfraktion konnte mit ihrer stetig wachsenden Stimmenmehrheit in den Nachkriegsjahren wichtige Weichen für eine sozialdemokratisch geprägte Stadtratspolitik der kommenden Jahre stellen.

Der Stadtrat der 1950er: Spezialist oder Allrounder?

»Es gab bereits Spezialisten. Wenn ich beispielsweise den Stadtrat 1952 nehme: Julius Loßmann war ein Schuhmacher, aber er war vor 1933 bereits Parteisekretär gewesen; Erich Röder war Baugeschäftsinhaber – Baumeister – das heißt er war im Bereich Bau sehr engagiert; Käthe Reichert stammte aus einer sozialdemokratischen Familie, ihr Vater war bei der AOK, sie war Hausfrau und hatte viele Kinder – es war das Los aller Sozialdemokraten, kinderfreundlich zu sein, im Gegensatz zu heute. Sie war auch Vorsitzende der Arbeiterwohlfahrt und daher zuständig für soziale Belange oder die Einrichtung von Schulküchen, Planung von Wohnheimen etc.; August Meier war Zimmermeister und vor 1933 Geschäftsführer der Fränkischen Tagespost; Sofie Ebner war kaufmännische Angestellte in einem Industriebetrieb mit umfangreichen Erfahrungen und Kontakten; Lina Ammon war die erste Abgeordnete im bayerischen Landtag, hatte umfangreiche politische Erfahrungen, wie natürlich auch Julius Loßmann und August Meier; Paul Übel war Betonfachmann und Vorsitzender der Industriegewerkschaft Bau-Steine-Erde; Franz Kaiser kam aus Norddeutschland und wurde Parteisekretär, ein Mann der bei den Nationalsozialisten geschult worden ist, aber sehr beschlagen, logisch denkend und auch geläutert. Er war nicht belastet, da er noch unter Jugendamnestie fiel.

Ich selbst hatte die Aufgaben meines Vorgängers übernommen und bin dadurch in den Schulausschuss geraten. Ich habe mich nach meinen Interessen aber dann in einigen weiteren Bereichen zur Verfügung gestellt.

Albert Bleistein war Ingenieur bei der Firma Triumph und vor 1933 Reichsbannerführer gewesen; später war er im Katastrophenschutz tätig. Franz Schlosser war Installateur und Heimatvertriebener aus Breslau, wohnte in einer Baracke in der Flüchtlingssiedlung Langwasser und setzte sich besonders für den Aufbau dieses Stadtteils ein und war später im Aufsichtsrat der WBG. Er war kein guter Redner und in seinen Formulierungen ein sehr einfacher Mann, aber was er zu Ende gedacht hatte, war sehr brauchbar. Simon Beyerlein war Eisenbahner und besonders im Personalwesen beschlagen und hat nicht immer zur reinen Freude des Personalreferenten argumentiert. Thomas Kolb kam aus Reichelsdorf und war Baumeister und Bauführer. Heinrich Forstmeier war bei der Eisenbahn. Hans Lorz aus Schweinau war sehr bodenständig und hatte ein Mechanikermeistergeschäft. Albert Gsänger war Schlotfegermeister; Karl Widmayer war kaufmännischer Angestellter und wurde später Referent; Andreas Staudt war damals Amtsdirektor. Er war von den Nationalsozialisten verfolgt gewesen, da er ein führender Reichsbannermann im Deutschen Reich gewesen war. Er kam gleich nach 1945 wieder zur SPD und engagierte sich sehr aktiv für das Sozialwesen, später wurde er Schulreferent. Rudolf Bär lebt ja noch und ist inzwischen über 90 Jahre alt. Er war bei der MAN und als Betriebsrat sehr mit dem Betrieb verwachsen und kannte die Sorgen und Nöte seiner Kollegen. Otto Krug war Lehrer; Aloisia Stöger war eine Hausfrau aus Zabo, ein gemütliche Dame, aber wenn sie etwas gesagt hat, hat es »gefleckt«. Sie hat für die Frauen in Nürnberg etliche Lanzen gebrochen, z.B. öffentliche Toiletten für die Damen. Eines ihrer Argumente war: Ihr Männer könnt Euch ja an die Ecke stellen, aber wenn wir uns an die Ecke stellen, ist es schlecht. Sie war sehr stark im sozialen Bereich verankert. Herbert Jarosch war Schlosser und Heimatvertriebener aus Schlesien. Fritz Vogel war Angestellter und wurde später bei den Städtischen Werken Sekretarius bei Ipfelkofer, später leitete er die Werke selbst. Hans Dillinger kam aus der Gartenstadt, war Angestellter und im Nationalsozialismus verfolgt gewesen.

Über die politischen Gegner im Stadtrat kann ich nicht allzuviel sagen. Aber eines darf ich feststellen: Wir hatten kein Freund-Feind-Verhältnis sondern einen guten menschlichen Kontakt. Wir verstanden uns als Stadträte vor allem als Vertreter der Nürnberger, aber nicht einer Partei oder der Interessen Einzelner.«

Adolf Goßler,
SPD-Stadtrat 1951–1972

WIEDERAUFBAU

NÜRNBERG *weiter voran*
durch SOZIALDEMOKRATEN!

SPD FÜR ALLE

FÜR WEN?

SU

SPLITTERPARTEIEN

RATHAUS

LISTE **1**

Wahlplakate des erfolgreichen Wahlkampfes im Jahr 1952: Mit ganzen 24 Stadtratssitzen geht die SPD in Führung gefolgt von der CSU als zweitgrößter Fraktion mit lediglich neun Sitzen.

Vereidigung der Nürnberger Stadträte unter Otto Bärnreuther, Fotografie 1950er Jahre.

Auf dem ›Nürnberger Weg‹

Konsolidierung des städtischen Gemeinwesens

1956–1972

Auf dem Nürnberger Weg
Kontinuität und erster Generationenwechsel

Beim Versuch einer Periodisierung der Stadtratstätigkeit in der Nachkriegszeit bietet die Kommunalwahl im Jahr 1956 eine erste Zäsur: Nach nun elf Jahren sozialdemokratisch geprägter Nachkriegspolitik waren die Grundsteine des Wiederaufbaus gelegt. Zeichnete sich diese erste Phase bis Mitte der 1950er Jahre vor allem durch ein intensives Miteinander der verschiedenen Parteien im Rathaus aus, so wurde mit der Kommunalwahl 1956 der Grundstein für eine stärker ideologisch geprägte Rathauspolitik gelegt. Ein Stadtratsalltag, der bis dahin weitgehend ohne grundlegende Kontroversen auskam, wurde in den folgenden Jahren von immer leidenschaftlicheren, parteilich motivierten Auseinandersetzungen abgelöst. Schon in den 1950er Jahren hatte dabei längst begonnen, was von Sozialdemokraten später stolz als ›Nürnberger Weg‹ bezeichnet wurde.

Bei einer Wahlbeteiligung von immerhin 70% konnte die SPD 1956 mit 47,7% der Stimmen die Anzahl ihrer Sitze im Stadtrat von 24 auf 25 erhöhen. Eine neue Entwicklung, die sich damals erstmals deutlich zeigte, war die anwachsende Akzeptanz der christsozialen Partei, die sich bis ins Jahr 1978 kontinuierlich steigern sollte. Hatte die CSU 1952 nur neun Sitze im Stadtrat, so konnte sie sich durch das Wahlergebnis von 25,6% im Jahr 1956 bereits 14 Sitze sichern. Hierdurch fanden sich die SPD-Stadträte erstmals einer spürbaren Oppositionspartei im Rathaus gegenübergestellt. Diese neue Konstellation führte in den folgenden Jahren zu lebhaften Diskussionen im Stadtrat und letztlich zur Schärfung des Parteiprofils.

Auch ein erster Generationenwechsel in der SPD-Stadtratsfraktion hatte Veränderungen zur Folge: Bis dahin war die Fraktion vor allem von Vertretern des alten sozialdemokratischen Milieus wie August Meier oder Julius Loßmann geprägt. Nun wurden einige junge Stadträte neu in die Fraktion gewählt. Neben Rolf Mader, Hans Wagner oder Hanna Buchner waren dies der 25jährige Willy Prölß, der elf Jahre lang der jüngste Stadtrat Nürnbergs bleiben sollte oder Franz Kaiser, der bereits seit 1952 Stadtratsmitglied war.

Nach dem plötzlichen Tod Otto Bärnreuthers im Jahr 1957 wurde der bisherige berufsmäßige Stadtrat Andreas Urschlechter nach längeren innerparteilichen Auseinandersetzungen – auch Franz Haas wurde als Kandidat nomi-

KONSOLIDIERUNG

**Lina Ammon
(1889–1969)**

Die gebürtige Nürnbergerin Lina Ammon war eine der bedeutenden Vertreterinnen der Arbeiterinnenbewegung in Bayern. Nach dem Besuch der Volksschule war sie in verschiedenen Bleistiftfabriken Nürnbergs tätig und trat 1910 der SPD bei. Schon zehn Jahre später errang sie nach einer regen Tätigkeit als Armenrätin, Beisitzerin des Mieteinigungsamtes und SPD-Bezirksvorsteherin ein Mandat im Bayerischen Landtag. Lina Ammon gehörte dem Parlament insgesamt vier Legislaturperioden bis zum Jahr 1933 an. Die resolute Politikerin wurde bereits zu Beginn der 1920er Jahre Mitglied des Bezirksvorstandes der nordbayerischen SPD und Vorstandsmitglied der Bayern-SPD.

Auch im Nürnberger Unterbezirk gehörte Lina Ammon als Vorstandsmitglied zur Führungsspitze der Parteiarbeit. Während des Nationalsozialismus zählte sie zu einem Zirkel von Kommunisten und Sozialdemokraten, die sich zum Informationsaustausch im Tabakladen des ehemaligen Landtagsabgeordneten Franz Xaver Büchs trafen. Als politisch Verfolgte wurde Lina Ammon während des Nationalsozialismus mehrmals inhaftiert.

Nach 1945 zog sie erneut in den Bayerischen Landtag ein. Nachdem sie sich bereits 1946 einen Sitz im ersten gewählten Nachkriegsstadtrat gesichert hatte, schied sie kurz darauf wegen eines Mandats in der verfassunggebenden bayerischen Landesversammlung aus. Dem Nürnberger Stadtrat gehörte sie schließlich von 1948 bis 1960 ohne Unterbrechung an. 1962 wurde ihr Engagement für die Stadt mit der Nürnberger Bürgermedaille gewürdigt. Heute erinnert die Lina-Ammon-Straße in Langwasser an die Politikerin.

Oscar Schneider gratuliert August Meier, der von 1919 bis 1933 und von 1946 bis 1960 als Stadtrat in Nürnberg tätig war, zur Ehrenbürgerwürde, Fotografie 1965.

niert – von der SPD-Fraktion zum Oberbürgermeisterkandidaten benannt und mit 57% der Stimmen gewählt. Der damals 38jährige Verwaltungsfachmann war somit jüngster Oberbürgermeister der Bundesrepublik. Mit seiner Nominierung entschied sich die Fraktion bewusst für einen Vertreter der jüngeren Generation. Andreas Urschlechter, der insgesamt dreißig Jahre lang als Oberbürgermeister in Nürnberg tätig war, wurde bis zu seinem Parteiaustritt im Jahr 1982 zum Symbol einer kontinuierlichen, sozialdemokratisch bestimmten Kommunalpolitik Nürnbergs, die bis in die 1990er Jahre als ›rote Stadt‹ galt und dies 2002 auch wieder werden sollte.

Dieser erste Generationenwechsel innerhalb der SPD-Fraktion verlief, verglichen mit dem stärkeren Bruch im Jahr 1972, sanft. Der Wechsel beschränkte sich lediglich auf einen kleinen Teil der Fraktion, der zudem nicht in grundsätzliche Opposition zu den altgedienten Stadträten trat. Eine ausgleichende Funktion nahm der 1957 zum Zweiten Bürgermeister bestimmte Franz Haas ein, der sich intensiv um ein gutes Einvernehmen innerhalb der Fraktion bemühte. Das Amt des Fraktionsvorsitzenden ging 1960 von August Meier auf

Generationenwechsel an der Fraktionsspitze: Willy Prölß wird Fraktionsvorsitzender

»1960 war dann August Meier schon weit über 70 und man dachte in der Fraktion über eine Verjüngung nach. Ursprünglich hatte man den Stadtrat Franz Kaiser im Auge, der lange auch Parteisekretär gewesen war. Kaiser war gelernter Bäcker, ein sehr eloquenter Mensch, hatte sehr viel für seine eigene Fortbildung getan.

Die Stadt Nürnberg hatte ja damals die Zeche Monopol im Ruhrgebiet zur Hälfte erworben; Ipfelkofer als Generaldirektor der Städtischen Werke ging es dann darum, dass es vor Ort eine Art städtischen Aufpasser gab. Daher wurde Kaiser dann zum wohlbestallten Bergwerksdirektor – eine erstaunliche Karriere, die heute in dieser Form sicher nicht mehr möglich wäre. Nun stand man wieder vor der Frage, wer die Fraktion führen sollte – mit der damaligen absoluten Mehrheit bedeutete dies natürlich auch, dass die Entscheidungen in der Fraktion im Rat mehrheitsfähig waren.

Man dachte zeitweise an Widmayer, der aber zu stark im gewerkschaftlichen Bereich verankert war, auch vom zeitlichen Aufwand her. Ich war zu dieser Zeit bei der Gewerkschaft HBV als Geschäftsführer – so bin ich dann ins Gespräch gekommen.

Ich war damals als 29jähriger nicht so begeistert, ich wollte mehr die Konfrontation üben und mal eine andere Position beziehen, was man als Fraktionsvorsitzender, wenn man selbst die Verantwortung hat, natürlich nicht mehr in dem Umfang machen kann. Ich habe mich dann aber doch bereiterklärt und das Amt von 1960 bis 1972 ausgeübt.«

Willy Prölß,
SPD-Fraktionsvorsitzender 1960–1972
und Bürgermeister 1972–1996

Käthe Reichert
(1907-1983)

Käthe Reichert stammte aus einer sozialdemokratisch geprägten Nürnberger Familie. Sie war selbst zunächst als Hausfrau und Mutter tätig, bis sie sich mit 41 Jahren der Kommunalpolitik widmete. Bereits seit 1928 SPD-Mitglied, engagierte sich Käthe Reichert in Nürnberg vor allem als Sozialpolitikerin. 1948 wurde sie in den Stadtrat gewählt, dem sie insgesamt 30 Jahre, davon viele Jahre als Mitglied des Fraktionsvorstandes, angehörte. Ihre langjährigen Erfahrungen als Pflegerin des Jugendamtes und der städtischen Krankenanstalten sowie als Mitglied des Sozial-, Schul- und Kulturausschusses machten sie zur sozialpolitischen Sprecherin der Fraktion. Auch außerhalb der Stadtratsfraktion widmete sie sich als Vorsitzende des Kreisverbandes der Arbeiterwohlfahrt der Gesundheitsfürsorge. Käthe Reichert übernahm den Vorsitz des in den 1950er Jahren gegründeten ›Landesarbeitsausschuss Frauenhilfe‹ der AWO, der sich in der Mütterhilfe engagierte.

Ihre sozialpolitischen Verdienste wurden durch die Verleihung der Nürnberger Bürgermedaille und des Bayerischen Verdienstordens sowie durch den Ehrenvorsitz der Arbeiterwohlfahrt gewürdigt. 1983 wurde ein Altenheim im Stadtteil St.Johannis nach ihr benannt.

Willy Prölß über, der auch in seiner Amtszeit sehr bemüht war, unterschiedliche Strömungen innerhalb der Fraktion zu integrieren.

Das geschlossene Auftreten und die immer stärkere Profilbildung einer sozialdemokratischen Kommunalpolitik, bei der die soziale Komponente im Vordergrund stand, hatten Erfolg. Dies spiegelte sich in den Ergebnissen der Kommunalwahlen, bei der sich die SPD bis zu ihrem Höhepunkt im Jahr 1972 stetig steigern konnte: Die Wahlergebnisse der SPD-Stadtratsfraktion stiegen von 46,5% im Jahr 1956 auf 51,8% im Jahr 1960 an, fielen 1966 mit 51,3% zwar leicht

Berufsmäßige Stadträte 1956

»Urschlechter hat seine Sache als Wiederaufbaureferent dann auch wirklich gut gemacht. Das hing auch damit zusammen, dass 1956, als ich in den Stadtrat kam, das Referentenkollegium etwas durchwachsen war: Wenn ich an den Rechtsreferenten Thieme denke: sehr liebenswürdig, aber sehr schwach. Urschlechter mit seinen guten Sachvorträgen hob sich davon natürlich ab. Zitzmann war ein guter Kämmerer, aber ein sehr spröder und unnahbarer Typ. Schmeißner als Baureferent stand über allem. Sozialreferent Marx galt als großer, kompetenter Fachmann in der Bundesrepublik, aber er war rhetorisch unmöglich – er war ja schon in der Weimarer Republik sehr anerkannt. Er ist ja dann im Zusammenhang mit dem Y-Bau ausgeschieden, sein Nachfolger als Sozialreferent wurde dann Dr. Thoma. Marx war aus meiner Sicht ein etwas schwieriger Mensch und eine Art Alleingänger.«

Willy Prölß,
SPD-Fraktionsvorsitzender 1960-1972
und Bürgermeister

Neulinge im Stadtrat 1956

»Das waren halt die Aufsässigen, gemessen an August Meier. Der kam nämlich aus einer ganz anderen Ecke. Und Willi Prölß – das darf man nicht vergessen – ist ein Mann, der ein Leben lang an sich gearbeitet hat. Er hatte ja nur die Volksschule absolviert, aber was der alles weiß! Ich habe ihn einmal im Skiurlaub erlebt, als er eine »Geschichte Bayerns« gelesen hat. Wer macht denn so etwas schon freiwillig? Aber er blieb dran. Er ist ein Autodidakt, und zwar mit großem Durchsetzungsvermögen. Damals war es ja so, dass der Fraktionsvorsitzende die Linie in der Fraktion vorgab.«

Walter Schatz, Journalist

Willy Prölß
(*1930)

Willy Prölß, der mit seiner 40jährigen Stadtratstätigkeit bis heute den Nürnberger Rekord hält, stammt aus einem stark sozialdemokratisch geprägten Nürnberger Elternhaus. Vater wie auch Großvater waren im Nationalsozialismus politisch verfolgt worden.

Bereits als 15jähriger wurde Willy Prölß Mitglied der Sozialistischen Jugend Deutschlands – Die Falken, zwei Jahre später Mitglied der SPD. Nach seiner Lehre als kaufmännischer Angestellter in der Bleistiftfabrik Staedtler übte er von 1948 bis 1960 verschiedene gewerkschaftliche Funktionen aus, wie die Geschäftsführung der Gewerkschaft HBV oder der Kulturgemeinschaft im DGB.

1956 wurde er, nachdem er gerade mit 25 Jahren das passive Wahlrecht erlangt hatte, in den Stadtrat gewählt. Schon vier Jahre später wurde er Fraktionsvorsitzenden. Dieses Amt übte er bis 1972 aus, als er zum Zweiten Bürgermeister ernannt wurde. Von 1969 bis 1985 war er zeitgleich Vorsitzender der SPD in Nürnberg.

1996 zog sich Willy Prölß offiziell aus der Kommunalpolitik zurück, engagiert sich aber weiterhin im Verein für Geschichte der Stadt Nürnberg, dem Verein der Tiergartenfreunde oder bei der Fußball-WM im Jahr 2006. 1997 wurde er zum Ehrenbürger der Stadt ernannt.

zurück, erlangten 1972 dann aber das bislang einmalige Ergebnis von 56,6%. Da sich in diesem Jahr aufgrund zahlreicher Eingemeindungen die Gesamtsitze im Stadtrat von 50 auf 70 erhöhten, konnten die Sozialdemokraten ganze 39 Sitze besetzen. Bei dieser Erfolgsbilanz wird allerdings häufig übersehen, dass die CSU als junge Partei einen beachtlichen Aufstieg verzeichnete. Auch wenn zu diesem Zeitpunkt die absolute Mehrheit der SPD noch nicht bedroht war, deutete sich mit dem Sprung von 14 auf 25 Stadtratsmandaten im Jahr 1972 die zukünftige Konkurrenz durch die CSU bereits an.

Umso verständlicher erscheint der christsoziale Unmut über die Dominanz der SPD in den städtischen hauptberuflichen Ämtern. 1957 wurden die Bemühungen der CSU-Fraktion, bei der Wahl des Zweiten Bürgermeisters berücksichtigt zu werden, nach einer 75minütigen Redeschlacht niederge-

KONSOLIDIERUNG

So schön kann die Tätigkeit im Stadtrat sein: Laternen der Kinder der Volksschule St. Leonhard weisen dem Stadtrat den Weg durch die Sitzung, Fotografie der Stadtratssitzung am 20. Dezember 1962.

In der letzten Sitzung des Jahres 1956 wurde der Stadtrat mit einem Lichterzug überrascht, den Schulkinder organisiert hatten. Im Bild Oberbürgermeister Dr. Otto Bärnreuther (links) und Bürgermeister Julius Loßmann (rechts).

Koalition – Ja oder Nein?

»Es war dann auch immer die Frage, ob man trotz der Mehrheit der SPD so etwas wie eine Koalition bilden sollte. Diese These hat Willy Prölß verfochten; er hat immer gesagt: ›Das muss man rechtzeitig machen, die sollen dann Referenten kriegen, Verantwortung usw.‹ Wir Jüngeren waren aber sehr dagegen, weil wir gemeint haben, da wird Politik verwässert und man soll doch lieber klar zeigen oder sagen, wer was will. Damals konnten wir uns auch durchsetzen. Ich glaube, Willy Prölß hat das nicht so recht verstanden, er hätte es gerne anders haben wollen.«

Rolf Langenberger, SPD-Stadtrat 1966–1970

schlagen und der Posten mit Franz Haas besetzt. Seit der Wahl der berufsmäßigen Stadträte 1969 war auch die Nürnberger Referentenriege in rein sozialdemokratischer Hand: Der neu eingesetzte Sozialdemokrat Otto-Peter Görl löste den parteilosen Baureferenten Heinz Schmeißner ab und Dr. Hans-Georg Schmitz wurde als Kämmerer Nachfolger von Dr. Georg Zitzmann. Dazu waren zu diesem Zeitpunkt Dr. Max Thoma als Sozialreferent, Dr. Richard Sauber als Rechtsreferent, Dr. Hermann Glaser als Schul- und Kulturreferent, der Gewerkschafter Karl Widmayer als Personalreferent und Dr. Wilhelm Doni als Wirtschaftsreferent tätig. 1967 war in der SPD-Fraktion noch in Erwägung gezogen worden, dem Drängen der CSU als zweitstärkster Fraktion nach einem Referentenposten zuzustimmen. Die Stadtspitze erhoffte sich von einem solchen Schachzug, sich gegenüber der christlich-sozialen Landesregierung einen besseren Stand zu verschaffen. Allerdings konnte sich hier der Unterbezirk mit heftigen Einwänden durchsetzen.

Mit der Referentenwahl 1969 waren alle Referate mit Sozialdemokraten besetzt (von links nach rechts): Der wiedergewählte Personalreferent Karl Widmayer, der neu amtierende Oberbaudirektor Otto Peter Görl, der neu gewählte Stadtkämmerer Dr. Hans-Georg Schmitz, der ebenfalls wiedergewählte Hermann Glaser neben dem SPD-Fraktionsvorsitzenden Willy Prölß.

Eine Art ›Knigge‹ für städtische Mitarbeiter, der zu Beginn der 1970er Jahre vom Personalreferat der Stadt Nürnberg herausgegeben wurde, avancierte zum Bestseller und wurde insgesamt 429 mal aus dem In- und Ausland nachgefragt. Auszug aus der Broschüre ›7 Regeln für den Umgang mit dem Bürger‹.

Franz Haas
(1904–1989)

Der in Kornhöfstadt im Landkreis Neustadt an der Aisch/Bad Windsheim geborene Schriftsetzer Franz Haas kam nach dem Ersten Weltkrieg nach Nürnberg, war dort bei unterschiedlichen Zeitungen tätig und engagierte sich in der Sozialistischen Arbeiterjugend wie auch in der Kinderfreundebewegung, dem Vorläufer der ›Falken‹. Während des Nationalsozialismus war Franz Haas als Verbindungsmann des SPD-Parteivorstands im Prager Exil als Vertrauensmann im Stadtteil Gleißhammer tätig. Aufgrund der Verbreitung verbotenen Schriftmaterials wurde er schließlich mit 150 weiteren Angeklagten zu einer Gefängnis- und ›Schutzhaft‹-Strafe im KZ Dachau verurteilt.

Nach dem Zweiten Weltkrieg war Franz Haas zunächst im Nürnberger Arbeitsamt beschäftigt und wurde 1946 mit einem Mandat in der verfassunggebenden Bayerischen Landesversammlung und im Bayerischen Landtag betraut. Von 1953 bis 1957 war er Mitglied des Bundesvorstandes der SPD. Ab 1957 verlagerte er seine politische Aktivität vollständig nach Nürnberg und war bis 1968 als Vorsitzender des SPD-Unterbezirks und bis zu seinem Ruhestand im Jahr 1972 als Zweiter Bürgermeister tätig. Dazu übte er zahlreiche Ehrenämter beispielsweise im Deutschen und Bayerischen Städtetag oder im Mittelfränkischen Städteverein aus.

Die Stadt Nürnberg würdigte seine Tätigkeit durch die Verleihung der Bürgermedaille und durch eine Straßenbenennung im Stadtteil St. Jobst im Jahr 1994.

Dr. Andreas Urschlechter als Oberbürgermeisterkandidat der SPD 1957

»Nach dem plötzlichen Tod Otto Bärnreuthers 1957 musste dann die Frage entschieden werden, wer Oberbürgermeister werden sollte. Da gab es einmal die Strömung Haas, aber das hat einigen Jüngeren nicht so gefallen, wir wussten ja, dass Bärnreuther die Wahl relativ knapp entschieden hatte und wir hatten bei Haas deshalb Zweifel, ob er die Mehrheit würde gewinnen können. Die FDP äußerte in einem Gespräch, dass sie Haas nicht unterstützen würde.

Damals war im Stadtrat noch Ludwig Eichhorn, der ja später in den Landtag gewählt wurde. Er war ein persönlicher Freund von mir. Wir Jüngeren waren der Meinung, wir brauchen einen Verwaltungsfachmann und eine junge dynamische Kraft, die an die Spitze so einer Stadt gehört und deren Geschicke lenkt.

(...) Wir waren dann der Meinung, wir sollten den Wiederaufbaureferenten Dr. Urschlechter nehmen, ich habe mich dann sehr stark für ihn engagiert. (...) Wir waren der Meinung, an der Spitze einer Stadt sollte wieder ein Jurist stehen, zumal Ziebill auch Jurist gewesen war und an der Stadtspitze stand. Es sollte wieder jemand mit Verwaltungserfahrung sein. Deshalb habe ich gemeinsam mit Eichhorn dann in der Partei um Urschlechter gekämpft.

Martin Albert – auch ein sehr guter Freund von mir – stand damals an der Seite von Haas. (...) Es war durchaus ein Riss zwischen Freunden, die einen waren für Haas, die anderen für Urschlechter.«

Willy Prölß, SPD-Stadtrat seit 1956

Dr. Andreas Urschlechter (*1919)

In Nürnberg geboren, besuchte Andreas Urschlechter das Melanchthon-Gymnasium und studierte im Anschluss daran Jura an der Friedrich-Alexander-Universität in Erlangen.

1946 trat er in die Dienste der Stadt ein und übernahm die stellvertretende Leitung des Referats für Wiederaufbau. 1955 wurde er berufsmäßiges Mitglied des Stadtrats als Amtsdirektor für Wiederaufbau-, Wohnungs- und Grundstücksverwaltung. Nach dem Tod Otto Bärnreuthers trat Andreas Urschlechter 1957 seine Nachfolge an.

Andreas Urschlechter gilt als Politiker der Superlative: Bei seinem Amtsantritt als Oberbürgermeister war er mit 38 Jahren der jüngste, als er 1987 aus Altersgründen nicht mehr kandidierte, der älteste Oberbürgermeister der Bundesrepublik. Andreas Urschlechter wurde ganze fünfmal als Oberbürgermeister wieder gewählt und erzielte im Jahr 1969 das bis heute unerreichte Wahlergebnis von 67% aller Stimmen.

Von 1957 bis 1987 war Andreas Urschlechter als Aufsichtsratsvorsitzender der Wohnungsbaugesellschaft der Stadt Nürnberg (wbg) an der Konzipierung und dem Aufbau Langwassers beteiligt. In dieser Zeit wurden auch das Messezentrum im Süden der Stadt und die Meistersingerhalle neu errichtet. Besonderes Augenmerk legte er auf die Verbesserung der Verkehrsinfrastruktur, wie den Bau der U- und S-Bahnen sowie des Rhein-Main-Donau-Kanals.

1982 trat Andreas Urschlechter nur wenige Monate nach dem letzten Wahlsieg, der von der Nürnberger SPD intensiv unterstützt wurde, überraschend aus der SPD aus, da er sich nicht mehr mit deren Politik identifizieren konnte oder wollte. Dieser Schritt hinterließ bis heute in der Fraktion viel Unverständnis. Er übte die Legislaturperiode des Oberbürgermeisters als Parteiloser bis zum Ende 1987 aus und erhielt nach seinem Ausscheiden die Ehrenbürgerwürde der Stadt Nürnberg wie auch – auf eigenen Wunsch – den Titel ›Altoberbürgermeister‹ verliehen.

Großbauprojekte und kulturelle Innovationen
Neue Themen in der Zeit des Wirtschaftswunders

Die 1950er Jahre waren eine beispiellose, von Extremen geprägte Umbruchzeit: Die letzten Schuttberge der zerstörten Stadt wurden weggeräumt, die Spruchkammern aufgelöst und Lebensmittelkarten, die noch vor wenigen Jahren den Alltag bestimmten, wurden von Konsumrausch und dem Wunsch nach leichterer Lebensart abgelöst. Immer deutlicher trat die Konsumorientierung in den Vordergrund: 1955 eröffnete das Quelle-Warenhaus an der Fürther Straße, 1959 die Filiale des C&A am Weißen Turm. Die 1952 erstmals unter dem Titel ›Die Einkaufstasche‹ durchgeführte Nürnberger Verbrauchermesse entwickelte sich im Laufe der Jahre zu einem immer stärkeren Besuchermagnet und lockte 1970 unter dem Titel ›Consumenta‹ stolze 98.000 konsumfreudige Besucher an. Der beginnende Wirtschaftsaufschwung, der in Nürnberg neben der Industrie vor allem vom Bauboom getragen wurde, schuf neue Arbeitsplätze, regelmäßige Einkünfte und die Möglichkeit, Luxusgüter zu erwerben und den Begriff der ›Freizeit‹ mit neuem Leben zu füllen.

Natürlich wirkte sich dies auch auf die Tätigkeit der Stadtverwaltung aus: Ein Symbol für die neue gesellschaftliche Situation war der Stadtratsbeschluss eines Vorprojektes der Müllverbrennungsanlage im Dezember 1960. Die Frage, wie man auch aus dem kleinsten Rest etwas Brauchbares gewinnen konnte, war nun der Problematik der Entsorgung des Wohlstandsmülls gewichen.

Boomende Industrie sowie das stark ansteigende Verkehrsaufkommen durch Automobile machten den Ausbau der Verkehrsinfrastruktur nötig. Bereits in den 1950er Jahren wurden zahlreiche Maßnahmen unternommen, um das Verkehrschaos in der Altstadt zu beheben, das allerdings erst in den 1970er Jahren mit der Einrichtung einer Fußgängerzone und der Ausgrenzung des Autoverkehrs aus weiten Teilen der Altstadt in den Griff bekommen wurde. In den 1960er Jahren galt in der Verkehrspolitik noch als oberstes Ziel, autogerechte Verkehrswege zu schaffen. Die ideologischen Forderungen einer ›autofreien‹ Zone waren in diesen Jahren schlicht undenkbar. So floss die Energie der Stadtverwaltung in den 1960er Jahren in umfangreiche Straßenbaupläne, die vom Oberbürgermeister Andreas Urschlechter, gleichzeitig amtierender Vizepräsident der Deutschen Straßenliga, forciert wurden. Bereits 1959 wurde der Ausbau des Frankenschnellwegs begonnen, dessen erstes Teilstück zwischen Kurgartenstraße und Jansenbrücke 1967 eingeweiht wurde. Mit dem 1964 gefassten Beschluss für den Wöhrder Talübergang und für die Umgestaltung des Plärrers zu einer Art Kreisverkehr sowie dem Bau des Mittleren Rings wurden weitere Verkehrsprobleme ersten Ranges angegangen. Zentrale Bedeutung im Bereich der Verkehrsinfrastrukturplanung hatten neben dem staatlich geförderten Autobahnan-

Gründung von Ausschüssen

»Als ich 1960 Vorstand wurde, habe ich begonnen Arbeitsgruppen einzurichten, gegliedert in etwa nach den Ausschüssen. Alle Leute, die im Bauausschuss tätig waren, bildeten dann die Arbeitsgruppe Bau und mussten dann die entsprechenden Vorlagen für die 14-tägigen Fraktionssitzungen vorbereiten. Durch die Fülle der Themen war es nicht mehr möglich, jeden Vorgang in der Plenarsitzung durchzugehen. Es gab immer den Punkt Berichterstattung über die anderen Ausschüsse, z.B. um Bau- und Schulausschuss besser zu verzahnen. Ins Plenum kamen also nur die wichtigsten Fragen. Dieses Schema ist ja auch bis heute beibehalten worden.«

Willy Prölß, SPD-Fraktionsvorsitzender 1960–1972

Die Etablierung der Internationalen Spielwarenmesse in Nürnberg, hier noch auf dem alten Messegelände an der Bayreuther Straße, war ein wichtiger Schritt für den wirtschaftlichen Aufschwung der Stadt in der Nachkriegszeit. Fotografie 1960er Jahre.

schluss Nürnbergs auch die Planungen des 1965 vom Stadtrat fast einstimmig beschlossenen U-Bahnbaus, die Eröffnung des Flughafens im Jahr 1955 sowie die Planungen des Nürnberger Hafens, mit dessen Bau 1966 begonnen wurde.

Im Juni 1957 fanden die zwei großen Bauprojekte der Nachkriegszeit Zustimmung im Stadtrat: Insgesamt elf Millionen D-Mark sollten bis 1959 in den Bau eines neuen Großmarktes in Gaismannshof und drei Millionen D-Mark in den Bau des so genannten Y-Baus fließen, der als Chirurgie-, Strahlen- und Bäderbau das Klinikum in der Flurstraße ergänzen sollte.

Eine Entscheidung von größerer Tragweite fiel 1958 im Stadtrat mit dem Beschluss der Umgründung der Städtischen Werke. Bis zum Jahr 1960 wurden daraufhin mit den Städtischen Werken Nürnberg (StWN GmbH), der Energie- und Wasserversorgung (EWAG) und der Verkehrs AG (VAG) drei Eigengesellschaften gegründet. Im ›Nürnberger Modell‹, das mit Interesse auch von anderen Kommunen wahrgenommen wurde, waren EWAG und VAG als Tochtergesellschaften für den Mutterbetrieb StWN tätig. Im Rahmen dieser Umgründung wurde das Referat ›Eigenbetriebsverwaltung‹ aufgelöst und die städtischen Referate auf sieben reduziert. Die Mitbestimmung der Kommunalpolitik wurde durch Sitze des Oberbürgermeisters und des Stadtrats im Aufsichtsrat der Werke gesichert.

Waren kultur- und freizeitpolitische Entscheidungen im Nürnberg der 1950er Jahre noch von klassischen Wiederaufbauarbeiten wie der Eröffnung der Stadtbibliothek und des Stadtarchivs im Pellerhaus im Dezember 1957, der Einrichtung eines Altstadtmuseums im Fembohaus 1953 oder der Einrichtung von West- und Südbad geprägt, so zeigten die Entwicklungen der 1960er Jahre deutlich mehr Profil: Mit der 1963 eingeweihten Meistersingerhalle sollte ein ›kultureller Mittelpunkt einer regen Stadt‹ geschaffen werden, 1967 wurde mit dem modernen Neubau der Norishalle ein Ort für Ausstellungen eröffnet. Als 1964 der streitbare Hermann Glaser sein Amt als Schul- und Kulturreferent mit einer Kampfansage an den ›kulturellen Provinzialismus‹ antrat, erhielt das kulturelle Leben in Nürnberg neue Triebkraft. Die Forderung nach einem ›Bürgerrecht Kultur‹ und einer Soziokultur, durch die die Trennwände zwischen elitären Kultureinrichtungen und gesellschaftlichen Realitäten niedergerissen werden sollten, hatten in den 1970er Jahren die Gründung zahlreicher Kulturläden, Begegnungsstätten und Initiativen zur Folge.

Besonders nachhaltig und von identitätsstiftender Bedeutung bis in die Gegenwart waren die Kulturevents zum ›Dürerjahr‹ 1971 anlässlich des 500. Geburtstags des Künstlers, die ebenfalls maßgeblich von Hermann Glaser initiiert wurden. Nach langjährigen Planungen glänzte das Dürerjahr durch die

Hermann Glaser
(*1928)

Hermann Glaser wurde in Nürnberg geboren und war zunächst nach dem Studium der Germanistik, Anglistik, Geschichte und Philosophie in Erlangen und Bristol sowie einer Promotion über Hamlet in der deutschen Literatur im Schuldienst tätig.

Sein Amt als Schul- und Kulturreferent der Stadt Nürnberg, das er 1964 antrat, übte er bis 1990 aus und prägte die Nürnberger Kulturlandschaft durch zahlreiche innovative Ideen. Ebenfalls bis 1990 war er als Vorsitzender des Kulturausschusses des Deutschen Städtetages tätig.

Seit seinem Ausscheiden aus dem städtischen Dienst lehrt Dr. Hermann Glaser als Honorarprofessor an der Technischen Universität Berlin sowie als Gastprofessor an verschiedenen Hochschulen im In- und Ausland. Der Mann, dem »kein Fremdwort fremd« ist (Walter Schatz, NN), publiziert bis in die Gegenwart zu kulturgeschichtlichen, sozialwissenschaftlichen und kulturpolitischen Themen und ist Mitglied der Schriftstellervereinigung PEN.

Seine kulturpolitischen Verdienste wurden mit dem Waldemar-von-Knoeringen-Preis der Georg-von-Vollmar-Akademie, dem Schubart-Literaturpreis der Stadt Aalen sowie dem Großen Kulturpreis der Stadt Nürnberg gewürdigt.

Multimedia-Show ›Noricama‹ in der Kaiserstallung, in der der Prager Künstler Josef Svoboda den Künstler in Bezug mit dem historischen wie auch dem modernen Nürnberg setzte. Dazu zeigte das Germanische Nationalmuseum eine große Dürerschau und das ›Symposium Urbanum‹ brachte im September des Jahres für zwei Wochen lang internationale Bildhauer, Stahlplastiker und Objektbauer nach Nürnberg, die moderne Kunst im öffentlichen Raum vor den Augen der Nürnberger schufen. Dass die Nürnberger ›Kulturprovinz‹ nur ansatzweise bereit für diese moderne Form der Kunst war, zeigt der ›Nürnberger Finger‹ an der Kreuzung Marienbergstraße Ecke Flughafenstraße, der sogar mehrfach dem Kulturvandalismus zum Opfer fiel. Sicherlich war dies auch eine Reaktion

Symposium Urbanum

»Das Symposium Urbanum als großer internationaler Wettbewerb zum Dürer-Jahr hat zwar Aufsehen erregt, hat aber wenig Einfluss auf das Stadtbild genommen und nur ganz wenige Bürger erreicht. Die Nürnberger Bevölkerung war mit den aufgestellten Objekten überfordert, sie konnte damit nichts anfangen und kann es auch heute noch nicht. Die Kunstwerke sind im Stadtbild untergegangen, obwohl wir die Aktion in mühseliger Arbeit sehr sorgfältig vorbereitet hatten – gemeinsam mit diesen achtzehn oder zwanzig Künstlern, die wir ausgesucht und eingeladen hatten.«

Otto Peter Görl, Baureferent 1970–1990

Mit der Einrichtung einer Mecker-Ecke zeigte die Stadtspitze deutlich die Bereitschaft, die Bürger an ihrer Politik zu beteiligen, Fotografie 1972.

auf die hohen Kosten, die durch die von der Stadt finanzierten Künstlerpatenschaften für das Projekt anfielen. Mit dem im gleichen Jahr von Wirtschaftsreferent Wilhelm Doni initiierten Trempelmarkt und dem Altstadtfest, das auf eine Idee des Stadtrates Horst Volk zurückging, erhielt Nürnberg zusätzlich zwei Veranstaltungen, die heute aus dem Jahreszyklus der Veranstaltungen nicht mehr wegzudenken sind.

Mit Andreas Urschlechter wurde die Stadtspitze nun von einem Oberbürgermeister angeführt, der sich in den ersten Jahren seiner Dienstzeit in starkem Maß über seine Bürgernähe definierte. So steigerte sich die Anzahl der Bürgerversammlungen von acht Versammlungen im Jahr 1958 auf bis zu 15 Versammlungen in den Folgejahren. Bürgerversammlungen fanden nun im gesamten Stadtgebiet statt, und wurden von den Bürgern meist rege besucht und nicht selten bis spät in die Nacht zur Diskussion genutzt. Den Vorsitz führte in fast allen Fällen der Oberbürgermeister selbst. Auch der ›Tag der offenen Tür‹, der erstmals im Mai 1961 eingeführt wurde, war ein großer Erfolg und führte bis zu 50.000 Besucher in die städtischen Dienststellen.

Die heftigen politischen Auseinandersetzungen der 1960er Jahre gingen auch an Nürnberg nicht spurlos vorüber. So fand im Juni 1967 als Reaktion auf den Tod des von einem Berliner Polizisten erschossenen Benno Ohnesorg auch in Nürnberg ein studentischer Schweigemarsch statt. Im Juli 1967 war die Stadtverwaltung sogar mit der Geiselnahme einer Verwaltungssekretärin aus dem Nürnberger Rathaus konfrontiert, durch die die Freilassung des inhaftierten Kommunarden Fritz Teufel erzwungen werden sollte. Anlässlich der Kulturpreisverleihung im Januar 1967 kam es schließlich im Stadtrat zu heftigen Auseinandersetzungen. Anlass war die Nominierung des in Nürnberg aufgewachsenen Hans Magnus Enzensberger für den Kulturpreis der Stadt Nürnberg. Zum einen er-

KONSOLIDIERUNG

Der Jubiläumsparteitag zu 100 Jahren SPD fand 1968 in Nürnberg statt, Titel der Broschüre zum Parteitag 1968.

Der Bundesparteitag der SPD war begleitet von Protesten und Demonstrationen gegen die Notstandsgesetze, Fotografie 1968.

staunt aus heutiger Perspektive die große Aufregung im Stadtrat, waren doch immerhin ganze vier Jahre vergangen, seitdem der zeitkritische Querdenker mit dem renommierten Georg-Büchner-Literaturpreis bereits als gesellschaftsfähig erklärt wurde. Zum anderen ist die Tatsache, dass der Preis dennoch an Hans Magnus Enzensberger verliehen wurde, Zeichen der Durchsetzungskraft der Rathaus-Linken dieser Zeit.

Vor allem von Seiten des Kulturreferates gingen weitere zeitkritische Impulse aus: 1965 wurde in einer Ausstellung im Historischen Rathaussaal zum Konzentrationslager Auschwitz und in einer weiteren Ausstellung zum ›Schicksal der jüdischen Mitbürger in Nürnberg 1933-1945‹ eine erste Auseinandersetzung mit dem Nationalsozialismus unter der Bevölkerung angeregt. Auch die ›Nürnberger Gespräche‹, die erstmals 1965 mit dem Thema ›Haltungen und Fehlhaltungen‹ zum Diskurs über die Verbrechen des Nationalsozialismus aufriefen, setzten deutliche Zeichen, die von konservativer Seite aus stark kritisiert wurden. In Form von mehrtägigen Kongressen, die das Schul- und Kulturreferat gemeinsam mit dem Bayerischen Rundfunk und der Landeszentrale für politische Bildung durchführte, wurden bei den ›Nürnberger Gesprächen‹ bis 1969 aktuelle Themen wie die 68er-Bewegung oder politische Partizipation mit deutschlandweit renommierten Intellektuellen diskutiert.

Schon Ende der 1960er waren außerhalb der bis dahin weitgehend konservativen und an traditionellen Werten der Arbeiterbewegung orientierten Kreisen der Nürnberger Sozialdemokratie neue, von der Studentenbewegung motivierte Strömungen zu spüren: Im November 1968 wurde Nürnberg Schauplatz einer großen APO-Demonstration. Protest seitens der APO zeigte sich auch in Blockaden des öffentlichen Nahverkehrs mit der Forderung eines Nulltarifs für die Nutzung öffentlicher Verkehrsmittel. Der 1968 in Nürnberg durchgeführte SPD-Parteitag mit zahlreichen vehementen Gegendemonstrationen gegen die Große Koalition und die Notstandsgesetze zeigte par excellence die innerparteilichen Auseinandersetzungen der SPD, die auch in Nürnberg die Politik der 1960er und 1970er Jahre begleiteten.

Sozialdemokratie mit Profil
Auseinandersetzungen zwischen den Fraktionen

Gerade in den späten 1960er und in den 1970er Jahren traten die Fraktionsunterschiede zwischen CSU- und SPD-Fraktion deutlich zu Tage. Auch wenn häufig im Alltagsgeschäft der Kommunalpolitik parteiideologische Auseinandersetzungen vor praktischen Problemlösungen beispielsweise im Schul- oder Verkehrswesen in den Hintergrund traten, wurden die Gegensätze bei Themen im Kultur- oder Sozialbereich besonders deutlich. Nicht selten lieferten sich emotionale Redner wie Willy Prölß, der sich selbst als ›Antipode‹ zum CSU-Stadtrat Oscar Schneider bezeichnete, mit seinem Gegenüber hitzige und kompromisslose Redeschlachten. Da die CSU seit 1956 mit 14 Sitzen den Abstand zu den kleinen Parteien deutlich verringert hatte, begann bereits damals ein zähes Ringen um die Besetzung diverser Ämter. Dem SPD-Stadtrat Franz Haas gelang es im Mai 1957 erst nach einer 75minütigen Redeschlacht, zum Zweiten Bürgermeister gewählt zu werden, da die CSU als zweitgrößte Fraktion diesen Posten für sich beanspruchte. Auch nach der Neukonstituierung des Stadtrats im Jahr 1966 signalisierte die CSU deutliche Bereitschaft zu einer großen Rathauskoalition. Der SPD-Parteiausschuss lehnte im Dezember 1967 die Bildung einer großen Koalition ab und entschied sich für die

Zwei starke Persönlichkeiten und Redeführer für die jeweilige Fraktion: Willy Prölß (SPD, links) und Dr. Oscar Schneider (CSU, rechts) bei einer hitzigen Diskussion um die Auswirkungen des ›Weißen Kreises‹, Fotografie 1965.

Besetzung des Wirtschaftsreferates durch den Sozialdemokraten Wilhelm Doni und somit gegen den CSU-Stadtrat Dr. Oscar Schneider.

Die unterschiedlichen Haltungen der Fraktionen zeigten sich bereits deutlich bei Fragen wie der der Erhöhung der Gewerbesteuer.

Wie bereits angedeutet, entflammten viele grundsätzliche Auseinandersetzungen zwischen den Fraktionen an Vorschlägen des Schul- und Kulturreferenten Hermann Glaser. Nicht selten brachte er innovative und progressive Vorschläge ein und konnte diese mit viel Enthusiasmus und Überzeugungskraft auch durchsetzen. Doch verpuffte manche Idee, wie beispielsweise ein im Jahr 1970 konstituierter Jugendrat, der bereits im Jahr darauf wieder aufgelöst wurde.

Neben grundlegenden Gegensätzen in der Gestaltung des Schulwesens oder der Fußgängerzonendiskussion, die in den folgenden Jahren noch viele Sitzungsstunden im Stadtrat einnehmen sollte, erwies sich der Umgang mit dem kommunalen Krankenhauswesen als besonders parteipolitisch brisantes Thema. Inspiriert von Ideen Käte Strobels griffen die Nürnberger Jusos wie auch die SPD-Stadtratsfraktion die Forderung nach einem ›klassenlosen Krankenhaus‹ auf. Neben der gleichen Behandlung aller Patienten sollte dort, um Kosten zu sparen, die Trennung von ambulanter und stationärer Behandlung aufgehoben und Patienten nach Bedarf von Stationsärzten oder niedergelassenen Ärzten behandelt werden. Zwar konnten zahlreiche Fortschritte im Krankenhauswesen wie auch eine gleichwer-

KONSOLIDIERUNG

Mit der im Jahr 1971 im Rathaus eingerichteten ›Kommunalen Wohnungsvermittlung‹ griff die Stadtverwaltung einen Bürgerwunsch auf und schuf eine Möglichkeit für wirtschaftlich schwache Wohnungssuchende, unter Umgehung von Maklergebühren an Wohnraum zu gelangen. Das Modell wurde bald von weiteren Kommunen nachgeahmt, Fotografie 1970er Jahre.

tige Verpflegung der Patienten ohne Klassenunterschiede im Jahr 1972 durchgesetzt werden. Ein tatsächlich ›klassenloses Krankenhaus‹ sollte dennoch Utopie bleiben. Die größten Verdienste im Krankenhauswesen bestanden in den 1950er und 1960er Jahren im Wiederaufbau und der Modernisierung des Klinikums an der Flurstraße. Dazu wurden bereits Ende der 1950er Jahre die Überlegungen eines zweiten städtischen Krankenhauskomplexes in der Südstadt wieder aufgegriffen, die bereits in den 1920er Jahren angestellt worden waren. Allerdings sollte es noch bis 1986 dauern, bis es zur Grundsteinlegung für das ehrgeizige Projekt kam. Besonders bemerkenswert ist, dass die Neuerungen und der systematische Ausbau des Krankenhauswesens weitgehend ohne Hilfe des bayerischen Staates auskamen und allein auf die Initiative des Stadtrats zurückzuführen sind. Ein weiteres Anliegen der SPD-Fraktion bestand in der wissenschaftlichen Forschung und der Anbindung des Klinikalltags an universitäre Interessen. 1973 konnte sich Nürnberg mit dem ersten deutschen Lehrstuhl für Gerontologie brüsten und 1974 führte das jahrelange Ringen um eine eigene medizinische Fakultät zum Erfolg: Das städtische Klinikum wurde an den Lehrbetrieb der Universität Erlangen angeschlossen.

Pädagogische Innovationen im Schulwesen

Waren die Nachkriegsjahre vor allem davon geprägt, überhaupt Schulräume und einen annähernd geordneten Schulalltag zu ermöglichen, hielten seit dem Amtsantritt Hermann Glasers als Schulreferent im Jahr 1964 pädagogische Innovationen Einzug in der bis dahin im Bildungsbereich recht konservativen Frankenmetropole. Umstrittenstes Projekt im Schulwesen war die bereits seit 1965 von Hermann Glaser angedachte Modellschule, die in einem neu geplanten Gymnasium in Langwasser verwirklicht werden sollte. Die durch pädagogische Vorbilder in Skandinavien und den USA inspirierte Idee sah eine ›bewegliche Unterrichtsform‹ im Sinne klassenübergreifender Lehrmethoden mit gut ausgestatteten Fachräumen vor. Nach längerer Diskussion wurde dem Vorschlag im Januar 1967 gegen die Stimmen von CSU und NPD im Stadtrat zugestimmt. Im Laufe der Planungszeit, die sich bis zum definitiven Baubeginn noch bis 1976 ausdehnen sollte, wurde das Konzept maßgeblich verändert. Nach städtischem Vorschlag sollte die Schule als vollintegrierte Gesamtschule eingerichtet werden. In diesem Fall würden alle Schüler aus Hauptschule, Realschule und Gymnasium bis zur 10. Klasse gemeinsam unterrichtet. Nach der Ablehnung durch das bayerische Kultusministerium kam es mit einer ›Orientierungsstufe‹ der 5. und 6. Klasse lediglich zu einer Kompromisslösung. 1975 konnte in einem Behelfsbau der Unterricht aufgenommen werden. Nach einem aufwändigen Gestaltungswettbewerb und einer mehrjährigen Bauphase zog die Gesamtschule Langwasser 1977 in die neuen Räumlichkeiten um. Nach Auslaufen der 20jährigen Schulversuchsphase im Jahr 1992 wurden die staatlichen Mittel für den höheren finanziellen Aufwand einer Ganztagsschule gekürzt. Da die Schule nun allein aus kommunalen Mitteln finanziert werden musste, entschied der Stadtrat 1994 über notwendige Stellenkürzungen, die den Status einer ›freiwilligen Ganztagsschule‹ zur Folge hatten und somit die ursprüngliche Reformidee auf die Orientierungsstufe reduzierten. Seit 1998 geht die Bertold-Brecht-Gesamtschule als ›Partnerschule des Leistungssports‹ und UNESCO-Projektschule neue innovative Wege.

Weniger von pädagogischen Reformideen als vielmehr von neuen räumlichen Möglichkeiten geprägt waren die Veränderungen im Bereich des Berufsschulwesens: Mit dem Ausbau der neuen Messe im Süden der Stadt machte das alte Messezentrum an der Bayreuther Straße einem großzügigen

Die Bertolt-Brecht-Gesamtschule, 1992.

Neubau der städtischen Berufsschule im Stil der 1970er Jahre Platz.

Auch die Planungen zur Erweiterung des Johannes-Scharrer-Gymnasiums am Panierplatz aus den Jahren 1969/70 bewirkten heftige Diskussionen zwischen konservativen Kräften im Stadtrat und der Rathaus-Linken, die den vom Schul- und Kulturreferat vorgeschlagenen modellhaften Schulcharakter befürworteten. Trotz der Auseinandersetzungen über den modernen und funktionalen Baustil, wie über die konzeptionell notwendigen hohen Baukosten wurden die Planungen durchgesetzt und das Gebäude 1974 in Betrieb genommen.

Auch die Gründung des Pädagogischen Instituts der Stadt Nürnberg am 20. November 1965 zeigt den Stellenwert der Schulpolitik in der Stadt.

Sozialer Wohnungsbau

Obwohl von 1950 bis 1960 über 10.000 Wohnungen in Nürnberg errichtet wurden, war dies nicht ausreichend, die zahlreichen aus Nürnberg Evakuierten und Ausgebombten sowie die Vertriebenen und Flüchtlinge zu unterzubringen. Anfang der 1960er Jahre wurden immer noch zahlreiche Wohnprovisorien wie der Hirsvogelbunker, der allein 120 Bewohner beherbergte, genutzt. Bis in die 1970er Jahre blieb der soziale Wohnungsbau Hauptaufgabe der Nürnberger Stadtverwaltung.

Neben großen Wohnprojekten wie der 1961 eröffneten Parkwohnanlage Zollhaus oder der bis 1966 errichteten Parkwohnanlage West, deren insgesamt 1.200 Wohnungen vom ersten Lärmschutzwall Deutschlands geschützt wurden, sollte vor allem das ›größte Stadterweiterungsprojekt der Bundesrepublik‹ Nürnberg-Langwasser im Südosten der Stadt die Wohnungsnot langfristig beheben. Mit dem Bauprojekt, durch das ein völlig neuer Stadtteil für insgesamt 40.000 Einwohner geschaffen werden sollte, bekam der bis dahin praktizierte Wohnungsbau eine neue stadtplanerische Dimension. Das Projekt wurde bis 1972 etwa zur Hälfte verwirklicht.

Nachdem es bereits 1948 erste Überlegungen zur Bebauung des ehemaligen Reichsparteitagsgeländes gab, wurde schließlich 1954 die städtische Wohnungsbaugesellschaft vom Stadtrat auf Initiative des Wiederaufbaureferenten Andreas Urschlechter mit der Erstellung eines Gesamtbebauungsplans beauftragt. Infolge eines städtebaulichen Ideenwettbewerbs, den Fritz Reichel, Hermann Scherzer und Hermann Thiele für sich entschieden, kam es im März 1957 zur Grundsteinlegung. Bereits im Dezember desselben Jahres konnten die ersten Mieter in die entstehende ›Stadt im Grünen‹ einziehen.

Unter dem Motto ›Erst jedem eine, dann jedem seine Wohnung‹ wurden in Langwasser zunächst vor allem der Bau von Mietwohnungen forciert. Dazu wurden von Beginn an zahlreiche Reihenhäuser und Wohnbungalows als Eigenheim geplant, um eine soziale Durchmischung im Stadtteil zu erwirken. In den folgenden Jahren trugen zahlreiche Stadtteilerweiterungen der steigenden Anfrage an Wohnraum Rechnung.

Großen Aufruhr in der Stadtverwaltung und unter der Bevölkerung verursachte der Beschluss der Regierung von Mittelfranken, im Mai 1965 Nürnberg als ›Weißen Kreis‹, also als einen Raum ohne Wohnraummangel, zu definieren. Nachdem eine Studie des Bezirks festgestellt hatte, dass angeblich der Wohnungsfehlbestand der Stadt auf 1,2% gesunken sei, wurde vorgeschrieben, die Wohnraumbewirtschaftung zum 1. Juli des Jahres einzustellen. Somit entfielen die öffentliche Steuerung der Wohnraumzuteilung sowie staatliche Mietzuschüsse. Dazu wurden Mietpreisbindungen, die zum Schutz der Mieter eingeführt worden waren, aufgehoben. Zahlreiche besorgte Briefe von Mietern an die Stadtverwaltung wie auch die Versuche des Bürgermeisters Willy Prölß, die Entscheidung rückgängig zu machen,

Mit der Grundsteinlegung für den Stadtteil Langwasser am 29. März 1957 begann für Nürnberg eine neue Dimension des Wohnungsbaus: In Langwasser entstand eine Trabantenstadt für 40.000 Einwohner.

führten zur vermutlich turbulentesten Stadtratssitzung seit Kriegsende. In einer Sondersitzung am 14. September 1965 – ausgelöst durch eine Pressekonferenz der CSU-Fraktion, in der den Sozialdemokraten vorgeworfen wurde, bei den Bürgern unnötig Angst zu schüren und das Thema für Wahlzwecke zu missbrauchen – lieferten sich SPD- und CSU-Fraktion ein heftiges Rededuell. Da die Bezirksstudie wichtige Personengruppen wie im Krieg aus der Stadt Evakuierte nicht als Wohnungssuchende mit einbezog und dazu auch von der Stadt provisorisch eingerichtete Obdachlosenwohnungen als vollwertigen Wohnraum einstufte, war die Entscheidung des Bezirks für die Sozialdemokraten im Rathaus nicht nachvollziehbar. Der Wohnungsbestand in Nürnberg war zu diesem Zeitpunkt nicht nur räumlich unzureichend, sondern auch teilweise in desolatem Zustand. Zwar konnte der Entschluss des Bezirks nicht rückgängig gemacht werden, in der Folgezeit engagierte sich die Fraktion aber stark für Mieter, die von den Auswirkungen des ›Weißen Kreises‹ betroffen waren.

KONSOLIDIERUNG

Ortstermin Langwasser im November 1969: Oberbürgermeister und Stadträte betrachten interessiert das Modell eines U-Bahn-Zuges im Bahnhof Gemeinschaftshaus Langwasser. In der Bildmitte Oberbürgermeister Dr. Andreas Urschlechter, rechts davon Baureferent Heinz Schmeißner und Zweiter Bürgermeister Franz Haas.

Willy Brandt trat zwei Wochen vor der Kommunalwahl als prominenter Wahlkämpfer an der Seite der amtierenden Bürgermeister Andreas Urschlechter und Franz Haas in Nürnberg auf, Plakat 1960.

Umgang mit NPD-Mitgliedern im Stadtrat

»Man hat sie nach Möglichkeit ignoriert. Es kam auch nichts Besonderes von denen. Sie hatten allerdings mit Dr. Böhland ein bürgerliches Aushängeschild. Das war ein pensionierter Studiendirektor, den man eigentlich ganz honorig einschätzen konnte; aber er ist halt auf dem braunen Leim gekrochen. Sie haben aber letztlich nichts ausrichten können, und das hat die Bevölkerung auch gemerkt. Die NPD-Stadträte waren auch keine Störer; sie waren halt anwesend und haben unbedeutende Anträge eingebracht.«

Rolf Langenberger, SPD-Stadtrat
1966–1970

Umgang mit der nationalsozialistischen Vergangenheit

Mit dem Hauptkriegsverbrecherprozess, der von November 1945 bis Oktober 1946 im Nürnberger Justizpalast durchgeführt wurde, ging der erste große Akt der Auseinandersetzung mit dem Nationalsozialismus über die Bühne. Weder Kommunalpolitik noch Stadtverwaltung ließen sich jedoch hiervon offensichtlich beeinflussen. Auch die Nürnberger Sozialdemokraten, die eine ganze Reihe von Opfern des Nationalsozialismus in ihren Reihen hatten, suchten zunächst nur vorsichtig die Konfrontation mit dem Thema, wie beispielsweise in der Unterstützung der ›Woche der Brüderlichkeit‹, die 1952 erstmals von der Gesellschaft für christlich-jüdische Zusammenarbeit organisiert wurde.

Die Baurelikte auf dem ehemaligen Reichsparteitagsgelände machten aber eine Auseinandersetzung unumgänglich. Im Unterschied zu anderen Städten hatte Nürnberg mit einer besonders großen Masse an Relikten zu tun, die sich nicht ohne Weiteres übergehen ließen. In den ersten Jahren wurden die einzelnen Teile des ehemaligen Reichsparteitagsgeländes ohne ein wirkliches Konzept genutzt: Die Zeppelintribüne diente als Veranstaltungsort von Motorradrennen, Maifeiern oder Heimattreffen der Sudetendeutschen, die Baugrube des Deutschen Stadions wurde im Rahmen der Trümmerbeseitigung zur Schutthalde, Große Straße, Märzfeld und SS-Kaserne wurde vom amerikanischen Militär umgenutzt. Das Areal der ehemaligen Teilnehmerlager der Reichsparteitagsbesucher aus dem ganzen Reich wurde aufgrund der akuten Wohnungsnot zum Lager für Vertriebene, Flüchtlinge und ›displaced persons‹. Auch die erstmalige Nutzung der Kongresshalle als Ausstellungsrundbau der Deutschen Bauausstellung 1949 nahm keinen Bezug zur Vergangenheit des Gebäudes. 1955 wurde von der Stadtverwaltung vorgeschlagen, die Bauruine der Kongresshalle als Fußballstadion, Veranstaltungsort für Konzerte oder für die Unterbringung von Flüchtlingen zu nutzen.

»Nürnberg ist bemüht, die Erinnerungen an seine Vergangenheit als Stadt der Reichsparteitage auszumerzen. Risse in den Decken der Säulengalerie auf der großen Steintribüne am Zeppelinfeld bieten eine gute Gelegenheit, wieder ein Stück des Erbes nationalsozialistischer Vergangenheit niederreißen zu lassen.« Diese Meldung der Nürnberger Nachrichten aus dem Jahr 1967 war die Reaktion auf die Sprengungen der Märzfeldtürme und der baufälligen Säulenreihe auf der Zeppelintribüne. Eine

Ausstellung Faszination und Gewalt, Fotografie 1992.

Mischung von unreflektierter Nutzung und pragmatischer Beseitigung der steinernen Zeitzeugen, die Bauprojekten im Wege standen, prägte den Umgang mit den nationalsozialistischen Relikten noch bis Anfang der 1980er Jahre. Erst mit der Einrichtung der Ausstellung »Faszination und Gewalt« in der Zeppelintribüne im Jahr 1985 begann eine offensivere Auseinandersetzung mit Nürnberg als Ort der Reichsparteitage. Bereits Ende der 1960er Jahre hatte die SPD-Fraktion auf neue rechtsradikale Strömungen reagiert, etwa mit den ›Nürnberger Gesprächen‹ oder den scharfen Protesten eines Bündnisses aus Kirchen, Parteien, Gewerkschaften und Israelitischer Kultusgemeinde gegen eine NPD-Demonstration am Egidienberg 1969. Diese Strömung zeigte sich 1966 auch durch drei NPD-Mandate im Nürnberger Stadtrat. 1967 konnten Proteste von SPD und Gewerkschaften verhindern, dass die Bundesversammlung der NPD in der Nürnberger Messehalle durchgeführt wurde.

Wir gehen meilenweit für den Sozialismus!
JUSO – auf dem Marsch durch die Institutionen.
Phase I:
Das Nürnberger Rathaus.

Coole Posen, modische Krawatten und entschlossene Gesichter bei den Juso-Kandidaten: Bertl Voigt, Jürgen Wolff, Jürgen Fischer und Gert Müller, (hinten von links), Horst Schmidbauer, Gebhard Schönfelder und Peter Schönlein (vorne von links), Juso-Wahlkampfplakat 1972.

Jahre des Umbruchs
Die Kommunalwahl 1972 und ihre Folgen

Die Kommunalwahl im Jahr 1972 bedeutete einen maßgeblichen Einschnitt in der Geschichte des Nürnberger Stadtrats. Mit der Verabschiedung der Bürgermeister nach den Eingemeindungen von Boxdorf, Brunn, Großgründlach, Katzwang, Kornburg, Neunhof und Worzeldorf am 30. Juni 1972, die feierlich auf der Nürnberger Kaiserburg begangen worden war, war die Gebietsreform vollzogen. Die Kommunalgesetzgebung schrieb nun für die auf über 500.000 Einwohner angewachsene Stadt eine Erweiterung der Stadtratssitze von 50 auf 70 vor.

Für die SPD-Fraktion bedeutete dieses Jahr außerdem einen großen Um-

Frischer Wind im roten Stadtrat

»Wir gehen meilenweit für den Sozialismus«

bruch durch den unvermeidlichen Generationenwechsel: War der Stadtrat bis dahin von einer langen kontinuierlichen Mitarbeit der Räte geprägt, kandidierten nun zahlreiche langjährige Fraktionsmitglieder wie Sofie Ebner, Albert Bleistein, Hanna Buchner, Hans Wagner oder Franz Haas aus Altersgründen nicht mehr. Rolf Langenberger, der als langjähriger Juso-Vorsitzender eine wichtige Rolle in der Fraktion gespielt hatte, stand aufgrund seines Landtagsmandates nicht mehr zur Verfügung. Adolf Goßler, der bereits seit 1951 der Fraktion angehörte, musste sich aufgrund der 1972 eingeführten Unvereinbarkeit von ehrenamtlicher Stadtratstätigkeit und beruflicher Tätigkeit im städtischen Dienst aus dem Stadtrat zurückziehen.

Bereits lange Zeit im Vorfeld stand fest, dass Franz Haas sich aus der Kommunalpolitik zurückziehen würde. Seine Nachfolge sollte der bereits seit 1960 der Fraktion vorstehende Willy Prölß antreten. Somit stand die Partei nicht nur vor der schwierigen Aufgabe, eine Kandidatenliste mit zahlreichen neuen Kandidaten zu erstellen, sondern auch vor der Frage, wer die neue Fraktion leiten sollte. Die Lösung nahte aus zwei Richtungen: Zum einen hatte die renommierte Bundesministerin Käte Strobel, die stets eine enge Bindung zu ihrer Heimatstadt behalten hatte, beschlossen, sich mit 65 Jahren aus der Bonner Politik zurückzuziehen und für den Stadtrat zu kandidieren. Zum anderen hatte das starke kommunalpolitische Engagement der Nürnberger Jungsozialisten in den 1960er Jahren gleich sieben Bewerber hervorgebracht, die für den Stadtrat kandidieren wollten. Motiviert durch die 1968er-Bewegung und das Gedankengut der APO war auch in der jungen Nürnberger Sozialdemokratie das Bedürfnis groß, innerhalb der Partei für eine Erneuerung zu sorgen. Mit neuen Ideen und Reformen sollte die als zu starr empfundene SPD erneuert werden. Kämpferisch wurde in diesem Sinne im Wahlkampf der erste Schritt – nach der Parole von Rudi Dutschke – im ›Marsch durch die Institutionen‹ mit dem Gang ins Nürnberger Rathaus angekündigt. Großes Interesse an der Kommunalpolitik wie auch ein eigenes Profil hatten die Jungsozialisten bereits 1964 mit der Forderung an die Bundesregierung gezeigt, höhere Zuschüsse für die Stadt Nürnberg zur Verfügung zu stellen. Später verkündete der Juso-Vorsitzende Horst Schmidbauer 1970 auf einer Pressekonferenz den Ausbau des Stadions, die Mitbestimmung in kommunalen Betrieben und das klassenlose Krankenhaus als vorrangige Themen.

FRISCHER WIND

Die ehemalige Bundesministerin Käte Strobel – hier mit Hans Strobel im Wahllokal – wurde 1972 in den Stadtrat und kurz darauf zur Fraktionsvorsitzenden gewählt, Fotografie 1972.

Auch wenn die Jusos ein eigenes Wahlkampfbüro unterhielten, fand man sich zu einer gemeinsamen Wahlkampflinie mit der SPD zusammen. Die Geschlossenheit sicherte vermutlich bisherige Wählerstimmen, dazu konnten die Jungsozialisten zusätzlich neues Wählerpotential gewinnen, so dass die SPD mit einem bis heute einmaligen Wahlergebnis von 56,1% aus der Wahl ging. Somit hatte sich die SPD 39 der insgesamt 70 Sitze gesichert. Zweitstärkste Partei wurde die CSU mit 25 Sitzen. Weitere vier Sitze gingen an die FDP, die DKP erhielt einen Sitz.

Das überwältigende Wahlergebnis findet seine Erklärung nicht nur im Blick auf die Nürnberger Kandidaten und die bisherige Rathaus- und SPD-Politik. Sicherlich konnte die überaus beliebte Käte Strobel als Zugpferd viele Stimmen für die SPD gewinnen. Größere Bedeutung ist aber vermutlich der bundesweiten Politisierung der 1960er Jahre beizumessen: Der Wahlkampf für die Kommunalwahl fiel in die Zeit des gescheiterten Misstrauensvotums gegen Willy Brandt, das in seiner Folge eine breite Akzeptanz sozialdemokratischer Politik mit sich brachte. Dies zeigte sich auf Bundesebene durch den großen Erfolg der SPD bei der Bundestagswahl 1972.

Die 1972er Fraktion war äußerst heterogen: Neben einigen sehr erfahrenen Stadträten und Stadträtinnen wie Käthe Reichert, Rudolf Bär, Rolf Mader, Regina Faust, Robert Schedl, Emil Förster, Bernhard Forster, Hans Keller oder Rudolf

Auseinandersetzungen zwischen Jung und Alt

»Da waren zunächst ein paar Stadtentwicklungsfragen wie die Einrichtung der Fußgängerzone oder das Bauprojekt Wetzendorf. Dazu kam in der Sozialpolitik die Frage, wie man mit Obdachlosen umgeht. Da hat es einen großen Dissens zwischen Jung und Alt gegeben. Ich glaube, wenn man so will, die Menschenwürde von Obdachlosen hat für uns Jüngere eine größere Rolle gespielt als für die Älteren. Sie hatten sich mit dem Problem schon abgefunden, dass es Menschen gibt, die sich in schwierigen Lebenslagen befinden. Das war sicher auch eine Nachwirkung der Not in der Nachkriegszeit, weil damals viele Menschen in solchen Kategorien gelandet sind.

In diesen Fragen hat es sicher einen Dissens gegeben, und da musste es zu Veränderungen kommen.«

Gebhard Schönfelder, SPD-Stadtrat seit 1972, Fraktionsvorsitzender seit 1998

**Käte Strobel
(1907–1996)**

Die in Gibitzenhof als Tochter des SPD-Stadtrates Friedrich Müller geborene Käte Müller durchlief eine beeindruckende politische Karriere bis hin zur Mitgliedschaft im Europäischen Parlament und langjährigen Tätigkeit als Bundesministerin. Laut einer Infas-Umfrage war sie im Jahr 1971 die bekannteste deutsche Politikerin.

Während ihrer kaufmännischen und buchhalterischen Tätigkeit, die sie 1923 begonnen hatte, trat Käte Müller 1925 der SPD und der Gewerkschaft bei und engagierte sich in den folgenden Jahren in der sozialdemokratischen Jugendbewegung. 1928 heiratete sie den Sozialdemokraten Hans Strobel, der 1934 wegen Hochverrats verhaftet und zweieinhalb Jahr im KZ Dachau inhaftiert wurde. Trotz beruflicher Tätigkeit und der Betreuung von zwei heranwachsenden Töchtern war Käte Strobel in den Nachkriegsjahren maßgeblich am Wiederaufbau der Partei in Franken und Bayern beteiligt: 1946 baute Käte Strobel eine fränkische SPD-Frauengruppe auf, deren Vorsitz sie übernahm, wurde Mitglied im Bezirksvorstand Franken und im bayerischen Landesausschuss. Trotz einer zunächst erfolglosen Kandidatur für den Bayerischen Landtag im Jahr 1947 konnte Käte Strobel 1949 im ersten Wahlgang ein Direktmandat für den Bundestag erringen, dem sie bis 1972 angehörte. Ihre Spezialisierung auf wirtschaftliche und gesundheitliche Themen führte dazu, dass Käte Strobel 1966 als erste weibliche SPD-Ministerin ins Kabinett berufen wurde und in den Kabinetten von Kurt Georg Kiesinger innerhalb der Großen Koalition und von Willy Brandt als Ministerin für die Bereiche Gesundheit, Jugend und Familie tätig war. Ab 1958 war sie dazu Mitglied des Europäischen Parlaments, dem sie von 1962 bis 1964 als Vizepräsidentin vorsaß.

Nach ihrem freiwilligen Rücktritt aus der Bundespolitik in Bonn im Jahr 1972 wurde die 65jährige beliebte Politikerin von der Nürnberger SPD als Stadtratskandidatin auf den Listenplatz 1 gesetzt. Nicht zuletzt aufgrund der Lokomotivfunktion der »großen, alten Dame der fränkischen SPD«, die sich immer der Stadt verbunden gezeigt hatte, wurde die Kommunalwahl 1972 mit einem bislang unerreichten Ergebnis für die SPD entschieden. Käte Strobel führte die SPD-Stadtratsfraktion allerdings nur bis 1976 als Vorsitzende an, da ihre Tätigkeit als Mitglied des Wirtschafts- und Sozialausschusses der Europäischen Gemeinschaft in Brüssel häufige Abwesenheit zur Folge hatte. 1975 übernahm den Fraktionsvorsitz Rolf Mader, Käte Strobel blieb noch bis 1978 Stadträtin.

Heute wird Käte Strobel vor allem mit ihrem Engagement für die sexuelle Aufklärung von Jugendlichen Ende der 1960er Jahre assoziiert. Die Mitbegründerin der Bundeszentrale für gesundheitliche Aufklärung war Initiatorin der Produktion und Verbreitung des Aufklärungsfilms ›Helga‹ wie auch eines umstrittenen Sexualkundeatlas für Schulen. »Umfangreiches Fachwissen, kongenial gepaart mit dem notwendigen Durchsetzungsvermögen«, so Richard Kölbel in seiner Laudatio auf die bislang einzige weibliche Ehrenbürgerin der Stadt Nürnberg, ermöglichten ihr die Durchsetzung zahlreicher Reformen. Heute erinnert ein Wanderweg in Nordrhein-Westfalen, wie auch seit dem Jahr 2000 eine Straße in direkter Nachbarschaft zum Willy-Brandt-Platz in Nürnberg an die bedeutende Politikerin. Ebenfalls seit dem Jahr 2000 schmückt das Porträt Käte Strobels eine Briefmarke der Serie »Frauen der deutschen Geschichte«.

Käte Strobel als Fraktionsvorsitzende

»Als Parteivorsitzender wusste ich um die ungeheure Popularität der Käte Strobel – und habe sie bewusst auf die erste Stelle der SPD-Liste gesetzt und bin selbst gerne auf die zweite Stelle zurück – als künftiger Bürgermeisterkandidat. Und nachdem sie Spitzenkandidatin war, war es nur folgerichtig, dass sie auch den Fraktionsvorsitz übernahm. Sonst hätte es bei der Bevölkerung so ausgesehen, als ob wir mit ihr nur Stimmen fangen wollen. Käte Strobel wollte auch das Amt übernehmen und sie war ja auch eine Autorität in der Fraktion. Allerdings waren die parlamentarischen Gebräuche im Bundestag ganz anders als im Stadtrat, der ja ein Verwaltungsorgan ist und kein Parlament. Auf diesem Klavier zu spielen fiel ihr manchmal etwas schwer. Sie hat es nach zwei bis drei Jahren selbst gemerkt und war ganz froh, dass Rolf Mader die Aufgabe des Vorsitzenden übernahm, sie blieb ja weiterhin als wertvolle Stütze in der Fraktion, auch nach außen hin.«

Willy Prölß, Stadtrat 1956-1996 und Bürgermeister

»Käte Strobel war schon die von allen anerkannte und geschätzte Integrationsfigur. Sie war als Frau mit einer solchen Laufbahn auch bei den Jusos uneingeschränkt anerkannt. Aber sie war halt nicht – wie Willy Prölß vorher und nachher noch lange Zeit – ununterbrochen präsent. Sie hat nicht ununterbrochen Fäden gezogen, Gespräche geführt und verhandelt. Sie war natürlich auch in der Kommunalpolitik nicht so zuhause, dass man hätte sagen können, sie hätte aus dem Stegreif heraus jedem »Juso-Menschen«, der sich mit einem Thema schon länger intensiv befasst hat, argumentativ entgegentreten können. Sie hat bei Stadtratsbehandlungen von Themen immer wieder ausdrücklich Jürgen Fischer oder mich ins Rennen geschickt, wenn es um Stellungnahmen zu schwierigen Themen ging. Das muss man immer noch hoch anerkennend sagen: Das hat Käte Strobel geleistet. Allerdings wurde es ihr auch rasch zuviel, dieses Doppelengagement in ihrem Alter, deshalb hat sie auch gebeten, dass zur Mitte der Wahlperiode der Wechsel kommen sollte.«

Peter Schönlein, SPD-Stadtrat 1972-1987 und Oberbürgermeister

»Sie kam aus dem Parlament und war gewohnt, dass da streng kontrolliert wird. Und das war bis dahin hier nicht so gewesen. Sondern ganz im Gegenteil. Der Stadtrat oder gerade die SPD-Fraktion hatte die Verwaltung als einen Teil ihrer selbst betrachtet.«

Walter Schatz, Journalist der Nürnberger Nachrichten

Mittermeier zogen neben den bereits erwähnten Vertretern der Jungsozialisten einige Personen in den Stadtrat ein, die das Gremium über viele Jahre lang begleiten sollten: Heide Edler, Heinz Kohler, Günter Masopust, Walter Meier, Gertrud Zellfelder, Arno Hamburger, der inzwischen auf eine 36jährige Amtszeit zurückblicken kann, oder Juliane Sommer, die 1975 für Walter Lifka in den Stadtrat nachrückte.

Sehr unterschiedliche Erfahrungshintergründe in der Stadtratsarbeit, unterschiedliche Arbeits- und Herangehensweisen und nicht zuletzt das Aufeinandertreffen starker Persönlichkeiten sorgten für die vielleicht turbulentesten Jahre innerhalb der Fraktion. Der Fraktionsalltag war geprägt von intensiven Auseinandersetzungen, bei denen nicht unbedingt immer die politischen Ziele unterschiedlicher Natur waren, sondern häufig über die Art und Geschwindigkeit der Umsetzung gestritten wurde. Nach und nach bildeten sich zwei Gegenpole innerhalb der Fraktion: Die oft ungeduldig und fordernd auftretenden Jungsozialisten auf der einen, der so genannte ›Kanal‹ rund um Willy Prölß und Andreas Urschlechter auf der anderen Seite.

Interessant ist hierbei, dass sich die Gruppe der Jungsozialisten aus sehr unterschiedlichen Persönlichkeiten zusammensetzte, die aber dennoch zumeist geschlossen auftraten. Käte Strobel bemühte sich in ihrer Funktion als Fraktionsvorsitzende hier oft um Ausgleich und förderte die offene Diskussion innerhalb der Fraktion.

Heftig diskutierte Themen waren beispielsweise die von den Jusos geforderte → **Fußgängerzone**, die von ihnen in der ursprünglich geplanten Form verhinderte Großbebauung in Wetzendorf, der Nulltarif für den öffentlichen Nahverkehr oder auch die Frage nach der Mitbestimmung in den öffentlichen Versorgungsbetrieben. Häufig trat hier als Wortführer des ›Kanals‹ und Hauptkontrahent der Jusos Willy Prölß in Erscheinung. Umso erstaunlicher ist es, dass gerade er immer wieder zwischen den Gräben vermittelte. Als es schließlich zum großen Bruch zwischen ›Kanal‹ und Jusos kam, war er derjenige, der die Fraktion wieder einte: Bereits 1972 war mehreren Jungsozialisten im Stadtrat die Leitung einer Arbeitsgruppe übertragen worden. Als Horst Schmidbauer knapp zwei Jahre später von der Fraktion aus diesem Amt abgewählt wurde, zeigten sich die anderen Jungsozialisten solidarisch und verließen mit ihm die Sitzung. Erst ein vermittelndes Gespräch mit Willy Prölß, der die Gruppe im Café Ruhestörung aufsuchte, konnte sie dazu bewegen, ins Rathaus zurückzukehren.

Rudolf Mader
(1926–1989)

Rudolf Mader – oder Rolf Mader, wie er häufiger genannt wurde – stammte aus einer sozialdemokratisch geprägten Familie. Sein Großvater, Martin Bächer, begründete als Fraktionsvorsitzender der sozialdemokratischen Armenräte der Stadt Nürnberg 1920 den ersten Ortsausschuss der Arbeiterwohlfahrt in Nürnberg. Rolf Mader engagierte sich als Geschäftsführer einer Lebensmittelgroßhandlung in der Gewerkschaftsbewegung und war langjährig als Geschäftsführer des SPD-Unterbezirks tätig.

Seine Tätigkeit im Stadtrat begann er im Jahr 1957. Nach mehrjähriger Tätigkeit als stellvertretender Fraktionsvorsitzender übernahm er nach dem Ausscheiden Käte Strobels im Jahr 1976 den Fraktionsvorsitz. 1980 wurde er in diesem Amt von Peter Schönlein abgelöst. Dem Stadtrat gehörte Rolf Mader bis zu seinem Tod durch Herzinfarkt im Jahr 1989 an. Willy Prölß beschreibt ihn mit folgenden Worten: »Er war ein sehr engagierter Mann mit einem sehr ausgleichenden Wesen und konnte damit den ›Haufen‹ ganz gut zusammenhalten, er konnte sich gut artikulieren aber er war nicht die starke profilierte Persönlichkeit. Im Umgang mit der Öffentlichkeit hatte er die Fraktion gut nach außen vertreten.«

Zwei Fraktionen innerhalb der Fraktion – Die Jungsozialisten und der ›Kanal‹

»Es ist damals in der Fraktion etwas turbulent zugegangen. Es hat innerhalb der Fraktion zwei Fraktionen gegeben, die Jusos, die damals mit sieben Mann in den Stadtrat gekommen sind (zunächst wurden sechs gewählt, Gert Müller rückte 1974 nach, Anm. K.K.) und die durch die Organisationen marschieren wollten und die ›Kanalarbeiter‹. Nach wenigen Wochen hat sich herausgestellt, dass ich ein Vertreter der Kanalarbeiter war, zusammen mit Heinz Kohler. Wir waren diejenigen, die sich mit den Jusos auseinander gesetzt haben, in vielen Gesprächen außerhalb der Fraktion. Es war ja so, dass die Jusos damals keinen Fuß auf den Boden gebracht haben. Die Kanalarbeiter waren in weitaus größerer Anzahl in der Fraktion vertreten. Da waren die Alten, wie der Robert Schedl oder Eduard Kernstock, eben die alten Recken, die in der SPD eben auch mehr rechts von der Mitte als die Jusos waren und da hat es große Auseinandersetzungen gegeben. (...) Ich habe sicher dazu beigetragen, dass sie eben nicht alles auf den Kopf stellen konnten. (...) Es waren im Verkehrsbereich bestimmte Dinge, Straßen sperren, Straßen ändern, es waren große Veränderungen im Sozialbereich, die sie vorhatten, nicht peu à peu, sondern hopplahopp. Ich war immer dafür, Dinge anzugehen, Schritt für Schritt, und nicht auf den Kopf zu stellen. Hier sind wir natürlich aneinander geraten, in der Personalpolitik, in der Sozialpolitik.«

Arno Hamburger,
SPD-Stadtrat seit 1972

»Wir sind relativ reserviert aufgenommen worden. Es gab in der Regel Mehrheitsentscheidungen in der Fraktion, die sich selten zugunsten von uns Jüngeren ausgewirkt haben. (...) Es gab aber auch Themen, wo wir uns in den ersten sechs Jahren durchgesetzt haben, aus welchen Gründen auch immer. Da nenne ich nur die Fußgängerzone in der Innenstadt, die in dieser Größenordnung nur durch den massiven Einsatz der Jungen realisiert werden konnte. Dass also von der Lorenzkirche bis zum Weißen Turm die Fußgängerzone entstanden ist, das war für die damaligen Verhältnisse (...) unvorstellbar gewesen.

Aber man muss einschränkend natürlich sagen, dass die Zeit zwischen ′72 und ′78 eine Lehrzeit für uns gewesen ist, für die Jüngeren wie auch für mich persönlich. Eine Lehrzeit, die häufig darin bestand, sich Abfuhren einzuholen, also Niederlagen einzustecken innerhalb der Fraktion in den Diskussionen, weil die Anderen etablierter waren und Meinungen hatten, die vermutlich nicht immer falsch waren.«

Gebhard Schönfelder, SPD-Stadtrat
seit 1972, Fraktionsvorsitzender seit 1998

»1972 hatten wir anfangs erhebliche Probleme in der Fraktion mit der ›Siebenmeilenstiefel‹-Gruppe, die der Meinung war, man könne die Welt in vier Wochen über die Fraktion verändern – so einfach war das alles natürlich nicht. In dieser Situation war es gut, dass Rolf Mader und Käte Strobel da waren, deren Autorität sie respektierten.

In den nächsten sechs Jahren hatten die sich dann auch etwas abgeschliffen und man hat erkannt, dass Peter Schönlein ein sehr zugänglicher Mensch ist, so dass mit ihm als Fraktionsvorsitzendem auch eine gewisse Verjüngung stattfand.«

Willy Prölß, Stadtrat 1956-1996
und Bürgermeister

»Auf der anderen Seite war natürlich manche Äußerung aus Juso-Mund nicht dazu angetan, sich große Freunde zu machen, um das mal so diplomatisch wie möglich auszudrücken. Insofern war natürlich die Juso-Position eine glatte Minderheitsposition. Weil einige das in den Augen der anderen übertrieben hatten, kam dann auch der große Einschnitt: Nach der ersten Wiederwahl nach zwei Jahren wurde Horst Schmidbauer abgewählt und wir anderen Jusos haben uns dann mit ihm solidarisch erklärt und haben auch gesagt: ›Wir treten für unsere Arbeitsgruppenvorsitze nicht mehr an.‹ Es gab ein großes Gezeter und Willy Prölß hat sein ganzes Geschick aufbieten müssen, diese etwas verfahrene Situation wieder halbwegs hinzubiegen. Da sind zwei Erfahrungswelten aufeinander geprallt. Es gab ja noch Stadträte in der Fraktion, die auch schon über 60 oder gar über 70 Jahre alt waren und durch Krieg und Wiederaufbau geprägt waren. Die Konflikte sind nur verständlich, wenn man das ein bisschen historisch betrachtet, da die Altgedienten nicht von allen Juso-Stadträten gebührend und schon gar nicht genügend respektvoll behandelt wurden.«

Peter Schönlein, SPD-Stadtrat 1972–1987 und Oberbürgermeister

Zunächst von den Jusos und dem Ortsverein St. Johannis gefordert, dann von der SPD-Fraktion aufgegriffen: Die ursprünglichen Bauplanungen des Wohnkomplexes in Wetzendorf wurden verworfen, stattdessen die Höhe der Gebäude auf maximal neun Stockwerken reduziert und eine aufgelockerte Bebauung durchgesetzt, Fotografie 2008.

Das Modell der ursprünglichen Bauplanungen für die Wohnbebauung in Wetzendorf von Gerhard Dittrich, Fotografie 1980er Jahre.

FRISCHER WIND

Der Kampf um die Fußgängerzone

In den 1950er und 1960er Jahren war das Verkehrsaufkommen in Nürnberg kontinuierlich angestiegen. Besonders betroffen hiervon war die Altstadt. Auch die Verlegung des Großmarktes nach Gaismannshof, der bis 1959 täglich hunderte von Händlern auf die Insel Schütt brachte, und eine ganze Reihe städtischer Maßnahmen wie die Einführung von Ampeln, der Bau der ersten Parkhäuser oder Straßen- und Brückenerweiterungen im Innenstadtbereich konnten das tägliche Verkehrschaos nicht verhindern.

Mit einer Sperrung der Pfannenschmiedsgasse für den Autoverkehr gestand sich die Stadtverwaltung im Jahr 1966 das Scheitern der bisherigen Maßnahmen ein. Auch wenn bereits 1966 infolge eines Gutachtens des Wirtschaftsbeirates ein grundsätzlicher Stadtratsbeschluss zur Schaffung einer autofreien Zone gefasst worden war, sollten sich in den folgenden Jahren um die Frage einer ›autofreien Innenstadt‹ noch heftige Diskussionen entfachen. Zunächst hatten Gegner der Fußgängerzone die Befürchtung, mit einem solchen Vorschlag auf völliges Unverständnis bei Autofahrern wie auch Einzelhändlern in der Innenstadt zu stoßen.

Blick auf den Autoverkehr zwischen Lorenzkirche und Hauptmarkt, Fotografie 1960er Jahre.

Stark befürwortet wurde die Fußgängerzonen-Idee von den Vertretern der Jungsozialisten wie auch von Otto Peter Görl, der ab 1970 als Baureferent tätig war. »Ich war sicher, dass es nur mit einer großen Fußgängerzone gelingen würde, den ökonomischen Aspekt – die wilde Spekulation, die Spitzenmieten – in den Griff zu bekommen. Mein Vorgänger hatte die Breite Gasse konzipiert, für mich war das aber nur ein Konsumschlauch«[1], so Otto Peter Görl im Rückblick. Die große Fußgängerzonenlösung wurde 1972 von der SPD in den Stadtrat eingebracht. Mit Unterstützung der FDP setzte die SPD-Fraktion im September 1972 diesen Plan gegen die Stimmen der CSU durch. Nachdem in einem ersten Schritt noch im gleichen Jahr die Strecke zwischen Lorenzkirche und Hauptmarkt für den Autoverkehr gesperrt wurde, wurde 1973 ein bundesweiter städtebaulicher Wettbewerb ausgeschrieben, der die bis heute existierende Lösung einer durchgehenden Fußgängerzone einschließlich König- und Karolinenstraße sowie dem Gebiet rund um den Jakobsplatz zur Folge hatte. Der Siegerentwurf des Münchner Architekten Bernhard Winkler definierte die Fußgängerzone als Ort der Identifikation und Kommunikation. Die vorhandenen Straßenzüge und Plätze sollten erhalten bleiben und durch Veranstaltungen wie Trempelmarkt, Bardentreffen und ähnlichem für die Nürnberger kulturell nutzbar werden. Dazu sollte gezielt im Bereich der Fußgängerzone Kunst im öffentlichen Raum seinen Ort finden. Die Realisierung der Fußgängerzone wurde 1975 mit dem Umbau der Kaiserstraße eingeläutet.

1984 knüpften die Grünen im Kommunalwahlkampf mit der Forderung einer Sperrung des Rathausplatzes an die Fußgängerzonen-Idee der Sozialdemokraten an und setzten mit der radikalen Forderung einer ›autofreien Altstadt‹ einen eigenen Akzent. Als die neu gegründete Grünen-Stadtratsfraktion den Antrag zur Sperrung des Rathausplatzes einbrachte, schlugen die Diskussionen hohe Wellen. Nicht nur die CSU-Fraktion und die Industrie- und Handelskammer, sondern auch der sozialdemokratische Wirtschaftsreferent Wilhelm Doni stellten sich zunächst erbittert gegen die Forderung. Neben einer Benachteiligung der Geschäftsleute und Gastronomen in der Altstadt befürchteten die Gegner der Idee ein Verkehrschaos am Altstadtring.

Die Diskussion stellte die Koalition zwischen SPD und Grünen auf eine erste Probe. Erst nach zähen Verhandlungen wurde ein Kompromiss gefunden: Die Grünen stimmten der geplanten Tariferhöhung der VAG zu, dafür stellte sich die SPD-Fraktion hinter die Forderung, den Rathausplatz für den Autoverkehr zu sperren. Die unterschiedlichen Vorstellungen über den Zeitpunkt der Umsetzung – die Grünen beharrten auf eine umgehende Probesperrung, während die SPD den U-Bahn-Ausbau in der Altstadt abwarten wollte – führten dann aber zu einer kurzzeitigen Unterbrechung der Zusammenarbeit. Schließlich schlossen sich die Grünen dem Plan des ›großen‹ Koalitionspartners an. Mit der Sperrung der Theresienstraße wurde das Projekt Fußgängerzone abgeschlossen. Die von Projektgegnern befürchteten Folgen blieben aus und die Aufwertung der Altstadt durch die ausgedehnten Fußgängerzonenbereiche ist heute unumstritten.

Durchgangsverkehr – raus aus der Altstadt!

»Wir waren der Meinung: Das Auto ist der Feind des Menschen und den Feind müssen wir bekämpfen. Wir setzten also auf U-Bahn, Straßenbahn, S-Bahn, auf verkehrsberuhigte Zonen. (...) Das kann man sich heute gar nicht mehr vorstellen, was das für heiße ideologische Auseinandersetzungen waren, als wir Jusos gefordert haben: ›Fußgängerzonen vor der Lorenzkirche!‹ und ›Der Durchgangsverkehr raus aus der Altstadt!‹. Alle haben die Hände über den Köpfen zusammengeschlagen, das hat fast bürgerkriegsähnliche Zustände hervorgerufen. Und wir waren in dieser Hinsicht von einem Rigorismus beherrscht, der nicht zu überbieten war. Wir haben auch nicht gesagt: ›Wollen wir erst einmal eine Abstimmung in der Bürgerschaft machen?‹ sondern: ›Dafür werben wir‹ und ›Das muss sein!‹«

*Peter Schönlein, SPD-Stadtrat
1972-1987 und Oberbürgermeister*

Transparenz, Bürgernähe und Reformen
Zeit für qualitative Fragen

Neben der starken personellen Veränderung in der Fraktion kam es in den 1970er Jahren auch zu einem tiefgreifenden Wandel des Verhältnisses zwischen Stadtverwaltung und Kommunalpolitik. Waren Entscheidungsprozesse bis dahin geprägt von einer starken Dominanz der Stadtverwaltung, so rückten nun selbstbewusste Stadträte wie auch eine Bürgerschaft, die in Entscheidungsprozesse involviert sein wollte, deutlicher in den Vordergrund. Die SPD-Fraktion, die selbst auf ausführlichere Informationen seitens der Stadtverwaltung pochte, begegnete dem Informationsbedürfnis der Bürgerschaft mit Bürgerbriefen und stärkerer Transparenz der eigenen Tätigkeit. Es war deutlich zu spüren: Der nun abgeschlossene Wiederaufbau schuf Raum für qualitative Fragestellungen innerhalb der Kommunalpolitik.

Trotz der harten Auseinandersetzungen innerhalb der Fraktion trat man geschlossen nach außen auf und brachte eine ganze Reihe von Reformen auf den Weg. Im Bildungsbereich konnte sich nach lang andauernder Diskussion um die Gesamtschule Langwasser das Projekt gegen die Stimmen der CSU im Stadtrat durchsetzen. Außerdem engagierte sich die SPD-Fraktion stark für den Ausbau des Bildungszentrums, das hierdurch zu einer der größten Volks-

Der Stadtpräsident von Krakau zu beim Besuch im Nürnberger Rathaus. Seit 1979 unterhält Nürnberg eine Städtepartnerschaft mit Krakau, Fotografie 1981.

hochschulen der Bundesrepublik avancierte. Mit der Einführung einer Hörermitsprache führte man zudem demokratische Gepflogenheiten ein. Im Bereich der Seniorenarbeit und der Altenhilfe wurden nun ebenfalls im Sinne einer qualitativen Arbeit zahlreiche Altenheime modernisiert, Intensiv-Pflegeplätze eingerichtet und Senioren-Clubs geschaffen. Im Rahmen der ›Hilfe zur Selbsthilfe‹ wurden vor allem ambulante Angebote verbessert und somit erreicht, dass alte Menschen länger in ihrer gewohnten Umgebung bleiben können.

Eine weitere Innovation war die Einrichtung eines Ausländerbeirats, der 1973 mit nur geringer Wahlbeteiligung der Nürnberger Ausländer als beratendes Gremium des Stadtrats erstmals gewählt wurde. Somit war Nürnberg mit Wiesbaden die erste Stadt der Bundesrepublik, die die Belange der Ausländer in der Stadt in dieser Form in die Kommunalpolitik integrierte. Die Innovationskraft und das Profil der Fraktion zeigte sich auch in den Forderungen einer Verkehrsberuhigung der Innenstadt, dem weiterführenden Engagement im sozialen Wohnungsbau und der Förderung verschiedener Gruppen und Organisationen der Jugend-, Sozial- und Kulturarbeit. Heftig umstritten war hierbei die Unterstützung der Initiativgruppe ›Frauen in Not‹, die 1977 dem Stadtrat ein Konzept zur Gründung eines Frauenhauses als Zufluchtstätte für Frauen vorstellte. Gegen heftigen Widerstand der CSU-Fraktion konnte dem Projekt nur mit einer knappen Mehrheit zugestimmt und das Nürnberger Frauenhaus in städtischer Trägerschaft eingerichtet werden.

Die Bereiche Kultur und Stadtplanung gingen in den 1970er Jahren eine Symbiose ein. Schon im April 1974 beschloss der Stadtrat auf Initiative Hermann Glasers die Einrichtung von fünf Kulturläden als »bürgernahe Nischen für Information und Kommunikation«. Drei Jahre später erarbeitet er unter dem Motto ›Laßt viele Zentren blühn‹ ein Konzept für insgesamt zwanzig Kulturläden und Begegnungsstätten, die über die ganze Stadt verteilt als Treffpunkte und Orte der ›Soziokultur‹ von der Stadt geschaffen werden sollten. Auch diese Ideen teilte die CSU nicht. Sie vertrat die Meinung, dass solche und ähnliche Ideen privater Hand überlassen bleiben sollten. Mit diesem innovativen Konzept wie auch mit dem damals beispiellosen Vorgehen bei der Stadtteilsanierung in Gostenhof, die sich durch eine intensive Bürgerbeteiligung auszeichnete, ging Nürnberg beispielhafte Wege, die auf viel Interesse in anderen Kommunen stießen.

Ein weiterer wichtiger Schritt war die Intensivierung der Kontakte ins Ausland. Gerade die Städtepartnerschaft mit Krakau, die 1979 in Form eines Jugendaustauschs begonnen wurde und bis heute intensiv gepflegt wird, oder die Partnerschaft mit der israelischen Stadt Hadera sind bis heute für die Stadt sinnstiftend.

Die Partnerschaft zu Hadera wurde auf Initiative der Jungen Union aufgenommen, wäre aber ohne Arno Hamburger als Vermittler vermutlich nicht zustande gekommen. Eines der wenigen Themen, die in der Stadtratstätigkeit großen Raum einnahmen und weitgehend von allen Fraktionen mit Ausnahme der Grünen getragen wurde, war der Bau der U-Bahn, der die Stadtverwaltung noch bis in die Gegenwart beschäftigt.

Der siegreiche Reiter: Nach heftigen Auseinandersetzungen im Stadtrat konnte sich die Idee Otto Peter Görls der Errichtung des Kunstbrunnens ›Ehekarussell‹ von Jürgen Weber durchsetzen, mit dem ein Lüftungsschacht der U-Bahn-Station ›Weißer Turm‹ kaschiert wurde, Fotografie 1984.

Ideologische Ziele der Jusos

»Vieles, was wir Jusos in den 70er Jahren bis in die 80er hinein in die Kommunalpolitik eingebracht haben, war aus heutiger Sicht Ideologie, ohne allerdings, dass man es mit Marxismus oder sonst was hätte in Zusammenhang bringen können. Wir wollten einfach noch mehr Chancengerechtigkeit für Schüler und deshalb ein Zusammenführen von Schulen, Gesamtschule, mehr Betreuungsmöglichkeiten und wir forderten ein Frauenhaus. Das ist ja alles von der CSU als böse Ideologie bekämpft worden. Also nicht wir selbst haben gesagt: ›Das ist unsere Ideologie‹, sondern die anderen haben gesagt: ›Diese Ideologen!‹

Und dann die Verkehrsberuhigung, dieses Fixiertsein auf den öffentlichen Nahverkehr, die Verkehrsbehinderungen für den Individualverkehr, – das haben wir ja alles ganz lustvoll, drastisch, rigoros bis zum geht-nicht-mehr vertreten, das kann man sich heute gar nicht mehr vorstellen. Da könnte ich jetzt noch zehn andere Felder nehmen, wo wir in sehr ideologischer Weise gesagt haben: ›Das ist das Leitbild, das muss sein und dafür kämpfen wir...‹«

Peter Schönlein,
SPD-Stadtrat 1972–1987
und Oberbürgermeister

Seniorenarbeit

»In Altenheimen, in Seniorenclubs waren wir. (...) Man hat dann ein Rahmenprogramm entwickelt, weil es für Senioren keine Angebote gab. Da war ich sehr glücklich, dass dann viel geschehen ist. Gebhard Schönfelder ist ja dort federführend gewesen. (...) Das ist ab 1979 alles in die Wege geleitet worden – die stationäre Altenhilfe, dass der Bettenschlüssel wieder besser wird... Heute geht es leider wieder etwas rückwärts, weil man wieder kein Geld hat, obwohl wir uns damals in der Fraktion oftmals über 5.000 DM gestritten haben. Heute wird ja nicht mehr diskutiert. Ja, das hat mir wirklich Spaß gemacht und es war schön, wenn man wieder etwas erreicht hat.

Damals sind dann die Zivildienstleistenden eingesetzt worden, man hat ein Hilfsmittellager geschaffen, was für alte Menschen besonders nötig ist. Und man hat die offene Altenhilfe ins Leben gerufen, so dass die Alten wegfahren konnten und die Tagesstätten eingerichtet wurden. 1979 gab es nur zwei Alten-Tagesstätten, die wurden dann auf 16 erhöht.«

Juliane Sommer,
SPD-Stadträtin 1975-1996

Der erste Jahrstag des Südstadtladens wurde mit einem Straßenfest begangen, Fotografie 1982.

Verändertes Verhältnis zwischen Fraktion und Stadtverwaltung

»Ja, da war der hauptsächliche Gegensatz nicht so sehr der Inhaltliche. Dass man von einem Bruch hätte sprechen können, das glaube ich gar nicht. Ich würde eher von einer Weiterentwicklung – von einer ziemlich stürmischen Weiterentwicklung allerdings – sprechen wollen, weniger von einem Bruch. Der Bruch war mehr dort, wo es um die Rollenverteilung im Rathaus ging: Die vorhergehenden Stadtratsfraktionen waren noch sehr verwaltungsgläubig. Oberbürgermeister, Bürgermeister, Referenten, Chefärzte und was es sonst so alles gab, die beherrschten alles, gaben alles vor und waren die Autoritäten, an denen sich die Stadtratsfraktion sehr stark ausrichtete. Wobei nun jemand wie Willy Prölß beispielsweise als Fraktionsvorsitzender eigentlich mindestens mit einem Bein im Lager der Stadtverwaltung stand und so eine Mittlerposition inne hatte. Und jetzt diese neuen Formen, dass die von der Bürgerschaft Gewählten stärker bestimmen, stärker die Weichenstellung vornehmen und nicht mehr die Verwaltung, und dass die Leute in der Verwaltung nicht mehr die Regierenden, sondern die sind, die Stadtratsbeschlüsse umzusetzen hätten, das war vorher wohl kaum so im Bewusstsein. (...)

Wenn Sie eine Stadtratsvorlage aus dem Jahr 1970 anschauen, dann war die vielleicht vier Seiten dick. Zehn Jahre später waren es 150 Seiten, weil wir gesagt haben: »So entscheiden wir nicht und wir müssen da mehr in unserer Entscheidungsverantwortung gestärkt werden, müssen mehr lesen und studieren.« Das kam natürlich jetzt auch ein bisschen von den neuen Leuten, die es vom Studium her gelernt hatten, sich mit dicken, schriftlichen Vorlagen auseinander zu setzen, die stärker verbalisiert waren. Das war nicht nur eine Evolution, das hatte schon etwas einen revolutionären Charakter.«

*Peter Schönlein,
SPD-Stadtrat 1972–1987
und Oberbürgermeister*

»Es gab eine gravierende Änderung. Ich habe in meiner Zeit als Fraktionsvorsitzender den ›Regierungsstil‹ übernommen, dass die Fraktion identisch mit der Stadtregierung ist. Ich bin immer davon ausgegangen, dass wir als Mehrheitsfraktion für die Stadt politisch verantwortlich sind und den OB und den Bürgermeister stellen. Wir mussten unsere Vorlagen noch selbst bearbeiten, heute gibt es ja mehrere festangestellte Kräfte. Nach 1972 hat man sich bemüht eigene Verwaltungen in den Fraktionen aufzubauen. Ab 1972 hat sich gerade in der SPD-Fraktion die Tendenz breitgemacht, sich auch stärker gegenüber der Verwaltung zu profilieren, d.h. zum Teil gegen die eigene Verwaltung anzuregieren. Das war schon ein gewisser Bruch zu meiner vorherigen Haltung, weil es in der Öffentlichkeit niemand versteht, wenn die SPD-Fraktion gegen Vorlagen der eigenen Verwaltung stimmt. Ausgelöst wurde diese durch eine völlig andere Haltung zur Politik, bedingt durch die 1968er Jahre.

Auch in meiner Zeit wurde nicht alles, was die Verwaltung vorgab, von der Fraktion übernommen, aber es gab bereits vorher eine stärkere Fühlungsnahme. Nach 1972 hatten die Referenten mitunter Probleme, in der eigenen Fraktion ihren Standpunkt stärker durchzusetzen.«

*Willy Prölß,
Stadtrat 1956–1996
und Bürgermeister*

›Emanzipation‹ und harte Einschnitte
Die Fraktion zu Beginn der 1980er Jahre

Ähnlich wie im Jahr 1972 wirkten sich auf die Kommunalwahl 1978 deutlich die Einflüsse der politischen Bewegungen auf Bundesebene aus. Konnten zu Beginn der 1970er Jahre die Sozialdemokraten in Nürnberg hiervon profitieren, war nun eine stärkere Akzeptanz der CSU auch in Nürnberg zu spüren. Zwei Jahre zuvor ging die CDU/CSU mit Helmut Kohl als Zugpferd als stärkste Fraktion aus der Bundestagswahl heraus. Auch die Kommunalwahl in Nürnberg führte zu Verlusten auf Seiten der SPD. Das Erstarken der CSU führte dazu, dass die SPD mit 34 von 70 Sitzen gegenüber der CSU mit 33 Sitzen ihre Position der absoluten Mehrheit verlor. Die Sitze der FDP reduzierten sich von vier auf zwei, die DKP behauptete ihren einen Sitz. In der SPD-Fraktion war man sich einig, dass eine Koalition mit der CSU außer Frage stand und stattdessen mit den beiden FDP-Stadträten zusammengearbeitet werden sollte. Die nahezu ausgewogene Stimmverteilung führte prompt im November 1978 zur ersten Abstimmungsniederlage der Sozialdemokraten seit über einem Jahrzehnt: Nachdem auch innerhalb der SPD zunächst kontrovers über Bebauungspläne des Mögeldorfer Kirchenbergs durch die ›Neue Heimat‹ diskutiert worden war, brachte die SPD den Antrag zur Bebauung in den Stadtrat ein. Geschlossen stimmten CSU, FDP und DKP gegen den Vorschlag und machten die neuen Kräfteverhältnisse deutlich.

»Die Wahlschlacht findet bisher nur auf dem Papier statt: die beiden großen Parteien setzen ihre Signale im Stadtbild.« – so die Nürnberger Nachrichten am 11. Februar 1978.

Nachdem Willy Prölß erneut zum Zweiten Bürgermeister gewählt worden war, musste der Posten des Fraktionsvorsitzenden neu besetzt werden. Käte Strobel war bereits 1976 als Vorsitzende zurückgetreten und hatte sich 1978 auch nicht mehr als Stadtratskandidatin nominieren lassen. Rolf Mader, der den Vorsitz von Käte Strobel übernommen hatte, verzichtete auf eine erneute Kandidatur als Fraktionsvorsitzender, blieb aber noch bis 1990 als Stadtrat aktiv. Dass nun Peter Schönlein als Fraktionsvorsitzender gewählt wurde, zeigt, dass die Vertreter der Jusos sich inzwischen in das Gefüge des Stadtrats integriert hatten.

Ab 1978 lässt sich eine Art Professionalisierung innerhalb der Fraktionsarbeit verzeichnen. War bis dahin die Fraktion eher von einzelnen Persönlichkeiten geprägt, wurde nun viel Energie aufgewandt, ein deutlicheres Profil der Fraktion herauszuarbeiten. Diese ›Emanzipation‹ der Fraktion, wie sie von Gebhard Schönfelder bezeichnet wird, wirkte sich auch in einer Professionalisierung der Geschäftsstelle aus, in der nun größerer

HELMUT SCHMIDT

BUNDESKANZLER
Stellvertretender Vorsitzender der SPD

Der Aufstieg Nürnbergs nötigt auch einem Hanseaten Respekt ab. Ich beglückwünsche Sie zu einem Gemeinwesen, das bei aller Modernität seine große historische Tradition als freie Reichs- und Handelsstadt nie vergaß und sorgsam bewahrte.

Gerne erinnere ich mich meiner Besuche in Nürnberg. Die Herzlichkeit, die mir entgegenschlug, der Realitätssinn der Nürnberger, der in vielen Gesprächen sichtbar wurde, haben mich beeindruckt. Ich zweifle nicht daran, daß Ihre Stadt ihren Rang unter den bundesdeutschen Großstädten behaupten und weiter ausbauen wird.

Sie werden es mir nicht verübeln, daß ich auf die Leistungen der Nürnberger Sozialdemokraten, die seit 30 Jahren auf der Kommandobrücke Nürnbergs stehen, stolz bin. Ich bin auch, daß Sie am 5. März daran denken. Meine Freunde meinen mit Recht:

IN NÜRNBERG MUSS VERNUNFT TRADITION BLEIBEN

Helmut Schmidt
Bundeskanzler

DESHALB LISTE 2 ☒

SPD

Unterstützung für den Kommunalwahlkampf durch Bundeskanzler Helmut Schmidt, Anzeige aus den Nürnberger Nachrichten 1978.

1972 – 1984

Wert auf qualifiziertes Personal gelegt wurde. Das deutlichste Zeichen setzte die Fraktion durch die Entscheidung ab 1984 den Posten des Fraktionsgeschäftsführers extern, anstatt wie bis dahin durch ein Stadtrat aus den eigenen Reihen, zu besetzen. So konnten mit Wolf Schäfer, Ulrich Maly und Harry Riedel Experten für diesen Bereich, ab dem Jahr 2000 mit Simone Pfautsch und Vera Michel sogar Fachfrauen ohne Parteibuch für diesen Posten gewonnen werden.

Ein Thema, das die Fraktion wie auch den gesamten Stadtrat über Jahre beschäftigte und stark ideologisch aufgeheizt war, war das Kommunikationszentrum KOMM. Bereits 1973 als Jugend- und Kommunikationszentrum im ehemaligen Künstlerhaus auf Initiative des Lehrers Michael Popp und des Kulturreferenten Hermann Glaser eingerichtet, begannen kurz darauf Diskussionen über eine mögliche Selbstverwaltung. Diese wurde 1974 in Form einer Selbstverwaltung unter städtischer Trägerschaft realisiert: Eine selbstverwaltete Vollversammlung aus Besuchern und den verschiedenen Nutzergruppen des KOMM traf die Entscheidungen. Ein Sekretariat mit städtischen Mitarbeitern diente als Schnittstelle zwischen Selbstverwaltung und Kulturreferat. Aufgrund häufiger Querelen um unerlaubten Drogenkonsum und politisch linksextreme Gruppierungen nahmen die Beschwerden, die an den Stadtrat herangetragen wurden, kein Ende. Auch die CSU-Fraktion versäumte keine Möglichkeit, ihre Zweifel an dem Projekt zu bekunden oder die Schließung des KOMM als Wahlkampfparole einzusetzen. So berichten die Nürnberger Nachrichten im Januar 1976: »Mit dem städtischen Kommunikationszentrum in der Königstraße gibt es derzeit Ärger: Der Vater einer 16-jährigen Gymnasiastin hat bei der Polizei gegen die für diese Einrichtung Verantwortlichen Anzeige erstattet, da seine Tochter und deren 15jährige Freundin über 22 Uhr hinaus noch im Ausschank des Kommunikationszentrums gearbeitet haben und anschließend als vermißt gemeldet wurden. Die CSU hat wegen dieser Sache bereits eine dringliche Anfrage vor dem Stadtrat eingebracht.«[2] Daraufhin kam es zu einem Besuch von Stadträten im KOMM. Trotz heftiger Auseinandersetzungen zwischen Jusos, die das Konzept der Selbstverwaltung mit kompromisslosem Engagement durchsetzten und den von Beginn an kritischen Stimmen des ›Kanals‹, trat die Fraktion im Stadtrat kontinuierlich mit erstaunlicher Geschlossenheit auf. Zum großen Eklat kam es, als die Junge Union 1979 eine politische Veranstaltung mit dem JU-Landesvorsitzenden Alfred Sauter im Festsaal des KOMM plante. Als die Vollversammlung die Veranstaltung zunächst ablehnte, klagte die Junge Union im November 1979 gegen das Veranstaltungsverbot und forderte gleichzeitig den Rücktritt Hermann Glasers. Da der Klage vor dem Ansbacher Verwaltungsgericht stattgegeben wurde, wurde die Veranstaltung dennoch – allerdings unter hohem Polizeiaufgebot – durchgeführt.

Neue Brisanz erhielt das KOMM im Stadtrat durch die am 5. März 1981 durchgeführten Massenverhaftungen. Bereits im Vorfeld war es zu einigen friedlichen Hausbesetzungn in Nürnberg gekommen. Im Februar 1981 war die SPD-Fraktion mit den Gruppen in Dialog getreten. Schließlich wurde den Hausbesetzern durch die Referenten Wilhelm Doni, Hermann Glaser und Joachim Kottke ein ›offenes Modell‹ angeboten: Wohnraum minderer Qualität konnte kostenfrei angemietet werden mit der Auflage, selbst zu renovieren. Nur wenige Tage später kam es im KOMM anlässlich einer Filmvorführung unter Beteiligung der regionalen Hausbesetzerszene zu einer Spontandemonstration. Nachdem die Demonstration, die einen größeren Sachschaden in der Innenstadt verursachte, längst beendet war, verhaftete die Nürnberger Polizei wahllos Besucher des Kommunikationszentrums. Der SPD-Unterbezirk reagierte gemeinsam mit der Stadtratsfraktion mit einer Großkundgebung in der Innenstadt, auf der die Gewaltanwendung ebenso verurteilt wurde, wie das unrechtmäßige Vorgehen der Polizei. Trotz der daraufhin über einen längeren Zeitraum bundesweit geführten Debatte konnte im Februar 1982 das vom Ortsverein St. Johannis forcierte Stadtteil-

Michael Popp, Leiter des KOMM, führt den Kultur- und Jugendwohlfahrtsausschuss sowie den Ausschuss für Stadtforschung und Stadterneuerung durch ›sein‹ Jugendzentrum.
»Zu Debatten über das Thema KOMM ist es gestern nicht gekommen. Die entscheidenden Aussprachen werden in den nächsten Ausschusssitzungen stattfinden« – so die Nürnberger Nachrichten über diesen Ortstermin am 28. Januar 1976.

Massenverhaftung im KOMM am 6. März 1981.

Mit dem seit 24 Jahren bewährten Oberbürgermeister Dr. Andreas Urschlechter setzte die SPD bei der Oberbürgermeisterwahl 1981 auf Tradition, Wahlwerbung 1981.

zentrum ›Desi‹ als selbstverwaltete Kultur- und Begegnungsstätte eingeweiht werden.

Zu Beginn der 1980er Jahre verschlechterte sich der Stand der SPD-Fraktion zunehmend: Am 1. Oktober 1981 trat Jürgen Wolff aus der Partei aus. Damit verlor die Partei den Vorsprung an Sitzen gegenüber der CSU. Als dann wenige Wochen später der FDP-Stadtrat Klaus-Peter Murawski ebenfalls aus seiner Partei austrat und im Stadtrat gemeinsam mit Jürgen Wolff die Stadtratsgruppe ›Die Grünen/Unabhängigen‹ gründete, verschärfte sich die Situation für die SPD-Fraktion. »Oft war es nur noch nach langwierigen Gesprächen und Verhandlungen, bisweilen gar nicht mehr möglich, sich mit unseren sozialdemokratischen Zielsetzungen im Stadtrat durchzusetzen.«[3] – so Peter Schönlein resigniert im Jahr 1983.

Der eigentlich harte Schlag für die Fraktion kam im darauffolgenden Sommer. Noch im Oktober 1981 war Andreas Urschlechter aus einem Wahlkampf, in dem sich die Fraktion voll und ganz hinter ihren Kandidaten gestellt hatte, erfolgreich als Oberbürgermeister hervorgegangen. Umso irritierender wirkt bis zum heutigen Tag sein Austritt aus der SPD, den Andreas Urschlechter, ohne Vorankündigung im Juli 1982 vornahm. Kurz zuvor war er noch mit mehreren Parteifreunden auf einer Dienstreise des Aufsichtsrates der wbg in Paris. Seine engsten Mitarbeiter erfuhren von diesem Schritt aus der Presse. »Paukenschlag aus dem Rathaus« (NZ), »Der Aussteiger des Jahres« (AZ), oder »Erste Reaktion: Ratlosigkeit im Rathaus« (NN) – so titelten die regionalen Zeitungen am Morgen nach dem Parteiaustritt. Aus vielen Berichten lassen sich noch heute das Unverständnis für diesen Schritt wie auch eine tiefe Kränkung der Fraktion heraushören. So schrieb Peter Schönlein 1983: »Um der verblüfften Öffentlichkeit seinen Schritt zu begründen, nahm er zu Vorwürfen Zuflucht, deren Abwegigkeit nicht nur bei Sozialdemokraten Unverständnis und Empörung hervorrief. So wurde einer Partei gedankt, die sich in fünf Wahlkämpfen für Dr. Urschlechter

Einheit und gemeinsame Freude über den fünften Wahlerfolg Dr. Andreas Urschlechters zum Oberbürgermeister. Zu diesem Zeitpunkt rechnete noch keiner mit seinem Parteiaustritt.

eingesetzt hatte und im Rathaus über Jahrzehnte hinweg seine Stütze gewesen war.«[4]

Der Austritt führte zum radikalen Bruch zwischen Fraktion und amtierendem Oberbürgermeister, der sein Amt noch als Parteiloser bis 1987 ausübte. Schon kurz nach dem Parteiaustritt kam in der Fraktion die Frage auf, wie nun mit den Aufsichtsratsposten Andreas Urschlechters verfahren werden sollte. Da die Aufsichtsratssitze nach dem Porporz der Parteien im Stadtrat verteilt waren, hatte er die Ämter für die SPD inne. Nachdem der Rechtsreferent Dr. Richard Sauber für die Fraktion ein Rechtsgutachten zu dieser Frage erstellt hatte, wurde am 3. Mai 1984 Andreas Urschlechter mit den Stimmen von SPD, Grünen und DKP aus den Aufsichtsorganen wie dem Aufsichtsrat der Städtischen Werke abgewählt. Die tägliche Zusammenarbeit im Rathaus wurde immer schwieriger. Die städtische Verwaltung kam zwischenzeitlich fast völlig zum Erliegen, da der Oberbürgermeister sämtliche Referatsbesprechungen absagte. Die Haushaltsberatungen am 19. November 1982 endeten fast im völligen Chaos, da der Oberbürgermeister gegen seine eigene Verwaltung votierte. Erst nach längerem Hin und Her gelang es im zweiten Anlauf, ein Haushaltspaket mit einer soliden Finanzierung zu erstellen. Die Abendzeitung vom 31.12.1982 meldete: »Seit dem Austritt Dr. Urschlechters heißen die Abstimmungen im Nürnberger Stadtrat nur noch ›Mittwochslotto‹, weil sein Abstimmungsverhalten unberechenbar geworden ist.«

Die SPD-Fraktion reduzierte hierauf die Zusammenarbeit auf da Nötigste. Als am Tag nach der Haushaltsdiskussion das 25jährige Dienstjubiläum Urschlechters begangen wurde, hielt Peter Schönlein zwar eine kurze Rede als Fraktionsvorsitzender, dem feierlichen Mittagessen blieb die Fraktion allerdings geschlossen fern. Der Bruch mit der SPD wurde von Andreas Urschlechter unterstrichen, als er sich bei der Jahresabschlussfeier 1983 der CSU als eine Art ›Stargast‹ feiern ließ und die CSU auch im anstehenden Kommunalwahlkampf an der Seite von Franz-Josef Strauß unterstützte. Seine Nähe zur christsozialen Partei zeigte sich auch, als er im Frühjahr 1983 die CSU-Gruppe im Bayerischen Städtetag um Aufnahme bat. So war es auch die CSU-Stadtratsfraktion, die den Vorschlag einbrachte, Andreas Urschlechter mit seiner Pensionierung 1987 die Ehrenbürgerwürde zu verleihen. Auf die Frage, ob sich Andreas Urschlechter selbst über die Jahre selbst demontiert hätte, antwortete Peter Schönlein: »Demontiert ist vielleicht ein zu hartes Wort. Er hat seine Denkmalseigenschaft beschädigt. Das glaube ich, kann man wirklich objektiv so sagen. Und sein Abgang war nicht so, wie er ihn verdient gehabt hätte.«

Andreas Urschlechter als Oberbürgermeister

»Er war eine präsidiale Figur mit großer Aura, schon allein von der Erscheinung her. Außerdem war er natürlich ein Denkmal wegen der Länge seiner Amtszeit und wegen der unbestreitbaren Fortschritte, die im Wiederaufbau unter seiner Regie gemacht wurden. Er war eine Persönlichkeit, die einen großen Respekt eingeflößt hat. In den Jahren, in denen ich ihn erlebt habe, sind allerdings nicht mehr viele innovative Anregungen von ihm ausgegangen, um es einmal vorsichtig zu formulieren. Er hat eben die Stadt verwaltet, und alles ging voran, ohne dass ich jetzt irgendwelche großen Visionen oder gar ideologische Dinge entdeckt hätte. Gleichwohl muss man sagen: Er hat das getan, was die Zeit erforderte. Und die Zeit erforderte es, den Wiederaufbau der Stadt voranzubringen, denn die Menschen brauchten Wohnungen, brauchten Arbeitsstätten. All das, was nahezu komplett zerstört war, wiederherzustellen, das war die Anforderung der Zeit.«

*Peter Schönlein,
SPD-Stadtrat 1972–1987
und Oberbürgermeister*

Dr. Peter Schönlein (*1939)

Der spätere Oberbürgermeister der Stadt Nürnberg, Peter Schönlein, begann seine berufliche Laufbahn nach dem Abitur im Jahr 1960 am Neuen Gymnasium Nürnberg mit einem Studium in den Fächern Latein, Griechisch und Geschichte in Erlangen und Paris. Nach einer Promotion zur römischen Geschichtsschreibung kehrte er als Referendar nach Nürnberg ans Melanchthon-Gymnasium zurück und war ab 1970 als Lehrer am Neuen Gymnasium tätig.

Peter Schönlein trat erst 1969 in die SPD ein, engagierte sich dann bei den Jusos, war insgesamt acht Jahre als Vorsitzender des Ortsvereins Steinbühl tätig und wurde 1972 als einer der Juso-Kandidaten in den Stadtrat gewählt. Nach seiner Tätigkeit als stellvertretender Fraktionsvorsitzender wurde Peter Schönlein 1978 einstimmig zum Fraktionsvorsitzenden gewählt. Dass auch die nachfolgenden Wahlen in vier von fünf Fällen einstimmig für ihn entschieden wurden, zeigt den großen Rückhalt, den Peter Schönlein innerhalb der Fraktion hatte. 1987 konnte er sich nach einem intensiven Wahlkampf gegen Günther Beckstein als Oberbürgermeister durchsetzen, in dem er 1990 bestätigt wurde. »Der Peter war in der Fraktion am besten, wenn er so richtig zornig war, ohne Manuskript«, so die SPD-Stadträtin Hildegard Wagner. Nach der Wahlniederlage im Jahr 1996 gegen Ludwig Scholz zog sich Peter Schönlein aus der Kommunalpolitik zurück und kehrte in den Schuldienst zurück. Bis zu seiner Pensionierung im Jahr 2002 war er Direktor des Dürer-Gymnasiums.

FRISCHER WIND

Horst Schmidbauer
(*1940)

Der in Nürnberg geborene Industriekaufmann Horst Schmidbauer trat bereits als 16jähriger in die SPD ein. Nach dem Zivildienst bei der Arbeiterwohlfahrt war er ab 1959 in der Mineralölbranche tätig. 1972 zog Horst Schmidbauer als Vertreter der Jungsozialisten, welchen er von 1968 bis 1973 als Bezirks- und Unterbezirksvorsitzender vorstand, in den Stadtrat ein. Bis 1990 war er mit den Arbeitsschwerpunkten im Bereich Gesundheitspolitik sowie Wohnungs- und Städtebau im Stadtrat tätig. Die Fraktion vertrat er viele Jahre als gesundheitspolitischer Sprecher. 1990 schied er aus dem Stadtrat aus, da er in den Bundestag gewählt wurde, dem er insgesamt fünfzehn Jahre angehörte. Auch in der Bundespolitik widmete er sich den Themen Gesundheit und soziale Sicherung. In Folge seiner Tätigkeit als Obmann der SPD-Fraktion im Untersuchungsausschuss ›HIV-Infektion durch Blut- und Blutprodukte‹ von 1993 bis 1994 setzt sich Horst Schmidbauer in seiner umfangreichen ehrenamtlicher Tätigkeit als Vorsitzender des Stiftungsrates der Stiftung ›Humanitäre Hilfe für durch Blutprodukte HIV-infizierte Personen‹ oder als Mitglied der AIDS-Hilfe und Pro Familia für das Thema HIV ein. Weitere Schwerpunktthemen spiegeln seine Tätigkeit als Vorstands-Vorsitzender der Lebenshilfe Nürnberg e.V. sowie das Engagement in der Bundesarbeitsgemeinschaft Hospiz.

Otto Peter Görl
(1925-1996)

Otto Peter Görl, der in der Fränkischen Schweiz als Sohn eines Gastwirtes und einer Bäuerin geboren wurde, durchlebte eine ehrgeizige Karriere. Nach dem Besuch der Dürer-Oberrealschule, Kriegsdienst und Gefangenschaft absolvierte er zunächst eine Maurerlehre. Nachdem er 1947 das Abitur nachgeholt hatte, studierte er unter anderem bei Otto Ernst Schweizer an der Technischen Hochschule in Karlsruhe Architektur und Philosophie. Nach einem vierjährigen Auslandsaufenthalt als Architekt in Afghanistan trat er 1958 in den städtischen Dienst und engagierte sich gleichzeitig bei den Jusos. Drei Jahre später wurde er Leiter des städtischen Hochbauamtes und schließlich 1970 als erfahrener Baufachmann und Kenner der Stadtverwaltung Nachfolger Heinz Schmeißners als Baureferent. Dieses Amt bekleidete er bis 1990. Neben eigenen Bauplanungen wie beispielsweise dem Neubau der Volksschule auf der Insel Schütt entstammen eine ganze Reihe bedeutender Bauten seiner Ära als Hochbauamtsleiter und Baureferent: Das Polizeipräsidium in der Ludwigstraße, das Altenheim am Platnersberg, die Müllverbrennungsanlage, das Messezentrum oder die Karstadtfiliale vor der Lorenzkirche.

Otto Peter Görl, der sich selbst als ›Vorläufer der achtundsechziger Generation‹ oder ›linker Spinner‹ bezeichnete, stand neben Themen wie Verkehrsplanung und dem weiteren Ausbau der Nürnberger U-Bahn für die Erweiterung der Fußgängerzone und eine progressive Haltung gegenüber moderner Kunst im öffentlichen Raum.

**Dr. Wilhelm Doni
(1930-2008)**

Wilhelm Doni wurde als Sohn einer Schifferfamilie in Würzburg geboren. Nach einem Studium zum Diplom-Kaufmann blieb er der Familientradition treu und war für verschiedene Schifffahrtsgesellschaften und -verbände tätig. Gleichzeitig schloss er berufsbegleitend eine Promotion ab.

Mit der Anstellung als berufsmäßiger Stadtrat in Nürnberg im Jahr 1968 trat für ihn eine entscheidende berufliche Wende ein. Bis zu seiner Pensionierung im Jahr 1992 hatte er die Zuständigkeit für die Bereiche Wirtschaft, Stadtentwicklung und Wohnen inne. Mit der Eröffnung des Main-Donau-Kanals 1992 übernahm Wilhelm Doni den Vorsitz des Deutschen Wasserstraßen- und Schifffahrtsvereins vom damaligen Oberbürgermeister Andreas Urschlechter und wurde später Ehrenvorsitzender des Vereins. Dazu bekleidete er in seiner Dienstzeit die Ämter des Aufsichtsratsvorsitzenden der Flughafen Nürnberg GmbH, des Vorstandsvorsitzenden des Verkehrsvereins und war Mitglied des Hafenbeirats. Im Juni 2008 verstarb Dr. Wilhelm Doni im Alter von 78 Jahren.

Die Kulturläden sind längst nicht mehr aus der Kulturlandschaft Nürnbergs wegzudenken. Hermann Glaser vor dem Kulturladen in der Südstadt, Fotografie 1990.

Mit der Stadtratswahl am 18. März 1984 begann für die SPD-Stadtratsfraktion eine Phase mit ganz neuen Herausforderungen. Die SPD behauptete ihre 34 Sitze aus der Kommunalwahl im Jahr 1978. Die CSU hatte einige Wählerverluste, konnte sich aber immer noch 30 Sitze im Stadtrat sichern. Ähnlich knapp verlief die anschließende Wahl des Zweiten Bürgermeisters im Mai 1984: Willy Prölß, der nun schon das dritte Mal zur Wahl stand, konnte sich mit nur 38 zu 32 Stimmen gegen den CSU-Kandidaten Helmut Bühl durchsetzen. Neu auf der Nürnberger Politbühne waren nun die Grünen, die zwar bereits vor 1984 mit Klaus-Peter Murawski und Jürgen Wolff Vertreter im Stadtrat hatten, nun aber erstmals mit einer vollständigen Liste zur Wahl antraten. Mit 5,8% der Wählerstimmen war die junge Partei auch gleich erfolgreich: Mit den Kandidaten Hiltrud

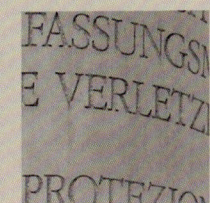

Die rot-grüne Koalition

Neue Mehrheitsverhältnisse

Gödelmann, Klaus-Peter Murawski, Sophie Rieger und Jürgen Wolff sicherten sich die Grünen auf Anhieb vier Sitze im Stadtrat und erhielten somit Fraktionsstatus.

Noch im gleichen Monat schlossen sich SPD und Grüne im Stadtrat zu einem Zweckbündnis zusammen. Diese Vereinbarung bestand zunächst nur aus einer losen Absprache, in der die Grünen zwar gänzlich auf die Besetzung kommunalpolitischer Posten verzichteten, stattdessen jedoch eine Reihe inhaltlicher Forderungen stellten. Die Kernforderung der Liste mit insgesamt 30 Anträgen bestand in der Schaffung eines Umweltreferates, das schließlich 1988 eingerichtet wurde.

Auch wenn sich die Koalitionspartner in einigen Fragen einig waren, erforderte die Zusammenarbeit zwischen SPD und Grünen starke Kompromissbereitschaft auf beiden Seiten. Gleich in den ersten Tagen der neuen Legislaturperiode kam es zum ersten großen Feilschen: Nach langem Ringen stimmten die grünen Stadträtinnen und Stadträte der von den Sozialdemokraten geforderten Fahrpreiserhöhung im öffentlichen Personennahverkehr zu. Im Gegenzug dazu unterstützte die SPD-Fraktion verschiedene verkehrspolitische Forderungen der Grünen wie die Sperrung des Rathausplatzes.

Gerade der Bereich der Verkehrspolitik zeigt den mitunter starken Einfluss der Grünen auf die Sozialdemokraten. So führte das Engagement des grünen Koalitionspartners zu einem spürbaren Gesinnungswechsel der SPD-Fraktion bezüglich verschiedener Großprojekte im Straßenbau: Das Vorhaben einer ›Südstraße‹, die sich bereits seit einigen Jahren zur Entlastung der Wölckern- und Landgrabenstraße als eine Art Stadtautobahn südlich des Bahnhofs in der Planung befand, wurde gestoppt. Auch der Bau eines Ostzubringers, die Verlängerung der Rollnerstraße Richtung Flughafen, der kreuzungsfreie Ausbau des Frankenschnellwegs, die Planung einer Westumgehung Fischbach oder der Ausbau der B2 im Rednitztal waren Straßenbauprojekte, die ursprünglich weitgehend von der SPD bejaht, nun aber gemeinsam mit den Grünen verhindert wurden. Anstelle eines verstärkten Großstraßenausbaus reagierte man auf das höhere Verkehrsaufkommen durch die Verkehrsberuhigung verschiedener Stadtteile oder den Erhalt und Ausbau des Straßenbahnnetzes. Diese Erfolge in der Verkehrspolitik werden heute von den Grünen als größter Erfolg ihrer Mitarbeit in der rot-grünen Koalition gesehen.

ROT-GRÜNE KOALITION

Der SPD-Stadtratsfraktionsvorstand im Jahr 1986 (von links): Jürgen Fischer, Dr. Peter Schönlein, Lia Sommer, Arno Hamburger und Gebhard Schönfelder.

Auch in anderen Themenbereichen entwickelte sich eine rot-grüne Politik mit Profil. So trat man geschlossen gegen Atomtransporte durch Nürnberg auf oder setzte einen städtischen ›Fonds zur Unterstützung von Selbsthilfegruppen und selbstorganisierten Projekten im Kultur-, Sozial-, Ökologie- und Gesundheitsbereich‹ durch. Dieser Fonds, besser bekannt als ›Alternativtopf‹, wurde 1985 für eine Probephase auf drei Jahre beschlossen, existierte aber noch bis 1996 weiter. Im Februar 1985 stellte die SPD-Fraktion den Antrag auf die Berufung einer Frauenbeauftragten und die Einrichtung einer Gleichstellungskommission. Auch in der Diskussion um die Städtepartnerschaft zu San Carlos in Nicaragua, die aufgrund politischer Bedenken von der CSU-Fraktion in Frage gestellt wurde, setzte sich die rot-grüne Koalition 1985 durch.

Mit dem Ende der Amtszeit Andreas Urschlechters als Oberbürgermeister im Jahr 1987 ging eine Ära zu Ende. Insgesamt 30 Jahre hatte er über insgesamt fünf Legislaturperioden das Amt ausgeübt. Aus Altersgründen war eine weitere Kandidatur nun nicht mehr möglich. Als Kandidaten traten Dr. Günther Beckstein (CSU) und Utz Ulrich (FDP) gegen den SPD-Fraktionsvorsitzenden Dr. Peter Schönlein in einen äußerst spannenden Wahlkampf. Mit der OB-Wahl stand für CSU und SPD viel auf dem Spiel: Der Parteiaustritt Andreas Urschlechters und

Wahlkampf um das Amt des Oberbürgermeisters 1987

»Da haben sich die beiden großen Parteien genötigt gefühlt, sich bereits 1984 für Kandidaten zu entscheiden; drei Jahre vor der Wahl. Weil die Medien so sehr spekuliert haben. Jeder wusste: Urschlechter kann nicht wieder kandidieren, er musste aus Altersgründen ausscheiden. Und es kommt ein Neuer und die Erregung in der Bürgerschaft war unheimlich groß: Wer wird das werden? Wer wird die Nachfolge von Urschlechter antreten? Und um das Thema nicht ununterbrochen am Kochen zu halten, haben SPD und CSU innerhalb weniger Wochen im Herbst `84 ihre Kandidaten benannt. Und von diesem Zeitpunkt an war Wahlkampf – drei Jahre. Beckstein und ich haben um jeden Quadratmeter Boden gekämpft. Und es war ein Marathonwahlkampf unvorstellbarer Art, der aber auch in beiden Lagern eine Mobilisierung hervorgerufen hat, die heute irgendwie unwirklich erscheint.«

Peter Schönlein, Oberbürgermeister 1987–1996

Rot-grüne Koalition

»1990 bis 1996 – die 1990er Jahre waren auch einfach so eine flaue Zeit – aber jetzt ist es ja noch flauer –, dass so viele Wähler gesagt haben: ›Ich geh' da gar nicht hin, die machen doch nichts‹. Andere haben Anspruchshaltungen aufgebaut: ›Ich hab dich gewählt, also jetzt hupf mal‹. Ich will es nicht zu sehr verallgemeinern, denn es gab auch wirklich gute, neue Initiativen, aber die allgemeine Lust an der Politik ist schon zurückgegangen, glaube ich. Und die Diskussionskultur hat sich sehr verändert. Von 1990 bis 1996 war das Verhalten in der Fraktion abhängig von den Rahmenbedingungen, weil es das Bündnis mit den Grünen gab. Ich habe das als Neuling ganz stark empfunden, dass sich die Fraktion in vielen Punkten überhaupt nicht einig war. (...) Ich denke, das wird einer Fraktion auch vielleicht als Schwäche ausgelegt werden, aber das war ein Umschwung in der Fraktion von so richtig alten Knochen, die nach dem Motto ›Das haben wir immer schon so gemacht‹ in der Verkehrspolitik und Umweltpolitik relativ unbeweglich waren. Ich habe mich immer aufgeregt, dass es die Grünen überhaupt gebraucht hat, weil ich der Meinung war, dass das Umweltthema ein Thema für die große Volkspartei SPD wäre. Mehr als für die Konservativen zum Beispiel. Und dann hatte man das Bündnis mit den Grünen und musste sich natürlich zu Beschlüssen durchringen, für die beide Seiten nachgeben mussten. Die Fraktionsführung wollte jedoch eine eigenständige SPD-Politik sichtbar machen – auch im Umweltbereich und vor allem in der Verkehrspolitik. (...) Ich denke, das ist uns gelungen, obwohl vieles ein bisschen übers Ziel hinausgeschossen ist. Nach dem Motto ›Man muss die Leute da abholen, wo sie sind‹ – in der Verkehrspolitik hat man manche überhaupt nicht abholen können, weil, die wollten da auch immer bleiben, wo sie sind. Und so sind wir vielleicht ein bisschen zu forsch die Ziele angegangen. Jedenfalls, das Wahlergebnis '96 hat uns das ja bewiesen, da kam dann noch das Thema Augustinerhof dazu, da hat die Fraktion große Fehler und der Oberbürgermeister Peter Schönlein, würde ich sagen, auch Fehler gemacht.«

Gerlind Zerweck,
SPD-Stadträtin 1990-2008

Rot-grüne Koalition

»Man hat bestimmte Kompromisse schließen müssen, aber das ist eine ganz natürliche Sache. Wenn man eine Art Koalitionspartner hat, dann muss man auch auf dessen Wünsche eingehen, nicht in vollem Umfang, aber das Leben ist give-and-take, du kannst nicht nur nehmen, du musst auch geben.«

Arno Hamburger,
SPD-Stadtrat seit 1972

Haushaltsdebatten in der rot-grünen Koalition

»Für mich war das am Anfang sehr schwierig, dem Alternativtopf zuzustimmen. Wir haben da in der Fraktion sehr hart diskutiert. Da waren so viele Projekte von den Grünen drin, die mir nicht sinnvoll erschienen sind. Ich habe immer gedacht, wenn die AWO das Geld kriegen würde (...) Das war vielleicht der Hintergrund.(...) Dann kam der Murawski und wollte die Sportförderung wahnsinnig stark kürzen. Hab ich gedacht: ›Ja spinnt denn der? Jetzt haben wir den Alternativtopf beschlossen und jetzt will der die Sportförderung kürzen, (...) das kann doch nicht sein.‹«

Hildegard Wagner,
SPD-Stadträtin 1984-1996

die offen zur Schau getragenen Sympathien für die CSU hatten die Zielrichtung der Kommunalpolitik der letzten Jahre deutlich aus den Fugen gebracht. Dazu waren die Stadtratswahlen drei Jahre zuvor mit einem nur geringen Vorsprung für die SPD entschieden worden. Bereits nach der Stadtratswahl wurden die Kandidaten für die Oberbürgermeisterwahl aufgestellt.

Beide Parteien schickten junge und auch erfolgsträchtige Kandidaten in den Wahlkampf: Mit dem stellvertretenden Vorsitzenden des CSU-Bezirksverbandes und bereits langjährigem Landtagsabgeordneten Günther Beckstein sah sich Peter Schönlein einer ernstzunehmenden Konkurrenz gegenübergestellt. Der Wahlkampf, der sich über fast drei Jahre erstreckte, wurde mit immensem Aufwand geführt. Hauptthemen Peter Schönleins waren die Schaffung zusätzlicher Arbeitsplätze und die Vision eines für alle Bevölkerungsschichten finanzierbaren Lebens in einer Stadt mit hoher Wohn- und Lebensqualität. Die Errichtung einer Nürnberger ›Kulturmeile‹, im Sinne eines städtebaulichen und kulturellen Ausbaus zahlreicher bestehender und neuer Kultureinrichtungen im Gebiet zwischen Germanischem Nationalmuseum und Tratzenzwinger auf der Insel Schütt. Mit dieser Idee nach dem Vorbild einer ›Kultur für alle‹ wollte Peter Schönlein bis zum 950jährigen Stadtjubiläum im Jahr 2000 eine Institution schaffen, die »keinen Vergleich mit ähnlichen Einrichtungen anderer europäischer Städte zu scheuen braucht.«[1] Die Wahl selbst führte im ersten Wahlgang am 18. Oktober 1987 zu einem Ergebnis von 49,8% der Stimmen für Peter Schönlein und 43,2% der Stimmen für Günther Beckstein. Das eindeutige Ergebnis der Stichwahl am 8. November 1987 von 57,6% der Stimmen für Peter Schönlein sorgte für großen Jubel in der Partei. Auch die mit dem Wahlkampf beauftragte Agentur lud ein paar Wochen nach der Wahl die Wahlkampfsieger und zahlreichen Helfer zur gemeinsamen Siegesfeier ein, bei der man mit ›Schönlein Brillant‹ auf den Sieg anstieß, sich mit Köstlichkeiten wie ›Nermbercher Gwerch‹, ›Rot-grünem Chaos‹ oder ›Saurer Union‹ stärkte und mit einem ›Bitteren 43%igen‹ als Verdauungsschnaps auch den Seitenhieb auf den Wahlverlierer nicht ausließ.

Bereits drei Jahre später kam es erneut zur Oberbürgermeister-Wahl. Um diese wieder zeitgleich mit der Wahl des Stadtrats durchführen zu können, hatte sich die SPD-Fraktion mit dem Oberbürgermeister darauf verständigt, die Wahlen vorzuverlegen. Erneut konnte sich Peter Schönlein gegen Günther Beckstein (CSU), Jürgen Döblin (FDP) und Klaus-Peter Murawski (Die Grünen) als Oberbürgermeister durchsetzen.

Obwohl die SPD bei der Stadtratswahl zwei Sitze einbüßte, vergrößerte sich der Abstand zur CSU als zweitgrößter Fraktion auf 32 zu 26 Sitze. Erstmals traten zu dieser Wahl die Freien Wähler

Freude bei Peter Schönlein und seinen Parteifreunden, der sich in einer Stichwahl gegen den Gegenkandidaten Günther Beckstein durchsetzte, Fotografie 1987.

Bezahlbare Mieten in einem lebenswerten Wohnumfeld waren eines der Wahlkampfziele Peter Schönleins, Fotografie eines Wahlplakates am Spitzenberg 1987.

Zusammenarbeit Kulturreferat und Stadtrat

»Vom Prinzip her waren wir uns einig. Wir haben alles vorbesprochen, hatten also einen sehr engen Kontakt, praktisch in den vorbereitenden Sitzungen, die die SPD-Arbeitsgruppe für Kultur gemacht hat. Auch im Stadtrat war ich immer dabei. Und da haben wir abgesprochen, was wir machen. Es wäre ein falscher Eindruck, dass das Referat die Ideen eingebracht hat, und die anderen haben zugestimmt. Es war ein gegenseitiger Prozess. Das war abgesprochen, das haben wir zum Teil auch, aber nicht so intensiv, später auch mit den Grünen gemacht, wenn sie es gewollt haben.«

Siegfried Kett, Mitarbeiter des Kulturreferates 1974-1985

Aus der Zwickmühle

»Dann waren die Grünen nicht mehr bereit, Bebauungsplänen zuzustimmen und die CSU hat uns natürlich an der ausgestreckten Hand verhungern lassen. Die hat gesagt: ›Na, wir springen da jetzt nicht in die Bresche.‹ Und da war die Frage: Wie kommt man aus dieser Situation raus? Wir waren da in einer unglaublichen Zwickmühle. Da bin ich dazumal auf die Idee gekommen, wir können uns doch das ganze Stadtgebiet anschauen und feststellen, wo noch Entwicklungsmöglichkeiten sind für Wohnen und Gewerbe und wo dann im Gegensatz dazu, dort wo wir das nicht festlegen, eben die Fläche frei bleibt und nicht mehr bebaut und nicht mehr versiegelt wird. Daraus entstand dann das EK 2000 – Entwicklungsgutachten 2000.«

Jürgen Fischer, SPD-Stadtrat seit 1972 und Fraktionsvorsitzender 1987-1998

Was ist Kommunalpolitik?

»Kommunalpolitik ist dafür da, dass sich die Bürger in der Stadt wohl fühlen. Deswegen muss man nicht alles machen, was die Bürger wollen. Man muss das prüfen und dann entscheiden, ist das ideologisch im Parteiprogramm drin, überspitzt formuliert jetzt, oder nützt das dem Bürger. Dann würde ich mich für den Bürger entscheiden.«

Hildegard Wagner, SPD-Stadträtin 1984-1996

Arbeit im Sozialausschuss

»Im Sozialen ging es mir schon (...) um Gerechtigkeit. Ich muss ehrlich sagen, es war ein sehr schönes Arbeiten die zwölf Jahre, auch überfraktionell. Da gab es nie so ein Gezeter wie in manchen Ausschüssen – im Sozialausschuss gab es sehr viele einstimmige Beschlüsse. Man kann ja oft gar nicht dagegen sein. (...) Die Bedarfe waren klar. Damals war ja der Kottke Sozialreferent, danach die Frau Mielenz. Bloß der Murawski und der Imhof, (...) die haben sich oft gefetzt. Aber sonst ging es da sehr harmonisch zu.«

Hildegard Wagner, SPD-Stadträtin 1984-1996

ROT-GRÜNE KOALITION

mit einer eigenen Liste an, konnten sich allerdings erst bei der nächsten Wahl 1996 zwei Sitze sichern. Die Grünen gingen gestärkt mit nun insgesamt sechs Stadtratssitzen aus der Wahl. Erstmals traten die Republikaner zur Wahl an und konnten sich gleich vier Sitze sichern. Um den rechten Kräften im Stadtrat nicht allzu viel Gewicht zu geben, beschloss die Koalition, einer Partei im Stadtrat den Fraktionsstatus erst ab sechs Stadträten zu verleihen. Die demokratischen Parteien im Stadtrat verständigten sich darüber hinaus bald darauf, die Rechten nach Möglichkeit zu ignorieren. Auf dieser Grundlage sollten die Republikaner im Stadtrat in den folgenden Jahren kaum eine Rolle spielen. Eine Zäsur erfuhr die Arbeit im Rathaus auch durch die Pensionierung des Kulturreferenten Hermann Glaser und des Baureferenten Otto Peter Görl, mit der in den jeweiligen Bereichen eine bedeutende Ära zu Ende ging. Als Nachfolgerin von Hermann Glaser trat 1990 die parteilose Dr. Karla Fohrbeck ihr Amt an, im gleichen Jahr wurde der Sozialdemokrat Walter Anderle zum Baureferenten bestimmt.

Infolge der Stadtratswahl 1990 kam es erneut zu Koalitionsverhandlungen zwischen SPD und Grünen, die nun infolge der deutschen Wiedervereinigung den Titel ›Bündnis 90/Die Grünen‹ trugen. Auch 1990 kam das Bündnis ohne konkrete personelle Zusagen für den kleineren Partner aus. Diese Zurückhaltung der Grünen, die Jahre später von Klaus-Peter Murawski als ›Dummheit‹ bezeichnet wurde, sollte aber bald einer fordernderen Haltung weichen. Bereits bei der Einrichtung des Umweltreferates im Januar 1988 wurde der sozialdemokratische Bewerber, Rolf Praml aus Wiesbaden gegenüber dem Grünen-Kandidaten Dr. Hubert Weiger, der sich als pro-

Jürgen Fischer (*1937)

Der gebürtige Nürnberger kehrte nach seiner Schulzeit in Ansbach und dem Studium der Rechts- und Politischen Wissenschaften in Erlangen, Hamburg und Würzburg erst 1965 wieder in seine Heimatstadt zurück. Er war zunächst freiberuflich als Rechtsanwalt und für die Firma Photo-Porst tätig. Nachdem Jürgen Fischer 1969 in die SPD eingetreten war, engagierte er sich vor allem bei den Jusos, für die er 1972 in den Stadtrat gewählt wurde. Ab 1987 stand er der SPD-Fraktion als Vorsitzender vor. 1998 gab er den Vorsitz an Gebhard Schönfelder ab und kehrte als Fraktionsmitglied in die Fraktion zurück.

Als verkehrspolitischer Sprecher widmet sich Jürgen Fischer vor allem den Themenbereichen Verkehr, Wirtschaft und Recht, aber auch der Kultur. Im Rahmen seiner Stadtratstätigkeit ist Jürgen Fischer Mitglied im Verwaltungs- und Verbandsrat der Sparkasse Nürnberg, Aufsichtsratsvorsitzender der VAG, Verbandsrat im Zweckverband Verkehrsverbund Großraum Nürnberg und beruflich als Geschäftsführer der Stadtreklame Nürnberg tätig.

movierter Forstwirt und Beauftragter des Bund Naturschutz für Nordbayern als Fachmann auf dem Gebiet des Umweltschutzes auswies, bevorzugt. Rolf Praml setzte in seiner Amtszeit mit einer neuen Satzung zur Abfallwirtschaft, die 1989 anstelle einer reinen Müllbeseitigung den Schwerpunkt auf die Müllvermeidung legte und innovative Ideen wie die Ein-

Im März 1992 wurde die Koalition zwischen Rot-Grün auch schriftlich fixiert (von links): Bernhard Jehle und Hiltrud Gödelmann (Die Grünen), Horst Schmidbauer und Jürgen Fischer (SPD).

Im Juni 1992 wurde die Koalition auch in der Besetzung der Bürgermeisterstellen umgesetzt (von links): Zweiter Bürgermeister Willy Prölß (SPD), der neu gewählte Dritte Bürgermeister und Gesundheitsreferent Klaus-Peter Murawski (Die Grünen) und Dr. Peter Schönlein (SPD).

richtung von Recyclinghöfen und eine systematische Mülltrennung vorschrieb, Ideen und Ziele der Grünen um. Als Rolf Praml 1991 Nürnberg verließ, um sein Amt als Staatssekretär in Wiesbaden anzutreten, versuchten die Grünen erneut – nun mit der Kandidatin Michaele Schreyer – das Referat zu besetzen. Die SPD allerdings ignorierte die Grünen-Kandidatin und besetzte stattdessen gemeinsam mit den Stimmen der Republikaner das Amt mit Frank Schmidt und somit erneut mit einem Kandidaten aus den eigenen Reihen. Nun gingen die Grünen in die Offensive und kündigten die Zusammenarbeit mit der SPD auf. Erst als die Grünen die Haushaltsverhandlungen im Herbst 1991 boykottiert und gegen den von der SPD aufgestellten Haushalt gestimmt hatten, kam es im Frühjahr des folgenden Jahres wieder zur Aufnahme von Koalitionsverhandlungen.

Im März 1992 wurde schließlich erstmals die Zusammenarbeit zwischen SPD und Bündnis 90/Die Grünen in einem differenziert ausgearbeiteten schriftlichen Vertrag fixiert und den Grünen das Vorschlagsrecht für zwei Referate zuerkannt. Im Oktober desselben Jahres trat Klaus-Peter Murawski daher die Nachfolge von Egon Bauer als Gesundheitsreferent an und wurde dritter Bürgermeister. Nach Ablauf der Amtszeit der Kulturreferentin Karla Fohrbeck wurde 1995 Georg Leipold zum ›grünen‹ Kulturreferenten gewählt.

ROT-GRÜNE KOALITION

Sparzwänge, Augustinerhofdebatte und Wahldesaster
Die turbulenten 1990er Jahre

Konnten die ersten Jahre der Amtszeit von Peter Schönlein als Oberbürgermeister noch mit großen Bauprojekten glänzen, so engte die prekäre finanzielle Situation der Kommunen zu Beginn der 1990er Jahre das Handeln der Stadtspitze stark ein. In den Jahren 1987 bis 1993 wurden in Nürnberg zahlreiche Großbauprojekte auf den Weg gebracht: Im Oktober 1986 wurde der Grundstein für das Südklinikum gelegt, das 1994 bezugsfertig war. Neben einem multifunktionalen Postgebäude in Langwasser wurde der Neubau der Landesgewerbeanstalt in der Tillystraße fertig gestellt und der U-Bahn-Bau als eines der kostenintensivsten Bauprojekte der Stadtgeschichte überhaupt weitergeführt. 1987 ging mit der Bahnlinie nach Lauf, die auch die Stadtteile Mögeldorf, Rehhof und Laufamholz erschließt, die erste S-Bahnlinie in Betrieb. 1991 konnte das Arbeitsamt den Neubau am Richard-Wagner-Platz beziehen und ab 1989 wurden verschiedene Bauten der Georg-Simon-Ohm-Fachhochschule am Wöhrder Talübergang errichtet. Nach seiner Wahl zum Oberbürgermeister hatte Peter Schönlein Wahlversprechen wie die Bereitstellung von ausreichenden Kindertagesstättenplätzen oder den Ausbau der Kulturmeile einzulösen. Dazu initiierte er 1989 ein Sonderbauprogramm

Oberbürgermeister Peter Schönlein, Bürgermeister Willy Prölß, Unterbezirksvorsitzender Horst Schmidbauer und Fraktionsvorsitzender Jürgen Fischer (von links) präsentieren gemeinsam das ›Nürnberg Programm 1990–1996‹.

zur Errichtung von Kindergärten und Kindertagesstätten, das an acht verschiedenen Standorten insgesamt 1.000 Unterbringungsplätze schaffen sollte. 1993 wurde als wichtiger Teil der Kulturmeile der Neubau des Germanischen Nationalmuseums eingeweiht. Mit der Neubebauung des Kreuzgassenviertels, die 1988 unter Trägerschaft der wbg Nürnberg begann, wie auch mit der ökologischen Stadtteilsanierung in Gostenhof Ost, die ab 1986 durchgeführt wurde, investierte die Kommune in innovative Projekte mit nachhaltiger Wirkung.

Ende der 1980er Jahre zeichneten sich im Bereich Gewerbe und Dienstleistung in Nürnberg einige bedeutende Entwicklungen ab: So gelang es der Stadt 1985 die Firma Siemens mit dem Bereich Automatisierungstechnik und insgesamt 1.600 Mitarbeitern nach Moorenbrunn zu holen. Durch eine private Unternehmerinitiative wurden ab 1989 in Gebersdorf die ersten Bauarbeiten für den Süd-West-Park begonnen. Ab 1993 brachte der Business-Park Eurocom am Scharfreiterring in Langwasser weitere Dienstleistungsträger in die Stadt. Dazu konnten die Dienstleistungsunternehmen DATEV und GfK ein enormes Wachstum verzeichnen. Eine Initiative der Städte Nürnberg, Fürth und Erlangen für einen Gewerbepark im Knoblauchsland gelangte nur bis zur Gründung eines Zweckverbandes im Jahr 1992, wurde aber nie realisiert. Die Idee der Städte, sich nicht gegenseitig als Standort Konkurrenz zu machen, sondern gemeinsam voneinander zu profitieren, wurde erst einige Jahre später mit der Metropolregion wieder aufgegriffen.

Der Bau der U-Bahn

Der Bau der Nürnberger U-Bahn war eines der Projekte, das einmütig von fast allen Fraktionen vorangetrieben wurde. Lediglich die Grünen sprachen sich gegen einen weiteren Ausbau der U-Bahn und stattdessen für den Bau einer Stadtbahn aus.

»Der Stadtrat hat rechtzeitig und weitsichtig erkannt, dass die Straßenbahn von morgen, ob sie Unterpflasterbahn oder Untergrundbahn heißen mag, neue Wege braucht, wenn sie sich gegen den Strom der Autos behaupten will, der im Zeitalter der Technik alle Straßen und Autobahnen überflutet, so breit sie auch sein mögen«, so berichtet das erste Heft des Tiefbauamtes über die Motivation des U-Bahn-Baus. Nachdem man zunächst eine Unterpflasterbahn geplant hatte, fiel die Entscheidung für den U-Bahnbau am 24. November 1965 mit nur einer Gegenstimme aus der FDP. Ausschlaggebend für die Entscheidung für die U-Bahn waren Finanzierungszusagen durch Bund und Land.

Am 20. März 1967 konnte von OB Andreas Urschlechter und dem Bundesverkehrsminister Georg Leber der erste Rammstoß für den Bauabschnitt Langwasser-Bauernfeindstraße getätigt werden. Diese erste 3,7 Kilometer lange Teilstrecke wurde, nachdem allein in den ersten drei Jahren 106 Millionen Mark verbaut wurden, am 2. März 1972 in Betrieb genommen werden. Nürnberg war somit nach Berlin, Hamburg und München die vierte mit einer U-Bahn ausgestattete Stadt Deutschlands.

Erinnerungsfahrscheine, die in den Jahren 1978 bis 1982 zur Eröffnung verschiedener Streckenabschnitte herausgegeben wurden.

Von Beginn an war das Streckennetz dreistrahlig geplant (Langwasser-Fürth, Schweinau-Flughafen und Wetzendorf-Schmausenbuck). 1983 wurde mit den Bahnhöfen Hauptbahnhof, Weißer Turm und Lorenzkirche die Altstadt mit der U-Bahn erschlossen, im Jahr darauf konnte der erste Teilabschnitt der Linie 2 vom Plärrer bis Schweinau in Betrieb genommen werden. Seit 1985 sind die Hauptbahnhöfe Nürnberg und Fürth per Untergrundbahn miteinander verbunden.

An dem kaum enden wollenden Projekt Nürnberger U-Bahn wird bis zum heutigen Tag weiter gebaut. Mit einem Grundsatzentscheid zum Erhalt der Straßenbahn, der maßgeblich von der SPD-Fraktion vorangetrieben wurde, wurde 1994 der öffentliche Personennahverkehr in Nürnberg als eine Mischung aus U-Bahn, Straßenbahn und Busverkehr festgeschrieben.

Trotz dieser mitunter sehr positiven Entwicklungen verschärfte sich die finanzielle Situation der Stadt bis zu Beginn der 1990er Jahre zunehmend. Die bis dahin vor allem vom produzierenden Gewerbe geprägte Nürnberger Wirtschaft litt zunehmend unter dem konjunkturellen Abschwung. Betriebsschließungen von Traditionsfirmen wie Hercules, Grundig oder Triumph-Adler führten zu drastischen Einbußen bei den Gewerbesteuereinnahmen. Die Eröffnung eines Quelle-Versandzentrums in Leipzig ist wohl das prägnanteste Beispiel für die sich seit der Wiedervereinigung anbahnende innerdeutsche Konkurrenzsituation: Durch staatliche Förderungen von Betriebsstandorten in den neuen Bundesländern wurde es schwer, die Attraktivität als Standort zu wahren.

Spätestens zu Beginn der 1990er Jahre war klar, dass in den folgenden Jahren vor allem das Thema Sparen in den Vordergrund der Stadtratstätigkeit gerückt werden musste. Bis zur Kommunalwahl 1996 sollten die Sparmaßnahmen fast permanent von negativen Reaktionen der Nürnberger Bevölkerung begleitet werden. Eine erste dieser Maßnahmen war die 1992 im Stadtrat beschlossene Schließung des Sigena-Gymnasiums, die bereits 1983 erstmals diskutiert wurde. Nachdem im Schuljahr 1992/93 keine neuen Eingangsklassen gebildet wurden, führte ein Bürgerbegehren im Jahr 1995 zur Revision des Beschlusses. Wie stark der Rotstift die Poli-

Das Energiespargebäude in der Knauerstraße 19-23 zeigt bis heute die Ziele der ›Ökologischen Stadtteilsanierung‹ in Gostenhof-Ost: Im ursprünglichen ›Glasscherbenviertel‹ wurde unter ökologischen Gesichtspunkten alter Wohnraum saniert und aufgewertet, beziehungsweise neuer gebaut und möglichst viele Grün- und Spielflächen geschaffen, Fotografie 1995.

Innenansicht des Erweiterungsbaus des Germanischen Nationalmuseums, Fotografie 1994.

**Entwicklungskonzept
Nürnberg 2000**

»In der Zeit ist ja auch vieles Positives passiert. Zum Beispiel das EK 2000: Man hat sich entschlossen, Gebiete festzusetzen in Nürnberg, wo überhaupt nicht gebaut werden soll. Meiner Meinung nach hätte man gleich einen Flächennutzungsplan neu machen sollen, dann hätte man über eine vernünftige Bürgerbeteiligung auch viel erfahren, was so in den Ortsteilen passiert und was gewünscht wird von der Bevölkerung an Wachstum. Der Flächennutzungsplan ist ja dann später gemacht worden. Und ich denke, das war durchaus ein vernünftiger Prozess, auch in der Zusammenarbeit mit der Bürgerschaft. Na, erst mal mit denen, die ihren Grund und Boden versilbern oder vergolden wollten. Aber dann auch in der Kompromissfindung zwischen denen, die gar keine Eingriffe wollten und zwischen einer vernünftigen umweltorientierten Stadtentwicklungspolitik, nämlich Innenentwicklung vor Außenentwicklung zu setzen. Das war zwar angelegt in den Grundzügen im Entwicklungskonzept 2000, aber es hat nicht so direkt auf die Planung durchgeschlagen. Und insofern war es für die Bürger wohl mehr ein abstraktes Thema, als wenn man einen Flächennutzungsplan neu aufstellt und die Bürger – zwar nicht grundstücksscharf, aber doch sehen können: Wo entwickelt sich was? Wo entwickelt sich nichts? Das war eine wichtige Grundlage, und deswegen hat man sich hinterher ein bisschen leichter getan, weil viele Untersuchungen gelaufen sind. Aber es war nicht sehr bürgernah, glaube ich.«

*Gerlind Zerweck,
SPD-Stadträtin 1990-2008*

Der heutige Blick auf die Entwicklung der Kommunalpolitik der späten 1980er und frühen 1990er Jahre rückt unweigerlich die Frage in den Vordergrund, wie es nach jahrzehntelanger roter Politik im Nürnberger Rathaus – stets mit einer beachtlichen Akzeptanz der Bürger- und Wählerschaft – schließlich 1996 zu einer Kommunalwahl kommen konnte, aus der die SPD als kläglicher Verlierer hervorging. Die kleinen Parteien blieben in dieser Wahl im Wahlergebnis weitgehend konstant: Die Grünen konnten ihre sechs Sitze im Rat erhalten, die FDP verlor einen von bis dahin zwei Sitzen, die Republikaner erhielten anstelle der vier in der vergangenen Wahl erworbenen Sitze nur noch zwei, stattdessen wurden erstmals zwei Sitze durch die Freien Wähler, und ein Sitz durch einen Vertreter der Guten besetzt. Die Ergebnisse von CSU und SPD hingegen drehten sich im Ergebnis komplett um: Hatte die SPD 1990 noch 32 Sitze besetzt, so konnte sie 1996 nur noch mit 25 Sitzen in den Rat ziehen. Die CSU hingegen nahm mit 33 – anstelle der bisherigen 26 – Sitzen die Position der SPD ein, konnte den Vorsprung durch die Wahl sogar noch ausbauen – ein Wahlergebnis, das die Nürnberger Sozialdemokratie schockieren musste.

Letztlich bleibt die Frage, wie es hierzu kam, spekulativ. Auf der Suche nach Gründen drängen sich der Umgang mit verkehrspolitischen Fragen auf, ein vielleicht zu unspezifisches politisches

tik dieser Jahre diktierte, zeigt auch die Schließung des Volksbades im Jahr 1994, in das noch 1988 städtische Gelder zur Sanierung des Schwimmbades geflossen waren. Auch hier wurden, obwohl die Besucherzahlen in den vergangenen Jahren immer stärker zurückgegangen waren, heftige Stimmen aus der Bürgerschaft laut und eine Bürgerinitiative ›Rettet das Volksbad‹ gegründet. Das permanente Abwägen zwischen einer Erhöhung der Steuereinnahmen durch die Preisgabe zusätzlicher Flächen für Gewerbe und Wohnungsbau auf der einen Seite, dem als notwendig erachteten Umweltschutz auf der anderen Seite führte schließlich zur Erarbeitung des Entwicklungskonzeptes Nürnberg 2000 (EK 2000), durch das die beiden Interessen in Einklang gebracht werden sollten.

Profil der Fraktion und des Oberbürgermeisters und nicht zuletzt zu viele kommunalpolitische Entscheidungen, die zwar von den Rahmenbedingungen notwendig, für die Bürger aber oft nicht nachvollziehbar erschienen. Hierzu zählt auch die Debatte um die Bebauung des Augustinerhofs, die im Vorfeld der Kommunalwahl erbittert von der Bürgerschaft gegen die Stadtspitze geführt wurde. Im Zentrum des Konfliktes stand ein moderner Bauentwurf des Architekten Helmut Jahn, der 1991 ohne vorangegangenen Wettbewerb oder eine Bürgerbeteiligung vom Stadtrat beschlossen wurde. Nicht ganz differenzieren lässt sich, ob tatsächlich die moderne Bebauung oder eher die Vorgehensweise der Stadtverwaltung hier im Zentrum der Kritik stand. Nach einer nicht selten polemischen Auseinandersetzung entschied ein Bürgerentscheid im Jahr 1996

Am 29. September 1991 wurde das Frankenstadion, das nach Plänen von Günter W. Wörlein und Gerhard Thiele komplett umgebaut wurde, mit einem großen Festakt eröffnet, Luftbild 1991.

Die Modelle der geplanten Augustinerhofbebauung spiegeln das Ringen der Bevölkerung mit dem Stadtrat: Schritt für Schritt setzten sich die Projektgegner mit heftigen Protesten beim Stadtrat durch. So wurde 1992 ein Modell vorgestellt, das um ein Stockwerk reduziert war. Fotografie der Architekturmodelle von 1991 und 1992.

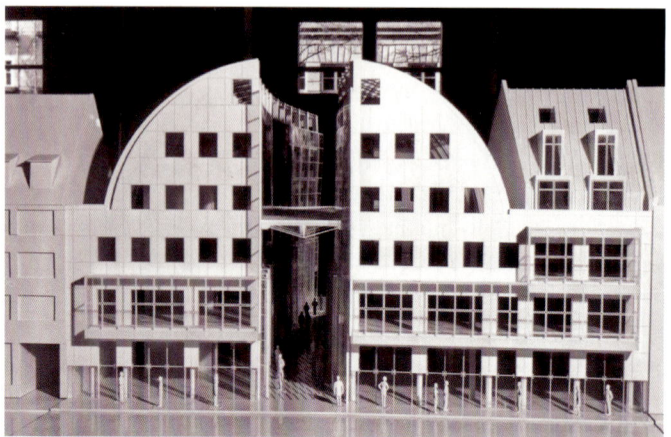

Gerlind Zerweck
(*1941)

Gerlind Zerweck wurde 1941 geboren. Nach einem Studium der Architektur mit dem Schwerpunkt Städtebau und Stadtplanung, mehrjährigem Auslandsaufenthalt in den USA und der Geburt dreier Kinder zog sie aufgrund der beruflichen Tätigkeit ihres Mannes 1970 nach Nürnberg. Im gleichen Jahr wurde sie Mitglied der SPD und engagierte sich zunächst im Ortsverein Langwasser, in dem sie bald als Schriftführerin Mitglied des Vorstandes wurde und dem sie in den 1980er Jahren als Ortsvereinsvorsitzende vorstand.

Neben ihrer politischen Tätigkeit unterrichtete sie an der Berufsschule technisches Zeichnen.

Von 1990 bis 2008 war Gerlind Zerweck für drei Legislaturperioden Mitglied der Nürnberger SPD-Stadtratsfraktion. Gleich zu Beginn ihrer Tätigkeit im Stadtrat wurde sie Mitglied des Stadtplanungsausschusses und planungspolitische Sprecherin der Fraktion. Von 1996 bis 2002 war sie stellvertretende Vorsitzende der SPD-Fraktion. Neben den Themen Bauwesen und Stadtplanung engagierte sich Gerlind Zerweck im Bereich Umweltschutz und Kultur. So war sie Mitglied im Stiftungsvorstand der Zukunftstiftung der Sparkasse und ist bis heute Vorstandsmitglied des Instituts für moderne Kunst.

mit 68,7% der Stimmen gegen die Realisierung des Jahn-Entwurfes. Wenngleich auf der Suche nach Gründen für das Wahldesaster im gleichen Jahr sicherlich oft überbewertet, stehen die Auseinandersetzungen um den Augustinerhof symbolisch für das Verhältnis weiter Teile der Bürgerschaft zur Politik, die 1996 eine Veränderung erforderten.

Gründe für die Wahlniederlage 1996

»Eigene politische Fehler. Also nicht, weil der politische Gegner so überragend gewesen wäre, weder als Partei, noch als Einzelkandidat, sag ich einfach mal, sondern, das müssen wir uns selber zuschreiben. Ich mir natürlich selbst auch. Also viele Dinge, die in der Bürgerschaft nicht akzeptiert worden sind. Insbesondere die voranschreitenden Bemühungen um die Konsolidierung des Haushalts und rigorose Maßnahmen, um nicht in die Schuldenfalle zu geraten – das Volksbad geschlossen, das Sigena-Gymnasium geschlossen, überall gekürzt und Aufgaben reduziert.

Das ist noch nicht alles. In der Verkehrspolitik – so richtig sie zunächst angelegt war – ist dann übertrieben und überzogen worden. Ein gewisser Dogmatismus, der sich eingeschlichen hat, dem ich auch in einer gewissen Weise erlegen bin, das hat zu einer Abwendung der Bürgerschaft von der Partei geführt und auch von mir als Oberbürgermeister.«

Peter Schönlein, Oberbürgermeister 1987–1996

ROT-GRÜNE KOALITION

Mit der ›Straße der Menschenrechte‹, einem begehbaren Kunstwerk des israelischen Künstlers Dani Karavan in der Kartäusergasse, das im Jahr 1993 zusammen mit der ersten Verleihung des Internationalen Nürnberger Menschenrechtspreises eröffnet wurde, ging die Stadt Nürnberg einen wichtigen Schritt. Die ehemalige ›Stadt der Reichsparteitage‹ soll in Gegenwart und Zukunft als ›Stadt des Friedens und der Menschenrechte‹ wahrgenommen werden, Fotografie von Birgit Fuder.

Stadt des Friedens und der Menschenrechte

»Ich halte es für das Bedeutsamste, dass ich damals erkannt habe, dass nach der Phase des materiellen Wiederaufbaus jetzt die Phase kommen muss, in der Nürnberg sein geistiges Gesicht bilden muss und dass ich gesagt habe: ›Wir machen Nürnberg zu einer Stadt des Friedens und der Menschenrechte!‹ Damit das nicht nur vage Proklamation ist, habe ich damals den internationalen Nürnberger Menschenrechtspreis initiiert, was als Initiative noch nicht so schwierig war, aber bei der Umsetzung hat sich kaum jemand vorstellen können, dass das gelingen könne – vor allem nicht die CSU. Beckstein hat mir mal gesagt: ›Die CSU stand Gewehr bei Fuß, weil sie erwartete, dass das misslingt.‹ Und dass sie dann in vollen Angriff übergehen wollten. Ich wollte keinen Provinzpreis haben, sondern dieser Preis sollte die Antwort sein auf die nationalsozialistischen Rassengesetze. Und diese Rassengesetze haben nicht nur für die Nationalsozialisten in Deutschland, sondern auch weltweit Bedeutung gehabt. Auch in Südafrika hat man sich ja lange Zeit auf diese Rassengesetze mit bezogen, um die Apartheid zu begründen. Und auf eine solche Gesetzgebung, die weltweit wirkte und auch weltweit Auswirkungen hatte, musste eine Antwort gefunden werden, die auch Weltgeltung hat. Deshalb habe ich gesagt: ›Die ganze Entscheidung über den Nürnberger Menschenrechtspreis – er heißt zwar Nürnberger Menschenrechtspreis, weil er hier verliehen wird – aber die Entscheidung geben wir in ein Gremium, in das wir die weltweit bedeutendsten Autoritäten auf dem Feld von Frieden und Menschenrechte berufen wollen.‹

Dies zu Stande zu bringen, das war die eigentliche Kunst. Und dass das gelungen ist, war natürlich auch vielfach mit Glück verbunden. Aber auch damit, dass viel Herzblut und ein ungeheueres Engagement da eingebracht wurde. (...)

Denn ich denke, es geht jetzt darum, dass Nürnberg den richtigen Weg in die Zukunft nimmt. Dazu gehört nicht nur eine gute Infrastruktur, und nicht nur eine gute und kompetente Stadtverwaltung und all diese Dinge, sondern auch ein Geist der Stadt dazu. Etwas womit sich die Bürgerschaft identifizieren kann. Wofür sich auch gerade junge Menschen engagieren können. Der Internationale Nürnberger Menschenrechtspreis ist gerade nicht rückwärtsgewandt. Er gibt zwar die Antwort auf die Rassengesetze der Nationalsozialisten, aber er schaut in die Gegenwart und in die Zukunft. Er will jetzt dafür sorgen, dass die Zukunft besser wird, als es die Vergangenheit war.«

Peter Schönlein, Oberbürgermeister 1987-1996

Gebhard Schönfelder (*1943)

Der geborene Breslauer Gebhard Schönfelder lebt seit 1955 in Nürnberg. Nach der Ausbildung zum Betonbauer und Werkzeugmacher sowie dem Dienst als Freiwilliger auf Zeit bei der Bundeswehr studierte er am Ohm-Polytechnikum. Schon vor seinem Eintritt in die SPD 1969 und seiner aktiven Zeit bei den Nürnberger Jusos engagierte sich Gebhard Schönfelder in der evangelischen Jugend und unterstützte die Wahlkampfinitiativen von Günther Grass für die SPD in den 1960er Jahren. Da er nicht aus einem sozialdemokratischen Elternhaus stammt, bezeichnet er sich selbst als ›unklassischen‹ Juso.

Als 29jähriger wurde er als Vertreter der Jusos in die SPD-Stadtatsfraktion gewählt, der er seit 1998 vorsitzt. Seine Tätigkeitsschwerpunkte liegen in der Jugend-, Sozial- und Kulturpolitik wie auch im Bereich der Stadtentwicklung.

Stadtratssitzung 2007

Nach zwölf Jahren zurück zur alten Stärke

von André Fischer

Wenn es eine Partei gewohnt ist, seit 1952 den Oberbürgermeister und den Bürgermeister sowie seit 1947 die stärkste Fraktion im Rathaus zu stellen, dann muss das Desaster bei der Kommunalwahl 1996 ein Erdbeben für die SPD gewesen sein. Nur noch 25 SPD-Stadträte statt 32 standen den 33 Räten von der CSU gegenüber. Ähnlich deutlich war die Niederlage von Oberbürgermeister Peter Schönlein gegenüber seinem Herausforderer Ludwig Scholz.

Zwölf Jahre später, bei der Stadtratswahl am 2. März 2008, hat die SPD ihre alte Stärke zurück gewonnen: Sie verfügt wieder über 32 Sitze und ist nach einem Intermezzo von zwei Stadtratsperioden erneut die stärkste Fraktion im Rathaus.

Schon 2002 gelang es überraschend Ulrich Maly das Amt des Oberbürgermeisters für die SPD zurückzuerobern. Dieser Wiederaufstieg gelang der Partei nur, weil sie 1996 ihre Fehler genau analysierte, ihre Strategie nach den Bedürfnissen der Bürger ausrichtete und mit dem späteren Oberbürgermeister Ulrich Maly sowie Fraktionschef Gebhard Schönfelder das richtige Personal für den Wandel hatte. Maly als kompetenter und über die Parteigrenzen hinaus beliebter Spitzenkandidat, der viele Gräben, die von der SPD gegenüber den Bürgern ausgehoben worden waren, elegant wieder schließen konnte: Mit den Altstadtfreunden wurde das Zerwürfnis wegen des Augustinerhofs beigelegt. Die SPD hatte den Bau des Augustinerhofs, der mit seiner Architektur ein moderner Kontrapunkt zu seiner Umgebung gewesen wäre, unterstützt. Die Altstadtfreunde waren aufgrund der Größe des Bauwerks und des aufgeschnittenen Tonnendachs strikt dagegen. Maly legte auch die Auseinandersetzung über die Ehrenbürgerwürde von Karl Diehl bei. Nachdem die historische Aufarbeitung der Rolle Karl Diehls im Zweiten Weltkrieg keine persönlichen Verbrechen zu Tage förderte, suchte Maly den Ausgleich mit der Familie Diehl. Zuvor hatten die SPD und andere Parteien die Verleihung der Ehrenbürgerwürde heftig kritisiert.

Schönfelder, der seit 1972 im Stadtrat ist und zunächst eher dem linken Flügel zuzurechnen war, gab nach 1996 schnell rein ideologische Positionen auf und richtete seine Politik auf die Durchsetzung von sozialdemokratischen Grundwerten aus. Maßstab wurde für Schönfelder und für die SPD-Fraktion die Unterstützung für die Zukurzgekommenen und die Förderung von Jugendlichen und Kindern sowie von Migranten. Malys Wahlkampfmotto ›Solidarische Stadtgesellschaft‹ brachte diese Zielsetzung des politischen Handelns auf den Punkt.

Diese Fixierung auf den Kern sozialdemokratischer Politik machte es der Fraktion möglich, für Sozialdemokraten eher ungewöhnliche, aber pragmatische Wege zu gehen. Wenn das Ziel wichtiger als der Weg ist, dann kann man diesen auch ohne Probleme ab und zu zusammen mit der CSU gehen. Für die Bädersanierung wurde ein Eigenbetrieb, der nach wirtschaftlichen Gesichtspunkten arbeitet, gegründet. Schulsanierungen werden teilweise mit privaten Partnern durchgeführt und beim Stopfen von Haushaltslöchern stimmte die SPD vielen ungewöhnlichen Aktionen wie dem Verkauf der U-Bahnröhren samt ihrer Zurückmietung zu, nur um das soziale und kulturelle Angebot in der Stadt erhalten zu können. Den Autofahrern versucht man durch eine Verbesserung des Angebots im Öffentlichen Personennahverkehr den Umstieg zu erleichtern – nicht mehr durch Verbote. Die Schnittmenge mit der CSU war dabei groß.

Selbst das über Jahrzehnte sorgsam gehütete städtische Schulwesen hätte die SPD-Fraktion an den Freistaat abgegeben, wenn er es denn nehmen würde. Nach nüchterner Betrachtung machte sich in der SPD-Fraktion die Erkenntnis breit, dass es angesichts der inhaltlichen Vorgaben aus München nur mehr wenig Möglichkeiten gibt, im Schulbereich eigene Akzente zu setzen. Die Unterhaltung des städtischen Schulwesens ist ein teures Unterfangen, denn die Stadt zahlt jedes Jahr rund 25 Millionen Euro bei

Plakate 2002 und 2008

den Schulen drauf, weil der Freistaat nicht die tatsächlichen Lohnkosten, sondern nur die Kosten überweist, die beim ausschließlichen Einsatz von Junglehrern anfallen würden. Migrantenkinder oder Kinder aus eher bildungsfernen Elternhäusern könnte die Stadt auch in einem verstaatlichten Schulwesen fördern. Diese Diskussion offen zu führen, hätte die SPD-Fraktion vor 1996 ohne lang anhaltende Führungskämpfe nicht beginnen können. Der Wandel hin zu mehr Dialogfähigkeit ist einer der Gründe für den Erfolg von 2008. Ohne Schönfelder, der die Partei mit all ihren Differenzierungen kennt und der über umfangreiche taktische Erfahrungen im politischen Alltag verfügt, wäre der Wandel nicht möglich gewesen. Das war 1996 nicht absehbar. Die Lokalzeitungen vermuteten, als Schönfelder im April 1998 Fraktionsvorsitzender wurde, dass die SPD-Fraktion die Erneuerung noch lange nicht schaffen würde. In einem Interview mit Peter Viebig in der Nürnberger Zeitung im Mai 1998 sagte der damals 54jährige Schön-

felder: »Für einen Generationenwechsel stand niemand zur Verfügung. Die Fraktion ist eben, wie sie ist. Das ist sicher ein Problem der SPD.« Siegfried Zelnhefer kommentierte die Wahl Schönfelders, der sich mit 14 zu zehn Stimmen knapp gegen Dieter Rossmeissl, ebenfalls ein lange gedienter Stadtrat, durchsetzte, in den Nürnberger Nachrichten mit den Worten: »Zwei Jahre nach ihrer sensationellen Wahlschlappe zeigt sich die SPD nicht zur Erneuerung fähig, selbst wenn mit Lorenz Gradl ein Newcomer in den Vorstand gehievt wurde.« In der Abendzeitung wurde der damalige SPD-Unterbezirksvorsitzende Günter Gloser zitiert, dass er über die Wahl Schönfelders nicht gerade erfreut sei. Neben Gebhard Schönfelder, der Jürgen Fischer ablöste, wurden noch Renate Blumenstetter (50), Gerlind Zerweck (56) und eben Lorenz Gradl (43) als Stellvertreter gewählt. Gradl, der erst 1996 in den Stadtrat kam, war der einzige ›Neue‹ an der Fraktionsspitze.

Die Ursachen für das Wahldesaster von 1996 und die Folgen

Seit 1990 war die SPD auf die Grünen als Mehrheitsbringer im Rathaus angewiesen, wenn sie sich wie in den Jahrzehnten zuvor unbedingt von der CSU abgrenzen wollte. Nachdem im Stadtrat fast ausschließlich nach dem Prinzip von Opposition und Regierung entschieden wurde, was eigentlich gegen die Aufgabe eines kommunalen Parlaments verstieß, wuchsen Grüne und SPD immer mehr zusammen. Rigide Umweltvorgaben der Grünen dominierten die gesamte Rathausarbeit und die Politik der SPD-Fraktion. Der kleinere Partner gab mit seinen sechs Stadträten den Takt vor. In der Verkehrspolitik wurde versucht mit aller Macht den Anteil des öffentlichen Personennahverkehrs sowie von Radfahrern und Fußgängern zu erhöhen (modal Split). Mit Abmarkierungen von Straßen zugunsten der Straßenbahn, dem Verlagern von Bushaltestellen auf Fahrspuren sowie dem Schließen von zwei Innenstadtbrücken wurde der Autoverkehr verlangsamt. Autofahrer sollten zum Umsteigen gezwungen werden. Beim Bürger kamen die Entscheidungen als Gängelung, Schikane und Zwangspädagogisierung an.

Bis 1996 hatte die SPD-Fraktion ein ausgesprochen distanziertes Verhältnis zur Handwerkskammer sowie zur Industrie- und Handelskammer, zu den Kirchen sowie zum Einzelhandelsverband. Fast selbstherrlich wurden Parkgebühren nach oben gesetzt und Straßen gesperrt, ohne darauf zu achten, dass Geschäfte auch Kunden benötigen. Die Wankelmütigkeit der Grünen bei der geplanten Bebauung des Augustinerhofs mit einer Einkaufsmeile sorgte dafür, dass es zu einem Bürgerentscheid kam. Kurz vor der Kommunalwahl fuhr die SPD, die den Bau unterstützte, eine Niederlage ein und stand beim Wähler als eine unzuverlässige Partei da, die unter allen Umständen ein Großprojekt durchdrücken wollte. Selbstherrlichkeit wurden SPD und Grünen auch beim Sigena-Gymnasium vorgeworfen: Der Schließungsbeschluss, um Geld zu sparen, entfachte eine Protestwelle gegen Rot-Grün.

Es entstand der Eindruck, dass beim Konflikt zwischen Ökonomie und Ökologie zunehmend die Wirtschaft auf der Strecke blieb. Zu oft wurden Entscheidungen von einem antikapitalistischen Gestus begleitet. Die Abwanderung von Schwan-Stabilo nach Heroldsberg wurde dann vom politischen Gegner auch in diesem Sinn interpretiert.

Nach der Wahlniederlage ging die SPD verstärkt auf Verbände zu, lernte zuzuhören, versuchte ihren Standpunkt zu erklären und ließ sich auch beraten. Mehr Dialog statt ideologischer Zwangsbeglückung hieß das Motto. Bürgergruppierungen konnten ihre Interessen leichter vorbringen. Die SPD-Fraktion verzichtete darauf, Anliegen in modern und traditionell einzuteilen. Letztere hatten

---

Umgang mit der Wahlniederlage 1996

»Wir haben Klausurtagungen gemacht, wo wir auch so etwas wie eine ›Jetzt reden wir über alles Situation‹ erzeugt haben. Wir haben uns aber nie einen Coach oder Trainer genommen, sondern wir haben versucht, das im eigenen Rahmen immer zu lösen. Haben es '96 zum Beispiel nach einer kurzen Depressionsphase relativ schnell aufgefangen, indem wir einfach gesagt haben: Wir müssen rausgehen, wir müssen vor Ort gehen, wir müssen strategisch so eine Art Programm entwickeln, wo wir unsere Präsenz vor Ort mit Inhalten verknüpfen. Dann auch ein Stück weit, Demut nicht, das ist vielleicht der falsche Begriff, ein Stück weit zuhören können, was außen an uns herangetragen wird, und das auch versuchen umzusetzen. Das war, denke ich, die Strategie und die hat sich ja letztendlich auch als eine Möglichkeit, eine positive Möglichkeit gezeigt. Wir haben '96 aus der Depression, kann man ja ruhig sagen, 2002 schon wieder einen ersten Schritt getan. 2008 denke ich, haben wir schon wieder das erreicht, das wir in den Jahren nach 1972, unabhängig von den hohen Ergebnissen 1978 und 1984, erreicht hatten. Aus diesem Niveau sind wir wieder gekommen.«

Gebhard Schönfelder,
Fraktionsvorsitzender seit 1998

es vor 1996 schwer, überhaupt wahrgenommen zu werden. ›Verjüngung und Erneuerung‹ sowie die Auflösung festgefügter ideologischer Positionen, hieß das politische Mantra, das der neue SPD-Unterbezirksvorsitzende Günter Gloser zusammen mit der Kommission ›Erneuerung 2002‹ durchsetzen wollte. Die Mitglieder der Kommission wie Gebhard Schönfelder, Angelika Weikert, Frank-Herrmann Schmidt und Reiner Prölß richteten ihren Blick auf die nächste Kommunalwahl im Jahr 2002: Die SPD-Fraktion wollte dann mit einer stark verjüngten Liste punkten. Es sollten Handwerker, Quereinsteiger, Facharbeiter auf die Liste. Schönfelder wollte den möglichen Kandidaten eine gewisse Sicherheit bieten, dass ihr Listenplatz nicht wie bisher bei der Aufstellung dem Zufall überlassen bleibt.

Pragmatismus und Erneuerung – die Stadtratsperiode von 1996 bis 2002

Die CSU hatte zwar mit FDP und Freien Wählern im Stadtrat die Mehrheit und stellte mit Ludwig Scholz den Oberbürgermeister sowie mit Helen Jungkunz die Bürgermeisterin, doch mit Sozialreferentin Ingrid Mielenz, Kämmerer Ulrich Maly, Baureferent Walter Anderle und Stadtrechtsdirektor Hartmut Frommer war die SPD immer noch einflussreich an der Stadtspitze vertreten. Nachdem die CSU mit Ausnahme der Ver-

Ortstermin Jenaplan-Schule und Städtepartnerschaft Glasgow, 2006

tragsverlängerung von Mielenz ebenfalls einen Abgrenzungskurs gegenüber der SPD fuhr – wie vorher die SPD gegenüber der CSU – wurde schnell deutlich, dass die SPD kaum einen eigenen Antrag im Stadtrat durchbringen würde. Die SPD-Fraktion verzichtete deshalb auch weitgehend auf Schauanträge, die angesichts der miserablen finanziellen Situation der Stadt sowie der Mehrheitsverhältnisse im Stadtrat keine Aussicht auf Realisierung hatten. Es wurde zunehmend langfristig und strategisch gearbeitet.

Mit der Wahl Schönfelders zum Fraktionschef wurde der reine Konfrontationskurs zwischen SPD und CSU, vor allem zwischen SPD und Wirtschaftsreferent Roland Fleck, aufgegeben – ein Kurs, der der SPD-Fraktion überhaupt nichts gebracht hat. Schönfelders Satz in einem Interview vom Oktober 1998 hätte auch von Fleck stammen können: »Es muss eine vernünftige Flächenplanung auch für Neuansiedlung geben. Vorhandenes Gewerbe und die Industrie müssen gepflegt werden.« Ab 1998 stand bei der SPD-Fraktion weniger die Kritik an der CSU im Vordergrund, sondern die Darstellung der eigenen Positionen.

Im Juli 1999 ging Gradl auf die Autofahrer zu und freute sich über das neue Parkleitsystem: »Wir hatten noch nie etwas gegen Autos.« Der Fraktionsvize sprach sich für den Bau der ICE-Trasse von Nürnberg nach Erfurt aus, lehnte aber den kreuzungsfreien Ausbau des Frankenschnellwegs entschieden ab. Die SPD-Fraktion unterstützte den Ausbau des Hafens, der Messe und des Flughafens. Sie war auch entschieden gegen die Ostanbindung des Flughafens an die Autobahn. 1999 wurde erstmals von Schönfelder die Frage in den Raum gestellt, ob es »weiter kommunal geführte Schulen in dem Umfang geben muss wie bisher«. Im März 2000 wurden Schönfelder, Gradl und Blumenstetter an der Fraktionsspitze in ihren Ämtern bestätigt. Gerlind Zerweck gab ihr Amt aus privaten Gründen ab. Ihr folgte Angelika Weikert nach. Neuer bildungspolitischer Sprecher wurde der in den Stadtrat nachgerückte Horst Förther.

Die SPD-Fraktion unterstützte das von Verleger Bruno Schnell angestoßene Dokumentationszentrum Reichsparteitagsgelände. Der Bau eines neuen Eishockeystadions mit privaten Partnern wurde ebenfalls mitgetragen, die Vermarktung des alten Lindegeländes als Einkaufszentrum dagegen nicht. Der Bewerbung als Austragungsort für die Fußball-Weltmeisterschaft 2006 und dem Umbau des Frankenstadions für die Fußball-WM stimmte die SPD-Fraktion nach anfänglichem Zögern zu: Sie setzte aber durch, dass das Stadion weiter für Leichtathletikveranstaltungen genutzt werden kann. Schon im Januar 2001 wurde ein Konzept zur Aufwertung der Südstadt angeregt.

Für große Aufregung sorgte die Jahreshauptversammlung des SPD-Unterbezirks im Juli 2000. Der Antrag auf einen kreuzungsfreien Ausbau des Frankenschnellwegs mit umfangreichen Lärmschutzmaßnahmen, den der Unterbezirksvorstand einbrachte, fand keine Mehrheit bei den Delegierten. Vor allem der Landtagsabgeordnete Manfred Scholz und Fraktionsvize Gradl waren gegen den Ausbau. Vergeblich wandte Kämmerer Maly ein, dass die Stadt bei einer Ablehnung nicht mit Sondermitteln für den Lärmschutz vom Freistaat rechnen könne. Geld für ›Stadtreparatur‹ gebe es nur bei einem kreuzungsfreien Ausbau. Am Ende wurde der Lärmschutz beschlossen, der kreuzungsfreie Ausbau aber abgelehnt. Gert Wagner, stellvertretender Vorsitzender der SPD in Langwasser, ärgerte sich über den Erfolg von »ideologischen Betonköpfen, welche die SPD 1996 in ein Wahldebakel geführt haben«. Die SPD-Fraktion war damit gezwungen, vorerst bei ihrer eingefahrenen Linie zu bleiben.

Dass der SPD bei der Kommunalwahl 2002 diese unausgegorene Haltung in Verkehrsfragen nicht mehr schadete, lag an ihrer Offenheit. Fehler wurden zugegeben, es gab keine umstrittenen Parteidebatten in der Öffentlichkeit. Schließlich legte die CSU Pläne für den kreuzungsfreien Ausbau des Frankenschnellwegs vor, denen man nicht zuzustimmen brauchte, auch wenn man für einen kreuzungsfreien Ausbau war, weil sie die Südstadt massiv neuen Verkehrsbelastungen ausgesetzt hätten. Die SPD-Fraktion musste nur warten.

Eher unbemerkt wurden dogmatische Positionen wie die Vergabe von Sozialwohnungen geräumt. Sollte die SPD im Rathaus wieder mitentscheiden können, dann würde der Einfluss des Wohnungsamts beschnitten werden, damit die Wohnungsbaugesellschaft der Stadt Nürnberg (wbg) selbst mehr entscheiden kann, wem sie eine Wohnung gibt.

Im Mai 2001 gab es bei der Aufstellung der neuen Stadtratsliste erheblichen Ärger, da – wie Schönfelder angekündigt hatte – es zu einer Verjüngung kommen sollte. Nicht allen alt gedienten Funktionären konnte es die SPD-Spitze recht machen: Ilse Hammes, die Tochter der

Dokuzentrum

»Es ist gewachsen, wir haben uns ja bemüht, in den ersten Jahren haben wir mit der Aufarbeitung der Vergangenheit noch Schwierigkeiten gehabt. Ein absoluter Wendepunkt kam mit dem Bau des Dokuzentrums und mit dem Menschenrechtspreis. Das waren schon Kernpunkte unserer Politik, die wir durchgesetzt haben, auch gegen den Widerstand anderer Gruppen, die nicht so mitgezogen haben. Wir hatten große Auseinandersetzungen bei der Gestaltung des Dokuzentrums, da hat es Bemühungen gegeben, z.B. Flucht und Vertreibung miteinzubeziehen. Man hat wieder Ursache und Wirkung verwechselt. Dass es nicht so gekommen ist, ist sicher der Tätigkeit der SPD-Fraktion zu verdanken.«

*Arno Hamburger,
SPD-Stadtrat seit 1972*

früheren Gesundheitsministerin Käte Strobel, verzichtete wegen ihrer schlechten Platzierung auf eine Kandidatur, Ferdl Schüller trat gleich aus der SPD aus und wechselte zu den Freien Wählern. Der Aufstand der Delegierten auf der Jahreshauptversammlung blieb gleichwohl aus: Der Unterbezirksvorstand brachte seine Liste durch. Einen Denkzettel erhielt Schönfelder, der nur 118 von 201 möglichen Stimmen bekam.

ESSAY

Im Sommer 2001 schuf die CSU noch Fakten für die Besetzung der Referate ab Mai 2002: Baureferent wurde der parteilose Wolfgang Baumann, Kämmerer wurde CSU-Stadtrat Wolfgang Köhler, für Kultur sollte CSU-Stadträtin Julia Lehner, für die Schulen der Freie Wähler Dieter Wolz zuständig sein. Das Organisationsreferat bekam Peter Böck (CSU).

Der Wahlkampf für die Kommunalwahl im März 2002 war ganz auf den Spitzenkandidaten Ulrich Maly zugeschnitten. Maly ging mit seinem ›Fahrradwahlkampf‹ auf die Bürger zu und stellte das Thema ›Gerechtigkeit‹ in den Mittelpunkt. Völlig überraschend gewann er am 17. März 2002 gegen Amtsinhaber Ludwig Scholz die Oberbürgermeisterwahl. Die SPD verbesserte ihr Ergebnis von 1996 deutlich: Statt 25 hatte sie 29 Stadträte durchgebracht und das bürgerliche Lager verlor seine Mehrheit. SPD-Stadtrat Horst Förther wurde Bürgermeister und war für die Bereiche Sport, Feuerwehr und Tiergarten zuständig

Mit Vernunft und Augenmaß – die Stadtratsperiode 2002 bis 2008

CSU, SPD und Grüne waren sich nach dem Wahltag schnell einig, dass die beiden Rechtsaußen im Stadtrat nicht das Zünglein an der Waage bei Entscheidungen spielen sollten und verständigten sich deshalb nach schwierigen Verhandlungen auf ein Konsensmodell und auf

Wahlkampf 2002

eine Verteilung der frei werdenden Referentenposten. Die Rathausvereinbarung wurde am 1. Mai 2002 von SPD, Grünen und CSU unterzeichnet. CSU-Fraktionschef Klemens Gsell übernahm im Juni 2003 als zweiter Bürgermeister das Umweltreferat. Wie OB Scholz war jetzt der SPD-Oberbürgermeister Maly von einigen Referenten umgeben, die nicht seiner Partei angehörten. Bei der Wahl zum Fraktionsvorstand wurde Schönfelder erneut Fraktionsvorsitzender. Gradl und Weikert wurden als Stellvertreter bestätigt, Christine Limbacher ersetzte Blumenstetter.

Bei dem Konsensmodell sollten strittige Fragen zwischen den Parteien im Vorfeld von Ausschuss- und Stadtratssitzungen geklärt werden. Auch wenn die SPD-Fraktion keine Mehrheit hatte, so war sie doch die reine Oppositionsrolle wieder los. Die Absprachen zwischen den Parteien führten zu keinem Schmusekurs, der politische Streit wurde nur seltener in der Öffentlichkeit ausgetragen. Im Gegensatz zu früher waren CSU,

SPD und Grüne aber gezwungen zusammenzuarbeiten.

Die SPD-Fraktion machte von Anfang an deutlich, dass ihr besonderes Augenmerk auf die Südstadt, die Kinderbetreuung, den Ausbau des Straßenbahnnetzes und die Sanierung der Bäder gerichtet ist. Integrationsarbeit sollte einen höheren Stellenwert bekommen. Maly selbst setzte sich auf der SPD-Jahreshauptversammlung im April 2002 für den kreuzungsfreien Ausbau des Frankenschnellwegs nach einer neuen Konzeption und für die Option auf eine Nordanbindung des Flughafens als Alternative zu der von der CSU favorisierten Ostanbindung ein. »Die SPD kann es sich nicht leisten, sich nicht um die Probleme zu kümmern, die viele beschäftigen«, so Maly. Nachdem es zu keiner Ablehnung kam, konnte Maly bei beiden Dauerthemen frei agieren.

Ulrich Maly und Baureferent Wolfgang Baumann hatten erkannt, dass ein so großes Straßenbauprojekt wie der kreuzungsfreie Ausbau des Franken-

Dr. Ulrich Maly
(*1960)

Der derzeitige Oberbürgermeister der Stadt Nürnberg hatte von Kindesbeinen an engen Kontakt zur Sozialdemokratie. Schon mit sieben Jahren wurde er Mitglied ›Der Falken‹, engagierte sich bald in der Jugendarbeit und war in den 1980er Jahren als Vorsitzender des Kreisjugendrings tätig. 1984 wurde er Mitglied der SPD.

Seine berufliche Laufbahn zeigt seine starke Bindung zu wirtschaftlichen wie auch kommunalpolitischen Fragen: Nach dem Besuch des wirtschaftswissenschaftlichen Scharrer-Gymnasiums studierte Ulrich Maly Volkswirtschaft an der Friedrich-Alexander-Universität und schloss eine Promotion zum Thema ›Wirtschaft und Umwelt in der Stadtentwicklungspolitik‹ an. Ab 1990 war Ulrich Maly als Geschäftsführer der SPD-Stadtratsfraktion tätig, bis er 1996 das Amt des Stadtkämmerers übertragen bekam.

Nach der sechsjährigen CSU-Regierung in Nürnberg entschied er als OB-Kandidat die Kommunalwahl 2002 für die SPD. Inhaltlich steht der Vater zweier Kinder für Themen wie die Metropolregion, eine ausgewogene Finanzpolitik, Integration und den Dialog mit den Bürgern. Neben seiner Tätigkeit als Oberbürgermeister der Stadt Nürnberg ist Ulrich Maly Mitglied des Landes- und des Bundesvorstandes der SPD.

Über die Bindung zwischen OB und Fraktion

»Sehr stark. Die ist sehr sehr stark, weil er auch anerkannt wird. Nicht nur wegen der Konstellation. Er ist anerkannt und das, was er tut, das wird akzeptiert. Weil er ja auch, wenn er in der Fraktion die Dinge vorträgt, die er vorhat, das sehr überzeugend tut. Nicht so, dass man sagt: ›Naja, da muss man halt zustimmen, weil er es will‹ – keineswegs! Nein, nein. Da steckt dann doch volle Zustimmung dahinter.«

Jürgen Fischer, SPD-Stadtrat seit 1972 und Fraktionsvorsitzender

schnellwegs nicht mehr oktroyiert werden kann. Es wurden die Nutzer des Frankenschnellwegs befragt. Das Ergebnis der Befragung war, dass die meisten Autofahrer auf der Schnellstraße aus der Region kommen, so dass der Vorwurf, hier werde eine Durchgangsstraße für den Fernverkehr aufgerüstet, nicht mehr zu halten war. Um Alternativen abzuklären und die beste Lösung zu finden, wurde ein Beirat eingerichtet: Nach rund 30 Jahren Vorlaufzeit unterstützte die SPD-Fraktion im Oktober 2003 die Pläne für den kreuzungsfreien Ausbau des Frankenschnellwegs und für eine neue Zufahrt in die Innenstadt. Auch die Planungen für die direkte Anbindung des Flughafens an die Autobahn im Norden unter Federführung des Freistaats wurden zurückhaltend befürwortet.

Angesichts der prekären finanziellen Situation der Stadt legte die SPD ein Sparkonzept vor, das die Streichung von 400 städtischen Stellen vorsah. Malys Vorschlag, auch die Zahl der Referenten zu verringern, wurde von Grünen und CSU abgelehnt. Beide wollten auf ihre Einflusssphären nicht verzichten und machten von ihrem Vorschlagsrecht für die Referenten Gebrauch. Aufgrund der Kooperationsvereinbarung und der Mehrheitsverhältnisse scheiterten die

ESSAY

SPD-Stadtratsfraktion 2008

100 Jahre SPD-Stadtratsfraktion in Nürnberg

»Der Hauptschwerpunkt ist natürlich, dass die Stadt in diesen 100 Jahren eine fast totale Zerstörung erfahren hat und dass man unter Führung der Sozialdemokraten durch eine große Gemeinschaftsleistung aller Bürger die Stadt in einer Generation wiederaufbauen konnte. Als weiteren Akzent würde ich setzen, das alte historische Stadtbild zu bewahren, andere Städte wurden im Wiederaufbau außerordentlich uniform. Wir haben auf Wahlplakaten (...) oft die Altstadt- bzw. die Burgsilhouette abgebildet und damit stets eine große Identifikation der Menschen mit ihrer Stadt verknüpft.«

Willy Prölß

Pläne für eine Verkleinerung der Stadtspitze: SPD, Grüne und CSU wählten dann im Jahr 2007 wechselseitig die in der Vereinbarung vom 1. Mai 2002 zugestandenen Referenten für eine Amtszeit von sechs Jahren ab 2008. SPD-Geschäftsführer Harald Riedel wurde Kämmerer, Peter Pluschke auf Vorschlag der Grünen Umweltreferent. Wolfgang Baumann, den die Freien 2002 als Baureferent vorgeschlagen hatten, blieb mit Unterstützung der SPD im Amt.

Anja Prölß-Kammerer rückte für Angelika Weikert, die für die SPD in den Landtag gewählt wurde, als Stellvertretende Fraktionsvorsitzende nach. Schönfelder blieb seinem Vorsatz treu und versuchte neue Wege zu gehen: Bei Hartz IV ließ er seine Fraktion eine Telefonaktion durchführen. Er drohte mit einem Bürgerbegehren, wenn die CSU Straßenbahnstrecken stilllegen wollte. Etwas später forderte die SPD, den schienengebundenen Nahverkehr auszubauen, um mehr Pendler von der Straße zu bringen. Mit diesem Konzept soll langfristig auch die Feinstaub-Konzentration auf den Nürnberger Straßen verringert werden. Nachdem sich die SPD lange Zeit für den Ausbau des U-Bahnnetzes stark gemacht hatte, schwenkte sie jetzt auf einen Ausbau des Straßenbahnnetzes ein. Die Führung der Straßenbahn durch die Pillenreuther Straße in die Südstadt ist ihr ein wichtiges Anliegen. Im März 2004 wurde der Fraktionsvorstand mit Schönfelder, Prölß-Kammerer, Gradl und Limbacher im Amt bestätigt.

Im April 2006 erhielt Schönfelder bei der Wahl zum Fraktionsvorsitz 23 von 29 Stimmen. So viel Zustimmung für ihn gab es noch nie. Ab diesem Zeitpunkt bereitete die SPD-Fraktion den Wahlkampf 2008 vor. Schönfelder ging früh auf die CSU zu und bot ihr am 25. April 2006 an, die Kooperation im Rathaus fortzusetzen: »Wir haben seit 1996 einen Lernprozess durchgemacht, mehr noch als die CSU. Wir wollen keine Wackelkoalitionen.« Übergeordnetes Wahlziel war, dass keine gesellschaftliche Gruppe ausgegrenzt werden darf. Mit zwölf Diskussions- und Informationsveranstaltungen

›Leben in Nürnberg 2006‹ holte sich die SPD Anregungen von außen: Die Stadtplanung will die SPD gezielt vorantreiben und das kulturelle Angebot soll nach den Bedürfnissen von Jüngeren ausgerichtet werden, um der Vergreisung des Publikums entgegenzuwirken.

Der Glücksfall Wahl – die Kommunalwahl am 2. März 2008

Die Kommunalwahl am 2. März 2008 brachte die SPD als stärkste Fraktion mit 32 Sitzen wieder in die Position von 1990. OB Maly hatte mit seinem deutlichen Wahlsieg auch die Partei nach oben gezogen. Die Erfolge der Rathauskooperation wurden offensichtlich allein Maly und der SPD gutgeschrieben, obwohl die CSU mit Fleck, Lehner, Köhler und Gsell deutlich mehr Referenten stellte als die SPD. Der rund 50 Millionen Euro teure Ausbau der Kinderbetreuung in Kindertagesstätten und an den Schulen wurde von SPD, Grünen und CSU gemeinsam beschlossen. Beim Wähler wurde das Förderprogramm aber offenbar nur der SPD gutgeschrieben. Malys Wahlkampfmotto einer ›solidarischen Stadtgesellschaft‹ wurde von den Wählern angenommen. Die SPD führte eine ruhigen Wahlkampf, in dem sie auf ihre Positionen hinwies.

Nach dem Wahlsieg blieb die SPD ihren Themen, die sie in den Jahren zuvor erarbeitet hatte, treu. Bildungsrat, gezielte Stadterneuerung, energetische Bewertung von Bauplänen, Förderprogramme für Schüler und Ausbau der Kinderbetreuung wurden gleich in Angriff genommen. Trotz einer möglichen linken Mehrheit im Stadtrat hat die SPD durch die Zusammenarbeit bei der Haushaltsaufstellung die CSU in das Machtgefüge eingebunden und damit auf eine Wiederaufnahme des Lagerdenkens von vor 1996 verzichtet. Als Basis für die Zusammenarbeit wurde zwischen SPD und CSU eine Eckpunktepapier über wichtige Themen vereinbart. Einen Einigungszwang gibt es aber nicht mehr.

Maly, der ab und zu gerne auf Max Webers Aufsatz ›Politik als Beruf‹ hinweist, machte damit deutlich, dass ihm die Verantwortung für die Stadt als Grundlage bei politischen Entscheidungen wichtiger ist als die Gesinnung von politischen Milieus oder edle Absichten. Die gemeinsame Gesinnung von Grünen und SPD hat wesentlich zur Niederlage der SPD 1996 beigetragen, weil die unterschiedlichen Interessen in der Bürgerschaft nicht mehr berücksichtigt wurden. Die SPD als größerer Partner zeigte sich als der Schwächere, weil er erpressbar wurde.

Für Schönfelder ist es wesentlich, dass die Kinderbetreuung in den nächsten Jahren so ausgebaut wird, dass die Eltern wählen können, wie sie ihre Sprösslinge unterbringen, dass mehr Kinder auf weiterführende Schulen kommen und dass Kindern beim Übertritt von der Grundschule zu den weiterführenden Schulen geholfen wird. Daneben soll allen Gruppen eine gesellschaftliche Teilhabe ermöglicht werden. »Die Stadt muss für alle Leute und in jedem Quartier attraktiv sein. Wir wollen die Aufenthaltsqualität heben«, so Schönfelder. Mit dem Projekt SÖR (Service öffentlicher Raum) werden in den nächsten Jahren städtische Abteilungen zusammengefasst: Baum- und Parkpflege sollen auf diese Weise verbessert werden. Der Bürger wird eine zentrale Anlaufstelle für seine Beschwerden bekommen. Straßen- und Radwegeplanung sowie ihre Pflege werden besser aufeinander abgestimmt.

Um notwendige Investitionen wie den Bau einer neuen Feuerwache, die Sanierung von Schulen, den Bau des Frankenschnellwegs und die Einrichtung von neuen Kindertagesstätten umsetzen zu können, hat Kämmerer Riedel eine Erhöhung der städtischen Verschuldung vorgeschlagen. Im Gegenzug soll bei den laufenden Ausgaben gespart werden. Politik im Zeichen des Sparens – manches ändert sich nie. Am 14. April 2008 wurde der Fraktionsvorstand gewählt: Schönfelder, der seinen Rückzug in zwei Jahren angekündigt hatte, erhielt mit 24 Ja und nur drei Gegenstimmen so viel Zustimmung wie nie in der Fraktion. Stellvertreter blieben Prölß-Kammerer, Gradl und Penzkofer-Röhrl. Aufgrund der Fraktionsgröße konnte auch noch der SPD-Unterbezirksvorsitzende Christian Vogel als Stellvertreter gewählt werden.

Tabellen

Mitglieder der SPD-Fraktion im Kollegium der Gemeindebevollmächtigten (1908-1919) [1]

Name	Beruf [2]	Wahl am 23.11.1908 (neugewählte Sitze gesamt: 20) SPD: 10[3] Sitze SPD gesamt: 10[4])	Wahl am 20.11.1911 (neugewählte Sitze gesamt: 20 SPD: 10 Sitze SPD gesamt: 20)	Wahl am 14.12.1914 (neugewählte Sitze gesamt: 20 SPD: 8 Sitze SPD gesamt: 28)
Berg, Heinrich	Bildhauer	-	-	X
Dill, Hans	Parteisekretär	-	-	X
Dorn, Konrad *Fraktionsvorsitzender von 1908-1919*	Geschäftsführer	X	X	X
Eichenmüller, Nikolaus	Arbeitersekretär	-	X	X
Fischer, Rudolf	Kontrolleur	-	X ab 1912[5]	X
Gärtner, Georg	Redakteur	X	X	X
Giermann, Karl *Fraktionsvorsitzender von 1924-1933*	Gastwirt	X	X	X
Haugenstein, Max	Mechaniker	X	X	X
Heimerich, Dr. Hermann	Rechtsanwalt	-	-	X
Hellwarth, Theodor	Kassierer	X	X	X
Hermann, Rudolph	Kassenbeamter	X	X	X
Herrmann, Johann	Verbandsvorstand	-	X bis 1912[6]	-
Holke, Oswald	Verbandssekretär	-	X	X
Immerzeder, Hans	Gastwirt	-	-	X
Knöcklein, Jobst	Verbandsbeamter	-	X	X
Maar, Paul	Gauleiter	-	X	X
Merkel, Johann	Steinhauer	X bis Dezember 1908[7]	X	-
Mex, Georg	Friseur	X ab Dezember 1908[8]	X	X
Näpflein, Heinrich	Mechaniker	-	-	X
Reuß, Georg	Schuhwarenhändler	-	X	X
Richter, Leonhard	Werkstättengehilfe	-	X	X
Schneider, Hermann	Arbeitersekretär	X	X bis Dezember 1911[9]	-
Schneider, Max	Redakteur	-	-	X
Simon, Joseph	Verbandsvorstand	X	X	X
Sorg, Michael	Schreiner	-	-	X
Stein, Lorenz	Gauleiter	-	X ab Dezember 1911[10]	X
Süßheim, Dr. Dr. Max	Rechtsanwalt	-	-	X
Trummert, Georg	Einkassierer	X	X	X
Umhey, Anton	Gewerkschaftsbeamter	-	-	X
Zapf, Karl	Gastwirt	-	X	X
Zwosta, Heinrich	Dreher	-	X	X

1 Das Kollegium der Gemeindebevollmächtigten bestand aus 60 Personen, die auf neun Jahre gewählt wurden. Alle drei Jahre fand die Neuwahl eines Drittels der Mitglieder, also eine Neubesetzung von 20 Sitzen, statt. Neben den Mitgliedern des Kollegiums wurden hierbei jeweils zahlreiche Ersatzmänner gewählt, die in das Kollegium nachrückten, sobald ein Mitglied ausschied. Die gewählten Ersatzmänner sind in der folgenden Tabelle nicht aufgelistet. Sie tauchen erst dann auf, wenn sie tatsächlich ins Kollegium nachgerückt sind.

2 Es handelt sich hier um die auf den Wahllisten angegebenen Berufs- oder Tätigkeitsbezeichnungen. Häufig sind hier politische Funktionen statt des eigentlich erlernten Berufs genannt.

3 Auch 1908 wurde eine Nachwahl durchgeführt und daher nur ein Drittel des Kollegiums, also 20 Sitze neu besetzt. Die weiteren zwei Drittel blieben bis zum Ende ihrer Amtszeit nach neun Jahren Mitglieder des Kollegiums.

4 Um den Gesamtanteil der Sozialdemokraten im Kollegium der Gemeindebevollmächtigten zu zeigen, sind hier jeweils die Gesamtsitze der SPD mit angegeben. Die gesamten Sitze der SPD beziehen sich jeweils auf die Gesamtgröße des Kollegiums von 60 Sitzen.

5 nachgerückt für den ausgeschiedenen Johann Hermann

6 Johann Hermann schied wegen ›Geschäftsüberhäufung‹ im Laufe des Jahres 1912 aus dem Kollegium aus. Für ihn rückte Rudolf Fischer ins Kollegium nach.

7 Johann Merkel schied aus dem Kollegium aus, nachdem er in den Magistrat gewählt wurde. Für ihn rückte Georg Mex nach.

8 nachgerückt für den ausgeschiedenen Johann Merkel

9 Hermann Schneider schied aus dem Kollegium aus, da er in den Magistrat gewählt wurde. Für ihn rückte Lorenz Stein nach.

10 nachgerückt für den ausgeschiedenen Hermann Schneider

Magistratsräte der SPD (1908-1919)[1]

Name	Beruf	Wahl am 15.12.1908 (neugewählte Sitze gesamt: 10 SPD: 2 Sitze SPD gesamt: 2[2])	Wahl am 12.12.1911 (neugewählte Sitze gesamt: 10 SPD: 4 Sitze SPD gesamt: 6)	Wahl am 30.12.1914 (neugewählte Sitze gesamt: 10 SPD: 5[3] Sitze SPD gesamt: 9)
Fentz, Karl	Geschäftsführer	-	-	X
Herzberg, Wilhelm	Chefredakteur	-	X	X
Klötzel, Karl	Geschäftsführer	-	X	X
Merkel, Johann	Steinhauer	X	X	X
Mirsberger, Max	Privatier	-	X	X
Schneider, Hermann	Arbeitersekretär	-	X	X
Schneider, Max	Redakteur	-	-	X
Treu, Martin	Parteisekretär	X	X	X
Zapf, Karl		-	-	X

1 Die Magistratsräte wurden jeweils für eine Wahlperiode von sechs Jahren gewählt. Jeweils zehn Mandate in dem insgesamt 20köpfigen Gremium wurden dabei alle drei Jahre in einer Nachwahl vom Kollegium der Gemeindebevollmächtigten neu besetzt. Auch hier wurden Ersatzmänner gewählt, die in der Tabelle nicht aufgeführt sind.

2 Die gesamten Sitze beziehen sich jeweils auf die Gesamtgröße des Magistrats von 20 Sitzen.

3 Da die vorangegangene Wahlperiode von 1908-1914 zu Ende ging, schieden Martin Treu und Johann Merkel zunächst offiziell aus dem Magistrat aus, wurden dann aber wiedergewählt. Es wurden insgesamt fünf Sozialdemokraten neu beziehungsweise erneut in den Magistrat gewählt.

Zusammensetzung des Nürnberger Stadtrats 1919-1933

	Wahl am 15.6.1919 Sitze gesamt: 50	Wahl am 7.12.1924 Sitze gesamt: 50	Wahl am 8.12.1929 Sitze gesamt: 50	Wahl am 22.4.1933[1] Sitze gesamt: 44
SPD (Sozialdemokratische Partei Deutschlands)	-	20	21	16
MSPD (Mehrheitssozialdemokratische Partei Deutschlands)	20	-	-	-
USPD (Unabhängige Sozialdemokratische Partei Deutschlands	12	-	-	-
DDP (Deutsche Demokratische Partei)	11	3	2	-
BVP (Bayerische Volkspartei)	4	4	5	4
DVP (Deutsche Volkspartei)	-	-	1	-
KPD (Kommunistische Partei Deutschlands)	-	3	2	-
Christlicher Volksdienst	-	1	3	-
NSDAP (Nationalsozialistische Deutsche Arbeiterpartei)	-	-	8	21
Liste Streicher	-	6	-	-
DNVP (Deutschnationale Volkspartei)	-	-	2	-
Volksgemeinschaft Schwarz-Weiß-Rot	-	9	-	-
Bürgerliche Vereinigung Schwarz-Weiß-Rot	-	-	1	-
Kampffront Schwarz-Weiß-Rot	-	-	-	3
Mittelpartei und Mittelstand	3	-	-	-
Bayerischer Mittelstandsbund	-	4	-	-
Reichspartei des deutschen Mittelstandes	-	-	5	-

1 Neubildung des Stadtrats auf Grundlage des Gleichschaltungsgesetzes vom 31.3.1933. Die Mandatsverteilung erfolgte nach Maßgabe der Stimmen der Reichstagswahl vom 5.3.1933. Die KPD wurde hierbei ausgeschlossen.

Mitglieder der SPD-Stadtratsfraktion (1919-1933)[1]

Name	Beruf	Wahl am 15.6.1919 (Sitze gesamt: 50 MSP: 20 USP: 12 bzw. 6[2])	Wahl am 7.12.1924 (Sitze gesamt: 50 SPD: 20)	Wahl am 8.12.1929 (Sitze gesamt: 50 SPD: 21)	22.4.1933 Neuformation des Stadtrats[3] (Sitze gesamt: 44 SPD: 16)
Baier, Hans (USP, ab 2.11.1920 USP-Linke, ab 29.12.1920 VKPD)	Gausekretär	X	-	-	-
Balderer, Willi (SPD)	Dreher	-	-	-	X
Bauer, Erhard (USP)	Sekretär	X bis Juni 1920[4]	-	-	-
Behschnitt, Fritz (SPD)	Ingenieur	-	-	X	-
Brand, Marie (MSP)	Hausfrau	-	-	X	X
Bohl, Georg (MSP)	Gewerkschaftssekretär	X	X	-	-
Bröger, Karl (SPD)	Redakteur	-	-	-	X
Eichenmüller, Nikolaus (MSP)	Arbeitersekretär	X	X bis Oktober 1925[5]	-	-
Eichenseer, Marie (USP, ab 2.11.1920 USP-Linke, ab 29.12.1920 VKPD)	Arbeiterin	X ab Juli 1920[6]	-	-	-
Eisenstädter, Dr. Julius (USP)	Reallehrer	X	-	-	-
Fentz, Karl (MSP)	Geschäftsführer	X	-	-	-
Fischer, August (USP)	Schlosser	X ab August 1919[7]	-	-	-
Fischer, Emil (SPD)	Redakteur	-	-	-	X
Freund, Hugo (USP)	Arzt	X bis Juli 1919[8]	-	-	-
Giermann, Karl (MSP) *(Fraktionsvorsitzender von 1919-1933)*	Parteisekretär	X	X	X	X
Gries, Thomas (MSP)	Maurer	X ab Januar 1921[9]	-	-	-
Gruber, Martin (MSP)	Brauereivorstand	X	-	-	-
Grün, Christian (SPD)	Kanzleiassistent	-	X ab April 1926[10]	X	-
Gruschke, Otto (SPD)	Genossenschaftsvorstand	-	X	-	-
Habermeier, Fritz (USP, ab 2.11.1920 USP-Linke, ab 29.12.1920 VKPD)	Kaufmann	X bis Oktober 1923[11]	-	-	-
Harbauer, Johann (SPD)	Werkmeister	-	X	X	-
Hellwarth, Hans (SPD)	Berufshelfer	-	X	X	-
Heß, Dr. Hans (MSP)	Studienrat	X	X	X	-
Keim, Karl (SPD)	Kaufmännischer Angestellter	-	-	-	X
Klötzel, Karl (MSP)	Geschäftsführer	X	-	-	-
Körner, Karl (USP)	Schreiner	X	-	-	-
Kolb, Thomas (MSP)	Maurer	X ab September 1922[12]	X	X	X
Kupfer, Johann (MSP)	Gewerbekommissar	-	X bis Mai 1925[13]	-	-

1 Im 1919 gegründeten Stadtrat wurden alle Mitglieder in einer Wahl auf die Dauer von fünf Jahren gewählt. Nachwahlen wie für die Besetzung des Kollegiums der Gemeindebevollmächtigten gab es nicht mehr.

2 Infolge der Spaltung der USP bildete sich auch in der Nürnberger Stadtratsfraktion am 2. November 1920 eine sechsköpfige eigene Fraktion der USP-Linken. Ihr gehörten Hans Baier, Marie Eichenseer, Fritz Habermeier, Georg Ludwig, Anna Schwarm und Willi Werber an. Ab dem 29. Dezember bekannte sich die Fraktion zur Vereinigten Kommunistischen Partei Deutschlands (VKPD), vgl. Verwaltungsbericht der Stadt Nürnberg für das Jahr 1920, S. 10.

3 Aufgrund des Gleichschaltungsgesetzes vom 31. März 1933 wurde der Stadtrat auf 44 Sitze reduziert. Die Mandatsverteilung erfolgte auf Grundlage der Wahlergebnisse der Reichstagswahl vom 5. März 1933 und ergab somit für die SPD 16 Sitze.

4 Erhard Bauer schied wegen Verzicht auf das Mandat nach der Wahl in den bayerischen Landtag aus dem Stadtrat aus. Für ihn rückte Georg Ludwig (USP) nach.

5 Der Grund für das Ausscheiden von Nikolaus Eichenmüller ist nicht bekannt, für ihn rückte Simon Matt nach.

6 nachgerückt für den ausgeschiedenen August Fischer

7 Der als Ersatzmann gewählte August Fischer rückte für Hugo Freund nach, der am 30. Juli 1919 zum Dritten Bürgermeister gewählt wurde.

8 Hugo Freund wurde im gleichen Jahr vom Stadtrat zum Dritten Bürgermeister gewählt, für ihn rückte August Fischer nach.

9 nachgerückt für den ausgeschiedenen Karl Zapf

10 Christian Grün trat, wie auch Georg Ludwig, im April 1926 von der KPD zur SPD über. Somit hatten SPD und DDP wieder die Mehrheit im Stadtrat.

11 Fritz Habermeier schied wegen gesundheitlicher Gründe und beruflicher Überlastung aus dem Stadtrat aus. Da für ihn der Ersatzmann Friedrich Müller der VKPD in den Stadtrat nachrückte, wird dieser hier nicht mehr auf der Liste geführt.

12 Thomas Kolb wurde als Vertreter der von Nürnberg einverleibten ursprünglichen Vororte Eibach, Röthenbach, Reichelsdorf und Mühlhof-Krottenbach am 6. September 1922 in den Stadtrat nachgewählt.

13 Der Grund für sein Ausscheiden ist nicht bekannt, für ihn rückte Anton Oberle nach.

Name	Beruf	Wahl am 15.6.1919	Wahl am 7.12.1924	Wahl am 8.12.1929	22.4.1933 Neuformation
Lowig, Georg (USP)	Bürogehilfe	X	X	X	-
Ludwig, Georg[14] (USP, ab 2.11.1920 USP-Linke, ab 29.12.1920 VKPD)	Metallarbeiter Maschinist Spielwarenflaschner	X ab Juli 1920[15]	X ab April 1926[16]	X	X
Ludwig, Georg[17] (SPD)	Schreiner	-	-	-	X
Maly, Karl (SPD)	Jugendwohl-fahrtspfleger	-	-	-	X
Marterstock, Burkhard (USP)	Installateur	X	-	-	-
Matt, Simon (MSP)	Lehrer	X	X ab Oktober 1925[18]	X	-
Meier, August (USP)	Zimmermann	X	X	X	X
Mertel, Johann (SPD)	Metalldrücker	-	-	-	X
Meyer, Peter (MSP)	Schreiner	X	X ab Januar 1925[19]	X	X
Müller, Friedrich (SPD)	Gewerkschafts-angestellter	-	X	X	-
Müller, Marie (MSP)	Hausfrau	X	-	-	-
Näpflein, Heinrich (MSP)	Mechaniker	X	-	-	-
Oberle, Hermann (MSP)	Mechaniker	-	X ab Mai 1925[20]	X	X
Schamberger, Gregor (MSP)	Kassenbeamter	X	X	X	-
Schartau, Babette (MSP)	Hausfrau	X	-	-	-
Schneider, Hermann (MSP)	Arbeitersekretär	X	X	X	-
Schneider, Max (MSP)	Redakteur	X bis März 1921[21]	-	-	-
Schönberger, Georg (MSP)	Ingenieur	X	-	-	-
Schramm, Andreas (SPD)	Geschäftsführer	-	-	-	X
Schwarm, Anna (USP, ab 2.11.1920 USP-Linke, ab 29.12.1920 VKPD)	Arbeiterin	X	X	X	X
Simon, Josef (USP)	Verbandsbeamter	X	X	-	-
Simon, Gottfried (MSP)	Magistratssekretär	X	-	-	-
Staudt, Andreas (SPD)	Fortbildungs-hauptlehrer	-	-	X	-
Steinmetz, Käte (MSP)	Arbeiterin	-	-	X	-
Süßheim, Dr. Max (MSP)	Rechtsanwalt	X	X	X bis Februar 1933[22]	-
Treu, Martin (MSP)	Geschäftsführer	X bis Juli 1919[23]	X bis Dezember 1924[24]	-	-
Trummert, Georg (MSP)	Einkassierer	X ab August 1919[25]	-	-	-
Umhey, Anton (MSP)	Kassenbeamter	X ab April 1921[26]	-	-	-
Utz, Georg (SPD)	Zuschneider	-	X	-	-
Voll, Karl (SPD)	Schlosser	-	X	-	-
Werber, Willi (USP, ab 2.11.1920 USP-Linke, ab 29.12.1920 VKPD)	Fliesenleger	X	-	-	-
Zapf, Karl (MSP)	Sekretär	X Bis Dezember 1920[27]	-	-	-

14 geboren am 8.12.1884 in Nürnberg, vgl. Meldekarte im Stadtarchiv Nürnberg, die den Maschinisten als Stadtrat ausweist.

15 nachgerückt für den ausgeschiedenen Erhard Bauer

16 im April 1926 von der KPD zur SPD übergetreten

17 geboren am 5. Januar 1891 in Nürnberg, vgl. Zugangs-bücher der KZ-Gedenkstätte Dachau, es liegt keine Meldekarte im Stadtarchiv vor.

18 nachgerückt für den ausgeschiedenen Nikolaus Eichen-müller

19 nachgerückt für den zum Zweiten Bürgermeister gewählten Martin Treu

20 nachgerückt für den ausgeschiedenen Johann Kupfer

21 ausgeschieden aus dem Stadtrat wegen Verlegung des Wohnsitzes nach Köln

22 Dr. Max Süßheim verstarb am 1. März 1933, infolge der Neuformierung des Stadtrats wurde keine Nachbesetzung durchgeführt.

23 Martin Treu wurde 1919 vom Stadtrat zum Zweiten Bürgermeister gewählt, für ihn rückte der als Ersatzmann gewählte Georg Trummert in den Stadtrat nach.

24 Auch in dieser Wahlperiode wurde Martin Treu als Zweiter Bürgermeister wiedergewählt, es rückte Peter Meyer in den Stadtrat nach.

25 nachgerückt für den am 30. Juli 1919 zum Zweiten Bürgermeister gewählten Martin Treu

26 nachgerückt für den ausgeschiedenen Max Schneider

27 wegen Ernennung zum städtischen Berufsberater ausgeschieden

ANHANG

Inhaftierungen der SPD-Stadträte nach 1933 [1]

Name	Einträge nach Namenslisten und Zugangsbüchern der KZ-Gedenkstätte Dachau bzw. Informationen aus den Meldekarten der Personen im Stadtarchiv Nürnberg
Balderer, Willi	30.6.1933 Zugang Nr. 2388 Schutzhäftling
Behschnitt, Fritz	-keine Information-
Brand, Marie	-keine Information-
Bröger, Karl	30.6.1933 Zugang Nr. 2372 Schutzhäftling 1.9.1933 entlassen
Fischer, Emil	6.1.1939 wg. Sittlichkeitsverbrechen zu 1 Jahr und 10 Monaten Gefängnis (Ebrach) und 3 Jahren Ehrverlust verurteilt + am 7.7.1939 (in Ebrach)
Giermann, Karl (Fraktionsvorsitzender von 1919-1933)	30.6.1933 Zugang Nr. 2377 Schutzhäftling
Grün, Christian	+ 9.4.1935
Harbauer, Johann	Ab 2.12.1940 bei der Wehrmacht Am 8.10.1944 gefallen
Hellwarth, Hans	+ am 20.10.1930
Heß, Dr. Hans	-keine Information-
Keim, Karl	30.6.1933 Zugang Nr. 2383
Kolb, Thomas	27.7.1934 Zugang Nr. 6299 25.2.1935 entlassen
Lowig, Georg	30.8.1944 Zugang Nr. 94717 Schutzhäftling 4.9.1944 entlassen
Ludwig, Georg (ursprünglich USP)	30.6.1933 Zugang Nr. 2381 Schutzhäftling + am 7.1.1940
Ludwig, Georg	30.6.1933 Zugang Nr. 2382 Schutzhäftling
Maly, Karl	Seit 30. Juni 1933 Schutzhaft [2]
Matt, Simon	22.7.1933 Zugang Nr. 3045 Strafvollzugsgefängnis
Meier, August	30.6.1933 Zugang Nr. 2385 Schutzhäftling
Mertel, Johann	30.6.1933 Zugang Nr. 2386 Schutzhäftling
Meyer, Peter	30.6.1933 Zugang Nr. 2384 Schutzhäftling
Müller, Friedrich	22.7.1933 Zugang Nr. 3046 Strafvollzugsgefängnis
Oberle, Hermann	+ 20.11.1937
Schamberger, Gregor	22.7.1933 Zugang Nr. 3047 Strafvollzugsgefängnis
Schneider, Hermann	-keine Information-
Schramm, Andreas	22.7.1933 Zugang Nr. 3048 Strafvollzugsgefängnis 18.9.1933 Zugang Nr. 3759
Schwarm, Anna	Keine Abmeldung auf Meldekarte Eintrag vom 25. August 1938 von Staatspolizeistelle Nbg-Fürth: Sofortige Verständigung bei An, Ab- und Ummeldungen Eintrag bei Allg. Vormerkungen: + 15.9.1940
Staudt, Andreas	-keine Information-
Steinmetz, Käte	-keine Information-
Süßheim, Dr. Max	am 1. März 1933 verstorben

[1] Diese Liste berücksichtigt nur die Einträge im Archiv des ehemaligen KZ Dachau sowie die wenigen Anmerkungen, die auf den Meldekarten des Stadtarchivs Nürnberg vermerkt sind, vgl. StadtAN, Meldekarten und Zugangsbücher des KZ Dachau. Namentlich wurden sowohl die bei der Wahl am 8.12.1929 gewählten SPD-Stadträte wie auch die sozialdemokratischen Mitglieder des am 22.4.1933 neu formierten Stadtrats überprüft.

[2] Beer: Widerstand gegen den Nationalsozialismus, S. 181, konnte über das Archiv der KZ-Gedenkstätte nicht belegt werden.

Anmerkungen zur Tabelle rechts:

[1] Bereits am 29.8.1945 genehmigte die Militärregierung die Bildung eines so genannten Beirats, der am 9.1.1946 erstmals zusammentrat. Dieser Beirat bildete lediglich einen Verwaltungsmitarbeiterstab der Militärregierung ohne jegliche demokratische Merkmale wie Einsetzung durch demokratische Wahlen, Beschlussfähigkeit, Befugnis zur Bestellung der Bürgermeister. Von den insgesamt 30 Mitgliedern des Beirates wurden 21 von den von der Militärregierung zugelassenen Parteien gestellt, neun direkt vom Ersten Bürgermeister aus den Bereichen Industrie, Handel, Gewerbe, aus freischaffenden Berufen und Künstlern vorgeschlagen. Grundlage für die Sitzverteilung der Parteienvertreter war die letzte demokratische Stadtratswahl am 8.12.1929. Somit hatte die SPD 12, die restlichen Parteien CSU, KPD und FDP je 3 Mitglieder vorzuschlagen. Mit den vom Bürgermeister vorgeschlagenen Vertretern ergab sich eine Sitzverteilung von 16 Sitzen für die SPD, je 6 Sitzen für CSU, 3 Sitze für KPD, sowie 5 Sitze für die FDP.

[2] Zu der SPD-Stadtratsfraktion gehörte der Vertreter der Fliegergeschädigten.

[3] Die beiden KPD-Sitze wurden mit dem Verbot der Partei am 17.8.1956 nicht mehr besetzt.

[4] Die Zahl der Sitze im Stadtrat erhöhte sich 1972 von 50 auf 70 durch Veränderungen des Gemeindewahlrechts und die Eingemeindungen, durch die sich die Einwohnerzahl Nürnbergs auf mehr als 500.000 erhöhte.

Zusammensetzung des Nürnberger Stadtrats 1945-2008

	Wahl am 26.5.1946[1] Sitze gesamt: 41	Wahl am 30.5.1948 Sitze gesamt: 50	Wahl am 30.3.1952[2] Sitze gesamt: 50	Wahl am 18.3.1956[3] Sitze gesamt: 50	Wahl am 27.3.1960 Sitze gesamt: 50	Wahl am 13.3.1966 Sitze gesamt: 50	Wahl am 11.6.1972[4] Sitze gesamt: 70	Wahl am 5.3.1978 Sitze gesamt: 70	Wahl am 18.3.1984 Sitze gesamt: 70	Wahl am 18.3.1990 Sitze gesamt: 70	Wahl am 10.3.1996 Sitze gesamt: 70	Wahl am 3.3.2002 Sitze gesamt: 70	Wahl am 2.3.2008 Sitze gesamt: 70
SPD (Sozialdemokratische Partei Deutschlands)	19	20	24	25	27	27	39	34	34	32	25	29	32
CSU (Christlich Soziale Union)	15	7	9	14	14	14	25	33	30	26	33	32	23
FDP (Freie Demokratische Partei)	2	7	7	6	7	4	4	2	1	2	1	1	2
KPD (Kommunistische Partei Deutschlands)	4	7	3	2	-	-	-	-	-	-	-	-	-
DKP (Deutsche Kommunistische Partei)	-	-	-	-	-	-	1	1	1	-	-	-	-
Grüne	-	-	-	-	-	-	-	-	4	6	-	-	-
Bündnis 90/ Die Grünen	-	-	-	-	-	-	-	-	-	-	6	4	5
WAV (Wirtschaftliche Aufbau-Vereinigung)	1	2	-	-	-	-	-	-	-	-	-	-	-
NPD (Nationaldemokratische Partei Deutschlands)	-	-	-	-	3	1	-	-	-	-	-	-	-
REP (Die Republikaner)	-	-	-	-	-	-	-	-	-	4	2	1	-
Bürgerinitiative Ausländerstopp	-	-	-	-	-	-	-	-	-	-	-	1	2
Freie Wähler Nürnberg	-	-	-	-	-	-	-	-	-	-	2	1	-
Nürnberger Bürgerliste-Freie Wähler Nürnberg	-	-	-	-	-	-	-	-	-	-	-	-	1
Die Guten	-	-	-	-	-	-	-	-	-	-	1	1	1
ÖDP (Ökologisch-Demokratische Partei)	-	-	-	-	-	-	-	-	-	-	-	-	1
Linke Liste Nürnberg	-	-	-	-	-	-	-	-	-	-	-	-	3
Parteiloser Block	-	3	3	-	-	-	-	-	-	-	-	-	-
Fliegergeschädigte	-	2	1	-	-	-	-	-	-	-	-	-	-
BP (Bayernpartei)	-	2	-	1	-	-	-	-	-	-	-	-	-
Nürnberger Bürgerschaft	-	-	2	-	-	-	-	-	-	-	-	-	-
BHE (Bund der Heimatvertriebenen und Entrechteten)	-	-	1	1	-	-	-	-	-	-	-	-	-
CVD (Christlicher Volksdienst)	-	-	-	1	1	1	-	-	-	-	-	-	-
DFU (Deutsche Friedensunion)	-	-	-	-	-	1	-	-	-	-	-	-	-

Mitglieder der SPD-Stadtratsfraktion [1] (1945-1972)

ANHANG

Name	Einsetzung eines Beirats der amerikanischen Militärregierung am 9.1.1946[2] (Sitze gesamt: 30 SPD: 16[3])	Erste demokratische Wahl am 26.5.1946[4] (Sitze gesamt: 41 SPD: 19)	Wahl am 30.5.1948[5] (Sitze gesamt: 50 SPD: 20)[6]	Wahl am 30.3.1952 (Sitze gesamt: 50 SPD: 24+1)[7]	Wahl am 18.3.1956 (Sitze gesamt: 50[8] SPD: 25)[9]	Wahl am 27.3.1960[10] (Sitze gesamt: 50 SPD: 27)[9]	Wahl am 13.3.1966 (Sitze gesamt: 50 SPD: 27)[9]	Wahl am 11.6.1972 (Sitze gesamt: 70[11] SPD: 39)
Albert, Martin	X bis März 1946[12]	-	-	-	-	-	-	-
Ammon, Lina	-	X bis Juli 1946[13]	X	X	X	-	-	-
Bär, Rudolf	-	-	-	X	X	X	X	X
Bärnreuther, Otto *Fraktionsvorsitzender 1946-1952*	X	X	X	X[14]	-	-	-	-
Batz, Hans	-	-	-	-	-	X	X bis Oktober 1969[15]	-
Beyerlein, Leonhard	-	-	-	-	-	-	-	X ab September 1975[16]
Beyerlein, Simon	-	X	X	X	-	-	-	-
Bleistein, Albert	X ab März 1946[17]	X	X	X	X	X	X	-
Brenner, Prof. Dr. Eduard	-	X	X bis Januar 1951[18]	-	-	-	-	-
Borger, Dr. Ludwig	-	-	-	-	-	X	X	-
Buchner, Hanna	-	-	-	-	X	X	X	-
Cürlis, Peter	-	-	-	-	-	-	-	X[19]
Darlapp, Karl	-	-	X	-	-	-	-	-
Dillinger, Hans	-	X	X ab November 1948[20]	X	X ab April 1957[21]	-	-	-
Dorscht, Andreas	X	X ab Juli 1946[22]	-	-	-	-	-	-
Dotzauer, Christof	-	-	-	-	-	-	-	X
Drengler, Franz	-	-	-	-	X	X bis Mai 1960[23]	-	-
Ebner, Sofie	-	-	X	X	X	X	X	-
Edler, Heide	-	-	-	-	-	-	-	X
Eichhorn, Ludwig	-	-	-	-	X bis Januar 1959[24]	-	-	-
Faust, Regina	-	-	-	-	-	X ab Oktober 1960[25]	X	X
Fischer, Jürgen	-	-	-	-	-	-	-	X
Förster, Emil	-	-	-	-	-	X ab März 1965[26]	X	X
Forster, Bernhard	-	-	-	-	-	-	X ab November 1969[27]	X
Forstmeier, Heinrich	-	X ab Juli 1947[28]	X ab Dezember 1949[29]	X	X bis Juni 1956[30]	-	-	-
Goßler, Adolf	-	-	X ab Januar 1951[31]	X	X	X	X	-
Gsänger, Albert	-	-	X ab Februar 1951[32]	X	X	X bis Dezember 1962[33]	-	-
Grün, Christian	X	X	-	-	-	-	-	-
Gruschke, Otto	X	-	-	-	-	-	-	-
Haas, Franz	-	X bis Juli 1946[34]	-	-	X bis Mai 1957[35]	X	X	-

1 Die Bürgermeister wurden zu den jeweiligen Sitzen der Stadtratsfraktion gezählt, solange sie aus der Mitte des Rates gewählt wurden. Am 30.1.1952 wurde vom Stadtrat eine Satzung verabschiedet, in der die berufsmäßige Tätigkeit und die Direktwahl des Oberbürgermeisters festgelegt wurde. Ab diesem Zeitpunkt zählte der Oberbürgermeister nicht mehr zu den Sitzen der Fraktion.

2 Bereits am 29.8.1945 genehmigte die Militärregierung die Bildung eines so genannten Beirats, der am 9.1.1946 erstmals zusammentrat. Dieser Beirat bildete lediglich einen Verwaltungsmitarbeiterstab der Militärregierung ohne jegliche Weisungsbefugnis.

3 Von den insgesamt 30 Mitgliedern des Beirates wurden 21 von den durch die Militärregierung zugelassenen Parteien gestellt, dazu neun direkt von dem Ersten Bürgermeister aus den Bereichen Industrie, Handel, Gewerbe, aus freischaffenden Berufen und Künstlern vorgeschlagen. Grundlage für die Sitzverteilung der Parteienvertreter war die letzte demokratische Stadtratswahl am 8.12.1929. Somit hatte die SPD 12, die restlichen Parteien CSU, KPD und FDP je 3 Mitglieder vorzuschlagen. Mit den vom Bürgermeister vorgeschlagenen Vertretern ergab sich eine Sitzverteilung von 16 Sitzen für die SPD, 6 Sitzen für die CSU, 3 Sitzen für die KPD, sowie 5 Sitzen für die FDP.

4 Die Legislaturperiode der ersten demokratisch gewählten Stadtrats nach 1945 war zunächst in der Gemeindeordnung bis zum 4.2.1948 beschränkt, wurde allerdings dann einige Monate verlängert.

5 Die offizielle Amtszeit des Stadtrats betrug vier Jahre und wurde erst 1959 gesetzlich auf sechs Jahre verlängert.

6 Der Oberbürgermeister Ziebill wurde vom Stadtrat nicht aus den eigenen Reihen gewählt, sondern von Julius Loßmann nominiert, daher zählt er nicht zu den 20 Sitzen.

7 In der Amtsperiode 1952–1956 schloss sich Karl Letsch, der Partei der Fliegergeschädigten angehörte, an die SPD-Fraktion an. Später trat er zur SPD über.

8 Ab 15.7.1957 reduziere sich die Gesamtzahl der Stadtratssitze durch das Ausscheiden der beiden ehemaligen KPD-Stadträte Hermann Schirmer und Anni Finger auf 48. Nach den gesetzlichen Bestimmungen wurden die Mandate bis zur nächsten Wahl nicht wiederbesetzt.

9 Bei den Wahlen 1956, 1960 und 1966 zählt der Bürgermeister nicht zu den Sitzen der Stadtratsfraktion.

10 Erstmals wird der Stadtrat anlässlich einer gesetzlichen Neuregelung aus dem Jahr 1959 auf die Dauer von sechs Jahren gewählt.

11 Die Zahl der Sitze im Stadtrat erhöhte sich 1972 aufgrund Veränderungen des Gemeindewahlrechts und der Eingemeindungen, durch die sich die Einwohnerzahl Nürnbergs auf mehr als 500.000 erhöhte, von 50 auf 70 Gesamtsitze.

12 Martin Albert schied am 13.3.1946 aus dem Beirat aus. Für ihn rückte Albert Bleistein nach.

13 Lina Ammon schied am 24.7.1946 aus dem Stadtrat aus, da sie in die verfassungsgebende Landesversammlung abgeordnet wurde. Für sie rückte Andreas Dorscht nach.

14 Otto Bärnreuther trat am 1.5.1952 sein Amt als berufsmäßiger Oberbürgermeister an. Er gehörte 1953 noch der SPD-Stadtratsfraktion an.

15 Hans Batz schied aus dem Stadtrat aus, da er in den Bundestag gewählt wurde. Am 5.11.1969 rückte für ihn Bernhard Forster nach.

16 nachgerückt am 17.09.1975 für den ausgeschiedenen Fritz Vogel

17 nachgerückt am 13.03.1946 für den ausgeschiedenen Martin Albrecht

18 Prof. Dr. Eduard Brenner schied am 17.1.1951 aus dem Stadtrat aus, da er in den Staatssekretär im Bayerischen Kultusministerium ernannt worden war. Für ihn rückte Adolf Goßler nach.

19 Peter Cürlis schied am 1.12.1978 aus der SPD-Fraktion aus, blieb aber weiterhin als fraktionsloses Mitglied im Stadtrat.

20 nachgerückt am 16.11.1946 für den ausgeschiedenen Dr. Heinz Sucker

21 Hans Dillinger wurde am 10.4.1957 in sein Amt als Stadtrat eingeführt, vermutlich als Nachfolger für den verstorbenen Julius Loßmann.

22 nachgerückt für die in die verfassungsgebende Landesversammlung abgeordnete Lina Ammon

23 Franz Drengler verstarb 1960. Für ihn rückte am 1.6.1960 Babette Semlacher nach.

24 Ludwig Eichhorn schied zum 21.1.1959 aus dem Stadtrat aus, da er in den Landtag gewählt worden war. Für ihn rückte Willi Wirth nach.

25 nachgerückt am 19.10.1960 für den verzogenen Franz Kaiser

26 nachgerückt für den verstorbenen Hans Lorz

27 nachgerückt für den in den Bundestag gewählten Hans Batz

28 nachgerückt für den am 30.7.1947 ausgeschiedenen Camille Sachs

29 nachgerückt am 7.12.1949 für den verstorbenen Stadtrat und Bürgermeister Heinrich Landgraf

30 Heinrich Forstmeier starb im Juni 1956

31 nachgerückt für den zum bayerischen Staatssekretär ausgeschiedenen Prof. Dr. Eduard Brenner

32 nachgerückt für den ausgeschiedenen Josef Hertrich

33 Albert Gsänger schied aus dem Stadtrat aus, da er in den Landtag gewählt worden war. Für ihn rückte am 15.1.1963 Anton Müller nach.

34 Franz Haas trat am 24.7.1946 als Stadtrat zurück, da er in die verfassungsgebende Landesversammlung abgeordnet wurde. Für ihn rückte Johann Prölß nach.

35 Franz Haas wurde am 22.5.1957 für den verstorbenen Julius Loßmann in das Amt des Zweiten Bürgermeisters gewählt.

36 Josef Hertrich schied am 28. Februar 1951 aus dem Stadtrat aus. Für ihn rückte Albert Gsänger nach.

37 Werner Hübner legte am 31.10.1973 sein Amt nieder. Für ihn rückte Ludwig Vogler nach, der am 7.11.1973 vereidigt wurde.

38 Franz Kaiser schied wegen Umzugs aus dem Stadtrat aus. Für ihn rückte am 19.10.1960 Regina Faust nach.

39 nachgerückt am 21.1.1953 für den zum Schulreferenten gewählten Andreas Staudt

40 Hans Keller schied wegen Tod aus dem Stadtrat aus. Für ihn rückte am 24.7.1974 Klaus Schramm nach.

41 nachgerückt für den in den Landtag gewählten Alfred Sommer

42 Eduard Kernstock schied wegen Tod aus dem Stadtrat aus. Für ihn rückte am 27.2.1974 Gert Müller nach.

43 Heinrich Landgraf wurde am 7.7.1948 zum Zweiten Bürgermeister gewählt und schied am 28.11.1949 aus dem Stadtrat wegen Todes aus. Für ihn rückte am 7.12.1949 Heinrich Forstmeier, sein Nachfolger als Bürgermeister wurde am 7.12.1949 Julius Loßmann.

44 Rolf Langenberger schied am 1.12.1970 aus dem Stadtrat aus, weil er im Landtag tätig war. Für ihn rückte am 7.12.1970 Rudolf Mittermeier nach.

45 Karl Letsch gehörte zunächst als Mitglied der Partei der Fliegergeschädigten der SPD-Fraktion an, später trat er vermutlich zur SPD über.

46 Karl Letsch schied wegen Tod aus dem Stadtrat aus. Für ihn rückte am 29.4.1964 Willi Wirth nach.

47 Walter Lifka schied wegen Tod aus dem Stadtrat aus. Für ihn rückte am 17.09.1975 Juliane Sommer nach.

48 Hans Lorz schied wegen Tod aus dem Stadtrat aus. Für ihn rückte am 31.3.1965 Emil Förster nach.

49 Heinrich Landgraf schied wegen Tod aus dem Stadtrat aus. Als sein Nachfolger wurde Julius Loßmann am 7. Dezember 1949 zum Zweiten Bürgermeister gewählt.

50 Julius Loßmann wurde am 2.5.1952 erneut zum Zweiten Bürgermeister gewählt.

51 Julius Loßmann wurde am 2.5.1956 erneut zum Zweiten Bürgermeister gewählt. Er schied wegen Tod am 29.3.1957 aus dem Stadtrat aus. Sein Nachfolger als Zweiter Bürgermeister wurde Franz Haas. Sein Nachfolger im Stadtrat wurde vermutlich Hans Dillinger.

52 nachgerückt am 12.3.1957 für die ausgeschiedene Luise Saßnick

53 nachgerückt am 7.12.1970 für den in den Landtag gewählten Rolf Langenberger

54 nachgerückt am 15.1.1963 für den in den Landtag gewählten Albert Gsänger

55 nachgerückt am 27.02.1974 für den verstorbenen Eduard Kernstock

56 nachgerückt am 13.5.1964 für den ab 1964 berufsmäßigen Stadtrat Karl Widmayer

57 nachgerückt am 24.7.1946 für den ausgeschiedenen Franz Haas

58 nachgerückt am 13.6.1956 für den verstorbenen Heinrich Forstmeier

59 Nachdem der Stadtrat erneut den Antrag, außer dem Zweiten Bürgermeister weitere Bürgermeister einzuführen, abgelehnt hatte, wurde am 13.2.1960 vom Stadtrat neben den Räten Hans Bibel (FDP) und Dr. Oscar Schneider (CSU) als Stellvertreter des Oberbürgermeisters gewählt.

60 Erich Röder schied durch Tod aus dem Stadtrat aus. Für ihn rückte am 18.9.1963 Robert Schedl nach.

61 Camille Sachs schied am 16.7.1947 aus seinem Amt aus. Für ihn rückte am 30.7.1947 Heinrich Forstmeier nach.

62 Luise Saßnick schied am 12.3.1957 aus gesundheitlichen Gründen aus dem Stadtrat aus. Für sie rückte Rudolf Mader nach.

63 nachgerückt am 18.9.1963 für den verstorbenen Erich Röder

64 Heinz Schmude schied wegen Umzugs aus dem Stadtrat aus. Für ihn rückte am 2.10.1968 Karl Stapfer nach.

65 nachgerückt am 24.07.1974 für den verstorbenen Hans Keller

66 nachgerückt am 1.6.1960 für den verstorbenen Franz Drengler

67 Alfred Sommer schied im Januar 1967 aus dem Stadtrat aus, da er in den Bayerischen Landtag gewählt worden war. Für ihn rückte am 18.1.1967 Eduard Kernstock in den Stadtrat nach.

68 nachgerückt am 17.09.1975 für den verstorbenen Walter Lifka

69 nachgerückt am 2.10.1968 für den verzogenen Heinz Schmude

70 Andreas Staudt wurde am 3.12.1952 zum Schulreferenten gewählt. Für ihn rückte Hans Keller nach.

71 Heinz Sucker schied am 16.11.1948 aus dem Stadtrat aus. Für ihn rückte Hans Dillinger nach.

72 Paul Übel schied wegen Todes aus dem Stadtrat aus. Für ihn rückte am 18.10.1961 Horst Volk nach.

73 Fritz Vogel schied aus Gesundheitsgründen aus dem Stadtrat aus. Für ihn rückte am 17.09.1975 Leonhard Beyerlein nach.

74 nachgerückt am 7.11.1973 für Werner Hübner

75 nachgerückt am 18.10.1961 für den verstorbenen Paul Übel

76 Karl Widmayer wurde am 26.2.1964 zum berufsmäßigen Stadtrat gewählt. Für ihn rückte am 13.5.1964 Richard Pauer nach.

77 nachgerückt am 21.1.1959 für den in den Landtag gewählten Ludwig Eichhorn

78 Willi Wirth rückte am 29.4.1964 für den verstorbenen Karl Letsch nach.

(Fortsetzung von S. 224)

Name	Einsetzung am 9.1.1946[2]	Wahl am 26.5.1946[4]	Wahl am 30.5.1948[5]	Wahl am 30.3.1952	Wahl am 18.3.1956	Wahl am 27.3.1960[10]	Wahl am 13.3.1966	Wahl am 11.6.1972
Hamburger, Arno	-	-	-	-	-	-	-	X
Herold, Dr. Hans	-	-	-	-	-	X	X	-
Hertrich, Josef	-	-	X bis Februar 1951[36]	-	-	-	-	-
Hübner, Werner	-	-	-	-	-	-	X	X bis Oktober 1973[37]
Inselsberger, Jean	X	X	-	-	-	-	-	-
Jarosch, Herbert	-	-	-	X	-	-	-	-
Joseph, Hermann	X	-	-	-	-	-	-	-
Kaiser, Franz	-	-	-	X	X	X bis Oktober 1960[38]	-	-
Keller, Hans	-	-	-	X ab Januar 1953[39]	X	X	X	X bis Juli 1974[40]
Kernstock, Eduard	-	-	-	-	-	-	X ab Januar 1967[41]	X bis Februar 1974[42]
Kohler, Heinz	-	-	-	-	-	-	-	X
Kolb, Thomas	X	X	X	X	X	X	-	-
Krug, Otto	-	-	-	X	-	-	-	-
Landgraf, Heinrich	-	X	X[43]	-	-	-	-	-
Langenberger, Rolf	-	-	-	-	-	-	X[44]	-
Letsch, Karl	-	-	-	X[45]	-	X bis April 1964[46]	-	-
Lifka, Walter	-	-	-	-	-	-	-	X bis September 1975[47]
Lorz, Hans	-	-	-	X	X	X bis März 1965[48]	-	-
Loßmann, Julius	X	X	X[49]	X[50]	X[51]	-	-	-
Ludwig, Georg	X	X	-	-	-	-	-	-
Mader, Rudolf *Fraktionsvorsitzender 1976-1980*	-	-	-	-	X ab März 1957[52]	X	X	X
Masopust, Günter	-	-	-	-	-	-	-	X
Meier, August *Fraktionsvorsitzender 1952-1960*	X	X	X	X	X	X	-	-
Meier, Walter	-	-	-	-	-	-	-	X
Mittermeier, Rudolf	-	-	-	-	-	-	X[53]	X
Müller, Anton	-	-	-	-	-	X ab Januar 1963[54]	-	-
Müller, Gert	-	-	-	-	-	-	-	X ab Februar 1974[55]
Pauer, Richard	-	-	-	-	-	X ab Mai 1964[56]	-	-
Preller, Nikolaus	X	-	-	-	-	-	-	-
Prölß, Johann	X	X ab Juli 1946[57]	-	-	-	-	-	-
Prölß, Willy *Fraktionsvorsitzender 1960-1972*	-	-	-	-	X ab Juni 1956[58]	X[59]	X	X
Reichert, Käthe	-	-	X	X	X	X	X	X
Röder, Erich	-	-	X	X	X	X bis August 1963[60]	-	-
Rohrmüller, Alfred	-	-	-	-	-	-	-	X
Sachs, Camille	-	X bis Juli 1947[61]	-	-	-	-	-	-
Saßnick, Luise	-	-	-	-	X bis März 1957[62]	-	-	-
Schamberger, Gregor	X	X	-	-	-	-	-	-

226

Name	Einsetzung am 9.1.1946[2]	Wahl am 26.5.1946[4]	Wahl am 30.5.1948[5]	Wahl am 30.3.1952	Wahl am 18.3.1956	Wahl am 27.3.1960[10]	Wahl am 13.3.1966	Wahl am 11.6.1972
Schedl, Robert	-	-	-	-	-	X ab September 1963[63]	X	X
Schlosser, Franz	-	-	-	X	X	X	X	-
Schmidbauer, Horst	-	-	-	-	-	-	-	X
Schmude, Heinz	-	-	-	-	-	X	X bis September 1968[64]	-
Schneider, Friedrich	-	-	X	-	-	-	-	-
Schönfelder, Gebhard	-	-	-	-	-	-	-	X
Schönlein, Dr. Peter *Fraktionsvorsitzender 1980-1987*	-	-	-	-	-	-	-	X
Schramm, Andreas	X	X	-	-	-	-	-	-
Schramm, Klaus	-	-	-	-	-	-	-	X ab Juli1974[65]
Schuster, Kurt	-	-	-	-	-	-	X	X
Seifert, Ingeborg	-	-	-	-	-	-	-	X
Semlacher, Babette	-	-	-	-	-	X ab Juni 1960[66]	X	-
Sindel, Karl	-	-	-	-	-	-	-	X
Sommer, Alfred	-	-	-	-	-	X	X bis Januar 1967[67]	-
Sommer, Juliane	-	-	-	-	-	-	-	X ab September 1975[68]
Stapfer, Karl	-	-	-	-	-	-	X ab Oktober 1968[69]	X
Staudt, Andreas	-	-	-	X bis Dezember 1952[70]	-	-	-	-
Stöger, Aloisia	-	-	X	X	-	-	-	-
Strobel, Käte *Fraktionsvorsitzende 1972-1976*	-	-	-	-	-	-	-	X
Sucker, Dr. Heinz	-	-	X bis November 1948[71]	-	-	-	-	-
Süß, Klaus	-	-	-	-	-	-	-	X
Thallmeyer, Karl	-	-	X	-	-	-	-	-
Thumm, Ingrid	-	-	-	-	-	-	-	X
Übel, Paul	-	-	X	X	X	X bis Oktober 1961[72]	-	-
Vogel, Fritz	-	-	-	X	X	X	X	X bis September 1975[73]
Vogler, Ludwig	-	-	-	-	-	-	-	X ab November 1973[74]
Voigt, Dr. Bert	-	-	-	-	-	-	-	X
Volk, Horst	-	-	-	-	-	X ab Oktober 1961[75]	X	X
Wagner, Hans	-	X	-	-	X	X	X	-
Widmayer, Karl	-	-	-	X	X	X bis Februar 1964[76]	-	-
Wirth, Willi	-	-	-	-	X ab Januar 1959[77]	X ab April 1964[78]	-	-
Wolff, Jürgen	-	-	-	-	-	-	-	X
Zecha, Richard	-	-	-	-	-	-	-	X
Zellfelder, Gertrud	-	-	-	-	-	-	-	X
Ziegler, Erich	-	-	-	-	-	-	X	X
Zirkelbach, Julius	-	-	X	-	-	-	-	-

Mitglieder der SPD-Stadtratsfraktion [1] (1972-2008)

Name	Wahl am 11.6.1972 (Sitze gesamt: 70 SPD: 39)	Wahl am 5.3.1978 (Sitze gesamt: 70 SPD: 34)	Wahl am 18.3.1984 (Sitze gesamt: 70 SPD: 34)[2]	Wahl am 18.3.1990 (Sitze gesamt: 70 SPD: 32)	Wahl am 10.3.1996 (Sitze gesamt: 70 SPD: 25)	Wahl am 3.3.2002 (Sitze gesamt: 70 SPD: 29)	Wahl am 2.3.2008 (Sitze gesamt: 70 SPD: 32)
Agathagelidis, Theodoros	-	-	-	-	X	X	X
Arabackyi, Claudia	-	-	-	-	-	X	X
Bär, Rudolf	X	-	-	-	-	-	-
Bauer, Sonja	-	-	-	-	-	-	X
Berg, Doris	-	-	-	X	-	-	-
Beyerlein, Leonhard	X ab September 1975[3]	X	X	-	-	-	-
Blumenstetter, Renate	-	-	X	X	X	X	X
Braune, Paul-Gerhard Dr.	-	-	X	X bis Februar 1995[4]	-	-	-
Brehm, Thorsten	-	-	-	-	-	-	X
Burkert, Martin	-	-	-	-	-	X bis September 2005[5]	-
Cürlis, Peter	X[6]	-	-	-	-	-	-
Diedler, Gerhard	-	X	X	X	-	-	-
Diedler, Sonja	-	-	-	-	X	-	-
Dix, Harald	-	-	-	-	-	-	X
Dötschel, Herbert	-	X	X	X	X	X	-
Dorn, Erwin	-	-	X seit November 1987[7]				
Dotzauer, Christof	X	-	-	-	-	-	-
Edler, Heide	X	X	X	X bis Oktober 1994[8]	-	-	-
Einbrodt, Heide-Marianna	-	-	-	-	X bis März 2000[9]	-	-
Faul, Erika	-	-	-	-	X	-	-
Faust, Regina	X	X	X	-	-	-	-
Feile, Werner	-	-	X	X	X	-	-
Fischer, Jürgen *Fraktionsvorsitzender 1987-1996*	X	X	X	X	X	X	X
Fleischmann, Jutta	-	X	X	X bis Januar 1994[10]	-	-	-
Forster, Bernhard	X	X	-	-	-	-	-
Förster, Emil	X	X	-	-	-	-	-
Förther, Horst	-	-	-	-	X seit März 2000[11]	X	X
Fritsch, Dieter	-	-	X	X bis Februar 1995[12]	-	-	-

Name	Wahl am 11.6.1972	Wahl am 5.3.1978	Wahl am 18.3.1984	Wahl am 18.3.1990	Wahl am 10.3.1996	Wahl am 3.3.2002	Wahl am 2.3.2008
Gradl, Lorenz	-	-	-	-	X	X	X
Groh, Gerhard	-	-	-	-	-	-	X
Grützner-Kanis, Christine	-	-	-	-	-	X	X
Haas, Gerda-Marie	-	X	-	-	-	-	-
Hagen, Christina	-	-	-	X bis Dezember 1992[13]	-	-	-
Hamburger, Arno	X	X	X	X	X	X	X
Hammes, Ilse	-	-	-	-	X	-	-
Hauck, Wolfgang	-	-	X	X	-	-	-
Heber, Christina	-	-	-	X	-	-	-
Heinrich, Gabriela	-	-	-	-	-	X	X
Hockauf-Danis, Petra	-	-	-	X	-	-	-
Hübner, Werner	X bis Oktober 1973[14]	-	-	-	-	-	-
Jauch, Susanne Dr.	-	-	-	X	X	X ab Oktober 2003[15]	-
Kayser, Christine	-	-	-	-	-	-	X
Keller, Hans	X bis Juli 1974[16]	-	-	-	-	-	-
Kernstock, Eduard	X bis Februar 1974[17]	-	-	-	-	-	-
Kohler, Heinz	X	X	X	-	-	-	-
Lange, Barbara	-	-	-	X ab Januar 1993[18]	-	-	-
Lifka, Walter	X bis September 1975[19]	-	-	-	-	-	-
Limbacher, Christine	-	-	-	-	X	X	X
Lindsiepe, Sabine	-	-	-	X	-	-	-
Lunz, Thorsten	-	-	-	-	-	X	X
Mader, Rudolf *Fraktionsvorsitzender 1976-1980*	X	X	X	-	-	-	-
Makilla, Christine	-	-	X	-	-	-	-
Masopust, Günter	X	X	X	-	-	-	-
Meier, Walter	X	X	X	-	-	-	-
Mittermeier, Rudolf	X	X	-	-	-	-	-
Mittmann, Helga	-	-	-	-	-	-	X
Müller, Gert	X ab Februar 1974[20]	-	-	-	-	-	-
Nitsch, Helmut	-	-	-	-	X	X bis 2006[21]	-
Papagrigorou, Dr. Paschalis	-	-	-	-	-	X bis März 2003[22]	-

(Fortsetzung von S. 229)

Name	Wahl am 11.6.1972	Wahl am 5.3.1978	Wahl am 18.3.1984	Wahl am 18.3.1990	Wahl am 10.3.1996	Wahl am 3.3.2002	Wahl am 2.3.2008
Penzkofer-Röhrl, Gabriele	-	-	-	-	-	X	X
Prölß, Willy	X	X	X	X	-	-	-
Prölß-Kammerer, Dr. Anja	-	-	-	-	-	X	X
Raschke, Gerald	-	-	-	X	X	X	X
Raum, Rafael	-	-	-	-	-	-	X
Rehm, Manfred	-	X	X	-	-	-	-
Reichert, Käthe	X	-	-	-	-	-	-
Reuter, Brigitte	-	-	X	X	X	X	-
Riedel, Harry	-	-	-	-	-	X	-
Rohrmüller, Alfred	X	-	-	-	-	-	-
Rossmeissl, Dieter Dr.	-	-	X	X	X bis 2000[23]	-	-
Rüger, Christine	-	X	-	-	-	-	-
Schedl, Robert	X	X	X	X	-	-	-
Scheuering, Dr. Sven	-	-	-	-	-	-	X
Schmidbauer, Horst	X	X	X	X	-	-	-
Schmidt, Frank Hermann Dr.	-	-	X	X	-	-	-
Schönfelder, Gebhard *Fraktionsvorsitzender seit 1998*	X	X	X	X	X	X	X
Schönlein, Dr. Peter *Fraktionsvorsitzender 1980-1987*	X	X	X bis November 1987[24]	-	-	-	-
Schramm, Klaus	X ab Juli1974[25]	-	-	-	-	-	-
Schuh, Elvira	-	-	-	X	X	-	-
Schuster, Kurt	X	X	-	-	-	-	-
Schwämmlein, Helmut	-	-	X	-	-	-	-
Schwarz, Maria-Heidi	-	-	-	-	X	X	-
Seifert, Ingeborg	X	X	-	-	-	-	-
Sindel, Karl	X	-	-	-	-	-	-
Slavik, Markus Dr.	-	-	-	-	-	X	-
Soldner, Ilka	-	-	-	-	-	X	X
Sommer, Juliane	X ab September 1975[26]	X	X	X	-	-	-
Stapfer, Karl	X	X	-	-	-	-	-
Strobel, Käte *Fraktionsvorsitzende 1972-1976*	X	-	-	-	-	-	-
Strohhacker, Katja	-	-	-	-	-	-	X
Süß, Klaus	X	X	X	X seit Oktober 1994[27]	-	-	-
Tasdelen, Arif	-	-	-	-	-	X ab November 2005[28]	X
Teichmann, Leonie	-	X	-	-	-	-	-
Thumm, Ingrid	X	X	-	-	-	-	-
Tiefel, Otto	-	-	-	-	X	-	-

TABELLEN

Name	Wahl am 11.6.1972	Wahl am 5.3.1978	Wahl am 18.3.1984	Wahl am 18.3.1990	Wahl am 10.3.1996	Wahl am 3.3.2002	Wahl am 2.3.2008
Vogel, Christian	-	-	-	-	-	-	X
Vogel, Fritz	X bis September 1975[29]	-	-	-	-	-	-
Voget, Anne	-	-	X	X	-	-	-
Vogler, Ludwig	X ab November 1973[30]	-	-	-	-	-	-
Voigt, Dr. Bert	X	-	-	-	-	-	-
Volk, Horst	X	X	-	-	-	-	-
Wagner, Hildegard	-	-	X	X	-	-	-
Weikert, Angelika	-	-	-	X	X	X bis Oktober 2003[31]	-
Wild, Sonja	-	-	-	-	X ab März 2000[32]	X	X
Wojciechowski, Anita	-	-	-	-	-	X seit 2006[33]	X
Wolff, Jürgen	X	X	-	-	-	-	-
Würffel, Richard	-	-	X	X	X	X	X
Zadek, Ruth	-	-	-	-	-	X	X
Zecha, Richard	X	-	-	-	-	-	-
Zellfelder, Gertrud	X	X	X	-	-	-	-
Zerweck, Gerlind	-	-	-	X	X	X	-
Ziegler, Erich	X	X	-	-	-	-	-
Ziegler, Michael	-	-	-	-	-	X seit März 2003[34]	X

1 Die Tabelle gibt ab dem Jahr 1979 nur Aufschluss über die Neubesetzung der Fraktion direkt nach der Wahl. Personelle Veränderungen innerhalb der jeweiligen Legislaturperiode waren anhand der bearbeiteten Quellen nicht nachzuvollziehen. Zu den Gesamtsitzen der Stadtratsfraktion zählen jeweils die Zweiten Bürgermeister.

2 Durch den Parteiaustritt des Oberbürgermeisters Andreas Urschlechter im Jahr 1982 zählte nun nur noch der Bürgermeister Willy Prölß zur Stadtratsfraktion.

3 nachgerückt am 17.9.1975 für den ausgeschiedenen Fritz Vogel

4 ausgeschieden, da er das Referat für Allgemeine Verwaltung als berufsmäßiger Stadtrat übernahm

5 ausgeschieden im Lauf der Legislaturperiode, da er ein Mandat im Bundestag erhielt. Für ihn rückte Arif Tasdelen nach.

6 Peter Curlis schied am 1.12.1978 aus der SPD-Fraktion aus, blieb aber weiterhin als fraktionsfreies Mitglied im Stadtrat.

7 nachgerückt für Peter Schönlein

8 wegen Todes am 4.10.1994 ausgeschieden, für sie rückte Klaus Süß nach

9 ausgeschieden im März 2000, für sie rückte Horst Förther nach

10 ausgeschieden wegen Todes am 2.1.1994

11 nachgerückt für Heide-Marianna Eibrodt

12 ausgeschieden im Februar 1994

13 ausgeschieden im Dezember 1992, für sie rückte Barbara Lange nach

14 Werner Hübner legte am 31.10.1973 sein Amt nieder. Für ihn rückte Ludwig Vogler nach, der am 7.11.1973 vereidigt wurde.

15 nachgerückt für Angelika Weikert

16 Hans Keller schied wegen Todes aus dem Stadtrat aus. Für ihn rückte am 24.7.1974 Klaus Schramm nach.

17 Eduard Kernstock schied wegen Todes aus dem Stadtrat aus. Für ihn rückte am 27.2.1974 Gert Müller nach.

18 nachgerückt für Christina Hagen

19 Walter Lifka schied wegen Todes aus dem Stadtrat aus. Für ihn rückte am 17.9.1975 Juliane Sommer nach.

20 nachgerückt am 27.02.1974 für den verstorbenen Eduard Kernstock

21 ausgeschieden wegen Todes 2006, für ihn rückte Anita Wojciechowski nach

22 ausgeschieden im März 2003, für ihn rückte Michael Ziegler nach

23 ausgeschieden, da er 1999 zum Kulturreferenten der Stadt Erlangen gewählt wurde, wo er 2000 sein Amt antrat, für ihn rückte Sonja Wild nach

24 Aus dem ehrenamtlichen Stadtrat ausgeschieden, da er zum OB gewählt wurde. Für ihn rückte Erwin Dorn nach.

25 nachgerückt am 24.7.1974 für den verstorbenen Hans Keller

26 nachgerückt am 17.9.1975 für den verstorbenen Walter Lifka

27 nachgerückt für Heide Edler

28 nachgerückt für Martin Burkert

29 Fritz Vogel schied aus Gesundheitsgründen aus dem Stadtrat aus. Für ihn rückte am 17.9.1975 Leonhard Beyerlein nach.

30 nachgerückt für den am 31.10.1973 ausgeschiedenen Werner Hübner

31 ausgeschieden, da sie im Oktober 2003 in den Bundestag gewählt wurde, für sie rückte Dr. Susanne Jauch nach

32 nachgerückt für Dr. Dieter Rossmeissl

33 nachgerückt für Helmut Nitsch

34 nachgerückt für Paschalis Papagrigorou

Oberbürgermeister[1] der SPD

1945	Martin Treu (1871–1952)	Am 26.7.1945 von der US-Militärregierung als Oberbürgermeister eingesetzt[2]
1945–48	Hans Ziegler (1877–1957)	Am 8.12.1945 von der US-Militärregierung eingesetzt[3] Wahl durch den Stadtrat am 5.6.1946
1948–1951	Dr. Otto Ziebill (1896–1978)	Wahl durch den Stadtrat am 30.6.1948[4]
1951–1952	Julius Loßmann (1882–1957)	Berufung zum Zweiten Bürgermeister zum 1.4.1951[5]
1952–1957	Dr. Otto Bärnreuther (1908–1957)	Direktwahl am 30.3.1952[6]
1957–1987	Dr. Andreas Urschlechter (*1919)	Direktwahl am 17.11.1957[7] Direktwahl am 27.10.1963 Direktwahl am 28.9.1969 Direktwahl am 12.10.1975 Direktwahl am 11.10.1981[8]
1987–1996	Dr. Peter Schönlein (*1939)	Direktwahl am 18.10.1987 mit Stichwahl am 8.11.1987[9] Direktwahl am 18.3.1990[10]
seit 2002	Dr. Ulrich Maly (*1960)	Direktwahl am 3.3.2002 Direktwahl am 2.3.2008

1 Obwohl bereits seit 1907 dem Nürnberger Ersten Bürgermeister beamtenrechtlich der Titel Oberbürgermeister zustand, wurde kommunalrechtlich die ursprünglich preußische Amtsbezeichnung erst durch die Deutsche Gemeindeordnung 1935 (in Stadtkreisen) und die Bayerische Gemeindeordnung 1952 (in kreisfreien Städten) eingeführt.

2 Martin Treu wurde für Julius Rühm als Oberbürgermeister eingesetzt, der aufgrund seiner Tätigkeit im Stadtrat während der Zeit des Nationalsozialismus von der Militärregierung diesen Amtes enthoben wurde. Bereits am 4.12.1945 wurde Martin Treu ebenfalls seines Amtes enthoben und die Führung der Geschäfte dem bis dahin als Zweiten Bürgermeister fungierenden Hans Ziegler übertragen.

3 Datum der Bekanntgabe der neuen Funktion Hans Zieglers im Amtsblatt der Militärregierung. Martin Treu wurde bereits vier Tage vorher seines Amtes enthoben.

4 Dr. Otto Ziebill wurde mit Wirkung zum 1.4.1951 zum Präsidialdirektor des Deutschen Städtetages gewählt. Auf Beschluss des Stadtrats vom 28.2.1951 wurde er vom 1.4.1951 bis zum offiziellen Ausscheiden am 31.8.1951 als Oberbürgermeister beurlaubt und ab dem 1.4.1951 Julius Loßmann als Oberbürgermeister ins Amt berufen.

5 Nach der Beurlaubung Dr. Otto Ziebills wurde Julius Loßmann vom Stadtrat mit Wirkung zum 1.4.1951 zum Oberbürgermeister berufen.

6 Am 30.1.1952 wurde vom Stadtrat eine Satzung verabschiedet, die festlegte, dass der Oberbürgermeister berufsmäßig tätig ist und die Amtszeit sechs Jahre beträgt. Otto Bärnreuther wurde erstmals in Direktwahl von den Bürgern gewählt. Seine Amtszeit endete mit dem Tod am 21.9.1957. Als sein Nachfolger wurde am 17.11.1957 Dr. Andreas Urschlechter gewählt.

7 Dr. Andreas Urschlechter wurde am 17.11.1957 für den verstorbenen Otto Bärnreuther gewählt.

8 Dr. Andreas Urschlechter trat im Juli 1982 aus der SPD aus und übte das Amt des Oberbürgermeisters als Parteiloser bis zum Ende der Legislaturperiode aus.

9 Bei der Oberbürgermeisterwahl 1987 kam es zu einer Stichwahl zwischen Peter Schönlein und Günther Beckstein.

10 Peter Schönlein verkürzte freiwillig seine Amtszeit, so dass 1990 erstmals seit 38 Jahren Oberbürgermeister- und Stadtratswahl am selben Tag stattfand, was bis 2008 immer noch der Fall ist. Ermöglicht wurde diese Entscheidung durch das ›Gesetz zur Erleichterung der Anpassung der Amtszeiten von berufsmäßigen ersten Bürgermeistern und von Landräten an die Wahlzeiten des Gemeinderates und des Kreistages vom 25.4.1989‹. Am 12.7.1989 wurde der entsprechende Beschluss auf Antrag Peter Schönleins im Stadtrat gefasst.

Bürgermeister der SPD

1919–1933	**Martin Treu** (1871–1952) *Zweiter Bürgermeister*	Wahl am 30.7.1919 Wahl am 2.1.1925 Wahl am 15.5.1929[1]
1919–1921	**Hugo Freund** (1890–1974) *Dritter Bürgermeister*	Wahl am 30.7.1919 im Amt bis Dezember 1921[2]
1945	**Hans Ziegler** (1877–1957) *Zweiter Bürgermeister*	am 26.7.1945 von der US-Militärregierung als Zweiter Bürgermeister eingesetzt[3]
1948–1949	**Heinrich Landgraf** (1902–1949) *Zweiter Bürgermeister*	Wahl am 7.7.1948[4]
1949–1957	**Julius Loßmann** (1882–1957) *Zweiter Bürgermeister*	Wahl am 7.12.1949[5] Wahl am 2.5.1952[6] Wahl am 2.5.1956[7]
1957–1972	**Franz Haas** (1904–1989) *Zweiter Bürgermeister*	Wahl am 22.5.1957[8] Wahl am 27.3.1960 Wahl am 2.5.1966[9]
1972–1996	**Willy Prölß** (*1930) *Zweiter Bürgermeister*	Wahl am 5.7.1972[10] Wahl am 3.5.1978 Wahl am 2.5.1984 Wahl am 2.5.1990[11]
2002–2008	**Horst Förther** (*1950) *Zweiter Bürgermeister*	Wahl am 2.5.2002 Wahl am 2.5.2008

1 In der Stadtratssitzung am 15. Mai 1929 wurde beschlossen, die Stelle des Zweiten Bürgermeisters, die bis dahin ehrenamtlich besetzt war, in eine berufsmäßige Stelle umzuwandeln. Daher erfolgten außerhalb des regulären Turnus in dieser Sitzung Neuwahlen, bei denen Martin Treu wiedergewählt wurde. Zum 10. März 1933 wurde Martin Treu von den Nationalsozialisten in den Ruhestand versetzt.

2 Nachdem Hugo Freund zum 1.1.1922 aus dem Dienst der Stadt Nürnberg ausschied, da er als Ministerialrat nach Thüringen berufen wurde, wurde die Stelle des Dritten Bürgermeisters bis 1933 nicht mehr besetzt.

3 Hans Ziegler wurde für Martin Treu am 8.12.1945 von der US-Militärregierung als Oberbürgermeister eingesetzt. Nachfolger für Hans Ziegler wurde Heinz Levié (parteilos).

4 Heinrich Landgraf schied wegen Todes aus dem Amt des Zweiten Bürgermeisters aus. Für ihn wurde Julius Loßmann nachgewählt.

5 Für den verstorbenen Heinrich Landgraf nachgewählt. Nach der Beurlaubung des Oberbürgermeisters, Dr. Otto Ziebill, übernahm Julius Loßmann vom 1.4.1951 bis 30.3.1952 das Amt des Oberbürgermeisters.

6 Der Stadtrat beschloss gleichzeitig mit der erneuten Wahl Julius Loßmanns zum Zweiten Bürgermeister, dass es neben dem Oberbürgermeister nur einen weiteren Bürgermeister geben solle.

7 Erneut stimmte der Stadtrat dafür, neben dem Oberbürgermeister nur einen weiteren Bürgermeister zu wählen. Julius Loßmann schied wegen Todes am 29.3.1957 als Zweiter Bürgermeister aus. Am 22.5.1957 wurde Franz Haas als sein Nachfolger gewählt.

8 Für den verstorbenen Julius Loßmann nachgewählt.

9 Erstmals wurde das Amt des Zweiten Bürgermeisters nun nicht mehr ehrenamtlich, sondern berufsmäßig ausgeübt. Franz Haas trat am 30.6.1972 in den Ruhestand. Für ihn wurde Willy Prölß als Nachfolger gewählt.

10 Für den in den Ruhestand getretenen Franz Haas nachgewählt. Auf eigenen Wunsch hat Willy Prölß das Amt des Bürgermeisters ehrenamtlich ausgeführt, Franz Haas hatte den Wunsch geäußert als berufsmäßiger Stadtrat tätig zu sein.

11 Willy Prölß zog sich 1996 aus Altersgründen aus der Kommunalpolitik zurück.

Personenregister

Nicht enthalten im Personenregister sind die Tabellen von Seite 218-233.

Albert, Martin: S. 121f, 157
Anderle, Walter: S. 198, 212
Andrews, Charles: S. 121
Ammon, Lina: S. 144, 150
Baier, Hans: S. 83
Baier, Johann: S. 67
Bächer, Martin: S. 175
Bär, Rudolf: S. 138, 145, 172
Bärnreuther, Felicie: S. 107, 142
Bärnreuther, Otto: S. 107f, 121, 131f., 142, 144f, 149, 153, 156f
Bauer, Egon: S. 199
Baumann, Wolfgang: S. 214f
Bebel, August: S. 15, 20, 24, 29
Beckstein, Günther: S. 189, 194, 196, 207
Beißwanger, Konrad: S. 60, 65
Bethmann-Hollweg, Theobald von: S. 58
Beyerlein, Simon: S. 145
Binder, Jakob Friedrich: S. 34
Bismarck, Otto von: S. 20f
Bleistein, Albert: S. 145, 171
Blumenstetter, Renate: S. 210, 212, 214
Böck, Peter: S. 214
Böhland, Dr.: S. 168
Böhm, Karl: S. 16
Böhm, Theodor: S. 114f
Böhmer, Johann: S. 112
Brand, Marie: S. 76, 106
Brandt, Willy: S. 168, 172f
Braun, Adolf: S. 21, 25f, 58, 70, 80, 82, 101
Bröger, Karl: S. 100, 105f, 113
Buchner, Hanna: S. 149, 171
Büchs, Franz Xaver: S. 150
Bühl, Helmut: S. 192
Dahrendorf, Gustav: S. 114
Diehl, Karl: S. 209
Dillinger, Johann: S. 112
Dillinger, Hans: S. 145
Dittrich, Gerhard: S. 177

Döblin, Jürgen: S. 196
Doni, Dr. Wilhelm: S. 155, 161, 163, 179, 186, 191
Dorn, Konrad: S. 48, 54, 67, 71
Dürer, Albrecht: S. 95
Dutschke, Rudi: S. 171
Ebert, Friedrich: S. 60
Ebner, Sofie: S. 144, 171
Edler, Heide: S. 175
Ehrhardt, Franz Josef: S. 19, 25, 29
Ehrhardt, Ludwig: S. 144
Eichenmüller, Nikolaus: S. 86, 105, 108
Eichenseer, Marie: S. 83
Eichhorn, Ludwig: S. 156, 157
Eickemeyer, Walter: S. 105
Eisenhower, General: S. 123
Eisenmann, Johann Gottfried: S. 13
Eisner, Kurt: S. 21, 25
Enzensberger, Hans Magnus: S. 161f
Epp, Franz Ritter von: S. 103
Faaz, Johann: S. 16, 26
Faust, Regina: S. 172
Feldmeier, Josef: S. 112
Fentz, Karl: S. 57
Fey, Arthur: S. 86, 105, 108f, 114
Fischer, Jürgen: S. 170, 174, 194, 197f, 199f, 210
Fischer, Karl: S. 81
Fleck, Roland: S. 212, 216
Förther, Horst: S. 212, 214
Fohrbeck, Dr. Karla: S. 198f
Forster, Bernhard: S. 172 ff
Forster, Helene von: S. 75
Forstmeier, Heinrich: S. 145
Förster, Emil: S. 138, 172
Freisler, Roland: S. 114
Freund, Hugo: S. 79, 83, 85
Frick, Wilhelm: S. 103
Frommer, Hartmut: S. 212
Fuller, Oberstleutnant: S. 120
Gareis, Heinrich: S. 82
Gareis, Karl: S. 82, 104
Gärtner, Georg: S. 19f, 23, 40, 48, 82

Geier, Adam: S. 127
Gerlach, Agnes: S. 75
Geßler, Otto: S. 56f, 59, 61f, 64, 66, 78f, 80
Giermann, Karl: S. 48, 70, 81, 86, 106, 111
Glaser, Hermann: S. 155, 160, 163, 165, 181, 185f, 192, 198
Gloser, Günter: S. 210, 212
Goßler, Adolf: S. 144, 171
Gödelmann, Hiltrud: S. 192 f, 199
Göhr, Franz: S. 115
Görl, Otto Peter: S. 155, 161, 178, 181, 190f, 198
Gradl, Georg: S. 97
Gradl, Lorenz: S. 210, 212ff, 217
Grass, Günther: S. 207
Grillenberger, Karl: S. 18-26, 28f, 45ff, 70
Grillenberger, Margarethe: S. 18
Grün, Christian: S. 97
Grünberg, Helene: S. 73f, 77
Gsänger, Albert: S. 145
Gsell, Klemens: S. 214, 216
Guillaume-Schack, Gertrud: S. 73
Haas, Franz: S. 131, 149, 151, 155ff, 163, 168, 171
Habermeyer, Fritz: S. 83
Hacker, Hans Dr.: S. 142
Hagen, Lorenz: S. 121, 131
Hamburger, Arno: S. 175f, 181, 194f, 213
Hammes, Ilse: S. 213
Harbauer, Johann: S. 105
Haugenstein, Max: S. 48
Heimerich, Hermann: S. 86f
Hellwarth, Theodor: S. 48
Hermann, Karl: S. 67
Hermann, Matthäus: S. 115
Hermann, Rudolph: S. 115
Herzberg, Wilhelm: S. 57
Hirsch, Karl: S. 16
Hitler, Adolf: S. 98f, 101f, 105
Hoffmann, Johannes: S. 111
Holz, Karl: S. 97
Jahn, Helmut: S. 204
Jamnitzer, Wenzel: S. 31

Jarosch, Herbert: S. 145
Jehle, Bernhard: S. 199
Jungkunz, Helen: S. 212
Kahr, Gustav von: S. 82, 94
Kaiser, Franz: S. 145, 151
Kapp, Wolfgang: S. 82
Keller, Hans: S. 175
Kernstock, Eduard: S. 176
Kett, Siegfried: S. 197
Kiesinger, Kurt Georg: S. 173
Klötzel, Karl: S. 57
Köberlein, Anton: S. 14
Köhler, Wolfgang: S. 214, 216
Kölbel, Richard: S. 173
Kohl, Helmut: S. 184
Kohler, Heinz: S. 175, 176
Kolb, Thomas: S. 121, 145
Kottke, Joachim: S. 186, 197
Krenek, Ernst: S. 97
Krug, Otto: S. 145
Kühn, Christian: S. 105
Landgraf, Heinrich: S. 142
Langenberger, Rolf: S. 154, 168, 171
Lassalle, Ferdinand: S. 14
Leber, Georg: S. 192, 201
Lehner, Dr. Julia: S. 214, 216
Leipold, Georg: S. 199, 212
Leuschner, Wilhelm: S. 64
Levie, Dr. Heinz: S. 127
Liebel, Willy: S. 98, 104-108
Liebknecht, Karl: S. 60
Liebknecht, Wilhelm: S. 20
Lifka, Walter: S. 175
Limbacher, Christine: S. 214f
Lorz, Hans: S. 145
Loßmann, Julius: S. 102, 111, 121, 126, 131, 141f, 144f, 149, 153
Löwenstein, Gabriel: S. 15, 19, 21, 25, 29, 45f, 49
Ludwig, Georg: S. 83, 97
Lüttwitz, Walther von: S. 82
Luppe, Hermann: S. 13, 56, 78f, 81-88, 90, 94ff, 99, 104, 106, 117
Mader, Rolf (Rudolf): S. 149, 172, 174ff, 184
Maly, Karl: S. 104
Maly, Ulrich Dr.: S. 185, 209, 212-217

Marx, Karl Theodor: S. 152
Masopust, Günter: S. 175
Matt, Simon: S. 86
Max I. Joseph: S. 35
McCloy, John: S. 128
Meier, August: S. 61, 114, 115, 121, 144f, 149-153
Meier, Walter: S. 175
Memminger, Anton: S. 17, 21
Merkel, Johann: S. 36, 48f, 51, 57, 81
Michel, Vera: S. 185
Mielenz, Ingrid: S. 197, 212
Mirsberger, Max: S. 57
Mittermeier, Rudolf: S. 175
Montgelas, Maximilian von: S. 30, 34
Morgenstern, David: S. 90
Müller, Friedrich: S. 173
Müller, Gert: S. 170, 176
Müller, Maria: S. 75
Munkert, Friedrich: S. 112, 114
Murawski Klaus-Peter: S. 187, 192f, 195f, 198, 199
Oertel, Karl Michael: S. 18, 20, 28f, 49
Ohnesorg, Benno: S. 161
Papen, Franz von: S. 101
Penzkofer-Röhrl, Gabriele: S. 217
Pestalozza, Graf: S. 48
Pfautsch, Simone: S. 185
Platner, Georg Zacharias: S. 36
Pluschke, Peter: S. 215
Popp, Michael: S. 185, 186
Praml, Rolf: S. 198f
Prölß, Johann: S. 112, 121
Prölß, Reiner: S. 212
Prölß, Willy: S. 138, 149, 151-158, 163, 166, 171, 174-177, 183f, 192, 199f, 217
Prölß-Kammerer, Dr. Anja: S. 215ff
Raab, Dr.: S. 129
Rathenau, Walther von: S. 82
Reichel, Fritz: S. 166
Reichert, Käthe: S. 152, 172
Riedel, Harald: S. 185, 215, 217
Rieger, Sophie: S. 193

Rohmer, Gustav: S. 104
Rollwagen, Hans: S. 86, 105, 108f, 114
Roßhaupter, Albert: S. 26
Rossmeissl, Dieter: S. 210
Rühm, Julius: S. 117
Rüll, Konrad: S. 16, 26
Sachs, Hans: S. 95
Sassnitz, Walter,: S. 132
Sauber, Dr. Richard: S. 155, 188
Sauter, Alfred: S. 185
Schäfer, Wolf: S. 185
Scharrer, Johannes: S. 36
Schartau, Babette: S. 75
Schatz, Walter: S. 153, 160, 174
Schedl, Robert: S. 172, 176
Scheidemann, Philip: S. 21, 25, 60
Scherm, Johann: S. 19, 25, 28f
Scherzer, Hermann: S. 166
Schlegtendal, Wilhelm: S. 136
Schlosser, Franz: S. 145
Schmeißner, Hans: S. 136, 152, 155, 168, 190
Schmidbauer, Horst: S. 170f, 177, 190, 199f
Schmidt, Frank: S. 199
Schmidt, Frank-Herrmann: S. 212
Schmidt, Helmut: S. 185
Schmidt, Josef: S. 138
Schmitz, Hans Georg Dr: S. 155
Schneider, Hermann: S. 48f, 57
Schneider, Max: S. 57
Schneider, Dr. Oscar: S. 163
Schneider, Otto: S. 150
Schnell, Bruno: S. 213
Schneppenhorst, Ernst: S. 26, 102f, 111, 114
Schönfelder, Gebhard: S. 170, 172, 176, 182, 184, 194, 198, 207, 209, 210-217
Schönlein, Dr. Peter: S. 170, 174-179, 181, 183f, 187ff, 194-200, 205, 207, 209
Scholz, Ludwig: S. 209, 212, 214
Scholz, Manfred: S. 213
Schramm, Richard: S. 114
Schregele, Dr. Hans: S. 130, 131

Schreyer, Michaele: S. 199
Schuh, Georg Ritter von: S. 13, 38, 47, 52, 55, 74
Schulze-Delitzsch, Hermann: S. 14
Schwarm, Anna: S. 75f, 83, 106
Schwarm, Christoph: S. 76
Schwarz, Klaus-Dieter: S. 68
Schweizer, Otto Ernst: S. 190
Seebohm, Hans-Christoph: S. 138
Seegy,Friedrich: S. 136
Segitz, Johann Martin: S. 21, 26, 29, 49
Simon, Fritz: S. 114
Simon, Josef: S. 26, 48, 58, 61, 64, 67, 83, 86, 111-114, 121
Sommer, Juliane: S. 175, 182, 194
Staudt, Andreas: S. 145
Stegmann, Wilhelm: S. 102
Steinmetz, Käthe: S. 76
Stöger, Aloisia: S. 145
Stöhr, Heiner: S. 112
Strauß, Franz-Josef: S. 188
Streicher, Julius: S. 76, 90f, 94-98, 102, 105ff, 113
Strobel, Hans: S. 172f
Strobel, Käte: S. 163, 171-176, 184, 213
Stromer, Karl Otto von: S.13, 38f, 44
Südekum, Albert: S. 21, 49, 54, 58, 74
Süßheim, Hedwig: S. 90
Süßheim, Max: S. 26, 58, 67, 86, 90
Svoboda, Josef: S. 160
Teufel, Fritz: S. 161
Thiele, Gerhard: S. 204
Thieme, Rechtsreferent: S. 152
Thiele, Hermann: S. 166
Thoma, Dr. Max: S. 155
Treu, Drexlermeister: S. 43
Treu, Goldarbeiter: S. 43
Treu, Martin: S. 26, 48f, 51, 57, 67, 79, 81, 85, 87, 89, 97, 104ff, 117ff, 121, 127f, 131f
Übel, Paul: S. 145
Übler, Leonhardt: S. 121

Ulrich, Utz: S. 194
Ullrich, Anna: S. 75, 76
Umrath, Andreas: S. 112
Urschlechter, Dr. Andreas: S. 149f, 152, 156ff 161, 166, 168, 175, 187ff, 192, 194, 201
Viebig, Peter: S. 210
Voigt, Bertl: S. 170
Voigt, Wilhelm: S. 56
Vogel, Christian: S. 217
Vogel, Fritz: S. 145
Vogel, Hans: S. 102
Vollmar, Georg von: S. 19, 25
Volk, Horst: S. 161
Wagner, Gert: S. 213
Wagner, Hans: S. 149, 171
Wagner, Hildegard: S. 189, 195, 197
Walz, Ernst: S. 112
Weiger, Dr. Hubert: S. 198
Weikert, Angelika: S. 212, 214f
Weinberger, Hans: S. 104
Weiß, Christian: S. 81
Weiß, Konrad: S. 80
Weissmann, Konrad: S. 108
Weller, Emil: S. 16
Werber, Willi: S. 83
Widmayer, Karl: S. 145, 151, 153
Wilhelm I. Kaiser: S. 20, 22
Wilhelm II. Kaiser: S. 66, 70
Winkler, Bernhard: S. 179
Wörlein, Günter W.: S. 204
Wörlein, Hans: S. 18, 23, 26, 28
Wolff, Jürgen: S. 170, 187, 192f
Wolz, Dieter: S. 214
Wurm, Christian: S. 31ff
Zapf, Karl: S. 57
Zellfelder, Gertrud: S. 175
Zelnhefer, Siegfried: S. 210
Zeltner, Johannes: S. 12
Zerweck, Gerlind: S. 195, 203, 205, 210
Ziebill, Otto: S. 126, 132, 141, 157
Ziegler, Hans: S. 117, 119, 121, 124, 127f, 132, 140, 141
Zitzmann: S. 152, 155
Zwosta, Heinrich: S. 115

Literaturauswahl

Beer, Helmut: Widerstand gegen den Nationalsozialismus in Nürnberg 1933-1945 (Nürnberger Werkstücke zur Stadt- und Landesgeschichte 20), Nürnberg 1976.

Beer, Helmut / Glaser, Hermann / Winkel, Udo: In die neue Zeit. Nürnberg 1850-1900. Ausstellung zum 125jährigen Jubiläum der Nürnberger Sozialdemokratie, Nürnberg 1991.

Bonnet, Wilhelm: Die Anfänge der Arbeiterbewegung in Nürnberg, Dissertation FAU Erlangen 1925.

Bühl-Gramer, Charlotte: Der Weg der Frauen in die Kommunalpolitik – Die ersten Stadtratswahlen in Mittelfranken, in: Bennewitz, Nadja / Franger, Gaby (Hg.): Geschichte der Frauen in Mittelfranken. Alltag, Personen und Orte, Cadolzburg 2003, S. 289-295.

Deuerlein, Ernst: 150 Jahre Nürnberger Stadtrat, in: MVGN 1970/57, S. 307-343.

Diefenbacher, Michael / Endres, Rudolf (Hg.): Stadtlexikon Nürnberg, 2. Verbesserte Auflage, Nürnberg 2000.

Eckart, Wolfgang: Amerikanische Reformpolitik und deutsche Tradition. Nürnberg 1945-1949, Nürnberg 1988.

Eckert, Hugo: Liberal- und Sozialdemokratie. Frühgeschichte der Nürnberger Arbeiterbewegung, Stuttgart 1968

Endres, Rudolf / Fleischmann, Martina: Nürnbergs Weg in die Moderne. Wirtschaft, Politik und Gesellschaft im 19. und 20. Jahrhundert, Nürnberg 1996.

Fülberth, Georg: Konzeption und Praxis sozialdemokratischer Kommunalpolitik 1918-1933. Ein Anfang (Schriftenreihe der Studiengesellschaft für Sozialgeschichte und Arbeiterbewegung 47), Marburg 1984.

Fürnrohr, Walter / Thieme, Hans (Hg.): Aus Schutt und Trümmern zu neuem Leben. Nürnberg 1945/46, Nürnberg 1985.

Gärtner, Georg: Mit uns zieht die neue Zeit. Geschichte der Nürnberger Arbeiterbewegung von ihren Anfängen bis 1923, Nürnberg 1928.

Gärtner, Georg: Die Nürnberger Arbeiterbewegung 1868-1908, Nürnberg 1908.

Geßler, Otto: Auf dem Nürnberger Bürgermeisterstuhl im Weltkriege 1914-1918, in: Festgabe für Seine Königliche Hoheit Kronprinz Rupprecht von Bayern, München 1953.

Geßler, Otto: Reichswehrpolitik in der Weimarer Zeit, Stuttgart 1958.

Hambrecht, Rainer: Der Aufstieg der NSDAP in Mittel- und Oberfranken 1925-1933 (Nürnberger Werkstücke zur Stadt- und Landesgeschichte 17), Nürnberg 1976.

Hanschel, Hermann: Oberbürgermeister Hermann Luppe. Nürnberger Kommunalpolitik in der Weimarer Republik (Nürnberger Forschungen 21), Nürnberg 1977.

Hanschel, Hermann: Das ›rote Nürnberg‹ unter Oberbürgermeister Hermann Luppe, in: 75 Jahre Kommunales Verhältniswahlrecht. 75 Jahre SPD-Stadtratsfraktion Nürnberg 1908-1983, hg. Stadtarchiv Nürnberg (Quellen zur Geschichte und Kultur der Stadt Nürnberg, 12), Nürnberg 1983, S. 54-61.

Hirschmann, Gerhard: Das Ende des demokratischen Stadtrats in Nürnberg 1933, Nürnberg 1983.

Hirschmann, Gerhard: Die Ära Wurm in Nürnberg 1806-1818, in: MVGN 48 (1958), S. 277-305.

Hirschmann, Georg: Dr. Georg Ritter von Schuh. Oberbürgermeister von Nürnberg 1892-1913, Boppard am Rhein 1981.

Imhoff, Christoph von (Hg.): Berühmte Nürnberger aus neun Jahrhunderten, zweite ergänzte und erweiterte Auflage, Nürnberg 1989.

Knemeyer, Franz-Ludwig (Hg.): Die bayerischen Gemeindeordnungen 1808-1845 (Schriften zur öffentlichen Verwaltung 41), Köln 1994.

Kölbel, Richard: Käte Strobel (1907-1996): Ehrenbürgerin der Stadt Nürnberg und Bundesministerin für Jugend, Familie und Gesundheit, in: MVGN 88 (2001), S. 233-253.

Litz, Gudrun: Frauen in der Kommunalpolitik während der Weimarer Republik. Die ersten Stadträtinnen in Nürnberg, in: Bennewitz, Nadja / Franger, Gaby: Am Anfang war Sigena. Ein Nürnberger Frauengeschichtsbuch, Codolzburg 1999, S.162-170.

Luppe, Hermann: Mein Leben (Quellen zur Geschichte und Kultur der Stadt Nürnberg 10), Nürnberg 1977.

Luppe, Hermann: Die Kommunalpolitik der Stadt Nürnberg, in: Jahresschau Nürnberg 1923/24, hg. von Luppe / Meyer / Zimmermann, Nürnberg 1924.

Maget, Franz / Radermacher, Karin (Hg.): Mit Leidenschaft für Demokratie. 110 Jahre SPD-Landtagsfraktion in Bayern, München 2003.

Marssolek, Inge: »Wasch- und Scheuertage werden immer schlechte Versammlungstage sein«. Frauen und Sozialdemokratie im Kaiserreich, in: Vom Frauenwahlrecht zur Quotierung. Frauenbewegung und Sozialdemokratie. Dokumentation des Workshops der Historischen Kommission und der Arbeitsgemeinschaft Sozialdemokratischer Frauen am 12./13. Dezember 1997 in Bonn, hg. vom SPD-Parteivorstand, Bonn 1998, S. 6-14.

Mehringer, Hartmut (Hg.): Die bayerische SPD zwischen Verbot und Wiederaufbau (Schriftenreihe der Georg-von-Vollmar-Akademie 5), München u.a. 1992.

Meister, Monika: »Sind wir auch keine Wählerinnen, so laßt uns Wühlerinnen sein!« Helene Grünberg, die erste Arbeitersekretärin Deutschlands, in: Bennewitz, Nadja / Franger, Gaby: Am Anfang war Sigena. Ein Nürnberger Frauengeschichtsbuch, Codolzburg 1999, S.153-161.

Mittenhuber, Martina: Geschichte der Arbeiterwohlfahrt in Bayern 1919-1999, Nürnberg 1999.

Mittenhuber, Martina; Schmidt, Alexander; Windsheimer, Bernd: Der Nürnberger Weg. Eine Stadtgeschichte in Bildern und Texten 1945-1995, Nürnberg 1995.

Pfeiffer, Gerhard: Das Nürnberger Gemeindebevollmächtigtenkolleg 1818-1919, in: MVGN 65 (1978), Nürnberg 1978, S. 350-396.

Pfeiffer, Gerhard: Nürnberg – Geschichte einer europäischen Stadt, München 1971.

Pfeiffer, Gerhard: Nürnbergs Selbstverwaltung 1256-1956, in: MVGN 48 (1958), Nürnberg 1958, S. 1-25.

Riepekohl, Wilhelm: 100 Jahre SPD 1863-1963. Von Lassalle bis Ollenhauer, Episoden aus der Nürnberger Arbeiterbewegung, Nürnberg 1963.

Rohe, Karl: Das Reichsbanner Schwarz Rot Gold. Ein Beitrag zur Geschichte und Struktur der politischen Kampfverbände zur Zeit der Weimarer Republik, Düsseldorf 1966.

Rossmeissl, Dieter: Arbeiterschaft und Sozialdemokratie in Nürnberg 1890-1914 (Nürnberger Werkstücke zur Stadt- und Landesgeschichte 22), Nürnberg 1977.

Rossmeissl, Dieter (Hg.): Demokratie von außen. Amerikanische Militärregierung in Nürnberg 1945-49, München 1988.

Rossmeissl, Dieter: Nürnberg, die Mehrheit in der Minderheit, in: Mehringer, Hartmut (Hg.): Von der Klassenbewegung zur Volkspartei, München u.a. 1992, S. 62-70.

Rossmeissl, Dieter (Hg.): Nürnberg unter amerikanischer Miltiärregierung 1945-49 (Beiträge zur politischen Bildung 6), Nürnberg 1987.

Röschlau, Ingrid: Deshalb, Parteigenossen! Frisch ans Werk! Werbt neue Kämpfer, neue Streiter! 120 Jahre SPD in Nürnberg 1866-1986, Nürnberg, 1986.

Rückel, Gert: Die Fränkische Tagespost. Geschichte einer Parteizeitung (Veröffentlichungen der Stadtbibliothek Nürnberg 8), Nürnberg 1964.

Schirmer, Hermann: Das andere Nürnberg. Antifaschistischer Widerstand in der Stadt der Reichsparteitage, Frankfurt 1974.

Scholz, Manfred: Die Sozialdemokratische Partei in Nürnberg 1945. Wurden die Chancen des Neubeginns genützt? Nürnberg 1969.

Schmidt, Alexander: Kultur in Nürnberg 1918-1933. Die Weimarer Moderne in der Provinz, Nürnberg 2005.

Schüler, Frauke: Das Arbeitersekretariat Nürnberg 1894/95-1914, in: MVGN 72 (1985), S. 263-332.

Schwarz, Klaus-Dieter: Weltkrieg und Revolution in Nürnberg. Ein Beitrag zur Geschichte der deutschen Arbeiterbewegung (Kieler Historische Studien 13), Stuttgart 1971.

Sozialdemokratischer Verein Nürnberg-Altdorf (Hg.): Die Sozialdemokratie im Nürnberger Rathause. Drei Jahre sozialdemokratischer Gemeindetätigkeit 1908-1911, Nürnberg 1911.

Stadtarchiv Nürnberg (Hg.): 75 Jahre kommunales Verhältniswahlrecht. 75 Jahre SPD-Stadtratsfraktion Nürnberg 1908-1983 (Quellen zur Geschichte und Kultur der Stadt Nürnberg 12), Nürnberg 1983.

Vom Frauenwahlrecht zur Quotierung. Frauenbewegung und Sozialdemokratie. Dokumentation des Workshops der Historischen Kommission und der Arbeitsgemeinschaft Sozialdemokratischer Frauen am 12./13. Dezember 1997 in Bonn, hg. vom SPD-Parteivorstand, Bonn 1998.

Weid, Beate: Stationen der proletarischen Frauenbewegung in Nürnberg, in: Feministisches Informations-, Bildungs-, und Dokumentationszentrum (FIBiDoZ) e.V. (Hg.): »Verlaßt Euch nicht auf die Hülfe der deutschen Männer!« Stationen der bürgerlichen und proletarischen Frauenbewegung in Nürnberg, Nürnberg 1990, S. 77-111.

Wiessner, Paul: Die Anfänge der Nürnberger Fabrikindustrie, Frankfurt 1929.

Windsheimer, Bernd: Langwasser. Geschichte eines Stadtteils, hg. von Geschichte Für Alle e.V., 2. aktualisierte und ergänzte Auflage, Nürnberg 2007.

Windsheimer, Bernd: Die Stadt der Grünen – Die Grünen der Stadt. 20 Jahre Nürnberger Stadtgeschichte aus grüner Sicht, 20 Jahre Grüne im Nürnberger Stadtrat, Nürnberg 2001.

Winkel, Udo: Kontinuität oder Neubeginn? Nürnberg 1945-1949 (Ausstellungskataloge des Stadtarchivs Nürnberg 3), Nürnberg 1989.

Winkel, Udo: Der Arbeiter-Verein zu Nürnberg von 1848-1850. Quellen zu den Anfängen der Arbeiterbewegung in Nürnberg, in: MVGN 77 (1990), S. 245-257.

Anmerkungen

Im 19. Jahrhundert
1 StadtAN, Stadtkomm. IX/34 b.
2 zitiert nach Gärtner, Georg: Die Nürnberger Arbeiterbewegung 1868–1908, Nürnberg 1908, S. 28.
3 Versammlungsprotokoll, zitiert nach Pfeiffer, Gerhard: Nürnberg – Geschichte einer europäischen Stadt, München 1971, S. 371.
4 Versammlungsprotokoll, zitiert nach ebd.
5 Gärtner, Georg: Mit uns zieht die neue Zeit. Geschichte der Nürnberger Arbeiterbewegung von ihren Anfängen bis zum Jahr 1928, Nürnberg 1928, S. 365.
6 Mehring, Franz: Geschichte der deutschen Sozialdemokratie, Bd. II, Berlin 1960, S. 566.
7 zitiert nach Gärtner, Georg: Die Nürnberger Arbeiterbewegung 1868–1908, Nürnberg 1908, S. 81.
8 Gärtner, Georg: Die Nürnberger Arbeiterbewegung 1868–1908, Nürnberg 1908, S. 95.
9 1. Jahresbericht des Nürnberger Arbeitersekretariats, S. 4.
10 10. Jahresbericht des Nürnberger Arbeitersekretariats, S. 8.

Stadtverwaltung
1 BayGBl 1818, Sp. 101.
2 Antwort des Drechslermeisters Treu in Leipzig an seinen Bruder Goldarbeiter Treu in Nürnberg (1821).
3 zitiert nach Pfeiffer, Gerhard: Das Gemeindebevollmächtigtenkolleg 1818–1919, in: MVGN 65 (1978), Nürnberg 1978, S. 353.
4 StadtAN ÄMagreg 39.
5 StadtAN BGK VII 2d Nr. 3.
6 vgl. StadtAN GBK VII 2d Nr.5 und Nr. 11.
7 Schuh, Georg Ritter von: Die Stadt Nürnberg im Jubiläumsjahr 1906, Nürnberg 1906, S. 371f.
8 StadtAN HR 8771, Bl. 92-94.
9 ebd.
10 StadtAN HR 8771, Bl. 130-132.
11 vgl. ebd.
12 Sozialdemokratischer Verein Nürnberg-Altdorf: Die Sozialdemokratie im Nürnberger Rathause, Drei Jahre sozialdemokratischer Gemeindetätigkeit 1908-1911, Nürnberg 1911, S. 77.
13 Fränkische Tagespost, 15. November 1905.
14 Fränkische Tagespost, 15. November 1905.
15 Fränkische Tagespost, 16. November 1906.

Anfänge der SPD-Stadtratsfraktion
1 Schreiben des Goldarbeiters Treu in Nürnberg an seinen Bruder, den Drexlermeister Treu in Leipzig, über die Gemeindewahlen, September 1821.
2 ebd.
3 zitiert nach Sozialdemokratischer Verein Nürnberg-Altdorf: Die Sozialdemokratie im Nürnberger Rathause. Drei Jahre sozialdemokratischer Gemeindetätigkeit 1908-1911, S. 11.
4 StadtAN A Nr. 18, Wochenbericht des Magistrats der Stadt Nürnberg vom 28. November 1908.

Kaiserreich
1 zitiert nach Bartelmeß, Albert: Die sozialdemokratische Rathausfraktion im Kaiserreich (1908-1918), in: Stadtarchiv Nürnberg (Hg.): 75 Jahre kommunales Verhältniswahlrecht, 75 Jahre SPD-Stadtratsfraktion Nürnberg 1908 – 1983 (Quellen zur Geschichte und Kultur der Stadt Nürnberg 12), Nürnberg 1983, S. 33.
2 Sozialdemokratischer Verein Nürnberg-Altdorf: Die Sozialdemokratie im Nürnberger Rathause. Drei Jahre sozialdemokratischer Gemeindetätigkeit 1908-1911, S. 39.
3 StadtAN HR IV / 2 200, Bl. 18.
4 Schuh, Georg von: Die Stadt Nürnberg im Jubiläumsjahr 1906, Nürnberg 1906, S. 7.
5 Geßler, Otto: Auf dem Nürnberger Bürgermeisterstuhl im Weltkriege 1914-1918, in: Festgabe für Seine Königliche Hoheit Kronprinz Rupprecht von Bayern, München 1953, S. 101.
6 StadtAN Stadtchronik 31.12.1914, S. 19.
7 BHStA IV Stadtmagistrat an stellv. III. Generalkommando, Bd. 164/II/3, Umschlag ›Nürnberg‹, Bl. 15.
8 BHStA I Note vom 28.5.1916, MInn 66327.
9 BHStA IV Protokoll 30. Sitzung Ernährungsbeirat vom 22.8.1917, MKr 12860, S. 41.
10 StadtAN Vereinspolizeiakten Nr. 5099, Bl. 55.
11 Röschlau, Ingrid: Deshalb, Parteigenossen! Frisch ans Werk! Werbt neue Kämpfer, neue Streiter! 120 Jahre SPD in Nürnberg: 1866-1986, Nürnberg 1986, S. 33.
12 Schwarz, Klaus-Dieter: Weltkrieg und Revolution in Nürnberg. Ein Beitrag zur Geschichte der deutschen Arbeiterbewegung (Kieler Historische Studien 13), Stuttgart 1971, S. 229.
13 zitiert nach a.a.o., S. 227.
14 StadtAN HR II 8/247, Bl. 11.
15 Geßler, Otto: Reichswehrpolitik in der Weimarer Zeit, Stuttgart 1958, S. 52.
16 zitiert nach Gärtner, Georg: Mit uns zieht die neue Zeit. Geschichte der Nürnberger Arbeiterbewegung von ihren Anfängen bis 1923, Nürnberg 1928, S. 247 f.
17 Fränkische Tagespost vom 15. 11. 1918, Nr. 270.
18 Schwarz, Klaus-Dieter: Weltkrieg und Revolution in Nürnberg. Ein Beitrag zur Geschichte der deutschen Arbeiterbewegung (Kieler Historische Studien 13), Stuttgart 1971, S. 304.
19 a.a.O. S. 303.
20 zitiert nach Pfeiffer, Gerhard: Das Nürnberger Gemeindebevollmächtigtenkollegium 1818-1919, in: MVGN 65 (1978), Nürnberg 1978, S. 380.
21 zitiert nach Müller, Ernst / Schmid, Georg: Vereinsgesetz, München 1908, S. 329.
22 StadtAN C 7 / V / VP 1078.
23 StadtAN C 7 / I /GR 2923.
24 StadtAN C 7/IX (SRP), Nr. 536, S. 2f.
25 StadtAN F 5 QNG 400 12 Bl. 49 Rückseite.
26 Fränkische Tagespost vom 29.12.1906.

Weimarer Zeit

1 Geßler, Otto: Reichswehrpolitik in der Weimarer Zeit, hg. von Kurt Sendtner, Stuttgart 1958, S. 113.
2 Luppe, Hermann: Mein Leben (Quellen zur Geschichte und Kultur der Stadt Nürnberg 10), Nürnberg 1977, S. 49.
3 StadtAN HR 2497.
4 zitiert nach Gärtner, Georg: Mit uns zieht die neue Zeit. Geschichte der Nürnberger Arbeiterbewegung von ihren Anfängen bis 1923, Nürnberg 1928, S. 318.
5 Luppe, Hermann: Mein Leben (Quellen zur Geschichte und Kultur der Stadt Nürnberg 10), Nürnberg 1977, S. 47.
6 Nürnberger Anzeiger vom 21. 4. 1921
7 Luppe, Hermann: Die Kommunalpolitik der Stadt Nürnberg, in: Jahresschau Nürnberg 1923/24, hg. von Luppe /Meyer / Zimmermann, Nürnberg 1924.
8 Luppe, Hermann: Mein Leben (Quellen zur Geschichte und Kultur der Stadt Nürnberg 10), Nürnberg 1977, S. 43.
9 a.a.0. S. 49.
10 a.a.0. S. 53.
11 a.a.0. S. 54.
12 Fränkischer Kurier vom 19. 7. 1922.
13 StAN Rgg. KdI (1969) II, S. 243, Bericht des Staatspolizeiamtes Nürnberg-Fürth an MInn vom 15.9.1922.
14 Deutscher Sozialist vom 28.5.1921.
15 Fränkische Tagespost vom 3.8.1932.

Nationalsozialismus

1 Rohe, Karl: Das Reichsbanner Schwarz Rot Gold. Ein Beitrag zur Geschichte und Struktur der politischen Kampfverbände zur Zeit der Weimarer Republik, Düsseldorf 1966, S. 426.
2 zitiert nach a.a.0. S. 399 ff.
3 StadtAN C7/I GR 2494a, Bl. 99.
4 StadtAN QNG 400 (12), Protokoll der Stadtratssitzung vom 27.7.1933, C 18/II PA 11 7169, Bl. 14.
5 StadtAN QNG 400 (12), Protokolle der Stadtsratssitzung vom 27. 4. 1933.
6 StadtAN C 7/IX SRP 534, Stadtratsprotokoll vom 27.4.1933, S. 11.
7 StadtAN C 7/IX SRP 536, Protokoll der öffentlichen Sitzung des Stadtrats am 10. 5. 1933.
8 a.a.0. S. 2.
9 a.a.0. S. 1.
10 ebd.
11 StadtAN Protokoll der öffentlichen Sitzung des Stadtrats am 14. 10. 1933.
12 ebd.
13 StadtAN E 10/54, Nachlass Bärnreuther, Nr. 4, Zeugnisbeilage vom 23. Mai 1934.
14 StadtAN E 10/54 Nr. 4
15 StadtAN E 10/54 Nr. 7
16 StadtAN E 10/54, Nachlass Bärnreuther, Nr. 9.
17 ebd.
18 ebd.
19 StadtAN E 10/54 Nr. 12, Schreiben vom 13.11.1945.
20 StadtAN C 18 / II Pan 1983, Schreiben von Dr. Artur Fey an den Oberbürgermeister der Stadt Nürnberg vom 16. Mai 1946.
21 ebd.
22 vgl. StadtAN C 18 / II Pan 1983.
23 vgl. StadtAN C 18 / II 11182.
24 vgl. ebd.
25 Otto Bauer: Die illegale Partei, Paris 1939 (Nachdruck 1971), S. 57.
26 StadtAN QNG 430

Wiederaufbau

1 Verwaltungsbericht der Stadt Nürnberg 1945-49, S. 14.
2 StadtAN OMGBY 13/2-3/18 27 (1).
3 StadtAN C 29 Dir A Nr. 160.
4 StadtAN C 29 Dir A Nr. 391.
5 Nürnberger Nachrichten vom 7.11.1945.
6 zitiert nach Eckart, Wolfgang: »Unser Ziel: Wiederaufbau ohne ideologische Fragen« Stadtverwaltung, Militärregierung und lokalpolitische Weichenstellungen in Nürnberg 1945/46, in: Rossmeissl, Dieter (Hg.): Nürnberg unter amerikanischer Militärregierung 1945-1949 (Beiträge zur politischen Bildung 6), Nürnberg 1987, S. 46.
7 Nürnberger Nachrichten vom 9.1.1946.
8 StadtAN OMGB 9/124/1/2 79 (9).
9 StadtAN OMGB 10/81-3/7 2 (8).
10 StadtAN OMGB 9/112-3/3-5 94 (12).
11 Amtsblatt der Stadt Nürnberg, 5.1.1946.
12 StadtAN OMGBY 9/122-3/1 49 (4).
13 StadtAN OMGB 9/126-3/1 16 (4).
14 StadtAN OMGBY 10/81-3/7 2 (8).
15 StadtAN C 29 Dir A Nr. 516.
16 StadtAN E 10/54, Nachlass Bärnreuther, Nr. 12, Schreiben vom 14.1.1946.
17 zitiert nach Geschichte Für Alle e.V. (Hg.): Der Nürnberger Weg. Eine Stadtgeschichte in Bildern und Texten 1945-1995, S. 15.
18 Festschrift Sozialdemokratischer Parteitag Nürnberg 1947, hg. vom Bezirkssekretariat Ober- und Mittelfranken der SPD, S. 5.
19 StadtAN C 29 Dir A Nr. 424.
20 StadtAN Bericht der Stadtratsfraktion 1953, S. 14 f.
21 StadtAN C 7 C Stadtratsprotokoll der Sitzung vom 16.10.1946.

Frischer Wind

1 Geschichte Für Alle e.V. (Hg.): Der Nürnberger Weg. Eine Stadtgeschichte in Bildern und Texten 1945-1995, S. 191 f.
2 Nürnberger Nachrichten vom 17.1.1976.
3 Schönlein, Peter: Gegenwart und Ausblick: Die SPD-Stadtratsfraktion ab 1972, in: Stadtarchiv Nürnberg (Hg.): 75 Jahre kommunales Verhältniswahlrecht. 75 Jahre SPD-Stadtratsfraktion Nürnberg 1908-1983 (Quellen zur Geschichte und Kultur der Stadt Nürnberg 12), Nürnberg 1983, S. 92.
4 ebd.

Rot-Grüne Koalition

1 Nürnberger Nachrichten vom 17.9.1987.

Bildnachweis

Amt für Wohnen und Stadterneuerung der Stadt Nürnberg: S. 202 o.
Archiv des SPD-Unterbezirks Nürnberg: S. 70, 71, 111, 150.
Archiv der SPD-Stadtratsfraktion Nürnberg: S. 198, 205, 207, 208, 209, 210, 212, 214, 215, 216.
Archiv der Stadtsparkasse Nürnberg: S. 86.
Archiv des Vorstandes der Industriegewerkschaft Metall, Frankfurt/Main: S. 19, 24.
Archiv Flughafen Nürnberg GmbH: S. 138 o.
Bayerisches Hauptstaatsarchiv: S. 61, 66.
Bildarchiv der wbg Nürnberg GmbH Immobilienunternehmen: S. 166/167.
Bischof & Broel: S. 177 o, 204 o.
Fuchs, G.: S. 112 re.
Historisches Archiv der MAN AG Augsburg: S. 21 re.
Hoffmann, Robert: S. 17, 64, 83.
Gantikow, Rainer: S. 55, 67.
Geschichte Für Alle e.V.: S. 98, 114, 116, 153, 159, 160, 162 li, 170, 201.
Julius, Cornelia, Erlangen: S. 72.
Klaus, Gert: S. 202 u.
Meyer, Manuela: S. 199 u.
museen der stadt nürnberg, Grafische Sammlung: S. 14, 35.
Nürnberger Nachrichten: S. 103, 115, 127, 132, 134, 135, 138 u, 139 li, 141, 142, 143, 148, 150/151, 154, 155 o, 156, 162 re, 163, 168 o, 169, 172, 177 u, 180, 181, 182, 184, 185, 186, 187 li, 188, 189, 190, 191, 192, 194, 196, 199 o, 200, 204 u.
Poblocki, Uwe von: 23, 27, 28 li u. re, 29 re, 30, 91, 92, 93.
Stadtarchiv Nürnberg: S. 4, 8, 10, 12, 15, 16, 20, 21 li, 29 li, 32, 33, 36, 38, 39, 40, 42, 45, 47, 48, 49, 50, 52, 53, 54, 56/57, 58, 59, 60, 62, 63, 65, 68, 73, 75, 77, 78, 80, 81, 84, 87, 88, 89, 90, 95, 96, 99, 100, 102, 105, 107, 108, 109, 110, 113, 119, 120, 121, 122, 124, 125, 126, 128, 129, 130, 133, 136, 137, 139 m, 139 re, 140, 146, 147, 157, 165, 178, 187 re, 197.
Presse- und Informationsamt der Stadt Nürnberg: S. 155 u, 161, 164, 168 u, 173, 206.
Universitätsbibliothek Erlangen: S. 112 li.
Werner-von-Siemens-Institut, München: S. 18.

Quellen

Adressbücher der Stadt Nürnberg
Amtsblatt der Stadt Nürnberg
Bayerisches Gemeindeedikt vom 17. Mai 1818
Bayerische Verfassung vom 2.12.1946
Deutscher Sozialist
Fränkischer Kurier
Fränkische Tagespost
Fränkische Tageszeitung
Gesetz gegen die gemeingefährlichen Bestrebungen der Sozialdemokratie
Gesetz vom 29. April 1869, die Gemeindeordnung für die Landestheile diesseits des Rheins betreffend
Jahresberichte des Nürnberger Arbeitersekretariats
Nürnberger Anzeiger
Nürnberg-Fürther Socialdemocrat
Reichsgesetz betreffend die Grundrechte des deutschen Volkes (1848)
Stadtratsprotokolle des Nürnberger Stadtrats
Verwaltungsberichte des Stadtmagistrats Nürnberg

Staatsarchiv Nürnberg (StAN):
Rgg. KdI (1969) II

Stadtarchiv Nürnberg (StadtAN):
C 5 StKomm 204 b
C 6 ÄMR 39
C 7 / I GR 2427, 2491, 2492, 2494a, 2497, 8771
C 7 / V 440c, 1078
C 7 / V GR 1625, 5099
C 7 / IX SRP
C 18 / II 11182
C 18 / II PA 11 7169
C 18 / II Pan 1983
C 29 Dir A 18
E 10 / 54
F 2 Stadtchronik
F 5 QNG 400 12
F 5 QNG 430a

Bayerisches Hauptstaatsarchiv (BHStA):
I, MInn 66327, ML 1358
IV, Bd. 164/II/3, MKr 12860

Stadtbibliothek Nürnberg:
Nor. 620 8°
Nor. 621 8°

Die Autoren

Katrin Kasparek, geb. 1975, Historikerin M.A. und Diplomsozialpädagogin, Studium der Geschichte, Soziologie und Sozialen Arbeit in Erlangen und Nürnberg, seit 2002 hauptamtliche Mitarbeiterin bei Geschichte Für Alle e.V. – Institut für Regionalgeschichte. Veröffentlichungen zur Stadtgeschichte Nürnbergs und Fürths.

Dr. André Fischer, geb. 1959, Germanist und Historiker M.A., Studium der Germanistik und Geschichte in Erlangen, Konstanz und Zürich sowie Promotion in Germanistik, seit 1990 Mitarbeiter, seit 1997 Leiter der Lokalredaktion der Nürnberger Zeitung.

Zur Erstellung der Tabellen dienten die Stadtchronik des Stadtarchivs Nürnberg (StadtAN F2), die Verwaltungsberichte der Stadt Nürnberg und Informationen aus dem Statistischen Amt Nürnberg.